금융투자협회 자격시험

2025 고시넷 고패스

新유형
빈출유형
완벽반영

1트
합격을 위한
맞춤서

동영상 강의 WWW.GOSINET.CO.KR

금융투자분석사

여기서 다(多) 나온다

문제은행 + 시험 다시보기 4회

4개년(2024~2021년) 시험 다시보기 수록

gosinet
(주)고시넷

금융투자분석사

여기서 다 나온다!

고시넷 1트 합격이 당연한 이유

김경진 교수

[약력]
- CFA
- Washington University in St. Louis, MBA
- 텍사스 주립대, 경제학 석사
- 서울대학교 경영학(재무관리 전공) 석사

현) 고시넷 전임강사
현) 한국금융연수원 기업가치평가 전임강사
현) 삼일아카데미 M&A 전임강사
전) 교보증권 애널리스트
전) STX
전) 이패스코리아, 토마토패스 강사

[강의]
- 투자자산운용사, 경영지도사 2차 재무관리, 금융투자분석사, CFA Lv1(Quant, 경제, CI)
- KDB(한국산업은행), 삼성전자, SK그룹, LG그룹, 롯데그룹, 두산, 신용보증기금 등 다수 기업 강의

[저서]
- 사례로 쉽게 배우는 기업가치평가 (율곡출판사)
- 사례로 쉽게 배우는 M&A (율곡출판사)
- 경영지도사 2차 재무관리 (와우패스)
- 투자자산운용사 한권완성 (고시넷)
- 투자자산운용사 최신기출유형 모의고사 (고시넷)

금투사 인강
바로가기

정오표 및 학습 질의 안내

정오표 확인 방법

고시넷은 오류 없는 책을 만들기 위해 최선을 다합니다. 그러나 편집 과정에서 미처 잡지 못한 실수가 뒤늦게 나오는 경우가 있습니다. 고시넷은 이런 잘못을 바로잡기 위해 정오표를 실시간으로 제공합니다. 감사하는 마음으로 끝까지 책임을 다하겠습니다.

고시넷 홈페이지 접속 > 고시넷 출판-커뮤니티 > 정오표

www.gosinet.co.kr

모바일폰에서 QR코드로 실시간 정오표를 확인할 수 있습니다.

학습 질의 안내

학습과 교재선택 관련 문의를 받습니다. 적절한 교재선택에 관한 조언이나 고시넷 교재 학습 중 의문 사항은 아래 주소로 메일을 주시면 성실히 답변드리겠습니다.

이메일주소 **qna@gosinet.co.kr**

CONTENTS

차례

금융투자분석사 정복

1과목 증권분석기초

2과목 가치평가론

3과목 재무분석론

4과목 증권법규 및 직무윤리

시험 다시보기

정답과 해설

EXAMINATION GUIDE

구성과 활용

1

금융투자분석사 자격시험 안내

금융투자분석사가 되기 위한 자격시험의 구성을 포함한 정보를 한눈에 파악할 수 있도록 구성하였습니다.

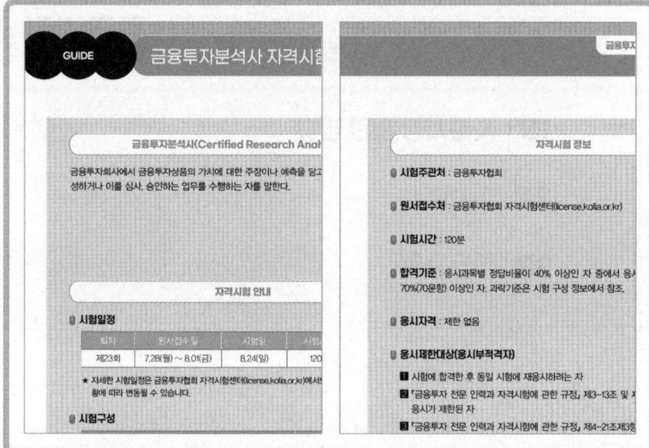

2

금융투자분석사 출제경향 분석

금융투자분석사 자격시험의 각 과목별, 각 장별 문제 구성과 출제경향을 분석하고 이를 통해 학습의 주안점을 제시하였습니다.

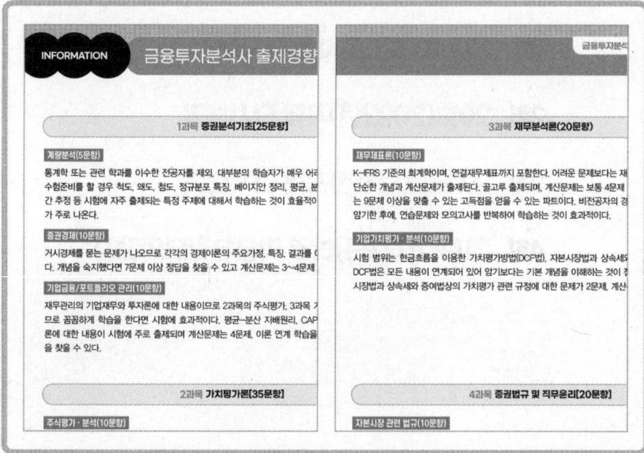

3

과목별 문제풀이

실제 기출문제를 바탕으로 금융투자분석사 자격시험 문제를 각 과목별, 각 장별로 풀이학습할 수 있도록 문제를 모아 구성하였습니다. 여기에 각 문제별 중요도 표시로 더욱 효율적인 학습을 할 수 있도록 구성하였습니다.

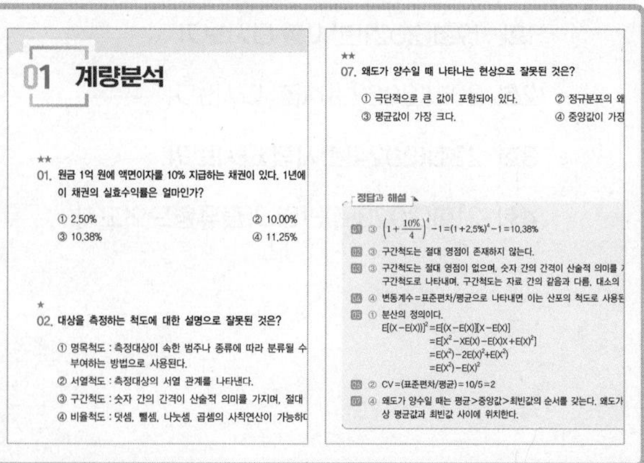

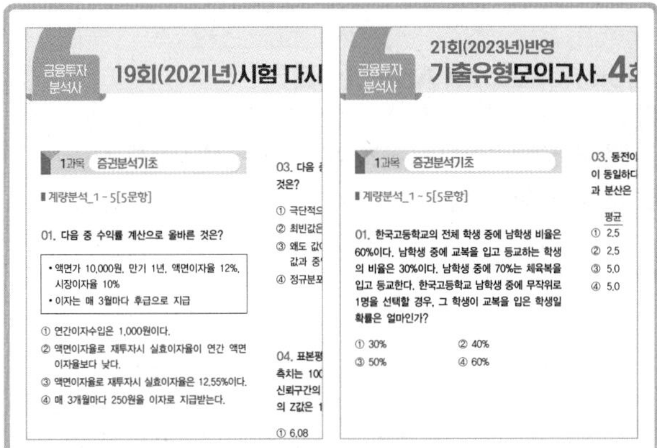

4

시험 다시보기

제19회 ~ 제22회 금융투자분석사 자격시험 기출문제를 복원하여 실제 자격시험의 문제 구성으로 실전에 대비할 수 있도록 구성하였습니다.

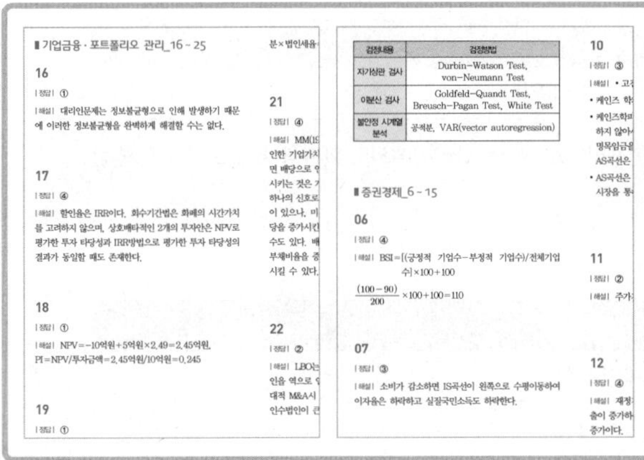

5

시험 다시보기 정답과 해설

시험 다시보기 정답과 함께 각 문제별 해설학습으로 금융투자분석사 자격시험 학습의 완성도를 한층 높일 수 있도록 구성하였습니다.

GUIDE

금융투자분석사 자격시험 안내

금융투자분석사(Certified Research Analyst)란?

금융투자회사에서 금융투자상품의 가치에 대한 주장이나 예측을 담고 있는 조사분석 자료를 작성하거나 이를 심사, 승인하는 업무를 수행하는 자를 말한다.

자격시험 안내

시험일정

회차	원서접수일	시험일	시험시간	합격자발표
제23회	7.28(월) ~ 8.01(금)	8.24(일)	120분	9.4(목)

★ 자세한 시험일정은 금융투자협회 자격시험센터(license.kofia.or.kr)에서도 확인할 수 있으며 주관처 상황에 따라 변동될 수 있습니다.

시험구성

시험과목		세부과목명	문항 수	총 문항 수	과락
1과목	증권분석기초	계량분석	5	25	10
		증권경제	10		
		기업금융/포트폴리오 관리	10		
2과목	가치평가론	주식평가/분석	10	35	14
		채권평가/분석	10		
		파생결합증권평가/분석	5		
		파생상품평가/분석	10		
3과목	재무분석론	재무제표론	10	20	8
		기업가치평가/분석	10		
4과목	증권법규 및 직무윤리	자본시장 관련 법규	10	20	8
		회사법	5		
		직무윤리	5		
합계				100	

자격시험 정보

시험주관처 : 금융투자협회

원서접수처 : 금융투자협회 자격시험센터(license.kofia.or.kr)

시험시간 : 120분

합격기준 : 응시과목별 정답비율이 40% 이상인 자 중에서 응시 과목의 전체 정답 비율이 70%(70문항) 이상인 자. 과락기준은 시험 구성 정보에서 참조.

응시자격 : 제한 없음

응시제한대상(응시부적격자)

1. 시험에 합격한 후 동일 시험에 재응시하려는 자
2. 『금융투자 전문 인력과 자격시험에 관한 규정』 제3-13조 및 제3-15조의 자격제재에 따라 응시가 제한된 자
3. 『금융투자 전문 인력과 자격시험에 관한 규정』 제4-21조제3항 및 제4항에 따라 부정행위 등으로 시험응시가 제한된 자

※ 상기 응시 부적격자는 응시할 수 없으며 합격하더라도 추후 응시 부적격자로 판명되는 경우 합격 무효 처리함. 또한 5년의 범위 내에서 본회 주관 시험 응시를 제한할 수 있음.

과목면제대상

1. 2009년 2월 4일 이후 시행된 증권투자상담사 시험 및 증권투자권유자문인력 적격성 인증 시험 합격자에 대해서는 증권법규 및 직무윤리과목(제4과목)을 면제

금융투자분석사 출제경향

1과목 증권분석기초[25문항]

계량분석(5문항)

통계학 또는 관련 학과를 이수한 전공자를 제외, 대부분의 학습자가 매우 어려워하는 과목이다. 비전공자가 수험준비를 할 경우 척도, 왜도, 첨도, 정규분포 특징, 베이지안 정리, 평균, 분산, CV, 회귀분석가정, 신뢰구간 추정 등 시험에 자주 출제되는 특정 주제에 대해서 학습하는 것이 효율적이다. 기초통계학 관련 계산문제가 주로 나온다.

증권경제(10문항)

거시경제를 묻는 문제가 나오므로 각각의 경제이론의 주요가정, 특징, 결과를 이해하고 비교하는 것이 중요하다. 개념을 숙지했다면 7문제 이상 정답을 찾을 수 있고 계산문제는 3~4문제 출제된다.

기업금융/포트폴리오 관리(10문항)

재무관리의 기업재무와 투자론에 대한 내용이므로 2과목의 주식평가, 3과목 기업가치평가 및 분석과 연결되므로 꼼꼼하게 학습을 한다면 시험에 효과적이다. 평균–분산 지배원리, CAPM, NPV, IRR계산, 자본구조이론에 대한 내용이 시험에 주로 출제되며 계산문제는 4문제, 이론 연계 학습을 잘 정리하면 9문항 이상 정답을 찾을 수 있다.

2과목 가치평가론[35문항]

주식평가 · 분석(10문항)

1과목의 기업금융과 포트폴리오 관리의 응용파트라고 볼 수 있고 주식시장 제도, 상대가치평가, 배당성장모형이 주로 출제되고 계산은 약 5문제가 출제된다. 연습문제를 자주 풀면서 대비하는 것이 효율적이고, 개념만 이해하면 문제는 상대적으로 수월하게 풀 수 있다.

채권평가 · 분석(10문항)

채권가치평가가 어렵다 하여 채권시장의 제도적인 측면을 묻는 문제가 2~3문제 출제되고 개념이해를 바탕으로 풀 수 있는 채권의 기초개념, 듀레이션, 볼록성, 이자율기간구조이론, 채권운용전략도 나온다. 계산문제는 주요 공식만 암기하면 쉽게 풀 수 있는 4문제 정도 출제된다.

파생상품평가 · 분석(10문항)

선물시장과 옵션시장의 제도적인 측면, 선물의 가격결정원리, 선물을 이용한 헤지, 옵션 가격에 영향을 주는 변수, 이항옵션모형이 주로 출제된다. 파생상품이 어려우므로 개념과 자주 출제되는 문제 유형으로 학습하면 효과적이다. 출제비중은 선물시장이 3~4문제, 그 외 옵션시장으로 비중이 더 크다. 계산문제는 약 4문제 정도 출제된다.

파생결합증권평가 · 분석(5문항)

ELW, ELS, ETN 등 금융상품과 관련된 제도, 특징을 묻는 문제 3~4문제, 계산은 1~2문제 출제된다. 금융상품의 규정을 이해하고 암기하면 대부분의 문제를 해결할 수 있다.

3과목 재무분석론(20문항)

재무제표론(10문항)

K-IFRS 기준의 회계학이며, 연결재무제표까지 포함한다. 어려운 문제보다는 재무제표를 읽고 이해할 수 있는 단순한 개념과 계산문제가 출제된다. 골고루 출제되며, 계산문제는 보통 4문제 정도가 출제된다. 회계 전공자는 9문제 이상을 맞출 수 있는 고득점을 얻을 수 있는 파트이다. 비전공자의 경우 기초적인 내용만 이해하고 암기한 후에, 연습문제와 모의고사를 반복하여 학습하는 것이 효과적이다.

기업가치평가 · 분석(10문항)

시험 범위는 현금흐름을 이용한 가치평가방법(DCF법), 자본시장법과 상속세와 증여세법이 해당된다. 특히 DCF법은 모든 내용이 연계되어 있어 암기보다는 기본 개념을 이해하는 것이 점수 획득에 도움이 된다. 자본시장법과 상속세와 증여법상의 가치평가 관련 규정에 대한 문제가 2문제, 계산은 간단하게 6문제 출제된다.

4과목 증권법규 및 직무윤리[20문항]

자본시장 관련 법규(10문항)

자본시장법 중에 집합투자와 관련된 내용을 제외한 모든 영역에 골고루 출제되며 관련 법규에 대한 이해와 암기가 필수이다. 여러 유형의 문제를 통해 반복학습과 오답풀이를 정리하면 8문제 이상 맞을 수 있다.

회사법(5문항)

상법을 다루며 주식회사 관련 내용을 묻는 문제가 대부분이다. 넓은 범위에 비해 출제 문항수가 적어 쉽게 답을 찾을 수 있는 문제가 출제된다.
여러 유형의 문제를 통해 반복학습과 오답풀이를 정리하면 4문제 이상 맞을 수 있다.

직무윤리(5문항)

협회규정의 일부내용, 금융소비자법의 일부내용, 직무윤리의 철학이 출제된다. 회사법이나 자본시장법보다 개념 쉬운 부분으로 학습에 투자한 만큼 정답 비율이 높은 파트이다.

1과목

증권분석기초

01 계량분석

★★

01. 원금 1억 원에 액면이자를 10% 지급하는 채권이 있다. 1년에 이자를 매 3개월마다 지급할 경우, 이 채권의 실효수익률은 얼마인가?

① 2.50%
② 10.00%
③ 10.38%
④ 11.25%

★

02. 대상을 측정하는 척도에 대한 설명으로 잘못된 것은?

① 명목척도 : 측정대상이 속한 범주나 종류에 따라 분류될 수 있도록 측정대상에 수치나 부호를 부여하는 방법으로 사용된다.
② 서열척도 : 측정대상의 서열 관계를 나타낸다.
③ 구간척도 : 숫자 간의 간격이 산술적 의미를 가지며, 절대 영점이 존재한다.
④ 비율척도 : 덧셈, 뺄셈, 나눗셈, 곱셈의 사칙연산이 가능하다.

★★

03. 온도, 지수 등을 나타내는 척도로 올바른 것은?

① 명목척도
② 서열척도
③ 구간척도
④ 비율척도

★★

04. 다음 중 중심경향 척도에 포함되지 않는 것은?

① 중앙값
② 최빈값
③ 산술평균
④ 변동계수

★★★

05. 다음 중 분산을 표현한 것으로 가장 올바른 것은?

① $E(X^2)-E(X)^2$

② $E(X)^2-E(X)$

① $E(X)^2-E(X^2)$

③ $E(X^2)-2E(X)$

★★★

06. 분산이 100이고, 평균이 5일 경우 변동계수는 얼마인가?

① 1 ② 2 ③ 3 ④ 4

★★

07. 왜도가 양수일 때 나타나는 현상으로 잘못된 것은?

① 극단적으로 큰 값이 포함되어 있다.

② 정규분포의 왜도는 0의 값을 갖는다.

③ 평균값이 가장 크다.

④ 중앙값이 가장 작다.

정답과 해설

01 ③ $\left(1+\frac{10\%}{4}\right)^4-1=(1+2.5\%)^4-1=10.38\%$

02 ③ 구간척도는 절대 영점이 존재하지 않는다.

03 ③ 구간척도는 절대 영점이 없으며, 숫자 간의 간격이 산술적 의미를 지닌다. 대표적으로 온도, 지수를 구간척도로 나타내며, 구간척도는 자료 간의 같음과 다름, 대소의 구분, 덧셈과 뺄셈이 가능하다.

04 ④ 변동계수=표준편차/평균으로 나타내면 이는 산포의 척도로 사용된다.

05 ① 분산의 정의이다.

$$\begin{aligned}E[(X-E(X))]^2 &= E[(X-E(X))][X-E(X)] \\ &= E[X^2-XE(X)-E(X)X+E(X)^2] \\ &= E(X^2)-2E(X)^2+E(X^2) \\ &= E(X^2)-E(X)^2\end{aligned}$$

06 ② CV=(표준편차/평균)=10/5=2

07 ④ 왜도가 양수일 때는 평균>중앙값>최빈값의 순서를 갖는다. 왜도가 양수이건 음수이건 중앙값은 항상 평균값과 최빈값 사이에 위치한다.

★★

08. 다음 중 왜도에 대한 설명으로 올바르지 않은 것은?

① 왜도가 음수일때에는 극단적으로 작은 값이 분포에 포함되어 있다.
② 중앙값은 항상 평균값과 최빈값 사이에 위치한다.
③ 왜도가 양수일 때 최빈값이 평균값보다 크다.
④ 정규분포의 왜도 값은 0이다.

★★

09. 다음 중 분포를 나타내는 척도에 대한 설명으로 틀린 것은?

① 왜도가 0인 것은 분포가 좌우 대칭을 의미한다.
② 정규분포의 첨도 값은 4이다.
③ 첨도가 크다는 것은 분포의 값들이 중심에 많이 몰려 있다는 의미이다.
④ 표준정규분포의 평균은 0이고, 분산은 1이다.

★★★

10. 다음 확률분포 중 이산확률분포가 아닌 것은?

① 이항분포 ② 기하분포
③ 포아송분포 ④ 정규분포

★★

11. 다음 분포 중 연속확률분포가 아닌 것은?

① 지수분포 ② 정규분포
③ 균등분포 ④ 이항분포

★★

12. 다음 중 정규분포에 대한 설명으로 올바르지 않은 것은?

① 평균을 중심으로 좌우 대칭이다.

② 평균=중앙값=최빈값이다.

③ 평균과 분산을 알면 분포의 모양을 알 수 있다.

④ 표준정규분포는 평균이 1이고, 분산이 0인 분포이다.

★★

13. 다음 중 표본이론에 대한 설명으로 올바르지 않은 것은?

① 표본추출오차는 모집단의 일부인 표본을 통해 모집단 전체의 특성을 추론함으로써 생기는 오차이다.

② 비표본추출 오차는 표본의 선정이 적절하지 못한 경우에 발생하며 측정오차라고도 한다.

③ 편의추출방법은 확률표본추출법이다.

④ 모집단의 각 요소가 표본에 포함될 수 있는 확률이 사전에 알려진 표본추출방법이 확률표본추출법이다.

정답과 해설

08 ③ 왜도가 양수일 때 평균값>중앙값>최빈값의 순서로 크기가 정해진다.

09 ② 정규분포의 첨도값은 3이다. 정규분포와 비교하여 첨도가 크다는 것은 분포의 값들이 중심에 많이 몰려있다는 의미이다.

10 ④ 정규분포는 연속확률분포이다.

11 ④ 이항분포는 이산확률분포이고 나머지는 연속확률분포이다.

12 ④ 표준정규분포는 평균이 0이고, 분산이 1인 정규분포이다.

13 ③ 확률표본추출법에는 단순확률추출법, 층별표본추출법, 군집표본추출법, 체계적 표본추출법이 있으며, 비확률표본추출법에는 판단추출과 편의추출방법이 있다.

★★

14. 다음 중 좋은 추정치가 되기 위한 기준에 해당하지 않는 것은?

① 불편성
② 확률성
③ 효율성
④ 일치성

★★★

15. A 고등학교 1학년 학생 중 100명을 임의로 추출하여 이들의 국어 중간고사 점수를 확인해 보니 평균이 80점이었다. 이들 중간고사 점수의 표준편차가 10점일 때 A 고등학교 1학년 전체 국어 중간고사 평균의 95% 신뢰구간으로 알맞은 것은? (95%일 때 Z값은 1.96이다)

① 78.04점 ~ 81.96점
② 77.05점 ~ 82.05점
③ 76.08점 ~ 84.08점
④ 75.04점 ~ 85.04점

★★★

16. 검정력에 대한 설명으로 올바르지 않은 것은?

① 1종 오류는 귀무가설이 사실인데도 대립가설을 지지하는 오류이다.
② 1종 오류가 발생할 수 있는 확률은 $1-\beta$이다.
③ 2종 오류는 대립가설이 사실인데도, 귀무가설을 지지하는 결정을 내리는 것이다.
④ 표본의 크기를 증가시키면 1종 오류와 2종 오류가 발생할 확률이 모두 감소한다.

★

17. 다음의 검정방법 중 그 성격이 나머지와 다른 것은?

① 맨-위트니의 U 검정
② 윌드-월보비츠 검정
③ 중위수 검정
④ 스피어만의 순위 상관계수

★★

18. 다음 중 선형회귀분석에 대한 설명으로 올바르지 못한 것은?

① 오차항은 정규성, 독립성, 등분산성을 가정한다.
② 독립변수와 종속변수는 선형의 관계가 존재한다.
③ 다중 회귀분석은 독립변수가 2개 이상이다.
④ 독립변수로 설명되지 않는 정도가 높을수록 R^2의 값이 커진다.

★★

19. 다중선형회귀분석에 대한 설명으로 올바르지 못한 것은?

① 표본을 이루는 관측치의 수는 독립변수의 수보다 최소한 2 이상 커야 한다.
② 다중공선성은 독립변수간의 상관관계가 낮을 때 발생한다.
③ 자기상관은 서로 다른 잔차가 독립이 아닐 때 발생한다.
④ 이분산성은 잔차의 분산이 일정하지 않을 때 발생한다.

정답과 해설

14 ② 좋은 추정치는 불편성, 효율성, 일치성의 속성을 갖고 있다.

15 ① 80점 − 1.96× $\frac{10점}{\sqrt{100명}}$ =78.04점, 80점+1.96× $\frac{10점}{\sqrt{100명}}$ =81.96점, 신뢰구간 95%에 해당하는 국어 점수는 78.04점에서 81.96점이다.

16 ② 1종 오류가 발생할 확률은 유의수준(α)이며 1 − β는 검정력이다.

17 ④ 스피어만의 순위 상관계수는 비모수적 상관분석이며, 나머지는 독립된 표본의 비모수적 검증이다.

18 ④ 'R^2=설명되는 변동/총변동'이므로 독립변수로 설명되는 정도가 높을수록 R^2 값이 증가한다.

19 ② 다중선형회귀분석은 독립변수끼리 상관관계가 없음을 가정하나, 만약 독립변수간에 상관관계가 존재하면, 즉 상관계수의 값이 높다면 다중공선성의 문제가 발생한다.

★★★

20. 다음 표를 참고했을 때 F값으로 가장 적정한 것은?

구분	총 변동	자유도	MS	F값
모델	110	1	110	?
잔차	50	8	6.25	
합계	160	9		

① 6.25
② 13.75
③ 17.6
④ 110

★

21. 다음 중 최적화법에 해당하지 않는 것은?

① 라그랑지 승수법
② 2차 계획법
③ 비선형 계획법
④ 이분법

★

22. 애매한 표현을 처리할 수 있는 이론적 바탕을 제공하는 수학 이론은 무엇인가?

① 퍼지이론
② 혼돈이론
③ 뉴튼-랩슨 방법
④ 이분법

★★★

23. 단순선형회귀분석을 가정한 상황에서, 상관계수 값이 0.9일 때 결정계수의 값은 얼마인가?

① 0.30
② 0.55
③ 0.81
④ 0.90

★★
24. 단순선형회귀분석에서 회귀계수의 추정값이 1.2이고 표준오차가 0.4이면 t-값은 얼마인가?

① 1.0 ② 2.0
③ 3.0 ④ 4.0

★★
25. 다음 중 선형회귀분석에 대한 가정으로 올바르지 않은 것은?

① 잔차는 정규분포를 이루어야 한다.
② 잔차의 분산값은 독립변수의 값과 관계없이 일정해야 한다.
③ 다중선형회귀분석에서 독립변수간의 상관관계가 높아야 한다.
④ 다중선형회귀분석에서 결정계수값이 크다고 항상 독립변수의 설명력이 높은 것은 아니다.

★★
26. 다음 중 수익률 계산과 관련된 설명으로 올바르지 않은 것은?

① 산술평균 수익률은 기하평균 수익률보다 크거나 같다.
② 과거 일정기간 수익률을 계산할 경우 기하평균수익률을 사용한다.
③ 뮤추얼 펀드의 투자자입장에서 기하평균수익률이 투자효과를 잘 설명한다.
④ 뮤추얼 펀드의 펀드매니저 성과평가에는 기하평균수익률을 사용한다.

정답과 해설

20 ③ F값=MSR/MSE=110/6.25=17.6
21 ④ 이분법은 수치해석 및 시뮬레이션법에 해당한다.
22 ① 퍼지이론에 대한 설명이다. 퍼지이론과 혼돈이론은 비선형 기법으로 분류된다.
23 ③ 결정계수값은 상관계수값의 제곱이다. $R^2=0.9^2=0.81$
24 ③ t-값은 회귀계수값/표준오차=1.2/0.4=3
25 ③ 독립변수간의 상관관계가 크면 다중공선성의 문제가 발생할 수 있다.
26 ③ 투자자는 자신의 의지에 따라 자금 투입, 회수가 가능하므로 내부수익률을 통해서 수익률을 계산하는 것이 투자효과를 잘 설명한다.

★★

27. 다음 중 온도에 사용될 수 있는 척도는 무엇인가?

① 명목척도　② 서열척도
③ 구간척도　④ 비율척도

★★

28. 다음 중 성격이 다른 하나는 무엇인가?

① 산술평균　② 중앙값
③ 최빈값　④ 표준편차

★★

29. 다음의 자료를 이용하여 중앙값과 최빈값을 올바르게 계산한 것은?

1, 1, 1, 3, 5, 7

① 중앙값 2, 최빈값 1　② 중앙값 1, 최빈값 1
③ 중앙값 4, 최빈값 1　④ 중앙값 4, 최빈값 3

★

30. 다음 중 표준편차가 8일 때 분산의 값으로 알맞은 것은?

① −4　② 4
③ −64　④ 64

★★

31. 표준편차 2, 평균이 4일 때 변동계수의 값은 얼마인가?

① 50　　② 100

③ 200　　④ 400

★★

32. 다음 중 왜도에 대한 설명으로 올바르지 않은 것은?

① 좌우대칭일 때 왜도는 0이다.

② 왜도가 양수일 때 평균의 값이 가장 크다.

③ 왜도가 음수일 때 평균의 값이 가장 작다.

④ 왜도가 양수일 때 최빈값은 중앙값보다 크다.

★★

33. 다음 중 정규분포에 대한 설명으로 올바르지 않은 것은?

① 정규분포의 첨도 값은 3이다.

② 좌우 대칭이다.

③ 정규분포의 평균은 0이며, 분산은 1의 값을 갖는다.

④ 정규분포곡선의 넓이의 합은 1이다.

정답과 해설

27 ③ 온도는 사칙연산중에 곱하기, 나누기를 제외하고 가능하므로 구간척도이다.

28 ④ 표준편차는 데이터가 분포(퍼진)된 정도를 나타내는 척도이며, 나머지는 중심경향척도에 대한 설명이다.

29 ① 중앙값=(1+3)/2=2, 최빈값 1

30 ④ 분산은 음의 값을 가질 수 없으며, 표준편차의 제곱의 값이다.

31 ① 변동계수=(표준편차/평균)×100=(2/4)×100=50

32 ④ 왜도가 양수일 때 평균>중앙값>최빈값, 왜도가 음수일 때 최빈값>중앙값>평균의 순서이다.

33 ③ 정규분포의 평균과 분산은 어떤 집단에 대한 분포이냐에 따라 다르며, 평균이 0이며, 분산값이 1인 정규분포는 정규분포를 표준화시킨 표준정규분포이다.

★

34. 다음 중 상관계수에 대한 설명으로 잘못된 것은?

① 상관계수가 1이면 두 변수간에는 강력한 인과관계가 존재한다.
② 상관계수가 −1이면 두 변수간에 음의 상관관계가 존재한다.
③ 상관계수가 0이면 두 변수간에 선형의 상관관계가 존재하지 않는다.
④ 상관계수의 값은 −1에서 1사이의 값을 가진다.

★★

35. 다음 정보를 이용하여 두 변수 X, Y간의 상관계수를 계산하시오.

X의 분산 0.09, Y의 분산 0.04, X와 Y의 공분산 0.01

① 0.17 ② 0.19 ③ 0.20 ④ 0.22

★★

36. 다음 중 정규분포에 대한 설명으로 올바르지 않은 것은?

① 평균을 중심으로 좌우 대칭이다.
② 확률변수의 값은 유한한 값을 갖는다.
③ 평균, 중앙값, 최빈값이 모두 같다.
④ 정규분포를 표준화한 표준정규분포는 평균 0, 분산 1의 값을 갖는다.

★

37. 다음 중 확률과정에 대한 설명으로 올바르지 않은 것은?

① 과거와는 독립적인 불규칙 프로세스를 마코프 프로세스라고 한다.
② 확률변수의 변화는 독립적이고 평균은 0이며, 분산은 시간에 비례하는 속성은 Wiener process 이다.
③ 포아송과정은 확률변수의 점프를 가정하여 자산 가격변동의 연속성을 가정한다.
④ 자산가격이 임의보행을 따르면 자산가격을 예측할 수 없다.

★★★

38. 일반적으로 자산가격은 시간에 비례하여 그 변동성도 확대된다. 다음 중 변동성이 시간에 비례한다는 가정이 적용하기 어려운 상황이 아닌 것은?

① 변화율이 평균회귀성이 존재할 경우
② 가격변동 제한폭이 존재할 경우
③ 일별에서 연별로 이행하는 경우
④ 배당금을 지급하지 않는 경우

★★

39. 다음 중 t-분포에 대한 설명으로 잘못된 것은?

① t-분포는 좌우대칭이다.
② t-분포의 모수는 자유도이다.
③ t-분포에서는 표준정규분포보다 극단적인 상황이 덜 발생한다.
④ 표본의 크기가 커질수록 t-분포는 표준정규분포와 유사해진다.

정답과 해설

34 ① 상관계수가 1인 것은 두 변수간의 상관관계가 존재하는 것을 의미하지, 인과관계가 존재한다는 것을 의미하지는 않는다.

35 ① $\frac{Cov(X,Y)}{\sigma_X \cdot \sigma_Y} = \frac{0.09}{\sqrt{0.04} \cdot \sqrt{0.01}} = 0.167$

36 ② 확률변수의 값은 +∞에서 −∞의 값을 갖는다.

37 ③ 포아송과정은 점프를 가정하기 때문에 자산 가격변동의 불연속성을 가정한다.

38 ④ 배당금을 지급하지 않는 경우는 자산가격의 변동성이 시간에 비례하여 변동한다는 가정을 사용할 수 있다.

39 ③ t-분포는 꼬리가 두껍기 때문에 표준정규분포보다 극단적인 상황 발생가능성이 높다.

★

40. 좋은 추정량이 되기 위한 기준에 해당하지 않는 것은?

① 불편성　　② 효율성
③ 일치성　　④ 정확성

★★

41. 다음 정보를 이용하여 모평균 μ의 신뢰구간을 올바르게 추정한 것은? (단, 신뢰수준 95% Z값은 1.96이다)

표본평균 100, 신뢰수준 95%, 모집단의 분산 25, 표본의 수 64개

① $98.775 \leq \mu \leq 101.225$　　② $99.775 \leq \mu \leq 101.225$
③ $99.775 \leq \mu \leq 102.225$　　④ $99.775 \leq \mu \leq 102.225$

★★★

42. 다음 중 검정력에 대한 설명으로 올바른 것은?

① 귀무가설이 사실일 때, 대립가설을 지지하면 2종오류이다.
② 귀무가설이 거짓일 때, 귀무가설을 지지하면 1종오류이다.
③ 1종오류를 범할 확률은 유의수준인 α이다.
④ α값이 증가하면 β값도 증가한다.

★★

43. 다음 중 비모수적 검정에 대한 설명으로 올바르지 않은 것은?

① 자료가 순위로 되어 있는 경우에 사용할 수 있다.
② 무작위성 검정시 사용할 수 있다.
③ 스피어만 순위상관계수가 있다.
④ DW검정도 비모수적 검정중의 하나이며 두 변수의 자기상관을 검정한다.

★★

44. 다음 중 선형회귀분석에 대한 설명으로 올바르지 않은 것은?

① 하나의 독립변수와 종속변수간의 관계를 나타낸 식이다.

② 잔차는 정규분포를 따른다고 가정한다.

③ 잔차간의 독립성을 가정한다.

④ 독립변수의 값에 관계없이 종속변수의 분산은 일정함을 가정한다.

★★

45. 다음 설명은 다중선형회귀 분석시 나타나는 어떠한 문제에 대한 설명인가?

- 독립변수간의 상관관계가 높을 경우 발생하는 문제
- 이 문제가 발생하면 독립변수 중 하나를 제거하는 방법을 사용하여 해결 할 수도 있다.

① 다중공선성 ② 자기상관

③ 이분산성 ④ 등분산성

정답과 해설

40 ④ 좋은 추정량은 추정량의 기대값이 모수와 일치하는 불편성, 추청량의 분산이 가장 작은 효율성, 표본의 크기가 커짐에 따라 추정량의 값이 모수와 일치하는 일치성이 있다.

41 ① 신뢰구간 95% $= 100 - 1.96 \times \frac{\sqrt{25}}{\sqrt{64}} \leq \mu \leq 100 + 1.96 \times \frac{\sqrt{25}}{\sqrt{64}}$ → $98.775 \leq \mu \leq 101.225$

42 ③ 귀무가설이 참인 대립가설을 지지하면 1종오류이며, 귀무가설이 거짓일 때 귀무가설을 지지하면 2종오류이다. α값이 증가하면 β값은 감소한다.

43 ④ 더빈－왓슨 검정은 비모수적 검정에 해당하지 않는다.

44 ① 단순회귀분석에 대한 설명이며, 다중회귀분석도 존재하며, 이는 둘 이상의 독립변수와 종속변수간의 관계를 나타낸다.

45 ① 다중공선성에 대한 설명이다.

★★

46. 단순회귀분석을 실행하였으며, 독립변수와 종속변수의 상관관계가 0.8로 측정되었다. 결정계수의 값으로 알맞은 것은?

① 0.40 ② 0.64
③ 0.80 ④ 0.84

★

47. 잔차분석에 해당하지 않는 것은 무엇인가?

① 정규성 ② 등분산성
③ 독립성 ④ 선형성

★★

48. 다음 중 Durbin-Watson검정에 대한 설명으로 올바른 것은?

① DW가 2이면 오차항들은 무상관이다.
② DW은 자기상관에 대한 검증으로 최대 6에서 최소 0의 값을 가진다.
③ DW이 4이면 오차항은 양의 상관관계를 가진다.
④ DW값은 0이면 오차항들은 음의 상관관계를 가진다.

★

49. 다음 중 평활기법에 대한 설명으로 올바르지 않은 것은?

① 이동평균법은 사용되는 기간이 길수록 평활화되는 정도가 커진다.
② 지수평활법에서 평활계수는 0에서 1사이의 값을 갖는다.
③ 평활계수 값이 크면 클수록 과거의 데이터는 가중치 산정에 제외된다.
④ 평활계수 값이 작으면 불규칙한 변동의 영향이 감소한다.

★★

50. **선형회귀분석에 대한 설명으로 올바르지 않은 것은?**

① 독립변수가 증가할수록 결정계수값은 증가한다.

② 독립변수가 2개 이상일 경우에는 결정계수값보다 수정결정계수값을 사용하여 회귀식의 설명력을 판단하는 것이 오류를 줄일 수 있다.

③ 회귀계수의 t 통계량이 통계적으로 유의하지 않다는 것은 회귀계수의 값이 0과 동일하다는 의미이다.

④ 수정결정계수의 값이 크면 클수록 총변동 중에 잔차에 의해 설명되는 변동이 높아진다.

★★

51. **다음 중 선형회귀분석에 대한 가정으로 올바르지 않은 것은?**

① 잔차는 정규분포를 이루어야 한다.

② 잔차의 분산값은 독립변수의 값과 관계없이 일정해야 한다.

③ 다중선형회귀분석에서 독립변수간의 상관관계가 높아야 한다.

④ 다중선형회귀분석에서 결정계수 값이 크다고 항상 독립변수의 설명력이 높은 것은 아니다.

정답과 해설

46 ② 결정계수 $=\rho^2=0.8^2=0.64$

47 ④ 잔차분석은 오차에 대한 회귀분석의 가정이며, 잔차는 정규분포를 하고 있으며(정규성), 잔차의 분산은 동일하며(등분산성), 잔차간에는 서로 영향을 주지 않는 것(독립성)을 가정한다.

48 ① DW의 값이 2에 가까우면 오차항들이 무상관이며, 0에 가까우면 양의 자기상관, 4에 가까우면 음의 자기상관이 있다. DW값은 0에서 4 사이의 값을 가진다. $DW=2(1-\rho)$

49 ③ 지수평활법은 과거의 모든 데이터에 가중치를 주는 방법이나 평활상수가 1에 가까울수록 최근의 자료에 가중치를 많이 주고 0에 가까울수록 최근에 자료에 가중치를 적게 준다.

50 ④ 수정결정계수 값이 크면 클수록 총변동 중에 회귀모형에 의해 설명되는 값이 높다.

51 ③ 독립변수간의 상관관계가 크면 다중공선성의 문제가 발생할 수 있다.

02 증권경제

★

01. 다음 중 거시경제 지표에 대한 설명으로 올바른 것은?

① GDP와 GNI의 값은 동일하다.
② GDP와 GNI값의 차이는 국외순수치 요소소득 차이이다.
③ GNI는 국경을 중심으로 한 국가에서 생산한 최종생산물의 가치이다.
④ GNI에 국외순수치 요소소득을 더하면 GDP가 된다.

★

02. 다음 중 거시경제의 주요 문제에 해당하지 않는 것은 무엇인가?

① 상품구성
② 생산방법의 선택
③ 상품배분
④ 상품가격의 결정

★★

03. 다음 중 고전학파에 대한 설명으로 올바르지 않은 것은?

① 고전학파는 보이지 않는 손이 효율적으로 작동하여 경제문제를 해결한다고 주장하였다.
② 고전학파는 케인즈학파 보다 정부의 시장개입을 줄여야 한다고 생각한다.
③ 고전학파에 따르면 통화정책은 장기적으로 생산량 증가없이 물가만 상승시킨다.
④ 고전학파에 따르면 재정정책은 단기적으로 생산량을 증가시키기 때문에 정부의 적극적인 적자 재정을 통해 경제를 부양해야 한다.

★★

04. 다음 중 절대소득 가설의 특징에 해당하지 않는 것은?

① 소비는 현재소득에 따라 변한다.

② 평균소비성향이 한계소비성향보다 크며, 소득이 증가할수록 소득 중에서 소비가 차지하는 비중이 감소한다.

③ 고소득층의 소비성향이 저소득층보다 크다.

④ 소득이 없어도 소비가 발생한다.

★★

05. 케인즈의 절대소득 가설에 대한 설명으로 올바른 것은?

① 소득이 없으면 소비수준도 0이다.

② 한계소비성향이 평균소비성향보다 크다.

③ 한계소비성향은 1보다 클 수 있다.

④ 가처분 소득이 증가하면 소비도 증가한다.

정답과 해설

01 ② GNI(국민총소득)=GDP+NFI(국외순수치 요소소득)

02 ④ 거시경제는 어떤 상품을 먼저 생산할지에 대한 상품구성, 이러한 상품을 어떤 방식으로 생산할지에 관한 문제, 생산된 상품을 경제주체에게 어떻게 배분할지에 대한 상품배분의 문제가 주요 문제이다.

03 ④ 정부의 적극적인 시장개입은 케인즈학파가 주장하였다.

04 ③ 저소득은 상대적으로 소득이 적어서 전체 소득에서 소비가 차지하는 비중이 높으며, 따라서 저소득층의 소비성향이 고소득층보다 높다.

05 ④ 생산량 혹은 소득이 없더라도 생존을 위해 소비를 해야 하며, APC>MPC이며, 한계소비성향은 0과 1사이의 값을 가진다.

★★

06. 다음의 함수를 통해 소득이 200일경우 평균소비성향을 계산하시오.

C=50+0.8Y

① 210　　② 0.8

③ 1.05　　④ 1.01

07. 다음 중 소비에 대한 설명으로 올바르지 않은 것은?

① 소득의 톱니효과에 따르면 소비는 비가역성을 갖고 있다.

② 상대소득가설에 따르면 장기소비함수의 기울기가 단기소비함수의 기울기보다 더 가파르다.

③ 생애주기가설에 따르면 소비의 설명변수는 노동소득의 흐름과 자산이다.

④ 항상소득가설에 따르면 일시적으로 세율이 하락하면 항상 소비는 증가한다.

★★

08. 다음 중 케인즈의 절대소득가설에 대한 설명으로 올바르지 않은 것은?

① 소득이 0이라도 소비의 값은 양수이다.

② 한계소비성향이 평균소비성향보다 크다.

③ 세금이 증가하면 소비는 감소한다.

④ 저소득자의 한계소비성향이 고소득자의 한계소비성향 보다 크다.

★★

09. 다음을 설명하는 소비이론은 무엇인가?

> • 사람들은 소비를 할 때 주변사람의 소비를 보고 자신의 소비를 결정하는 경향이 있다.
> • 소비자의 현재 소비는 과거 자신의 소비에 영향을 받는다.

① 절대소득가설
② 전시효과
③ 상대소득가설
④ 생애주기가설

★

10. 다음 중 상대소득가설에 대한 설명으로 올바른 것은?

① 톱니효과는 타인의 소비를 고려하여 나의 소비를 결정하는 것을 의미한다.
② 전시효과로 인해 개인의 소비는 비가역적이다.
③ 전시효과는 시계열적인 현상이다.
④ 저소득층의 평균소비성향이 고소득층의 평균소비성향보다 큰 경향이 있다.

정답과 해설

06 ③ C=50+0.8×200=210, APC=C/Y=210/200=1.05

07 ④ 일시적인 세율 하락은 일시 소득이기 때문에 항상 소비에 영향을 주지 않는다.

08 ② 평균소비성향이 한계소비성향보다 크다.

09 ③ 상대소득가설에 대한 설명이며, 전시효과는 상대소득가설의 일부이다.

10 ④ 소득이 낮은 개별 소비자는 사회적 평균에 상응하는 소비를 하기 위해 고소득자 보다 더 많은 소비를 하기 때문에 저소득층의 평균소비성향이 고소득층의 평균소비성향보다 크다.

★★
11. 소비에 대한 이론으로 알맞지 않은 것은?

① 소비에 영향을 주는 변수는 노동소득에 대한 흐름과 자산의 규모이다.
② 소득은 항상소득과 일시소득으로 구성된다.
③ 일시소득이 증가하면 일시소비도 증가한다.
④ 일시소득과 항상소득은 서로 상관관계가 없다.

★★
12. 다음 중 소비이론에 대한 설명으로 올바르지 않은 것은?

① 상대소득가설에 따르면 타인의 소비성향이 자신에게 영향을 주는 것을 전시효과라고 한다.
② 상대소득가설에 따르면 톱니효과는 비가역적이다.
③ 항상소득가설에 따르면 항상소득 증가만이 항상소비에 영향을 준다
④ 랜덤워크 소비가설에 따르면 미래 소비를 정확하게 예상할 수 있다.

★★
13. 다음중 항상소득가설에 대한 설명으로 올바르지 않은 것은?

① 일시소득이 증가하면 일시소비가 증가한다.
② 정부의 일시적인 세율인하의 정책효과는 낮다.
③ 소비는 항상소비와 일시소비의 합이다.
④ 항상소득 증가가 일시소비 증가에 영향을 주지 않는다.

★★
14. 다음 소비이론과 해당 내용이 올바르게 연결된 것은?

① 랜덤워크 소비가설－미래소비는 현재 소비와 확률적 오차의 합이다.
② 유동성 제약모델－개인은 원하는 만큼 자금을 빌릴 수 있기 때문에 현재 소비는 미래 소득을 기준으로 결정된다.
③ 항상소득가설－일시적인 세금인하는 일시적인 소비에 영향을 주기 때문에 정부의 단기 재정정책은 효과가 있다.
④ 생애주기가설－소비자들은 미래 소득에 대해서만 소비를 결정하기 때문에 자산의 보유여부는 소비에 영향을 주지 않는다.

★★
15. 다음 중 투자이론에 대한 설명으로 올바르지 않은 것은?

① 케인즈는 내부수익률이 시장이자율보다 높을 때 투자가 실행된다고 주장하였다.
② 기업의 투자자금 조달은 주식발행 → 사내유보자금 사용 → 자금의 차입순서로 조달한다.
③ 고전학파에 따르면 이자비용은 자본의 한계생산물가치와 동일하다.
④ 토빈의 q가 1보다 크면 기업은 투자를 증가시킨다.

정답과 해설

11 ③ 일시소득과 일시소득은 상관관계가 없다.

12 ④ 랜덤워크 소비가설에 따르면 소비행동에 영향을 미치는 다양한 변수들의 효과로 인해 미래의 소비를 정확하게 예상할 수 없다.

13 ① 일시소득의 변화는 일시소비의 변화에 영향을 주지 않는다.

14 ① 랜덤워크 소비가설은 미래의 소비＝현재의 소비＋오차항으로 설명한다. 유동성 제약모델은 현재의 소득수준에 맞게 소비를 결정하며, 항상소득가설에 따르면 일시적인 세금인하 효과는 없으며, 생애주기가설에 따르면 소비는 미래의 소득 뿐만 아니라 현재 보유하고 있는 자산도 영향을 미친다.

15 ② 기업의 투자자금 조달은 사내유보자금 → 차입 → 주식발행 순서로 자금을 조달한다.

★★

16. 토빈의 q에 대한 설명으로 올바른 것은?

① 토빈의 q=실질이자율/자본생산성으로 표시할 수 있다.
② 토빈의 q가 1보다 큰 것은 기업의 생산성이 조달비용보다 낮다는 것을 의미한다.
③ 토빈의 q가 1보다 낮으면 적대적 M&A의 위험이 생길 수 있다.
④ 주식시장이 비효율적이더라도 토빈의 q값은 신뢰할 수 있다.

★★

17. 다음 중 투자이론에 대한 설명으로 올바르지 않은 것은?

① 케인즈에 따르면 내부수익률이 시장이자율보다 크면 투자를 실행해야 한다.
② 기업은 투자 자금이 필요시 사내유보, 외부차입, 주식발행의 순서로 자금을 조달한다.
③ 토빈의 q가 1보다 크면 투자가 감소한다.
④ 투자자금의 한계비용이론에 따르면 투자금액이 증가할수록 투자의 한계수익은 감소한다.

★

18. 다음 중 토빈의 q이론에 대한 설명으로 잘못된 것은?

① 투자행위에 대한 시장의 평가를 반영한다.
② 주식시장이 비효율적이면 q값의 신뢰도가 낮아진다.
③ 토빈의 q=실질이자율/자본생산성으로 정의할 수 있다.
④ 투자결정과 실행에 시차가 존재하여 그 사이 주가가 큰 폭으로 변동하면 q값의 의미를 해석할 때 신중해야 한다.

★

19. 다음 중 투자이론에 대한 설명으로 적절하지 않은 것은?

① 주식발행을 통한 조달비용이 차입으로 인한 조달비용보다 더 크다.
② 신고전학파에 따르면 자본의 한계생산물의 가치가 자본비용보다 클 때 기업의 이윤극대화 목표를 달성할 수 있다.
③ 토빈의 q는 자본재시장가치/자본재 구입가격으로 나타낼 수 있다.
④ 토빈의 q가 1보다 작으면 투자가 감소한다.

★★

20. 다음 중 IS곡선에 대한 설명으로 틀린 것은? (단, IS곡선은 우하향함을 가정한다)

① 이자율은 투자와 음의 관계를 갖고 있다.
② 소득이 증가할 때 소비도 증가한다.
③ 정부지출은 이자율과 양의 관계를 갖고 있다.
④ 조세가 감소하면 IS곡선은 우측으로 이동한다.

★★

21. 다음 중 LM곡선에 대한 설명으로 틀린 것은? (단, LM곡선은 우상향함을 가정한다)

① 거래적 화폐수요와 투기적 화폐수요를 고려하여 LM곡선을 도출한다.
② 이자율과 LM곡선은 음의 관계가 있다.
③ 소득과 LM곡선은 양의 관계가 있다.
④ 화폐의 공급은 이자율의 양의 함수이다.

정답과 해설

16 ③ 토빈의 q=자본생산성/실질이자율, q>1이면 생산성이 조달비용보다 큰 것을 의미하며, 주식시장이 비효율적이면 토빈의 q의 신뢰성이 낮아진다.
17 ③ 토빈의 q가 1보다 크면 투자가 증가한다.
18 ③ 토빈의 q=자본생산성/실질이자율
19 ② 기업의 이윤극대화 목표를 달성하기 위해서는 자본의 한계생산물의 가치와 자본비용이 같아야 한다.
20 ③ 정부지출은 독립변수로 이자율과 관련이 없다.
21 ④ 화폐는 중앙은행에서 공급하며 이자율과 관계없는 독립변수이다.

★★★

22. 다음 중 재정정책과 통화정책에 대한 설명으로 올바른 것은?

① IS곡선이 우하향하고, LM곡선이 우상향하면 중앙은행의 화폐공급의 증가는 총생산량을 증가시킨다.

② 케인즈는 일시적인 세금감면은 정책적인 효과가 없다고 주장하였다.

③ 항상소득가설에 따르면 합리적인 경제주체는 일시적인 세금감면도 가처분 소득이 증가하기 때문에 소비를 증가시켜 IS곡선이 오른쪽으로 이동한다고 주장하였다.

④ 통화량 증가는 장기적으로 소득효과와 피셔효과로 인해 이자율을 하락시킨다.

★★

23. 다음 중 IS-LM 모형에 대한 설명으로 올바르지 않은 것은?

① 케인즈에 따르면 정부지출 증가는 구축효과가 발생하지 않는다.

② LM곡선이 수평일 때 확장재정정책은 구축효과로 인해 효과가 없다.

③ 극심한 경기불황으로 이자율이 더 낮아지지 않는 상황을 유동성 함정이라고 한다.

④ 피셔는 경기불황일 때 물가가 하락하게 되는 부채-디플레이션 이론을 통해 실질잔액효과를 비판하였다.

★★

24. 케인즈 학파 입장에서 IS-LM모형에 대한 설명으로 올바르지 않은 것은?

① 유동성 함정이 존재할 때는 재정정책의 효과가 통화정책보다 더 크다.

② 일반적으로 통화정책보다 재정정책을 더 선호한다.

③ 정부지출 확대시 구축효과가 최대한 많이 발생함을 주장한다.

④ 정부지출의 증가를 통해 국민소득의 증가를 가져올 수 있다고 믿는다.

★★

25. 고전학파 입장에서 IS－LM모형에 대한 설명으로 올바르지 않은 것은?

① 구축효과가 크기 때문에 정부의 지출증가는 국민소득 증대에 큰 효과가 없다.
② LM곡선이 수직이기 때문에 통화량 증가를 통해 국민소득을 높일 수 있다.
③ 통화정책이 재정정책보다 국민소득 증가에 더 효과적이라고 생각한다.
④ 이자율이 상승하면 LM곡선이 우측으로 평행이동한다.

★★

26. 재정지출 효과에 대해서 잘못 설명한 것은? (단, IS곡선은 우하향하고, LM곡선은 우상향을 가정한다)

① 정부의 재정지출이 증가하면 IS곡선은 왼쪽으로 수평이동한다.
② 고전학파 관점에서 재정지출 증가로 인한 총생산의 증가는 발생하지 않는다고 주장하였다.
③ 정부지출 증가는 시장이자율을 상승시킨다.
④ 정부지출 증가로 인해 민간투자는 감소한다.

정답과 해설

22 ① 케인즈는 일시적인 세금감면도 가처분소득의 증가를 가져와서 일시적인 세금감면도 정책 효과가 있다고 주장하였으며, 합리적 기대학파는 일시적인 세금감면은 일시적인 소득의 증가이고 미래에 감면된 세금만큼 더 세금을 내야 하기 때문에 소비가 증가하지 않는 리카르도 불변정리를 주장하였다. 통화량 증가는 단기적으로 이자율을 하락시키나 장기적으로 소득증가로 인한 화폐수요 증가, 물가상승으로 인한 피셔효과로 인해 이자율을 상승시킨다.

23 ② LM곡선이 수평일 때는 구축효과가 발생하지 않아 재정정책이 경기부양에 있어 큰 효과를 가져올 수 있다.

24 ③ 케인즈 학파는 구축효과가 크지 않으므로 재정정책이 통화정책보다 더 유효한 정책 수단이라고 주장한다.

25 ④ LM곡선이 수직일 경우 이자율 변화는 LM곡선의 변화를 가져오지 않는다. LM곡선이 우상향 하더라도 이자율 상승은 LM곡선상에서의 변화이다. 즉 LM곡선 자체의 이동은 이자율외의 다른 변수의 변화가 발생해야 한다.

26 ① 정부의 재정지출 증가는 IS곡선을 오른쪽으로 수평이동시킨다.

★★

27. 다음 중 IS－LM곡선에 대한 설명으로 올바르지 않은 것은?

① 피구효과가 항상 성립하기 때문에 불경기에도 정부의 정책개입은 필요하지 않으며, 피구효과는 다른 고전학파에 의해서 지지된다.

② 케인즈학파에 따르면 세금감면은 소비를 증가시키고, 결국 국민소득을 증가시킨다.

③ 리카르도 불변정리에 따르면 단기적인 세금인하는 소비증가에 효과가 없다.

④ 고전학파에 따르면 통화량 증가를 통한 경기부양은 장기적으로 이자율을 상승시키는 결과를 가져온다.

★★

28. 다음 중 통화량 증가를 통한 국민소득 증대에 대한 내용으로 올바르지 않은 것은? (단, IS곡선은 우하향하고, LM곡선은 우상향함을 가정한다)

① 통화량을 증가시키면 단기적으로 이자율이 하락한다.

② 통화량을 증가시키면 국민소득이 증가하고 이로 인해 화폐수요가 증가한다.

③ 통화량을 증가시키면 장기적으로 물가상승을 유발한다.

④ 통화량 증가는 장기적으로 이자율을 상승시키며 이는 피셔효과와 대체효과로 설명할 수 있다.

★

29. 다음 중 완전구축효과가 발생하는 상황으로 올바른 것은?

① 유동성 함정인 상황에서 정부지출을 확대시킨다.

② IS곡선이 우하향하고, LM곡선이 우상향할 때 정부지출을 증가시킨다.

③ IS곡선이 우하향하고, LM곡선이 우상향할 때, 통화량을 증가시킨다.

④ IS곡선이 우하향하고, LM곡선이 수직일 때, 정부지출을 증가시킨다.

★★

30. 다음 중 IS-LM모형에 대한 설명으로 올바른 것은?

① 피구효과는 대부분의 고전학파 학자들이 받아들이는 주장이다.

② 유동성함정은 극심한 경제불황으로 이자율이 매우 낮을 때 발생한다.

③ 피구효과는 극심한 불황시 물가가 낮아서 경제 전체의 부채의 가치가 증가하여 IS곡선을 우측으로 이동하는 효과이다.

④ 케인즈는 유동성함정인 상황에서 정부가 적극적인 통화정책을 사용해야 한다고 주장하였다.

★★

31. 다음 중 총공급(AS)곡선을 우측으로 이동시키는 상황은 어느 것인가?

① 기업의 생산성이 증가하였다.

② 정부의 지출이 증가하였다.

③ 중앙은행이 통화량 공급을 증가시켰다.

④ 개인의 소비가 증가하였다.

정답과 해설

27 ① 피구효과는 다른 고전학파 학자들에게도 비판을 받는 이론이다.

28 ④ 소득이 증가하여 화폐수요가 증가하는 것은 소득효과이며, 물가상승으로 인해 이자율이 상승하는 것은 피셔효과이다.

29 ④ 정부지출증가는 국민소득변화 없이 이자율만 상승시킨다.

30 ② 피구효과에 반대하는 많은 고전학파 학자들이 존재하며, 피구효과는 경기침체시 물가하락으로 인한 실질부가 증가하여 IS곡선을 우측으로 이동시키는 효과이며, 케인즈는 유동성함정인 상황에서 적극적인 재정정책을 사용하여 경기를 회복시킬 수 있다고 주장하였다.

31 ① 기업의 생산성 증가는 동일한 투입량으로 더 많은 생산물을 생산할 수 있기 때문에 AS곡선을 우측으로 이동시킨다. 나머지 선지는 AD곡선을 우측으로 이동시키는 원인이다.

★★

32. AD－AS곡선에 대한 설명으로 잘못된 것은? (단, AD곡선은 우하향하고, AS곡선은 우상향한다)

① 정부지출이 증가하면 AD곡선은 우측으로 이동한다.
② 세금이 증가하면 AD곡선은 좌측으로 이동한다.
③ 중앙은행이 화폐발행을 증가시키면 AS곡선은 우측으로 이동한다.
④ 물가변동은 AD－AS곡선상에서 이동이다.

★★

33. 총공급곡선에 대한 설명으로 잘못된 것은?

① 고전학파는 장기적으로 수직이라고 주장한다.
② 케인즈학파는 명목임금의 경직성으로 인해 총공급곡선은 우상향한다고 주장한다.
③ 재정지출이 증가하면 고전학파 관점에서는 총생산량이 감소한다.
④ 통화량이 증가하면 고전학파 관점에서는 물가만 상승한다.

★★

34. 다음중 AD－AS모형에 대한 설명으로 올바르지 않은 것은?

① 고전학파에 따르면 국민소득을 증가시키기 위해서는 총공급을 증가시켜야 한다.
② 케인즈학파에 따르면 확대통화정책을 통해서 국민소득을 증가시킬 수 있다.
③ 통화량 증가를 통해서 국민소득을 증가시키는 것을 화폐중립성이라고 한다.
④ 고전학파에 따르면 확대통화정책은 장기적으로 물가를 상승시킨다.

★

35. 다음 중 AD－AS모형에서 통화정책과 재정정책 효과에 대해서 올바르지 않은 것은?

① 케인즈에 따르면 통화공급은 총생산량을 증가시킨다.
② 케인즈에 따르면 확대통화정책은 물가를 상승시킨다.
③ 고전학파는 확대통화정책은 물가상승과 생산량 상승을 가져오고, 확대재정정책은 생산량 변화 없이 물가상승만 가져온다고 주장한다.
④ 케인즈에 따르면 확대통화정책은 화폐의 중립성이 성립하지 않는다.

★★

36. 다음 중 화폐수요이론에 대한 설명으로 올바른 것은?

① 중첩세대 모형의 이자율은 인구증가율보다 높다.
② 중첩세대 모형은 화폐의 가치저장 기능을 강조한다.
③ 케인즈에 따르면 이자율과 화폐수요는 음의 관계가 있다.
④ 케인즈는 거래적동기, 예비적 동기에 의해서만 화폐를 수요한다고 주장하였다.

★★★

37. 화폐수량방정식을 이용하여 통화량 증가율이 2%, 실질소득증가율이 2%, 화폐유통속도 변화율이 0%일 때 물가상승률을 계산하면?

① 0%　② 2%　③ 4%　④ 5%

★★

38. 통화량 증가율은 2%, 물가상승률은 2%, 실질 국민소득 증가율은 1%일 때, 화폐수량 방정식에 따르면 화폐의 유통 속도의 증가율은 어떻게 변하는가?

① 1% 증가　② 1% 감소　③ 2% 증가　④ 2% 감소

정답과 해설

32 ③ 중앙은행이 화폐를 발행하면 LM곡선이 우측으로 이동하고 이는 곧 AD곡선을 우측으로 이동시킨다.

33 ③ 고전학파는 AS곡선이 수직이라고 보기 때문에 재정지출이 증가하면 총생산량은 변화없이 물가만 상승한다.

34 ③ 화폐중립성은 통화정책이 경제의 실질 소득에 영향을 주지 않는다는 의미이며, 이는 고전학파가 주장하는 개념이다.

35 ③ 고전학파는 재정 · 통화정책 모두가 생산량 변화없이 물가상승만을 초래한다고 주장한다.

36 ② 중첩세대 모형은 화폐가 가치저장의 수단으로 작용하여 세대간 소비를 이연할 수 있어 이로 인한 사회적 후생의 증가를 보였다.

37 ① M%+V%=P%+Y%, 2%+0%=P%+2%이므로 물가상승률은 0%이다.

38 ① MV=PY의 수식에서 'M의 증가율+V의 증가율=P의 증가율+Y의 증가율'이 성립한다. 그러므로 V의 증가율은 1% 증가한다.

★★

39. 다음 중 보몰-토빈의 재고이론 모형에 대한 설명으로 올바른 것은?

① 실질 화폐수요는 거래적 수요와 투기적 수요로 구성되어 있다.

② 예금보유의 거래비용과 화폐보유의 기회비용의 합을 최대화하는 수준에서 화폐수요가 결정된다.

③ 화폐수요는 이자율과 음의 관계이며, 소득과는 양의 관계를 보여준다.

④ 소득이 많을수록 1회 인출액은 감소한다.

★

40. 다음 중 대부자금의 공급요인에 해당하지 않는 것은?

① 개인저축 증가

② 기업저축 증가

③ 기업투자 증가

④ 정부예산 흑자

★★

41. 다음 중 화폐수요에 대한 설명으로 틀린 것은?

① 재고이론모형에 따르면 화폐보유의 기회비용과 예금보유의 거래비용의 합을 최소화하는 수준에서 최적 화폐수요가 결정된다.

② 현대적 화폐수량설에 따르면 항상소득의 증가는 화폐수요의 증가를 초래한다.

③ 현대적 화폐수량설에 따르면 인플레이션 증가는 화폐수요의 감소를 초래한다.

④ 보몰-토빈의 거래적 화폐수요에 따르면 소득과 화폐수요는 음의 관계에 있다.

★★

42. 다음 중 화폐수요이론에 대한 설명으로 잘못된 것은?

① 재고이론모형에 따르면 화폐의 보유비용과 거래비용을 최소화하는 점에서 최적의 화폐수요량을 결정할 수 있다.

② 현대적 화폐수량설에 따르면 인플레이션이 증가할수록 화폐의 수요는 감소한다.

③ 자산선택이론에 따르면 이자율이 상승할 경우 화폐수요는 감소한다.

④ 현대적 화폐수량설에 따르면 부의 크기가 증가하면 대체로 화폐수요가 증가한다.

★★
43. 다음 중 그 효과가 다른 정책은 무엇인가?

① 중앙은행은 시중은행의 지급준비금을 증가시켰다.
② 중앙은행은 국채의 매입금액을 증가시켰다.
③ 중앙은행은 기준금리를 인하하였다.
④ 중앙은행은 재할인율을 인하하였다.

★
44. 시중은행이 현금을 보유하지 않는 경우, 중앙은행이 100억 원의 통화공급을 증가시키고, 지급준비율이 20%라면 통화량은 얼마인가?

① 80억 원
② 100억 원
③ 120억 원
④ 500억 원

정답과 해설

39 ③ 보물-토빈은 화폐수요에 있어 거래비용과 기회비용의 합을 최소화하는 수준에서 화폐수요가 결정된다고 보고, 그 결과 화폐수요는 이자율에 반비례하고 소득에 비례한다는 것을 보여주었다.

40 ③ 기업투자 증가는 대부자금의 수요를 증가시키는 요인이다.

41 ④ 소득이 증가할수록 화폐수요가 증가하며, 이자율이 증가할수록 화폐수요는 감소한다.

42 ③ 이자율이 상승할 경우 대체효과와 소득효과가 존재한다. 대체효과는 이자율 상승으로 인한 화폐보유비용이 증가하여 화폐수요가 감소하는 것이며, 소득효과는 이자율 상승으로 인해 소득이 증가하여 화폐수요가 증가하는 것이다. 대체효과가 소득효과보다 크면 이자율 상승으로 인한 화폐보유는 감소하며, 반대로 소득효과가 대체효과보다 크면 이자율 상승으로 인한 화폐보유는 증가한다.

43 ① 지급준비금의 증가는 시중통화량을 감소시키는 효과가 있으며, ②, ③, ④는 모두 통화량을 증가시키는 정책이다.

44 ④ $M = H/\delta = 100$억 원/20% = 500억 원

★★★

45. 현금통화비율이 0.2이고, 지급준비율이 10%이며, 본원통화가 100억 원 증가하면 통화량은 얼마인가?

① 327억 원 ② 357억 원
③ 360억 원 ④ 421억 원

★★★

46. 현금통화비율이 50%이고, 지급준비율이 10%이고, 본원통화가 10억 원이라면 통화량은 얼마인가?

① 10.2억 원 ② 15.2억 원
③ 18.2억 원 ④ 22.2억 원

★

47. 다음 중 현금을 보유하지 않는 경제를 가정할 경우, 본원통화 10억원을 발행하니 화폐공급이 100억 원이 된다면 통화승수는 얼마인가?

① 2배 ② 5배
③ 10배 ④ 20배

★

48. 다음 중 성격이 다른 통화량 조절 수단은 무엇인가?

① 공개시장조작 ② 화폐발행
③ 지준율의 변동 ④ 재할인율 변동

★★

49. 다음 중 중앙은행의 통화조절수단에 대한 설명으로 올바르지 않은 것은?

① 본원통화가 증가하면 시중의 통화량은 증가한다.

② 지급준비율을 인하하면 시중의 통화량은 증가한다.

③ 재할인율을 인하하면 시중이 통화량은 증가한다.

④ 중앙은행이 국채를 매각하면 시중이 통화량은 증가한다.

★★

50. 현금통화비율이 0.5이고, 지급준비율이 20%, 본원통화 100억 원, 은행의 초과지준금이 20억 원이라면 통화량은 얼마인가?

① 133억 원 ② 147억 원 ③ 167억 원 ④ 201억 원

★★

51. 다음 중 내생적 화폐공급에 대한 설명으로 올바르지 않은 것은?

① 신용승수가 동일하더라도 초과지준금이 증가하면 화폐의 공급량은 덜 증가한다.

② 화폐의 공급량은 이자율 상황에 따라 변동할 수 있다.

③ LM곡선의 기울기가 가파라져서 금융정책의 효과가 감소한다.

④ 통화정책보다 재정정책이 더 효과적인 정책으로 인식될 수 있다.

정답과 해설

45 ② $M = H/[c+\delta(1-c)] = 100/[(0.2+0.1\times(1-0.2)] = 100/0.28 = 357$억 원

46 ③ $M = [1/(c+\delta(1-c))]\times H = 1/(0.5+0.1\times 0.5)\times 10$억 원 $= 18.2$억 원

47 ③ M=본원통화/통화승수, 100억 원=10억 원/통화승수 → 통화승수는 10배이다.

48 ① 공개시장조작은 중앙은행이 국채를 매입 · 매도하며 금융시장을 통해 간접적으로 통화량을 조절하는 정책이며 나머지는 중앙은행이 직접적으로 통화량을 조절하는 정책이다.

49 ④ 중앙은행이 국채를 매각하면 시장의 통화가 감소한다.

50 ① $M = 1/[c+\delta(1-c)]\times(H-ER) = [1/(0.5+0.1)]\times(100-20) = 80$억 원$/0.6 = 133$억 원

51 ③ LM곡선의 기울기가 완만해져서 통화정책의 효과가 감소할 수 있다.

★

52. 이자율에 대한 다음 설명 중 올바르지 않은 것은?

① 고전학파에 따르면 이자율은 저축과 투자에 의해서 결정된다.
② 케인즈학파에 따르면 이자율은 화폐의 수요와 공급에 의해서 결정된다.
③ 현대적 대부자금설에 따르면 이자율은 대부할 수 있는 자금의 공급과 수요에 의해서 결정된다.
④ 정부예산적자와 화폐퇴장의 증가는 대부자금 공급에 해당한다.

★★

53. 경기변동과 이자율에 대한 설명으로 올바른 것은?

① 경기확장국면 초기에는 이자율이 상승하고, 시간이 지날수록 이자율은 하락한다.
② 경기수축국면 초기에는 이자율이 하락하고, 시간이 지날수록 이자율이 상승한다.
③ 이자율은 경기변화에 따라 즉각적으로 반응한다.
④ 경기확장국면이 지속되면 기업의 내부투자 수요가 내부적으로 조달되는 자금보다 많아진다.

★

54. 통화정책 변화에 따른 이자율변동에 대해서 올바르게 설명한 것은?

① 통화량이 증가하면 투자가 감소한다.
② 통화확장 정책은 단기적으로 이자율을 상승시킨다.
③ 소득효과와 피셔효과로 인해 통화공급은 명목이자율을 상승시킨다.
④ 통화량이 증가하면 화폐공급곡선이 좌측으로 이동하며 이를 유동성효과라고 한다.

★★

55. 다음 중 이자율 기간구조에 대한 설명으로 잘못된 것은?

① 불편기대이론은 만기에 관계없이 모든 채권의 완전대체를 가정한다.
② 미래의 이자율이 하락할 것으로 예상되면 유동성 프리미엄 이론에 의해 만기수익률 곡선도 우하향하는 형태만을 갖는다.
③ 시장분할 이론은 만기에 따른 채권의 대체가 불가능함을 가정한다.
④ 유동성프리미엄이론에 따르면 만기가 길어질수록 유동성 프리미엄의 크기도 같이 증가하는 경향이 있다.

★★

56. 노동의 수요와 공급에 대한 설명으로 알맞은 것은?

① 임금이 증가하면 노동의 공급은 지속적으로 증가한다.
② 노동의 공급곡선은 후방굴절형이다.
③ 임금이 증가할수록 노동의 대체효과가 소득효과보다 커진다.
④ 실질임금은 노동의 한계생산물과 노동의 가격의 곱이다.

★★

57. 다음 중 노동에 대한 설명으로 올바르지 않은 것은?

① 임금이 상승할 때 노동시간이 증가하는 것은 임금의 대체효과가 소득효과보다 크기 때문이다.
② 임금이 일정 수준 이상 상승하면 노동 공급의 감소가 일어난다.
③ 경제활동인구를 노동력이라고 한다.
④ 케인즈에 따르면 실업을 줄이기 위해서 정부는 취업박람회와 같은 것을 지원하여 구직자와 구인자의 탐색 행위를 도와주어야 한다.

정답과 해설

52 ④ 정부예산적자와 화폐퇴장은 대부자금의 수요이다.

53 ④ 경기확장국면 초기에는 이자율이 하락하고, 시간이 지날수록 이자율은 상승하며, 경기수축국면은 경기확장국면과 반대이다. 이자율은 일반적으로 경기변동에 시차를 두고 반응한다.

54 ③ 통화량이 증가하면 단기적으로 화폐공급곡선이 우측으로 이동하는 유동성효과가 발생하여 이자율이 하락하고 투자가 증가한다.

55 ② 미래의 이자율이 하락할 것으로 기대하더라도 유동성 프리미엄으로 인해 만기수익률 곡선은 우상향 혹은 수평의 형태를 가질 수 있다.

56 ② 노동의 공급곡선은 후방굴절형이기 때문에 임금이 증가하면 어느 순간부터 노동의 공급은 감소하며, 이 구간은 노동의 소득효과가 노동의 대체효과보다 클 때 발생한다. 실질임금은 노동의 한계생산물을 물가수준으로 나눈 값이다.

57 ④ 구직자와 구인자의 탐색 행위를 도와주어야 한다고 주장하는 것은 고전학파이며, 케인즈 학파의 경우 실업은 구조적인 문제이기 때문에 수요를 증가시켜서 실업에 대처해야 한다고 주장한다.

★★

58. 노동에 대한 설명으로 잘못된 것은?

① 노동의 수요는 기업이 결정한다.
② 임금이 충분히 많이 상승하면 노동의 소득효과가 대체효과보다 클 수 있다.
③ 노동의 대체효과가 소득효과보다 커지는 구간에서 임금상승은 노동시간의 감소를 가져온다.
④ 노동의 수요곡선은 후방으로 굴절하는 형태를 갖는다.

★★

59. 다음 자료를 이용하여 실업률을 계산하면 얼마인가?

전체 인구 1,000만 명, 비경제활동인구 200만 명, 취업자 650만 명

① 15.85%　② 18.75%
③ 20.0%　④ 22.75%

★

60. 총인구가 1,000만 명, 15세미만 인구 100만 명, 비경제활동인구 100만 명, 취업자가 700만명이면 실업율은 얼마인가?

① 12.5%　② 14.5%
③ 20.5%　④ 25.5%

★★

61. 다음 중 케인즈학파의 실업에 대한 설명으로 올바르지 않은 것은?

① 실업은 시장의 실패이기 때문에 정부가 적극적으로 개입해야 한다.
② 실업이 발생하는 중요한 이유는 명목임금이 경직적이기 때문이다.
③ 노동자는 화폐환상을 갖고 있다고 주장한다.
④ 직장을 구하는 탐색비용을 낮추는 것이 실업에 대한 근본적인 해결책이다.

★★

62. 다음 중 고전학파의 실업에 대한 설명으로 잘못된 것은?

① 노동자는 물가를 완전하게 예측한다.

② 임금은 신축적으로 움직인다.

③ 노동시장은 균형에 있으며, 정보가 완전하지 않아서 일시적인 실업이 발생할 수 있다.

④ 실업을 해결하기 위해서는 정부의 확대재정정책과 같은 적극적인 시장개입이 필요하다.

★

63. 실업률을 줄일 수 있는 방법 중 그 성격이 다른 하나는 무엇인가?

① 정부의 적극적인 확대재정정책

② 취업박람회의 개최

③ 기업들이 대학교 취업센타를 활용하여 구직공고를 적극적으로 개시함

④ 정부는 취업자에게 취업사이트 가입비를 지원함

정답과 해설

58 ③ 노동의 대체효과가 소득효과보다 큰 구간에서 노동자는 일을 더 많이 하기 때문에 노동시간의 증가를 가져온다.

59 ② 실업률=실업자/경제활동인구=150만 명/800만 명=18.75%

60 ① 실업자 100만명, 경제활동인구 800만명, 실업률=실업자/경제활동인구=100/800=12.5%

61 ④ 탐색비용을 낮추는 것은 고전학파가 제시한 실업해결 방법이다.

62 ④ 정부의 적극적인 총수요관리 정책은 케인즈학파의 주장이다.

63 ① 케인즈는 취업은 시장의 구조적인 실패이기 때문에 정부가 적극적으로 유효수요를 창출하여 실업에 대처해야 한다고 하였으며, 고전학파는 실업을 시장실패로 보지 않고 일시적인 요인으로 보았으며, 실업해결을 위해 기업과 구직자의 탐색비용을 낮추어야 한다고 주장하였다.

★

64. 다음 중 아래 정보를 이용하여 물가상승률을 계산하면 얼마인가?

실질이자율 2%, 명목이자율 3%

① 0% ② 1% ③ 2% ④ 3%

★★

65. 다음 중 필립스 곡선에 대한 설명으로 올바르지 않은 것은?

① 단기필립스 곡선에서 실업률과 물가상승률은 역의 관계에 있다.
② 정부는 다양한 경제정책을 통해 단기적으로 실업률을 낮추고 물가상승률을 낮출 수 있다.
③ 장기에는 실업률과 물가상승률은 아무런 관계가 없다.
④ 스태그플레이션은 물가도 상승하며 실업률도 높아지는 현상이다.

★

66. 다음 중 필립스 곡선에 대한 설명으로 올바르지 않은 것은?

① 단기 필립스 곡선에서 실업률과 임금상승률이 역의 관계에 있다.
② 단기적으로 정부는 실업률과 임금상승률의 상충관계에서 선택을 해야 한다.
③ 장기적인 필리스곡선은 자연실업률 수준에서 우상향한다.
④ 장기적으로는 정부의 수요정책의 확대 혹은 축소를 통해 실업률을 통제할 수 없다.

★★

67. 다음 중 환율변화와 무역수지에 대한 설명으로 올바르지 않은 것은?

① 환율의 평가절하로 인해 무역수지가 개선되기 위해서는 양국의 수입수요의 가격탄력성의 합의 절대값이 1보다 작아야 한다.
② 정부가 무역수지 개선을 위해 환율을 평가절하하면 일시적으로 무역수지 적자가 심화된다.
③ 정부가 무역수지 개선을 위해 환율을 평가절하하면 장기적으로 무역수지는 S자 모양으로 움직이다.
④ 일반적으로 무역수지가 흑자이면 환율은 평가절상된다.

★
68. 정부가 환율을 평가절하하면 시간의 흐름에 따라 무역적자와 흑자가 반복하는 것을 설명하는 것은 무엇인가?

① J-Curve 이론
② S-Curve이론
③ 마셜-러너 조건
④ 오버슈팅 모형

★★
69. 다음을 설명하는 환율 결정모형은 무엇인가?

- 예상치 못한 외부적인 교란은 일시적으로 환율을 장기균형수준에서 대폭 이탈하게 만든다.
- 시간이 지날수록 환율은 장기 균형수준으로 복귀한다.

① 오버슈팅모형
② J-Curve 모형
③ 통화론적 모형
④ 구매력 평가설

정답과 해설

64 ② 피셔방정식에 따르면 명목이자율=물가상승률+실질이자율, 3%=물가상승률+2%, 물가상승률은 1%

65 ② 단기에는 정책당국은 실업률과 물가상승률 사이에서 선택을 해야 한다. 즉 실업률을 낮추기 위해서 어느 정도의 물가상승을 용인하는지가 정책당국의 정책선택이다.

66 ③ 장기적인 필립스 곡선은 자연실업률 수준에서 수직이다.

67 ① 마샬-러너 조건이 충족되기 위해서는 양국의 수입수요의 가격탄력성의 합의 절대값이 1보다 커야 한다.

68 ② 시간의 흐름에 따른 무역적자와 흑자가 반복하여 S자 모양을 갖고 있어 S-Curve이론이라고 한다.

69 ① 오버슈팅모형에 대한 설명이다.

★★

70. 다음 중 환율제도와 경제정책효과에 대한 설명으로 올바르지 않은 것은?

① 고정환율제도에서는 상대적으로 재정정책의 효과가 통화정책의 효과보다 크다.

② 변동환율제도에서는 통화정책의 독자성이 유지될 수 있다.

③ 변동환율제도에서는 해외 충격이 환율변동으로 흡수되기 때문에 국내 경제 안정을 도모할 수 있다.

④ 고정환율제도에서는 환율을 안정적으로 유지하기 위해 저금리 정책을 사용해야 한다.

★

71. 다음 중 고정환율제도에 대한 설명으로 올바르지 않은 것은?

① 환율이 안정적이기 때문에 국제무역이 확대될 수 있다.

② 국제수지 불균형시 자동적 조절이 가능하다.

③ 충분한 외화준비금을 보유해야 한다.

④ 명목환율과 실질환율의 괴리가 크면 외환거래를 하는 암시장이 발생할 수 있다.

★★

72. 다음 중 변동, 고정환율 제도에 대한 설명으로 올바르지 않은 것은?

① 변동환율제도에서는 통화정책의 효과가 재정정책 효과보다 크다.

② 고정환율제도에서는 재정정책의 효과가 통화정책 효과보다 크다.

③ 변동환율제도하에서는 환투기가 성행할 수 있다.

④ 고정환율제도에서는 해외부문의 충격을 환율이 흡수한다.

★★

73. 다음 중 균형국민소득 결정에 대한 설명으로 가장 올바른 것은?

① 투자가 독립투자일 경우 저축을 많이 할수록 더 많은 국민소득이 창출된다.

② 투자가 유발투자(국민소득의 함수)일 경우 저축을 많이 할수록 더 많은 국민소득을 얻게 된다.

③ 투자가 이자율의 함수일 경우 이자율이 하락하면 국민소득이 증가한다.

④ 투자는 어떤 경우라도 국민소득에 영향을 주지 않는다.

★

74. 경기변동의 특징으로 알맞지 않은 것은?

① 경기변동은 경제전반의 총체적인 변화이다.
② 경기변동은 지속성이 있다.
③ 경기변동은 특정국가에만 나타난다.
④ 경기변동은 수축과 확장을 반복한다.

★

75. 경기변동에 대한 설명으로 알맞지 않은 것은?

① 경기순환은 추세, 계절적 요인, 순환적요인, 불규칙요인의 합이다.
② 기준순환일은 국민경제 전체의 순환변동에서 국면전환이 발생하는 경기전환점이다.
③ 경기순환의 확장국면은 호황과 후퇴로 구성된다.
④ 우리나라의 경기변동은 대체로 경기확장은 길고 완만하며 경기수축은 짧고 가파르다.

★

76. 다음 중 경기순환을 구성하는 요인이 아닌 것은?

① 추세요인　　② 순환요인
③ 정책요인　　④ 계절요인

정답과 해설

70 ④ 고정환율제도를 유지하기 위해 충분한 외화준비금을 보유하고 있어야 하며, 환율이 목표수준에서 벗어나면 정부는 보유하고 있는 외화준비금을 통해 외환시장에 개입하여 환율을 조정해야 한다.
71 ② 변동환율하에서 국제수지 불균형이 자동적으로 조절이 된다.
72 ④ 변동환율 제도에 대한 설명이다.
73 ③ 투자가 독립투자라면, 즉 외생변수일 경우 저축을 많이 하면 국민소득이 감소하고, 투자가 소득의 함수일 때에도 저축을 많이 하면 국민소득이 감소한다.
74 ③ 경기변동은 모든 국가에서 나타나는 보편적인 현상이다.
75 ③ 확장국면은 회복 → 호황이며, 수축국면은 후퇴 → 불황국면으로 구분된다.
76 ③ 추세요인, 순환요인, 계절요인, 불규칙 요인이 경기순환을 구성한다.

★★
77. 다음 중 경기동행지수는 무엇인가?

① 재고순환지표
② 소매판매액지수
③ CP유통수익률
④ 코스피지수

★★★
78. 다음 정보를 이용하여 기업경기실사지수를 계산하면?

설문조사 기업수 200곳, 경기가 좋아질 것으로 응답한 업체수 150, 경기가 하락할 것으로 응답한 업체수 50

① 100
② 150
③ 180
④ 200

★★
79. 다음 중 그 성격이 다른 경제지표는 무엇인가?

① 취업자수
② 광공업생산지수
③ 서비스업생산지수
④ 내수출하지수

★
80. 앞으로 경기가 좋아질 것으로 보는 기업이 120곳 있고, 경기가 안 좋아질 것으로 전망하는 기업이 80곳 있다면 기업경기실사지수는 얼마인가?

① 100
② 120
③ 200
④ 250

★★

81. 다음 중 경기후행지수가 아닌 것은?

① 취업자수 ② 광공업생산지수 ③ CP유통수익률 ④ 소비재수입액(실질)

★★

82. 다음 중 경기변동원인에 대한 설명으로 올바르지 않은 것은?

① 케인즈는 경기변동은 투자의 불안정성으로 발생한다고 주장했다.
② 화폐량의 변동으로 경기변동이 발생할 수도 있다.
③ 기술충격은 경기변동의 원인이 될 수 있다.
④ 케인즈는 경기변동은 시장외부 요인에 의해서 발생되는 시장실패라고 보았다.

★★★

83. 다음 중 경제성장이론에 대한 설명으로 올바르지 않은 것은?

① 해로드-도마 모형에서 균형이 이탈되면 자동적으로 균형으로 회복되며 이를 면도날 균형이라고 한다.
② 솔로우 모형에 따르면 경제성장을 위해서는 인구증가율을 낮추어야 한다.
③ 솔로우 모형에 따르면 황금률에서 최대의 소비를 할 수 있다.
④ 솔로우 모형은 수확체감의 생산함수를 가정한다.

정답과 해설

77 ② 소매판매액지수는 경기동행지수이며, 재고순환지표와 코스피지수는 경기선행지수이고, CP유통수익률은 경기후행지수이다.

78 ② BSI=[(긍정적 기업수-부정적 기업수)/전체기업수]×100+100=(150-50)/200×100+100=150

79 ① 취업자수는 후행종합지수이고 나머지는 동행종합지수이다.

80 ② BSI=[(긍정적 기업 수-부정적 기업 수)/전체 기업 수]×100+100=(120-80)/200+100=120

81 ② 광공업생산지수는 경기동행지수이다.

82 ④ 케인즈는 경기변동은 투자의 불안정성으로 인해 발생한다고 보았으며 이는 시장 안에서 발생하는 내생적인 요인이기 때문에 시장실패로 보았다.

83 ① 해로드-도마 모형에서 균형에서 이탈되면 다시 균형으로 회복할 수 없으며, 이를 면도날 균형이라고 한다.

★★

84. 다음 중 헤로드-도마 모형에 대한 설명으로 올바르지 않은 것은?

① 자본과 노동은 대체가 되어 생산에 투입된다.
② 인구증가율은 외생적으로 결정된다.
③ 면도날 균형으로 인해 균형에서 이탈하면 다시 균형으로 회복할 수 없다.
④ 저축은 산출량의 일정비율로 표현할 수 있다.

★★★

85. 신고전학파의 경제성장 모형에 대한 설명으로 알맞은 것은?

① 저축이 증가하면 균형자본량이 감소한다.
② 황금률에서 경제주체는 가장 높은 경제성장을 할 수 있다.
③ 황금률은 실질이자율과 인구증가율이 일치할 때 달성된다.
④ 경제는 지속적으로 성장하여 경제성장률은 0%가 될 수 없다.

★★

86. 다음 중 신고전학파의 경제성장에 대한 설명으로 잘못된 것은?

① 경제 전체의 균형자본량이 존재한다.
② 저축률이 증가하면 단기적으로 경제는 성장한다.
③ 인구증가율이 감소하면 장기적으로 1인당 GDP 성장률은 0이 된다.
④ 자본의 황금률은 경제의 균형자본량에서 결정된다.

★★

87. 다음중 경제성장이론에 대한 설명으로 올바르지 않은 것은?

① 솔로우-스완 모형에 따르면 언젠가 경제성장률은 0으로 수렴한다.
② 1인당 자본이 최대가 되는 점에서 경제성장률은 최대가 된다.
③ 황금률은 1인당 소비를 최대화 하는 1인당 자본량이다.
④ 개발도상국은 인구증가 속도를 늦춰야 1인당 소득이 증가할 수 있다는 시사점을 준다.

★★

88. 다음 중 내생적 생산이론에 대한 설명으로 잘못된 것은?

① 인적자원의 외부효과로 인해 생산함수는 규모에 대해서 체감하지 않는다.
② 선진국의 경제성장률이 후진국의 경제성장률보다 높게 나타날 수 있다.
③ 장기적으로 경제는 꾸준히 성장한다.
④ 신슘페터는 창조적 파괴를 통해서 외생적인 기술발전을 통해 경제가 성장한다고 보았다.

★★

89. 다음 중 내생적 성장이론에 대한 설명으로 올바르지 않은 것은?

① 모형내에서 기술발전을 가정한다.
② 자본의 한계생산성은 체감함을 가정한다.
③ 선진국과 개발도상국의 성장률의 점근현상이 발생하지 않는 것을 잘 설명한다.
④ 신슘페터 모형에 따르면 기술진보를 위해 일정부분 독점이윤을 허용해야 한다.

정답과 해설

84 ① 자본과 노동은 고정계수로 생산에 투입되어 서로 대체될 수 없다.

85 ③ 황금률은 실질이자율과 인구증가율의 기울기가 일치할 때 발생하며, 그 점이 황금률이며, 황금률에서 경제주체의 소비가 극대화된다.

86 ④ 자본의 황금률은 실질이자율과 인구증가율이 일치할 때 발생하며, 이때 1인당 소비를 최대화할 수 있다.

87 ② 1인당 자본이 최대가 되는 점에서 경제성장률은 0으로 수렴한다.

88 ④ 창조적 파괴는 기업내부의 혁신을 통해 기술개발이 이루어지기 때문에 외생적인 기술개발을 전제로 하지 않아도 경제는 성장할 수 있다.

89 ② 자본의 한계생산성은 일정 혹은 체증함을 가정한다.

03 기업금융·포트폴리오 관리

1과목_증권분석기초

★★

01. 다음 중 주주와 경영자의 대리인 비용을 줄이는 방법이 아닌 것은?

① 경영자에게 기업 성과에 따른 보상이 가미된 성과급제 형태의 보상을 제공한다.
② 경영자의 횡령에 대한 처벌을 강화한다.
③ 적대적 M&A를 활성화한다.
④ 기업의 유보율을 증가시킨다.

★

02. 다음 중 경영자와 주주와의 대리인 문제를 해결하는 방법으로 가장 적절하지 않은 것은?

① 적대적 M&A 활성화
② 법과 제도를 강화하여 경영자의 횡령 혹은 배임에 대한 처벌강화
③ 은행으로부터 자금 차입시 다양한 차입조건 부여
④ 주가 상승 혹은 기업성과 증가에 따른 성과급을 경영자에게 지급

★

03. 액면가 100만원의 채권이 있으며, 만기는 존재하지 않는다. 이 채권은 1년에 한 번 후급으로 액면이자율 5%를 지급한다. 현재 시장이자율이 10%라면 이 채권의 적정 가치는 얼마인가?

① 50만원 ② 80만원
③ 100만원 ④ 120만원

★★★

04. 다음 중 자본예산에서 사용하는 현금흐름 추정과 관련이 없는 것은?

① 세전기준의 현금흐름을 사용한다.
② 투자안으로부터 부수적으로 발생되는 현금흐름도 포함한다.
③ 이자비용은 현금흐름에 반영하지 않는다.
④ 증분기준으로 현금흐름을 추정한다.

★

05. 다음 중 투자안의 현금추정 원칙으로 올바르지 않은 것은?

① 세전기준으로 현금흐름을 추정한다.
② 이자비용은 고려하지 않는다.
③ 매몰원가는 현금흐름에 반영하지 않는다.
④ 부수효과가 발생하면 이는 현금흐름에 반영한다.

★★

06. 다음 중 자본예산의 타당성 분석방법에 대한 설명으로 틀린 것은?

① 회수기간법은 회수기간 이후의 현금흐름을 고려하지 않는다.
② 순현가가 0보다 클 때 투자를 실행한다.
③ IRR이 자본비용보다 클 때 투자를 실행한다.
④ 회계적이익률은 투자자금의 기회비용을 고려한다.

★★★

07. 다음 중 NPV와 IRR에 대한 설명으로 잘못된 것은?

① NPV와 IRR이 서로 다른 투자의사결정 결과를 보여주면 항상 IRR방법을 따른다.
② NPV는 가치가산원칙이 적용되나 IRR은 가치가산원칙이 적용되지 않는다.
③ NPV방법은 재투자 수익률이 자본비용이며, IRR은 재투자 수익률이 IRR이다.
④ IRR은 단일해를 보장하지 않을 수도 있다.

정답과 해설

01 ④ 유보율이 증가하면 기업내 현금이 많이 존재하게 되며, 이는 경영자의 특권적 소비를 더 많이 하게 만들 유인이 되어 경영자와 주주의 대리인 비용이 더 증가할 수 있다.
02 ③ 은행 차입시 다양한 차입조건 부여는 채권자와 주주의 대리인 문제를 해결하는 방법이다.
03 ① 영구채권의 현재가치=5만원/10%=50만원
04 ① 자본예산시 현금흐름은 세후 기준으로 추정하여 사용한다.
05 ① 현금흐름은 세후기준으로 추정해야 한다.
06 ④ 회계적 이익률은 투자원금과 회계적 이익을 고려하기 때문에 투자자금의 기회비용은 고려하지 않는다.
07 ① NPV가 우수한 방법이기 때문에 IRR 방법과 NPV방법이 서로 다른 결과를 가져오면 NPV방법을 따라야 한다.

★★

08. 다음 중 투자의사결정에 대한 설명으로 가장 적절하지 않은 것은?

① 상호배타적인 투자안에 있어 NPV법과 IRR법의 의사결정이 다르면 NPV법에 따라 의사결정을 한다.

② 투자금액의 제한이 있을 경우 수익성지수가 가장 큰 투자안을 선택한다.

③ NPV법은 연평균투자수익률이 재투자수익률이다.

④ 회수기간법에 따르면 회수기간이 가장 빠른 투자안을 선택한다.

★★

09. NPV가 100이며, 투자원금이 120일 경우 PI계산으로 올바른 것은?

① 0.80 ② 0.83

③ 0.92 ④ 1.20

★★★

10. 자기자본비용이 10%, 타인자본 비용이 5%, 법인세율 20%, 부채비율이 100%일 경우 WACC를 계산하면 얼마인가?

① 7% ② 7.5%

③ 10% ④ 15%

★

11. 다음 중 자본구조이론에 대한 설명으로 올바르지 않은 것은?

① 순이익접근법에 따르면 타인자본 사용이 증가할수록 기업가치는 증가한다.

② 전통적접근법에 따르면 타인자본 사용이 극단적으로 높으면 기업가치는 감소한다.

③ 순영업이익 접근법은 타인자본의 규모와 관계없이 기업가치는 일정하다.

④ 법인세가 존재하지 않는 MM이론에 따르면 타인자본 사용비중이 증가할수록 기업가치는 감소한다.

★★

12. 자본구조이론에 대한 설명으로 올바르지 않은 것은?

① 법인세가 존재할 때 MM이론에 따르면 타인자본비중이 증가할수록 기업가치는 증가한다.

② MM이론에 따르면 법인세가 존재할 때와 존재하지 않을 때 기업가치의 차이는 부채의 법인세 절감효과의 현재가치이다.

③ 법인세와 개인소득세가 존재할 경우 기업가치는 타인자본사용에 따라 증가한다.

④ 지나친 타인자본 사용은 파산비용의 현재가치를 증가시킨다.

★★★

13. 다음 중 자본구조이론에 대한 설명으로 가장 올바른 것은?

① MM(1958)에 따르면 최적 자본구조는 존재하지 않는다.

② MM(1963)에 따르면 타인자본을 사용할수록 가중평균자본비용은 증가한다.

③ MM(1963)에 따르면 100% 타인자본으로 구성된 기업의 가중평균자본비용은 타인자본비용 x(1 −법인세율)로 수렴한다.

④ 파산비용을 고려할 경우 최적자본구조는 부채를 사용하지 않는 것이다.

정답과 해설

08 ③ NPV법의 재투자수익률은 자본비용이다.

09 ② PI=NPV/투자금액=100/120=0.83

10 ① 부채비율=D/E=100%, D=1, E=1, 자기자본조달 비중=1/2=50%, 타인자본조달비중 50%, WACC=10%×50%+5%×(1−20%)×50%=5%+2%=7%

11 ④ 법인세가 없을 경우 MM이론에 따르면 타인자본 사용비중과 관계없이 기업의 가중평균자본비용은 일정하여 기업가치는 변동없다. 즉 기업의 자본구조와 기업가치는 무관련하다.

12 ③ 법인세와 개인소득세가 존재할 경우 기업가치는 타인자본사용에 따라 변화하지 않는다.

13 ① MM(1963)에 따르면 타인자본을 사용할수록 가중평균자본비용은 하락하며, 100% 타인자본만 사용할 경우 가중평균 자본비용은 기업의 사업위험만 반영된 자본비용 x(1−t)로 수렴한다. 파산비용을 고려할 경우 최적자본구조는 존재한다.

★★

14. 부채를 사용하지 않는 A 기업은 영업이익이 10억 원이며, 10억 원의 영업이익은 영구적으로 발생할 것으로 예상한다. 현재 A 기업의 가중평균자본비용은 10%이다. A 기업의 한계법인세율은 40%이다. A 기업의 기업가치는 얼마인가? (단, MM(1963)이 성립하고 회계이익과 현금흐름은 같다고 가정한다)

① 60억 원 ② 100억 원
③ 120억 원 ④ 160억 원

★★★

15. A 기업은 무부채 기업이며 기업가치는 100억 원이다. A 기업은 50억 원의 부채를 조달하여 자사주를 시가로 매입함으로써 부채비율을 100%로 변경하고자 한다. A 기업이 직면하는 법인세율이 40%일 때, 자본구조 변경을 한 이후 A 기업가치는 얼마인가? (단, 자본구조를 제외하고 A 기업의 영업 등에 대한 사항은 변함이 없다. MM(1963)이 성립한다)

① 80억 원 ② 100억 원
③ 120억 원 ④ 150억 원

★★

16. 다음 중 최적자본구조에 대한 설명으로 올바르지 않은 것은?

① 파산비용이 존재할 경우 파산비용의 현재가치합계와 법인세로 인한 절세효과의 가치를 고려하여 최적자본구조가 결정된다.
② 대리비용이 존재할 경우 부채의 대리비용과 자기자본의 대리비용의 합계가 최소인 점에서 최적자본구조가 결정된다.
③ 기업가치를 극대화하는 최적자본구조에서 기업의 자본비용은 가장 높다.
④ 법인세가 존재하는 MM이론에서 최적자본구조는 가능한한 많은 타인자본을 사용하는 것이다.

★★

17. 다음 중 대리비용에 대한 설명으로 올바른 것은?

① 대리비용은 주주와 경영자 사이에 존재하며, 주주와 채권자 사이에는 대리비용이 존재하지 않는다.

② 대리비용에는 감시비용, 확증비용만이 있다.

③ 부채비율이 높은 기업의 경우 과소 혹은 과대투자 문제가 발생할 수 있다.

④ 대리비용을 줄이는 방법은 존재하지 않는다.

★★

18. 다음 중 주주와 경영자간의 대리인 비용에 해당하지 않는 것은?

① 파산비용 ② 감시비용

③ 확증비용 ④ 잔여손실

★★

19. 부채비율이 높을 경우 발생할 수 있는 상황이 아닌 것은?

① 주주는 위험투자안을 선호하는 현상이 발생한다.

② 기업은 과소투자하는 현상이 발생한다.

③ 주주는 회사의 자금을 횡령하려는 유인이 발생한다.

④ 기업은 NPV>0인 투자를 하려는 유인이 항상 발생한다.

정답과 해설

14 ① 무부채 기업가치=EBIT×(1−t)/자본비용=10억 원×(1−40%)/10%=60억 원

15 ③ 부채기업가치=무부채기업가치+B×t=100억 원+50억 원×40%=120억 원

16 ③ 현금흐름이 동일할 경우 기업의 자본비용이 가장 낮을 때 기업가치는 최대가 된다. 그러므로 최적자본구조에서 기업의 자본비용은 최소가 된다.

17 ③ 채권자와 주주의 대리인 문제시 과대 혹은 과소 투자문제가 발생할 수 있다.

18 ① 경영자와 주주간에 발생하는 대리인 비용에 파산비용은 포함되지 않는다.

19 ④ 기업은 NPV>0인 투자를 거부하려는 유인이 발생한다. 즉 과소투자 문제가 발생할 수 있다.

★★

20. 다음 중 최적자본구조에 대한 설명으로 가장 올바른 것은?

① 신호효과에 따르면 최적자본구조는 존재하지 않는다.

② 대리인 비용이론에 따르면 주주와 채권자, 주주와 경영자의 대리인 비용이 최소가 되는 점에서 최적 자본구조가 존재한다.

③ MM(1958)에 따르면 최적자본구조는 부채를 최대한 많이 사용하는 것이다.

④ MM(1963)에 따르면 최적자본구조는 부채를 사용하지 않는 것이다.

★★

21. 배당이론에 대한 설명으로 올바르지 않은 것은?

① 일반적으로 모든 것이 동일할 때 배당을 하는 기업의 가치는 그렇지 않은 기업보다 더 높다.

② 배당을 적게 지급하는 기업이 배당을 많이 지급하는 기업보다 더 높은 가치를 갖을수도 있다.

③ MM(1961)에 따르면 배당정책과 기업가치는 관련이 없다.

④ 주식배당은 전체 자본금이 증가하여 기업의 총자산을 증가시킨다.

★★★

22. 배당정책에 대한 설명으로 올바른 것은?

① 기업은 대체로 배당금을 일정하게 유지하려고 하기 때문에 배당금 증가는 미래 기업의 배당에 대한 압박으로 인해 기업내의 자금이 부족할지 모르는 우려로 인해 주주가치는 하락한다.

② 배당을 많이 지급할수록 기업 내부의 유휴현금이 감소하여 경영자의 대리인 비용을 증가시켜 주주가치는 하락한다.

③ 낮은 소득세율을 적용받는 투자자는 배당을 많이 주는 기업을 선호하고, 높은 소득세율을 적용받는 투자자는 배당을 적게 지급하는 주식을 선호하며 이를 배당의 고객군 효과라고 한다.

④ 기업의 배당 증가 혹은 감소는 그 자체로 기업외부에 어떠한 신호를 주지 않기 때문에 배당의 감소와 증가는 주주가치의 증감과 관련이 없다.

★★

23. 다음 중 배당이론에 대한 설명으로 가장 올바르지 않은 것은?

① 배당의 고객효과 이론에 따르면 고소득자는 상대적으로 배당을 적게 주는 기업에 투자하는 것을 선호한다.

② MM에 따르면 배당정책의 변화로 기업가치를 높일 수 없다.

③ 배당소득세가 존재하고 자본이득에 대한 세금이 존재하지 않는 경우 배당을 최대한 많이 지급하는 것이 주주가치를 높일 수 있다.

④ 주주는 확실한 현금을 불확실한 부보다 선호하기 때문에 배당지급을 늘리면 주주의 부가 증가할 수 있다.

★

24. 다음 중 기업인수합병을 하는 이유에 해당하지 않는 것은?

① 시너지 효과

② 가치합산원칙

③ 가격 교정효과

④ 대리문제 통제효과

정답과 해설

20 ② 신호효과에 따르면 최적자본 구조는 존재한다. 법인세가 없는 상황에서 MM이론에 따르면 최적 자본구조가 존재하지 않고, 법인세가 존재하는 경우 MM이론에 따르면 최대한 부채를 많이 사용하는 것이 최적자본구조이다.

21 ④ 주식배당은 이익잉여금의 자본금전입으로 기업의 총자본(총자산)은 변화가 없다.

22 ③ 배당의 고객군 효과에 대한 설명이다.

23 ③ 배당소득세가 존재하나 자본이득세가 없을 경우 배당을 하게 되면 세금으로 배당수익의 일부를 납부하게 되어 배당을 많이 할수록 주주의 부가 감소한다.

24 ② 가치 합산은 A 기업과 B 기업의 합병의 가치가 A+B라는 것으로, 즉 두 기업의 합병으로 인해 경제적 이득을 창출할 수 없다는 의미이기 때문에 굳이 기업인수합병을 할 경제적 요인이 되지 않는다.

★★

25. 경영권 인수보다는 주가차익을 목적으로 실행하는 적대적 인수합병은 어느 것인가?

① 기업공개매수 ② 백지위임장 투쟁
③ 차익협박(그린메일) ④ 차입매수

★★

26. 다음 중 적대적 M&A에 있어서 그 성격이 다른 하나는 무엇인가?

① MBO ② LBO
③ 주식공개매수 ④ 황금낙하산 전략

★★

27. 다음 중에 적대적 M&A 방어전략은 총 몇 개인가?

독약전략, 억지전략, 초토화전략, 팩맨전략, 백기사전략, 사기업화 전략

① 3개 ② 4개
③ 5개 ④ 6개

★

28. 다음 중 M&A가 가진 효과에 대한 설명으로 올바르지 않은 것은?

① 성숙기업과 성장기업이 합병하면 기업전체적으로 세금을 절감할 수 있다.
② M&A를 통해 규모의 경제를 실현할 수 있다.
③ M&A를 통해 범위의 경제를 실현할 수 있다.
④ M&A는 항상 시너지를 유발하여 두 기업의 단순가치의합 보다 합병후의 가치가 더 높다.

★★
29. 다음 중 성격이 다른 M&A기법은 무엇인가?

① 공개매수 ② 포이즌필
③ 황금낙하산 ④ 백기사전략

★★
30. 아래의 내용에 해당하는 M&A 용어는 무엇인가?

> 적대적 M&A에 대한 방어전략으로 가장 매력적인 사업부를 매각하여 적대적 M&A의지를 약하게 만드는 방법

① 팩맨전략 ② 왕관의보석
③ 곰의포옹 ④ 백지위임장투쟁

정답과 해설

25 ③ 차익협박은 그린메일이라고도 하며, 기업 인수보다는 자신이 인수한 피합병기업의 지분을 피합병기업이 비싸게 구매하도록 적대적 인수합병의 방법으로 협박하는 것이다.

26 ④ 황금낙하산은 적대적 M&A로 인해 피인수 기업의 경영진이 임기 전에 해고당하게 되면 거액의 퇴직금을 지급하여 적대적 M&A를 방어하는 방법이다. 나머지 보기는 적대적 M&A의 공격 방법이다.

27 ④ 모든 보기가 적대적 M&A 방어전략이다.

28 ④ 두 기업간의 합병은 양의 시너지를 발생할 수도 있고 음의 시너지를 발생하게 할 수도 있기 때문에 두 기업간의 합병의 가치가 두 기업의 단순가치가산의 합보다 더 크다고 말할 수 없다.

29 ① 공개매수는 M&A 공격전략이며 나머지는 M&A 방어전략이다.

30 ② 왕관의 보석에 대한 설명이다.

★★

31. 현재 100원인 A 주식이 1년 후에 10% 상승할 가능성이 40%, 10% 하락할 가능성이 60%일 경우 A 주식의 1년 후의 기대수익률은 얼마인가?

① −2%
② 0%
③ 4%
④ 5%

★★★

32. 다음 중 최적증권 선택방법에 대해서 올바르게 설명한 것은?

① 가장 수익률이 높은 주식 혹은 가장 위험이 낮은 주식을 선택한다.
② 동일한 수익률인 경우 위험이 낮은 주식을 선택하고, 동일한 위험인 경우 수익률이 높은 주식을 선택한다.
③ 지배원리에 따라 증권을 선택하고, 투자자의 위험선호도를 고려하여 최적증권을 선택한다.
④ 지배원리에 따라 증권을 선택하고, 그 중에서 위험이 가장 낮은 증권을 선택한다.

★★

33. 다음 중 투자자에 대한 설명으로 올바른 것은?

① 보수적인 투자자는 무차별곡선의 기울기가 완만하다.
② 공격적인 투자자는 무차별곡선의 기울기가 가파르다.
③ 지배원리에 의해 선택된 증권은 객관적인 기준에 의해 선택되었기 때문에 투자대상으로 고려할 수 있다.
④ 보수적인 투자자는 위험 1단위를 부담하는 대신 상대적으로 낮은 기대수익률을 요구한다.

★★★

34. 다음 주식 중 합리적인 투자자가 선택할 수 있는 주식은 무엇인가?

종목	기대수익률 (%)	표준편차 (%)
A	10	5
B	8	4
C	10	6
D	8	5
E	14	10

① A,E　② A,C
③ A,B,D,E　④ A,B,E

★

35. 투자자의 효용 함수가 아래와 같이 주어졌을 때 주식 A의 효용은 얼마인가?

- U(효용함수)=E(R)$-2\sigma^2$
- 주식 A : 기대수익률 10%, 위험 20%

① 0.01　② 0.02
③ 0.1　④ 0.2

정답과 해설

31 ① 기대수익률=10%×40%−10%×60%=4%−6%=−2%

32 ③ 지배원리에 의해 가장 효율적인 증권을 선택한 후, 투자자의 위험 성향에 맞는 증권을 선택한다. 즉 지배원리에 의해 선택된 증권과 무차별곡선이 접하는 증권을 선택한다.

33 ③ 지배원리는 객관적으로 증권을 선택하는 기준이기 때문에 합리적 투자자는 누구나 지배원리에 의해서 투자가능 증권의 조합을 찾는다.

34 ④ 지배원리는 주식의 기대수익률과 위험을 근거로 우월한 주식을 선택하는 방법이다. 주식의 기대수익률이 같은 경우 표준편차가 낮은 주식, 주식의 표준편차가 같을 경우 기대수익률이 높은 주식을 선택한다. A주식은 C주식을 지배하고, B주식은 D주식을 지배하며, E주식은 다른 어떤 주식에 의해 지배당하지 않는다.

35 ② 주어진 효용함수에 기대수익률 10%와 위험 20%를 대입하면 $0.1-2\cdot(0.2)^2=0.02$

★★

36. 다음 중 등효용곡선에 대한 설명으로 올바르지 않은 것은?

① 투자자에게 동일한 효용을 가져다주는 수익률과 위험에 대한 조합이다.
② 등효용곡선은 좌상향으로 갈수록 더 높은 효용을 가져다준다.
③ 위험회피형 투자자의 등효용곡선의 기울기는 가파르다.
④ 두 개의 등효용곡선이 있을 때 기울기가 더 가파른 투자자가 위험 회피형 투자자이며, 기울기가 완만한 투자자는 위험 선호형 투자자이다.

37. 다음 주식 중 보수적인 투자자가 투자하지 않을 주식은 어느 주식인가?

종목	기대수익률 (%)	표준편차 (%)
A	5	5
B	10	10
C	10	8
D	11	11
E	15	20

① A, B　　② B, E
③ C, D　　④ B

38. 다음 자료를 통해 두 주식 X, Y의 상관계수를 계산하시오.

- X의 표준편차 0.1, Y의 표준편차 0.2
- X와 Y의 공분산 0.005
- X의 기대수익률 10%, Y의 기대수익률 15%

① 0.1　　② 0.2
③ 0.25　　④ 0.4

★★★

39. X, Y주식으로 구성된 포트폴리오가 있다. 모든 것이 동일할 경우 다음 중 포트폴리오의 위험이 가장 작은 두 주식간의 상관계수는 어느 것인가?

① 0.5
② 1.0
③ 0.0
④ −0.2

★

40. 다음 중 수익률에 대한 설명으로 올바른 것은?

① 산술평균 수익률은 투자자의 투자성과를 가정 적절하게 계산하는 방법이다.
② 산술평균 수익률은 기하평균 수익률보다 대체로 투자자의 투자 수익률을 낮게 계산한다.
③ 기하평균 수익률은 투자자의 투자성과를 가장 적절하게 계산하는 방법이다.
④ 펀드매니저의 투자 성과는 기하평균수익률로 계산하는 것이 가장 적절하다.

정답과 해설

36 ④ 모든 위험회피형 투자자의 등효용곡선은 기울기가 +이며, 기울기가 더 가파른 투자자를 보수적인 투자자, 상대적으로 등효용곡선의 기울기가 완만한 투자자를 공격적인 투자자라고 한다.

37 ④ 투자자는 지배원리에 의해 가장 효율적인 투자안 중에 투자자의 효용을 극대화 하는 주식을 투자한다. 투자자의 효용함수가 주어지지 않았기 때문에 기대수익률과 표준편차의 조합으로 투자자의 효용을 계산할 수 없으나, 투자자는 지배원리에 의해 지배당하는 주식은 투자하지 않기 때문에 주어진 주식 중에 지배원리에 의해 지배당하는 주식은 B이다. B주식은 C주식에 의해서 지배당하기 때문에 투자자 입장에서 효율적인 자산이라고 볼 수 없다.

38 ③ 상관계수$=Cov(X,\ Y)/\sigma_X\sigma_Y=0.005/0.1\times0.2=0.25$

39 ④ 두 주식의 상관계수는 −1에서 1사이의 값을 가지며, −1에서 포트폴리오 위험 분산효과가 가장 크며, +1에서 포트폴리오 위험분산효과가 가장 작다.

40 ④ 기하평균 수익률은 펀드매니저의 투자 성과를 가장 적절하게 계산하는 방법이며, 기하평균 수익률은 산술평균 수익률보다 작거나 같다. 투자자는 언제든 투자자금을 인출하거나 추가로 투자할 수 있기 때문에 내부수익률을 통해서 계산해야 한다.

★★

41. 다음 중 서로 다른 두 주식으로 구성된 포트폴리오 위험을 0으로 만들 수 없는 경우에 해당하는 것은? (단, 공매도는 허용된다)

① 두 주식의 상관계수가 1일 때
② 두 주식의 상관계수가 0일 때
③ 두 주식의 상관계수가 0.5일 때
④ 두 주식의 상관계수가 −1일 때

★★★

42. 두 주식으로 구성된 포트폴리오가 있다. 1번 주식의 표준편차는 5%, 2번 주식의 표준편차는 10%이며 두 주식의 상관계수는 0이다. 포트폴리오 위험을 최소로 만들려고 할 때 1번 주식에 투자하는 투자비율은 얼마인가?

① 20%
② 40%
③ 60%
④ 80%

★★

43. 10개의 서로 다른 주식이 있을 때 마코위츠 모형을 구성하기 위해서 필요한 총 데이터는 몇 개인가?

① 45개
② 50개
③ 65개
④ 100개

★★

44. 두 주식이 있다. 두 주식으로 구성된 포트폴리오 수익률이 16%라면 X 주식의 투자비율은 얼마인가?

- X주식 기대수익률 : 10%
- Y주식 기대수익률 : 20%

① 10%
② 40%
③ 60%
④ 90%

★★★

45. 포트폴리오의 분산효과에 대한 설명으로 올바른 것은?

① 상관계수가 0일 때 분산효과가 극대화 된다.

② 포트폴리오에 추가되는 종목수가 증가하게 되면 포트폴리오의 분산은 지속적으로 감소한다.

③ 분산투자를 통해서 경제전체에 영향을 주는 이자율 위험을 0으로 만들 수는 없다.

④ 분산투자를 하더라도 특정 기업의 파업위험을 0으로 만들 수는 없다.

★★

46. 두 주식 X, Y으로 구성된 포트폴리오가 있다. 주식 X의 분산은 0.1, 주식 Y의 분산은 0.3이며, 두 주식의 상관계수는 0이다. 포트폴리오 위험을 최소로 만들기 위해 Y주식의 투자비율은 얼마인가?

① 25% ② 50%

③ 75% ④ 80%

정답과 해설

41 ② 두 주식의 상관계수가 0이면 포트폴리오 위험은 두 주식의 분산 위험만 존재한다. 그러므로 총 위험의 합을 0으로 만들 수 없다. 나머지 경우는 투자비율을 조정하면 총 위험을 0으로 만들 수 있다.

42 ④ $w=\dfrac{\sigma_2^2-\sigma_{12}}{\sigma_1^2+\sigma_2^2-2\cdot\sigma_{12}}=\dfrac{0.1^2}{0.05^2+0.1^2}$ =0.01/0.0125=0.8

43 ③ 기대수익률 10개, 주식의 분산 10개, 공분산 45개, 총 65개가 필요하다.

44 ② $w_X\cdot 10\%+(1-w_X)\cdot 20\%=16\%$, $w_X=40\%$

45 ③ 분산효과는 상관계수가 1이 아닐 때 발생하며, 상관계수가 −1일 때 극대화된다. 주식의 종목이 지속적으로 증가하더라도 포트폴리오의 분산은 체계적위험 수준까지만 감소한다. 분산투자를 하면 파업과 같은 기업고유위험을 제거할 수 있다.

46 ① $W_X=(\sigma_Y^2-\sigma_{XY})/(\sigma_X^2+\sigma_Y^2-2\sigma_{XY})=(0.3-0)/(0.1+0.3-0)=0.3/0.4=75\%$
$W_Y=1-W_X=1-75\%=25\%$

★★

47. 포트폴리오에 포함된 주식이 n개 있을 때 포트폴리오 위험에 대한 설명 중 잘못된 것은?

① 주식의 종목수를 무한대로 확장하면 포트폴리오가 부담하는 위험은 공분산 위험이다.

② n종목으로 구성된 포트폴리오의 위험을 측정하기 위해서는 n개의 분산을 알면 포트폴리오의 위험을 측정할 수 있다.

③ 종목수를 증가시켜도 감소하지 않는 위험을 체계적 위험이라고 한다.

④ 포트폴리오의 총위험은 체계적위험과 기업고유위험으로 구성되어 있다.

★★

48. 다음 중 효율적 투자선에 대해 잘못 설명한 것은?

① 효율적 투자선상에 있는 포트폴리오는 다른 포트폴리오에게 지배당하지 않는다.

② 효율적 투자선상에 있는 포트폴리오는 동일한 기대수익률에서는 위험이 가장 작은 포트폴리오이다.

③ 합리적인 투자자는 자산간의 상관계수가 충분히 낮다면 효율적 투자선 아래에 있는 포트폴리오에 투자할 수도 있다.

④ 효율적 투자선상에 있는 포트폴리오는 체계적 위험을 최소화한 포트폴리오이다.

★★★

49. A 기업에 화재가 발생해서 A 기업의 주가가 하락하였다. A 기업에서 발생한 화재 위험의 용어로 올바르지 않은 것은?

① 비체계적위험 ② 분산가능위험

③ 기업고유위험 ④ 공분산위험

★★

50. 지배원리에 의해 10개의 종목으로 구성된 포트폴리오의 위험과 수익률을 계산하기 위해서 필요한 자료로 올바른 것은? (단, 마코위츠 평균-분산모형이 성립한다)

	기대수익률	분산	공분산
①	10개	10개	90개
②	10개	90개	10개
③	10개	10개	45개
④	10개	45개	10개

★★

51. 다음 중 분산투자효과가 극대화되는 상관계수 값은 얼마인가?

① 0 ② 1
③ 2 ④ −1

정답과 해설

47 ② n종목으로 구성된 포트폴리오 위험을 측정하기 위해서는 n개의 분산과 n(n−1)/2개의 공분산을 알아야 한다.

48 ④ 효율적 투자선 아래에 존재하더라도 자산간의 상관계수가 충분히 낮으면 투자대상이 될 수 있다. 충분히 분산투자되었기 때문에 비체계적 위험이 가장 적은 포트폴리오이다.

49 ④ 기업고유위험은 비체계적위험, 분산가능위험이라고 한다. 공분산위험은 체계적위험, 시장위험, 분산불가능위험이라고 한다.

50 ③ n개의 종목으로 구성된 포트폴리오의 위험과 수익률을 계산하기 위해서는 n개의 기대수익률, n개의 분산, n(n−1)/2개의 공분산이 필요하다. 10개의 종목이기 때문에 10종목에 대한 10개의 기대수익률, 10개의 분산, 45개의 공분산 데이터가 필요하다.

51 ④ 상관계수 값은 −1에서 1의 사이의 값을 취하며, −1일 때 분산투자효과가 가장 크다.

★★

52. 다음 중 분산투자로 제거할 수 없는 위험은 무엇인가?

① 비체계적위험　② 기업고유위험
③ 시장위험　④ 특정 기업의 파업위험

★★

53. 위험자산과 무위험자산으로 구성된 포트폴리오의 기대수익률을 올바르게 계산한 것은?

- 위험포트폴리오의 기대수익률 10%
- 무위험포트폴리오의 기대수익률 5%
- 위험자산에 대한 투자비율 60%

① 8%　② 9%
③ 10%　④ 11%

★★★

54. A 기업과 시장포트폴리오의 공분산은 200이다. 시장포트폴리오의 분산이 100이라면 A의 베타는 얼마인가?

① 0.5　② 1.0
③ 1.5　④ 2.0

★★

55. A 기업의 표준편차가 20%이다. A 기업의 베타가 1이고, 시장 포트폴리오의 표준편차가 5%라면, A 기업의 비체계적 위험은 얼마인지 표준편차로 올바르게 나타낸 것은? (단, 시장모형이 성립한다)

① 3.75%　② 4.51%
③ 19.37%　④ 20%

★★

56. 포트폴리오 매니저는 총 5개의 주식에 균등하게 투자한 포트폴리오를 운영하고 있다. 포트폴리오의 평균 베타는 1.2이다. 펀드매니저는 베타가 0.8인 주식을 전량 매도하고 그 자금으로 모두 A주식을 매입하였다. A주식을 매입한 후 포트폴리오의 베타는 1.5가 되었다. A주식의 베타는 얼마인가?

① 1.5 ② 1.9

③ 2.3 ④ 2.5

★★

57. A주식과 B주식의 공분산은 100이다. 시장포트폴리오 분산은 20이고, A주식의 베타가 2.5일 때 B주식의 베타는 얼마인가? (단, 시장모형이 성립한다)

① 1.0 ② 1.5

③ 2.0 ④ 2.5

정답과 해설

52 ③ 시장위험은 시장에 존재하는 모든 위험자산에게 영향을 주는 것으로 분산투자를 통해 제거할 수 없다.

53 ① 10%×60%+5%×40%=8%

54 ④ 베타=공분산/시장포트폴리오 분산=200/100=2

55 ③ 총위험=$\beta_A^2\sigma_M^2$+비체계적위험 → $0.2^2=1\times0.05^2$+비체계적위험, → 비체계적위험=0.0375, 비체계적위험의 표준편차=$0.0375^{1/2}$=19.37%

56 ③ 포트폴리오의 베타 총 합계=5×1.2=6. 베타 0.8인 주식을 제외하고 A주식을 편입한 후 총 베타값은 1.5×5=7.5이다. 그러므로 6−0.8+X=7.5, X=2.3

57 ③ $\sigma_{ij}=\beta_i\beta_j\sigma_m^2$, 100=2.5×$\beta_B$×20, B주식의 베타는 2이다.

★★

58. 다음 정보를 이용하여 주식 A의 결정계수를 계산한 것으로 올바른 것은? (단, 시장모형이 성립한다)

> • 주식 A의 베타 : 1.2
> • 주식 A의 총 분산 : 100
> • 시장포트폴리오의 분산 : 50

① 0.28　　② 0.50
③ 0.62　　④ 0.72

★★

59. 아래 정보를 이용하여 A 기업의 베타를 계산하면 얼마인가?

> • A 기업과 종합주가지수의 공분산 0.01
> • 종합주가지수 수익률의 표준편차 0.1

① 0.5　　② 1.0
③ 1.5　　④ 1.8

★★

60. A 기업과 B 기업으로 구성된 포트폴리오가 있다. A 기업의 베타는 0.5, B 기업의 베타는 1.0이다. A 기업과 B 기업에 정확히 같은 금액을 투자했다면 포트폴리오의 베타는 얼마인가?

① 0.75　　② 0.90
③ 1.00　　④ 1.25

★

61. 5개의 종목으로 구성된 포트폴리오가 있다. 잔차의 분산은 0.1, 시장포트폴리오의 표준편차는 0.4, 포트폴리오의 베타는 1.2이다. 포트폴리오의 총 위험은 얼마인가? (단, 분산값으로 계산하시오)

① 0.25　　② 0.33

③ 0.39　　④ 0.43

★

62. 10개의 종목으로 구성된 포트폴리오가 있다. 샤프의 단일지표 모형으로 해당 포트폴리오의 수익률과 위험을 계산할 때 필요한 데이터의 숫자와 마코위츠 모형으로 해당 포트폴리오의 수익률과 위험을 계산할 때 필요한 데이터의 숫자로 알맞은 것은?

	샤프의 단일지표 모형	마코위츠 모형
①	30개	60개
②	30개	65개
③	32개	65개
④	35개	65개

정답과 해설

58 ④ 총위험=체계적 위험+비체계적 위험=$\beta^2 \cdot \sigma_m^2$+비체계적위험, 결정계수 R^2=체계적위험/총위험=$(1.2^2 \times 50)/100=72/100=0.72$

59 ② $\beta=\frac{\sigma_{iM}}{\sigma_M^2}=0.01/0.1^2=1.0$

60 ① β_p=한국기업베타×한국기업 투자비율+대한기업베타×대한기업 투자비율=$0.5\times0.5+1.0\times0.5=0.25+0.5=0.75$

61 ② $\sigma_p^2=\beta_p^2\sigma_m^2+\sigma_\varepsilon^2=1.2^2\times0.4^2+0.1=0.33$

62 ③ n개의 종목으로 이루어졌을 경우 샤프의 단일지표 모형은 n개의 기대수익률, n개의 베타, 1개의 시장수익률, n개의 잔차분산, 1개의 시장포트폴리오분산으로 총 3n+2개의 데이터가 필요하며, 마코위츠 모형은 n개의 기대수익률, n개의 분산, n(n−1)/2개의 공분산이 필요하다. 10종목으로 구성된 포트폴리오이기 때문에 샤프의 단일지표 모형은 총 32개의 데이터, 마코위츠 모형은 총 65개의 데이터가 필요하다.

★★★
63. 다음 중 시장포트폴리오에 대한 설명으로 올바르지 않은 것은?

① 시장에 존재하는 모든 자산의 시가총액 비율대로 구성한 포트폴리오이다.

② 종합주가지수는 시장포트폴리오의 대용치로 사용할 수 있다.

③ 현실세계에서 시장포트폴리오를 만드는 것은 시간이 오래 걸리나 불가능하지는 않다.

④ 시장포트폴리오의 베타는 1이다.

★★
64. 다음 중 시장포트폴리오의 대용치로 적절하지 않은 것은 무엇인가?

① S&500 지수 ② KOSPI 200지수

③ NIKKEI 225지수 ④ 종합주가지수

★
65. 역사적 베타가 0.8일 때 메릴린치 조정 베타는 얼마인가? (단, 소수점 셋째자리에서 올림하시오)

① 0.80 ② 0.87

③ 1.00 ④ 1.15

★★
66. 다음 중 베타에 대한 설명으로 올바른 것은?

① 동일종목에 대해서 배타는 과거의 어떤 데이터를 사용해도 동일한 베타값을 얻을 수 있다.

② 시장 포트폴리오의 베타는 1보다 작을 수 있다.

③ 베타가 1보다 큰 기업은 시간이 지남에 따라 1로 수렴하는 현상이 있다.

④ 베타가 0.5인 기업은 베타가 1인 기업보다 주가변동의 폭이 크다.

★

67. 다음 중 증권특성선을 이용하여 10개의 주식으로 구성된 포트폴리오의 위험과 수익률을 계산하려면 몇 개의 데이터가 필요한가?

① 10개 ② 20개

③ 30개 ④ 32개

★★

68. 다음 중 단일지표모형에 대한 설명으로 올바르지 않은 것은?

① 베타값을 1로 유지하면 시장전체의 수익률과 유사한 수익률을 기대할 수 있다.

② 잔차의 값이 크면 클수록 시장전체의 평균적인 수익률과 괴리가 커질 수 있다.

③ 단일지표의 독립변수는 시장포트폴리오를 사용한다.

④ 인덱스 펀드는 잔차분산을 최대한 크게 유지해야 그 운용 목표를 달성할 수 있다.

정답과 해설

63 ③ 시장포트폴리오는 이론적으로 시장에 존재하는 모든 위험자산으로 구성된 포트폴리오를 각각의 시가총액비율로 가중평균하여 구성한 포트폴리오이다. 이론적으로 존재할 수 있으나 현실적으로 시장포트폴리오를 만들 수는 없다. 이러한 문제점으로 인해 APT(APM) 모형이 만들어졌다.

64 ③ NIKKEI 225지수는 주요 종목을 가격으로 가중평균한 지수이며, 나머지 지수는 주요 종목을 각각의 시가총액비율로 가중평균한 지수이다. 시장포트폴리오의 대용치로 주가지수를 사용할 수 있으며, 주가지수는 시가총액비율로 구성된 지수여야 한다.

65 ② $0.8 \times 2/3 + 1 \times 1/3 = 0.87$

66 ③ 베타계산시 과거기간, 사용하는 데이터 주기에 따라 베타값은 달라질 수 있으며, 시장 포트폴리오 베타는 항상 1이다. 베타가 작은 기업은 베타가 큰 기업보다 주가의 변동폭이 작다.

67 ④ 총 필요데이터는 $3n+2$개이므로 총 32개의 데이터가 필요하다.

68 ④ 잔차분산이 가장 작을 때 포트폴리오 위험과 수익이 시장포트폴리오 위험과 수익에 근접하게 된다.

★★★

69. 다음 중 CAPM의 가정으로 올바르지 않은 것은?

① 투자자는 미래 수익률에 대해 이질적 기대를 한다.

② 투자자는 무위험이자율로 제약없이 차입, 대출할 수 있다.

③ 자본시장은 완전시장이다.

④ 자본시장은 수요와 공급이 일치하는 균형상태에 있다.

★★★

70. 다음 정보를 통해 주식 A의 기대수익률을 계산하면 얼마인가? (단, CAPM이 성립한다)

• 무위험이자율 : 5%	• 시장포트폴리오 수익률 15%	• 주식 A의 베타 : 0.5

① 8%　　② 10%

③ 12%　　④ 15%

★★★

71. 다음 중 CML과 SML에 대한 비교로 틀린 것은?

① CML은 포트폴리오의 총위험과 기대수익률간의 관계를 나타낸다.

② CML은 비효율적인 포트폴리오의 적정 기대수익률을 계산할 수 없다.

③ SML은 자산의 체계적 위험과 수익률간의 관계를 보여준다.

④ SML은 비체계적 위험이 있는 포트폴리오의 적정 기대수익률을 계산할 수 없다.

★★

72. 다음 중 베타에 대한 설명으로 올바르지 않은 것은?

① 베타가 1보다 큰 기업은 경기변동에 민감한 기업이다.

② 베타는 개별주식과 시장포트폴리오의 민감도이다.

③ 베타는 체계적 위험을 측정한다.

④ 무위험 자산의 배타는 1이다.

★★★

73. CAPM을 통해서 계산한 A 기업의 균형기대수익률은 12%이나, 현재 주식시장에서 A 기업의 수익률은 16%이다. 다음 중 A 기업의 주가 움직임에 대한 예상으로 올바른 것은?

① A 기업은 저평가 되었기 때문에 주가는 상승할 것이다.

② A 기업은 적정하게 평가되어 주가는 균형상태이다.

③ A 기업은 고평가 되었기 때문에 주가는 하락할 것이다.

④ A 기업의 주식을 매도하려는 투자자가 매수하려는 투자자보다 많을 것이다.

★★★

74. A 기업은 매년 1,000원의 배당을 영구적으로 지급하려고 한다. A 기업의 배당 성장률은 0%이며, 무위험이자율은 5%, 베타는 1, 시장위험프리미엄은 8%이다. A 기업 주식의 적정가치는 얼마인가? (단, CAPM이 성립한다)

① 7,592원　　② 7,692원

③ 8,212원　　④ 8,622원

정답과 해설

69 ① CAPM은 투자자는 평균－분산기준에 의해 투자를 하며, 미래의 자산 수익률에 대해서 동질적 기대를 하고 있으며, 완전 시장을 가정하며, 무위험 자산이 존재한다고 가정하고, 자본시장은 균형에 있다고 가정한다.

70 ② $E(R_a)=R_f+\beta_a[E(R_m)-R_f)]=5\%+0.5\times(15\%-5\%)=5\%+5\%=10\%$

71 ④ SML은 베타와 수익률간의 관계를 나타내기 때문에 비효율적인 포트폴리오라 할지라도 위험과 기대수익률간의 관계를 알 수 있다.

72 ④ 무위험 자산의 베타는 0이다. 시장포트폴리오의 배타는 1이다.

73 ① 시장에서 관찰된 수익률이 CAPM으로 계산된 수익률보다 높기 때문에 A 기업은 저평가 되었다. 그러므로 A 기업 주식을 매수하는 세력이 매도 세력보다 많을 것이며 이는 A 기업의 주가를 상승시킬 것이다.

74 ② $K_e=R_f+\beta[E(R_m)-R_f]=5\%+1\times8\%=13\%$, $P=\dfrac{d_1}{k_e}=1{,}000원/13\%=7{,}692원$

★★

75. A 기업의 베타는 1.2이고 무위험이자율은 5%이며, 시장포트폴리오의 기대수익률은 10%이다. A 기업 주주의 요구수익률은 얼마인가? (단, CAPM이 성립한다)

① 10% ② 11% ③ 12% ④ 13%

★★★

76. 다음 중 CAPM에 대한 가정으로 올바르지 않은 것은?

① 무위험자산은 존재한다.
② 시장은 균형을 가정한다.
③ 투자자는 자산의 미래 수익률과 위험에 대해서 이질적인 기대를 한다.
④ 투자자는 평균－분산 원리에 의해 투자한다.

★★★

77. 다음중 CML과 SML에 대한 설명으로 올바르지 않은 것은?

① CML은 포트폴리오 표준편차와 수익률과의 관계를 설명한다.
② CML상에 있는 모든 자산은 효율적인 자산이다.
③ CML은 비효율적인 자산의 수익률과 위험에 대한 관계를 알려준다.
④ 시장포트폴리오 M보다 CML선상의 우측에서 투자하는 투자자는 공격적 투자자이다.

★★★

78. A주식의 현재 시장수익률이 10%이다. 다음 정보를 이용하여 A주식의 주가변화에 대해서 올바르게 설명한 것은? (단, CAPM이 성립한다)

• A주식의 배타 : 1.5	• 무위험이자율 : 5%	• 시장위험프리미엄 : 8%

① A주식의 가격은 하락할 것이다.
② A주식의 수요는 증가할 것이다.
③ A주식은 균형상태에 존재한다.
④ 현재 가격으로 A주식을 매입하면 시세차익을 얻을 것이다.

★★

79. 다음 중 APM의 특징에 해당하지 않는 것은?

① 투자자의 효용함수가 2차 함수의 형태라는 가정을 하지 않는다.
② 시장 포트폴리오의 존재를 요구하지 않는다.
③ 무위험자산이 있다는 것을 가정한다.
④ 투자기간을 다기간으로 쉽게 확장할 수 있다.

★

80. 다음 중 APM에 대한 설명으로 올바르지 않은 것은?

① 증권의 수익률은 다수의 공통요인에 의해서 결정된다.
② 공통요인은 누구에게나 정확하게 알려져 있다.
③ 일물일가의 법칙을 가정한다.
④ 시장포트폴리오에 대한 가정을 별도로 하지 않는다.

정답과 해설

75 ② 5%+1.2×(10%−5%)=11%
76 ③ 투자자는 자산의 미래 수익률과 위험에 대해서 동질적인 기대를 한다.
77 ③ CML은 효율적인 자산의 수익률과 위험과의 관계만을 알려준다.
78 ① A주식의 균형수익률=5%+8%×1.5=17%, A주식의 현재 시장수익률이 균형수익률보다 낮아서 A주식의 주가는 고평가 되어 있다. A주식의 주가는 하락할 것이다.
79 ③ APM에서는 무위험자산의 존재를 가정하지 않는다.
80 ② APM은 공통요인이 존재한다고만 가정하였으며, 공통요인이 무엇인지에 대한 명시적인 가정은 하지 않았다.

★★★

81. 다음 중 CAPM과 APM에 대한 비교로 올바르지 않은 것은?

① 롤은 CAPM을 검증할 수 없다고 주장하였다.
② APM은 여러 공통요인의 존재를 가정한다.
③ APM은 차익거래를 통해서 증권의 균형이 달성된다고 주장한다.
④ APM은 다기간으로 확장하기 어렵다.

★★

82. 다음 중 효율적 시장가설에 대한 설명으로 올바르지 않은 것은?

① 약형의 효율적 시장가설에서는 기업의 공시자료를 이용하면 초과수익률을 얻을 수 있다.
② 강형의 효율적 시장가설이 성립한다면 펀드매니저는 거래비용을 최소화하는 포트폴리오 구성을 할 필요가 있다.
③ 준강형의 효율적 시장가설이 성립한다면 기업의 미공개 정보를 활용하면 초과수익률을 얻을 수 있다.
④ 강형의 효율적 시장가설이 성립한다면 어떤 누구도 수익률을 얻을 수 없다.

★

83. 다음 중 시장 효율성을 높이는 방법이 아닌 것은?

① 다수의 증권분석가가 활발하게 활동한다.
② 증권분석가의 숫자가 증가한다.
③ 기업은 적극적으로 자율공시 활동을 한다.
④ 기업에게 의무적으로 부과된 공시 규제를 없애고 기업 자율에 맡긴다.

★★

84. 다음 중 약형의 효율적 시장 가설을 검증하는 증거가 아닌 것은?

① 장기수익률의 높은 시계열 상관관계　　② 주말효과
③ 저 PER효과　　④ 1월효과

★

85. 포트폴리오 투자목적 설정을 하기 위해 고려해야 하는 변수가 아닌 것은?

① 투자자의 위험 수용도
② 투자목표
③ 투자자금의 성격
④ 시장포트폴리오의 베타

★★

86. 투자관리에 대한 다음 설명으로 올바르지 않은 것은?

① 불변금액법에 따르면 상대적으로 주식의 가치가 채권보다 상승하면 주식을 매도하고 채권을 매수한다.
② 단순매입 보유, 평균투자법, 인덱스 펀드가입은 소극적 투자방법이다.
③ 적극적으로 포트폴리오를 운영하기 위해서는 강세장이 예상되면 베타값이 1보다 작은 종목을 매수해야 한다.
④ 시장이례적 현상을 이용하면 추가적인 초과수익을 얻을 수도 있다.

정답과 해설

81 ④ APM은 CAPM보다 상대적으로 다기간으로 확장이 수월하다.

82 ④ 강형의 효율적 시장가설이 성립한다면 어떤 누구도 위험 대비 초과수익률을 얻을 수 없는 것을 의미하며, 절대적으로 수익률을 얻을 수 없다는 것은 아니다.

83 ④ 기업 자율에 공시를 맡길 경우 기업에 불리한 내용에 대해서는 공시가 이루어 지지 않거나, 시장에서 필요한 내용보다 더 적은 정보가 공시가 되기 때문에 기업 정보가 투자자에게 적시에 제공되지 않아 시장의 정보 효율성은 낮아질 수 있다.

84 ③ 저 PER은 PER이 낮은 기업이 PER이 높은 기업보다 높은 수익률을 내며, 이는 현재이용가능한 주가 정보와 과거 정보를 결합하였기 때문에 준강형의 효율적 시장가설을 검증하는 방법이다.

85 ④ 투자자에 관계없이 시장포트폴리오의 베타는 1이기 때문에 투자목적 설정시 고려해야 할 변수가 아니다.

86 ③ 적극적으로 포트폴리오를 운영하기 위해서는 강세장이 예상되면 베타값이 1보다 큰 종목을 매수해야 한다.

★★
87. 다음의 투자방법 중 성격이 다른 하나는 무엇인가?

① 평균투자법
② 불변비율법
③ 트레이너-블랙 모형 이용법
④ 주식 시장이 호황이 예상될 때 베타가 높은 종목으로 포트폴리오를 구성하는 방법

★★
88. 다음 중 투자방법에 대한 설명으로 올바르지 않은 것은?

① 적극적 투자방법은 주식시장이 비효율적임을 가정한다.
② 적극적 투자방법은 항상 높은 수익률을 얻는 투자 방법이다.
③ 주식시장이 효율적이라고 믿는다면 정보비용을 최소화 할 필요가 있다.
④ 기업규모 효과를 이용하여 투자를 하면 위험대비 더 높은 수익률을 얻을 수 있다.

★★
89. 포트폴리오를 운영하는데 있어서 상황변화가 발생하여 기존의 운영하던 포트폴리오보다 수익은 개선하고 위험을 줄이는 방법으로 포트폴리오를 수정하는 것을 무엇이라고 하나?

① 포트폴리오 업그레이딩
② 포트폴리오 리밸런싱
③ 불변비율법
④ 변동비율법

★★★
90. 다음 정보를 이용하여 샤프비율과 트레이너 비율을 가장 올바르게 계산한 것은?

• 포트폴리오 투자수익률 : 20%
• 무위험 이자율 : 5%
• 포트폴리오의 표준편차 : 10%
• 포트폴리오 베타 1.2

	샤프비율	트레이너 비율
①	1.5	11.5
②	1.5	12.5
③	2.0	11.5
④	2.0	12.5

★★★

91. 포트폴리오의 수익률이 20%이다. 무위험이자율은 5%, 포트폴리오의 베타가 1.2이며, 시장위험 프리미엄은 10%이다. 포트폴리오의 젠센의 알파는 얼마인가?

① 1%　　② 2%
③ 3%　　④ 4%

★★

92. 다음 중 포트폴리오 수익률 평가 방법에 대한 설명으로 올바르지 않은 것은?

① 샤프지수는 잘 분산되지 않은 포트폴리오 평가에 적절하다.
② 젠센지수는 초과수익률의 절대값을 제공한다.
③ 평가비율은 체계적위험 1단위당 부담하는 초과수익률을 의미한다.
④ 트레이너지수는 잘 분산된 포트폴리오 평가에 적절하다.

정답과 해설

87 ① 평균투자법은 소극적 투자방법이며, 나머지는 적극적 투자방법이다.

88 ② 적극적 투자방법은 투자대상의 위험보다 더 높은 수익률을 얻는 방법으로, 주식시장이 비효율적이라고 가정한다.

89 ① 포트폴리오 업그레이딩에 대한 설명이다.

90 ② 샤프비율=(20%−5%)/10%=1.5, 트레이너 비율=(20%−5%)/1.2=12.5

91 ③ 젠센의 알파=20%−(5%+10%×1.2)=3%

92 ③ 평가비율은 비체계적 위험 1단위당 초과수익률을 계산한 지표이다.

고시넷 **금융투자분석사** 여기서 다(多) 나온다 **문제은행**

2과목

가치평가론

1장 주식평가 · 분석
2장 채권평가 · 분석
3장 파생상품평가 · 분석
4장 파생결합증권평가 · 분석

01 주식평가·분석

★

01. 다음 중 금융시장에 대한 설명으로 올바르지 않은 것은?

① 자금의 수요자와 공급자가 만나 필요한 곳에 자금이 투자된다.
② 자본시장은 장기자금 조달 시장으로 주로 주식과 채권이 거래되는 시장이다.
③ 직접금융시장은 발행시장과 유통시장으로 구분할 수 있다.
④ 콜, CP등 만기 1년 미만인 단기 자금이 거래되는 시장은 간접금융시장이다.

★★

02. 다음 중 발행시장의 기능으로 올바른 것은?

① 일반투자자의 유휴자금이 장기의 안정성 있는 생산자금화 된다.
② 증권에 유동성을 부여하며 새로운 증권의 발행을 촉진한다.
③ 증권의 공정한 가격 형성을 가능하게 해 주어, 증권발행 주체의 경영효율성을 유도한다.
④ 자산평가의 객관적 기준이 되는 정보시장의 발전을 촉진시킨다.

★★

03. 다음 중 증권의 발행형태에 대한 설명으로 올바르지 않은 것은?

① 발행회사가 일반 공중에게 직접 증권을 발행하고 발행예정액이 전액 소화될 수 없을 때 야기되는 위험을 자신이 부담하는 방법은 직접발행이다.
② 자기모집은 직접발행 방법의 하나이다.
③ 증권의 발행위험이나 발행사무 계약에 의해 제 3의 인수기관이 개입하는 방법은 간접발행이다.
④ 총액인수, 잔액인수는 계약 형태에 의해서 구분된 직접발행방법의 한 종류이다.

★★
04. 다음 중 증권의 간접발행에 대한 설명으로 올바른 것은?

① 총액인수시 인수기관이 증권발행에 대한 모든 위험을 부담하나, 증권가격 하락위험은 발행자가 부담한다.

② 잔액인수는 인수기관이 발행자를 대신하여 사무처리만을 도와주는 것으로 인수기관의 직접적인 증권인수는 없다.

③ 모집주선은 인수기관이 발행에 따른 위험을 부담하지 않는다.

④ 잔액인수는 신규 발행 증권의 미매각분이 있을 경우 새로운 투자자를 모집하여 매각하고, 그래도 매각되지 않으면 미 매각분은 발행을 취소한다.

★★
05. 다음 중 증권의 모집 방법에 대한 설명으로 올바르지 않은 것은?

① 사모는 연고모집이라고도 하며, 발행주체가 특정 투자자만을 대상으로 증권을 발행하는 방법이다.

② 유상증자가 주주배정 방식으로 이루어지면 공개모집이다.

③ 사모는 발행절차가 간편하고 발행비용이 공모에 비해 적게 드는 장점이 있다.

④ 공모는 일반적으로 증권을 일반투자자에게 분산취득시키기 위한 행위이다.

정답과 해설

01 ④ 콜, CP등이 거래되는 시장은 단기금융시장 혹은 화폐시장이다.

02 ① ②, ③, ④는 유통시장의 특징이다.

03 ④ 총액인수, 잔액인수, 모집주선은 간접발행의 방법이다.

04 ③ 총액인수는 인수기관이 책임지고 발행 물량을 인수하기 때문에, 증권가격 하락 위험도 인수자가 부담한다. 잔액인수는 미매각된 물량 모두를 인수기관이 인수한다.

05 ② 주주배정 유상증자는 사모의 방법이다.

★

06. 다음 중 증권 모집과 관련된 설명으로 잘못된 것은?

① 모집은 50인 이상의 투자자에게 새로 발행되는 증권의 취득과 청약을 권유하는 것이다.

② 매출은 50인 이상의 투자자에게 이미 발행된 증권의 매도의 청약을 하거나 매수의 청약을 권유하는 것이다.

③ 연고자등을 포함하여 50인 이상이 되면 항상 공모에 해당된다.

④ 공모대상의 증권이 신규로 발행되면 모집이고, 이미 발행된 것이면 매출이다.

★

07. 다음 중 기업공개에 대한 설명으로 올바르지 않은 것은?

① 주식회사가 새로 발행한 주식을 일반투자자로부터 균등한 조건으로 모집하여 주식소유가 분산되도록 하는 것이다.

② 기업공개를 하게 되면 경영권이 대주주에게 집중되어 공적기업이 된다.

③ 기업공개가 되기 위해서는 주식의 자유양도성과 시장성이 확보되어야 하며, 주식이 거래소시장에 상장되는 것은 기업공개의 대표적인 방법이다.

④ 기업공개를 통해 거시적으로는 부의 재분배를 도울 수 있다.

★★

08. A 기업의 주식은 현재 1주당 10,000원에 거래되고 있다. A 기업은 자본잉여금을 자본금으로 전입시키는 무상증자를 고려하고 있다. 자본금의 25%로 무상증자를 하게 되면 A 기업의 권리락 주가는 얼마인가?

① 8,000원 ② 9,000원 ③ 10,000원 ④ 11,000원

★★

09. 다음 중 완전자본시장인 경우, 기업의 자본금 변동의 효과를 가장 올바르게 설명한 것은?

① 무상증자를 하면 1주당 주가는 하락하여 주주의 부는 감소한다.

② 자본잉여금을 재원으로 하여 자본금을 증가시키는 것은 주식배당이다.

③ 주식배당을 하게 되면 주식수가 증가하여, 주주의 부가 증가한다.

④ 유상증자를 하면 기업의 가치는 증가한다.

★★★

10. A 기업의 1주당 주가는 10,000원이다. A 기업은 현재 1주당 주가를 기준으로 유상증자를 하려고 한다. 유상증자가 원활하게 되기 위해서 할인율은 20%로 결정했다. A 기업의 현재 발행주식 수는 100주이고, 유상증자로 인해 추가로 발행하게 될 주식 수는 20주이다. A 기업의 유상증자 후 주가는 1주당 얼마인가?

① 8,000원 ② 9,667원
③ 10,000원 ④ 11,667원

★★

11. A 기업은 유상증자를 고려하고 있다. 기준주가는 1주당 20,000원이고 할인율은 20%를 적용하기로 결정했다. 증자비율은 50%이다. 권리락 주가는 얼마인가?

① 16,000원 ② 18,000원
③ 18,667원 ④ 21,667원

정답과 해설

06 ③ 연고자등을 제외하고 50인 이상에게 발행해야 공모이다.

07 ② 기업공개를 하면 지분이 분산되기 때문에 공적기업이 되며, 그 결과 경영권이 대주주에게 집중되는 현상을 완화할 수 있다.

08 ① 권리락 주가=권리부주가/(1+무상증자비율)=10,000원/(1+25%)=8,000원

09 ④ 무상증자를 하면 주주의 부는 변동이 없으며, 주식배당의 재원은 이익잉여금이며, 자본잉여금을 재원으로 자본금을 증가시키는 것은 무상증자이다. 주식배당을 하게 되면 단순히 자본항목의 계정변동만 있기 때문에 주주의 부에는 변화가 없다. 유상증자를 하게 되면 실질적인 자금이 기업으로 유입되기 때문에 자금 유입된 만큼 기업의 가치는 증가한다.

10 ② 유상증자후 시가총액=10,000원×100주+8,000원×20주=1,160,000원, 유상증자후 총 발행주식수=100주+20주=120주, 유상증자후 1주당 주가=유상증자후 시가총액/유상증자 후 발행주식총수=1,160,000원/120주=9,667원

11 ③ 권리락 주가=(기준주가+주당납입금)/(1+증자비율)=(20,000원+8,000원)/1.5=18,667원, 주당납입금=증자비율×신주발행가격=50%×16,000원=8,000원

★

12. 다음 중 증권유통시장에 따른 매매방법으로 올바르지 않은 것은?

① 유가증권시장 : 경쟁매매
② 코스닥시장 : 경쟁매매
③ 코넥스시장 : 상대매매
④ K-OTC시장 : 상대매매

★

13. 다음 중 우리나라 주식유통시장에 대한 설명으로 잘못된 것은?

① 우리나라 증권거래소는 회원제로 운영되고 있다.

② 코넥스 시장은 코스닥 상장요건을 충족시키지 못하는 초기 중소기업에 대해 자본시장을 통한 지원을 강화하기 위해 설립되었다.

③ K-OTC 시장은 금융투자협회에 의해서 운영된다.

④ 유가증권시장의 감독기관은 금융위와 금융투자협회이다.

★

14. 다음 중 증권매매의 절차에 대한 설명으로 올바르지 않은 것은?

① 주식의 거래 기본수량단위는 1주이고, 일반채권은 액면 1만원 단위로 거래하고 있다.

② 집중거래방법은 단일가격에 의해서 매매가 된다.

③ 우리나라는 장중에는 계속거래방법인 접속매매를 채택하고 있다.

④ 기본수량에 미달하는 거래를 할 경우는 장외 시장에서 거래를 한다.

★★

15. 다음 중 증권 매매가격에 대한 설명으로 올바른 것은?

① 지정가 주문 : 투자자가 지정한 가격 또는 그보다 불리한 가격으로 매매거래를 하는 주문

② 시장가 주문 : 가격은 지정하되 수량을 지정하지 않은 주문으로 현 시점에서 가장 유리한 조건으로 즉시 매매하는 주문이다.

③ 조건부지정가주문 : 매매거래시간 중에는 지정가 주문으로 참여하지만, 매매체결이 이루어지지 않은 잔여수량은 종가결정시에 시장가 주문으로 자동전환된다.

④ 경쟁대량매매주문 : 상대방최우선 호가로 즉시 체결이 가능하도록 하기 위한 주문이다.

★
16. 다음 중 주가지수의 활용에 대한 설명으로 올바르지 않은 것은?

① 미래의 경제를 예측하는 선행지표로 이용된다.
② 개별투자자의 투자성과를 평가하는 기준으로 사용되기는 어렵다.
③ 기술적 분석을 통해 미래 주가, 시장동향 분석에 이용될 수 있다.
④ 시장수익률의 대용치로 사용될 수 있다.

★★
17. 다음 중 주식가격 주가지수의 문제점에 해당하지 않는 것은?

① 무상증자가 발생하면 현실과의 괴리감이 발생할 수 있다.
② 고가의 주식 가격변동이 지수에 큰 영향력을 발휘한다.
③ 주식분할이 발생해도 지수에 영향을 주지 않는다.
④ 대표적인 주식가격에 가중하는 주가지수는 DJIA와 Nikkei 225가 있다.

정답과 해설

12 ③ 코넥스시장은 경쟁매매를 통해서 매매한다.
13 ④ 기획재정부와 금융위는 유가증권시장의 감독기관이다.
14 ① 일반채권은 액면 10만원(소액채권은 액면 1,000원) 단위로 거래된다.
15 ③ 지정가 주문은 투자자가 지정한 가격 혹은 이보다 유리한 가격으로 매매거래를 하는 것이며, 시장가 주문은 종목과 수량만 지정하고 가격은 지정하지 않아 현 시점에서 형성된 가격으로 즉시 매매거래를 하고자 하는 주문이다. 경쟁대량 매매주문은 투자자가 종목 수량은 지정하되 당일의 거래량 가중평균 가격으로 매매거래를 하고자 하는 유형이다. 상대방 최우선 호가에 즉시 체결이 되도록 하는 주문은 최유리지정가 주문이다.
16 ② 개별투자자의 투자성과 평가를 하는 기준으로 주가지수가 사용될 수 있다.
17 ③ 주식분할이 발생하면 1주당 가격이 하락하여 지수가 왜곡될 수 있다.

★★

18. 다음 중 증권분석에 대한 설명으로 올바르지 않은 것은?

① 기본적 분석을 통해서 증권의 내재가치를 계산하려고 한다.
② 기술적 분석에 따르면 주가는 시장의 수요와 공급에 의해서 결정된다.
③ 기업분석 → 산업분석 → 경제분석의 순서로 분석하는 방법은 top-down 방식이라고 한다.
④ 어떤 증권을 선택할 것인가에 대한 답은 국민경제분석을 통해서 얻을 수도 있다.

★

19. 다음 증권분석 체계에 대해서 잘못 설명한 것은?

① 국민경제분석을 통해 어떤 증권을 선택할지에 대한 의사결정을 할 수 있다.
② 산업분석을 통해 어떤 업종을 선택할 것인지에 대한 의사결정을 할 수 있다.
③ 기업분석을 통해 어떤 종목을 선택할 것인지에 대한 의사결정을 할 수 있다.
④ 판매량, 판매가격, 비용분석을 통해 할인율을 계산할 수 있다.

★★

20. 다음 중 경제분석에 대한 설명으로 올바르지 않은 것은?

① 장기간에 걸친 연평균 주가상승률은 이론적으로 명목 GDP 증가율에 접근할 것으로 기대할 수 있다.
② 인플레이션에 의한 화폐가치 변동이 포함된 수익률은 명목수익률이다.
③ 모든 것이 변동이 없고, 물가상승률이 높을 경우 PER는 상승한다.
④ 실제인플레이션이 기대인플레이션을 초과하면 채권자는 손실을 본다.

★★

21. 다음 중 산업의 경쟁구조분석에 대한 설명 중 진입장벽에 해당하지 않는 것은?

① 규모의 경제가 잘 나타난다.
② 기존 판매망이 견고하다.
③ 산업의 성장이 완만하다.
④ 정부의 규제가 많다.

★★

22. 다음 중 제품수명주기의 특징에 대해서 잘못 설명한 것은?

① 도입기 : 품질이 열악하고, 수익성이 낮다.
② 성장기 : 이익이 가장 많이 발생하는 시기이다.
③ 성숙기 : 품질이 최고수준이며, 수익성이 감소하는 단계가 있다.
④ 쇠퇴기 : 철수하는 기업이 증가한다.

★★

23. 다음 정보를 이용하여 ROE를 올바르게 계산한 것은?

• 매출액 : 1,000억 원	• 순이익 : 200억 원
• 총자산 : 1,000억 원	• 부채 : 500억 원

① 10%　② 20%
③ 30%　④ 40%

정답과 해설

18 ③ bottom-up 분석에 대한 설명이다.

19 ④ 판매량, 판매가격, 비용을 통해서는 미래이익을 계산할 수 있으며, 할인율은 이자율, 영업위험, 재무위험등을 통해서 도출할 수 있다.

20 ③ PER=주가/1주당 순이익, 물가상승이 높을 경우, 매출액은 현재 물가수준으로 계산되고, 원가는 역사적 원가로 계산되어 이익이 많이 발생한다. 즉 1주당 순이익이 높게 발생하여 PER는 낮게 계산된다.

21 ③ 산업의 성장이 완만한 것은 산업내의 경쟁강도에 영향을 미치고 나머지 보기는 진입장벽에 영향을 미치는 변수이다.

22 ② 이익이 가장 많이 발생하는 시기는 성숙기이다. 성장기는 수익성이 높아지나 신규로 참여하는 기업이 증가한다.

23 ④ ROE=매출액 순이익률×총자산 회전율×(1+부채비율)=20%×1×(1+1)=40%

★★

24. 다음 중 ROE에 영향을 미치는 않는 변수는 무엇인가?

① 세금부담률 ② 이자부담률
③ 영업효율성 ④ 주당현금흐름

★★

25. 다음 중 미래이익 예측시 고려사항에 해당하지 않는 것은?

① 미래이익의 예측 대상은 경제적 이익이다.
② 회계처리 방법의 다양성을 고려해야 한다.
③ 미래이익 예측을 위해서는 과거 자료뿐만 아니라 여러 질적인 자료 검토도 필요하다.
④ 정상적인 상황에서 영업활동으로부터 기대할 수 있는 이익의 예측을 하면 이익 예측의 신뢰성이 높아진다.

★★

26. 다음 중 가치평가방법의 특징이 다른 하나는 무엇인가?

① 배당평가모형 ② 수익가치에 근거한 보통주 평가
③ 잉여현금흐름 평가모형 ④ 주가배수주식평가모형

★★★

27. A 기업의 올해 배당금(D_0)는 1주당 1,000원이다. A 기업의 이익은 영구적으로 5% 성장할 것으로 예상한다. A 기업의 주주자본비용은 15%이다. A 기업의 1주당 적정가치는 얼마인가? (단, 항상성장배당모형을 사용하여 계산하시오)

① 10,000원 ② 10,500원
③ 11,000원 ④ 12,000원

★★

28. 다음 중 배당의 정률성장 모형의 가정에 해당하지 않는 것은?

① 투자자금의 재투자수익률은 일정하다.
② 사내유보율과 배당성향이 일정하다.
③ 주주의 요구수익률이 일정하다.
④ 성장에 필요한 자금을 외부에서 조달할 수 있다.

★★

29. A 기업의 작년의 1주당 이익은 1,000원이다. A 기업은 미래 성장하지 않고 현상유지만 하기로 하였다. A 기업의 주주의 요구수익률은 10%이다. A 기업의 적정 주가는 얼마인가?

① 8,000원
② 9,000원
③ 10,000원
④ 11,000원

★★

30. A 기업의 현재 1주당 순이익은 1,000원이다. A 기업의 유보율은 40%이고, ROE는 20%이다. A 기업의 주주의 요구수익률은 15%이고, WACC는 12%이다. A 기업의 1주당 성장가치는 얼마인가? (단, 배당평가모형을 이용하시오)

① 2,590원
② 2,800원
③ 3,050원
④ 3,250원

정답과 해설

24 ④ ROE=순이익/납세전 순이익×납세전순이익/영업이익×영업이익/매출액×매출액/총자산×(1+부채/자기자본)=세금부담률×이자부담률×영업효율성×자산이용 효율성×부채 레버리지

25 ① 미래이익의 예측 대상은 회계적 이익이다.

26 ④ 주가배수주식평가모형은 상대가치를 통한 적정주가를 평가하며, 나머지는 현금할인 모형의 평가이다.

27 ② $P=d_1/(k-g)$=1,000원×(1+5%)/(15%−5%)=1,050원/10%=10,500원

28 ④ 성장에 필요한 자금을 모두 내부자금으로만 조달한다고 가정한다.

29 ③ 성장하지 않는 기업은 이익을 모두 배당한다. 그러므로 1,000원/10%=10,000원이 적정주가이다.

30 ① 성장이 없을 경우는 모든 순이익은 배당한다. 성장이 없을 경우 1주당 가치=1,000원/15%=6,667원이다. 현재처럼 성장할 경우 가치=1,000원×(1−40%)×(1+8%)/(15%−8%)=9,257원, 성장률 g=b×ROE=40%×20%=8%이다. 성장기회의 가치는 성장이 있을 경우의 가치−성장이 없을 경우의 가치=9,257원−6,667원=2,590원이다.

★★

31. 다음 중 자산가치평가 모형에 대한 설명으로 올바르지 않은 것은?

① 주당장부가치는 순자산액을 발행주식수로 나누어 계산한다.

② 주당순자산이 시장가치 기준으로 측정된 청산가치라면 주식 내재가치의 상한 가격이 될 수 있다.

③ 자산가치 평가의 한계점을 보완하는 방법은 순자산의 대체원가를 추정하는 것이다.

④ 자산가치는 회계기준 혹은 회계처리 방법에 영향을 받는다.

★★

32. A 기업의 ROA가 10%이다. A 기업의 부채비율이 100%이면 A 기업의 ROE는 얼마인가?

① 5% ② 10%

③ 15% ④ 20%

★★★

33. A 기업의 현재 법인세율은 40%이다. 부채의 자본비용은 10%, 주주의 자본비용은 20%이며, 목표 부채비율이 100%라면, A 기업의 가중평균자본비용은 얼마인가?

① 12% ② 13%

③ 15% ④ 17%

★★★

34. A 기업의 이익의 성장률은 5%이다. A 기업의 현재 주가는 10,000원이고 내년도 배당은 500원 의 예상된다. A 기업의 주주의 자본비용은 얼마인가? (단, 배당할인모형을 이용하시오)

① 5% ② 10%

③ 15% ④ 20%

★

35. 다음 정보를 이용하여 A 기업의 적정 시가총액은 얼마인가?

A 기업의 영업자산 가치 1,000억원, 부채가치 500억 원, 비영업용 자산 200억 원

① 500억 원　　② 700억 원
③ 1,000억 원　　④ 1,200억 원

★★

36. A 기업은 비상장 기업이다. A 기업의 현재 1주당 순이익은 1,000원이다. A 기업과 유사한 사업을 영위하는 기업의 평균 PER가 10이다. A 기업의 1주당 적정 주가는 얼마인가?

① 10,000원　　② 11,000원
③ 12,000원　　④ 13,000원

★★★

37. 다음 정보를 이용하여 A 기업의 이론적인 PER(P_0/EPS_0)를 계산하면?

• 유보율 40%, 자기자본이익률 20%	• 주주의 자본비용 20%

① 5.4배　　② 6.0배
③ 6.4배　　④ 8.2배

정답과 해설

31 ② 주당순자산 가치가 시장가치 기준으로 평가되면 주식 내재가치의 하한 가격의 역할을 할 수 있다.
32 ④ ROE=ROA×(1+부채비율)=10%×(1+1)=20%
33 ② WACC=K_d×(1−t)×B/V+K_e×E/V=10%×(1−40%)×1/2+20%×1/2=13%
34 ② K_e=D_1/P+g=500원/10,000원+5%=10%
35 ② 내재가치=영업자산가치−부채가치+비영업용자산 가치=1,000억 원−500억 원+200억 원=700억 원
36 ① 적정주가=EPS×비교대상 회사의 평균 PER=1,000원×10배=10,000원
37 ① PER=(1−유보율)×(1+성장률)/(k−성장률)=(1−40%)(1+8%)/(20%−8%)=5.4배

★★

38. A 기업의 유보율은 40%이고, ROE는 10%이다. A 기업의 현재 PER는 10배에 거래된다. A 기업의 이론 PBR은 얼마인가?

① 1.0배 ② 1.2배
③ 1.3배 ④ 1.5배

★

39. 다음 중 주식회사의 주주에 대한 설명으로 올바르지 않은 것은?

① 보통주주주는 잔여재산 청구권이 있다.
② 보통주주는 이익이 발생했을 때 무제한적으로 참여할 수 있다.
③ 주주는 회사채무에 대해서 무한책임이 있다.
④ 주주는 주주총회에서 이사를 선임할 수 있다.

★

40. 다음 중 유통시장의 기능에 대한 설명으로 올바른 것은?

① 유통시장은 증권에 유동성을 부여하여 새로운 증권의 발행을 통한 자금수요자의 자금조달 능력을 향상시킨다.
② 유통시장은 일반투자자들의 유휴자금을 기업에 공급한다.
③ 유통시장은 증권의 공정한 가격형성을 통해 투기를 조장한다.
④ 이자율이 높은 기업일수록 신용등급이 높다.

★

41. 다음 중 증권 발행형태에 대한 설명으로 올바르지 않은 것은?

① 발행회사가 발행사무를 직접 담당하는 것을 공모발행이라고 한다.
② 인수기관이 증권발행에 대한 모든 책임을 지는 것을 총액인수라고 한다.
③ 인수기관이 발행에 따른 위험을 부담하지 않는 방법은 모집주선이 있다.
④ 간접발행은 증권의 발행위험이나 발행사무를 제3의 인수기관이 맡는 방법이다.

★

42. 다음 중 증권발행에 대한 설명으로 올바른 것은?

① 유상증자가 주주배정방식의 방법으로 이루어지면 공모발행이다.

② 사모의 형태는 모집과 매출이 있다.

③ 모집은 30인 이상의 투자자에게 새로 발행되는 증권의 취득의 청약을 권유하는 것이다.

④ 매출은 50인 이상의 투자자에게 이미 발행된 증권의 매도 혹은 매수의 청약을 권유하는 것이다.

★★

43. A 기업은 무상증자를 실시하려고 한다. A 기업의 발행주식은 1,000주이며 1주당 시가는 1,000원이다. A 기업의 무상증자 비율은 25%이다. A 기업의 권리락 주가는 얼마인가?

① 700원 ② 800원

③ 900원 ④ 1,000원

★★

44. A 기업은 무상증자후 총 주식이 1,000주에서 1,200로 증가하였다. 무상증자후 A 기업의 1주당 시가는 500원이 되었다. 무상증자전 A 기업의 1주당 시가는 얼마인가?

① 600원 ② 650원

③ 700원 ④ 750원

정답과 해설

38 ① PBR=ROE×PER=10%×10배=1배

39 ③ 주주가 투자한 금액에 한해서 회사에 대한 유한책임을 진다.

40 ① 유통시장은 증권을 원활하게 거래하게 하여 발행시장이 원래의 기능을 하는데 도움을 준다.

41 ① 발행회사가 발행사무를 직접담당하는 것은 자기모집이며, 제 3자에게 발행사무를 대행시키는 것은 위탁모집이다.

42 ④ 유상증자 주주배정방식은 사모발행이며, 공모발행은 모집과 매출이 있으며, 모집은 새로 발행되는 증권을 50인 이상의 투자자에게 증권의 취득의 청약을 권유하는 것이다.

43 ② 권리락주가=권리부 주가/(1+무상증자비율)=1,000원/(1+25%)=800원

44 ① 500원=X/(1+20%), X=600원

★★

45. 다음 중 자본에 대한 설명으로 올바르지 않은 것은?

① 유상증자를 실시하면 기업의 자본금이 증가한다.
② 주식배당을 실시하면 기업의 자본금이 증가한다.
③ 무상증자를 실시하면 기업의 자본금이 증가한다.
④ 현금배당을 실시하면 기업의 자본금이 감소한다.

★★

46. 다음 중 무상증자에 대해서 올바르게 설명한 것은?

① 무상증자를 하면 기업의 자금이 유입되어 기업의 재무구조가 개선된다.
② 무상증자는 이익잉여금을 자본금으로 대체시키는 방법이다.
③ 자본잉여금은 무상증자의 재원으로 활용할 수 있다.
④ 무상증자는 기업의 자본총액을 증가시킨다.

★★

47. 다음 중 주문체결 원칙의 순서로 올바른 것은?

① 수량 → 시간 → 가격 → 위탁매매
② 가격 → 시간 → 수량 → 위탁매매
③ 시간 → 수량 → 가격 → 위탁매매
④ 가격 → 수량 → 시간 → 위탁매매

★★

48. 다음 중 증권매매에 대한 설명으로 올바르지 않은 것은?

① 시장가주문은 현재 형성되어 있는 가격으로 즉시 매매 거래를 하려는 주문이다.
② 조건부지정가 주문은 매매체결이 이루어지지 않으면 주문이 자동철회 된다.
③ 매매대금의 결제는 매매체결일 기준 3일째 되는 날 이루어진다.
④ 유가증권시장에서는 경쟁매매 방식으로 매매거래가 이루어진다.

★

49. 다음 중 경쟁대량매매주문에 대한 설명으로 올바른 것은?

① 당일의 종가로 매매가 체결된다.

② 장내에서 매매가 체결된다.

③ 당일의 거래량 가중평균 가격으로 매매가 체결된다.

④ 공개적으로 매매가 된다.

★

50. 다음 중 증권 거래에 대한 설명으로 틀린 것은?

① 투자자가 보유하고 있지 않은 증권을 매도하는 것은 공매이다.

② 매매계약을 체결한 날로부터 3일째 되는날 결제가 이루어진다.

③ 일일가격제한폭은 전일종가대비 상하 15%이다.

④ 서킷브레이커는 갑작스런 주가급락으로 모든 주식매매거래를 일시적으로 중단시키는 제도이다.

정답과 해설

45 ④ 현금배당은 이익잉여금을 재원으로 배당을 실시하기 때문에 기업의 자본금에는 변화가 없다.

46 ③ 무상증자는 자본잉여금의 자본금전입으로 발행주식수가 증가하나, 계정간 대체이기 때문에 실질적인 현금유입은 발생하지 않아 자본총액은 변화가 없다.

47 ② 주문체결은 가격우선, 시간우선, 수량우선, 위탁매매 우선의 순서로 체결된다.

48 ② 조건부지정가 주문으로 매매체결이 이루어지지 않으면 종가결정시에 시장가주문으로 자동전환된다.

49 ③ 경쟁대량매매주문은 투자자가 종목 및 수량은 지정하되 당일의 거래량 가중평균 가격으로 매매거래를 할 때 주문하는 유형으로, 시장 충격을 최소화하는 대량매매제도의 한 유형으로 최소 수량 요건등이 적용되며 정규시장과는 별도의 시장에서 비공개로 매매체결이 이루어진다.

50 ③ 가격제한폭은 전일종가대비 상하 30%이다.

★★

51. 다음 중 증권시장에 대한 설명으로 올바른 것은?

① 관리대상 종목은 주가의 급격한 변화가 계속될 경우 지정된다.

② 투자경고 종목은 기업경영이 부진할 경우 등 상장폐지 사유가 발생하였을 때 지정된다.

③ 일반투자자가 신용거래를 하기 위해서는 통상적으로 매입금액의 최저 80%의 위탁증거금을 예치해야 한다.

④ 한국종합주가지수는 시가총액식 주가지수이다.

★★

52. 다음 중 성격이 다른 주가지수는 무엇인가?

① Nikkei 225 ② 종합주가지수

③ S&P 500 ④ KOSPI 200

★★

53. 아래 정보를 이용하여 가격가중 방식으로 현재 주가지수를 계산한 것으로 올바른 것은? (단, 기준시점지수는 100을 가정한다)

	기준시점 주가	현재시점 주가
A 주식	10,000원	12,000원
B 주식	5,000원	6,000원

① 100 ② 110

③ 120 ④ 130

★★

54. 아래 정보를 이용하여 시가총액 가중방식으로 현재 주가지수를 계산한 것으로 올바른 것은? (단, 기준시점지수는 100을 가정한다)

	발행주식수	기준시점 주가	현재시점 주가
한국 주식	1,000주	2,000원	2,200원
대한 주식	500주	10,000원	12,000원

① 117　　② 121

③ 125　　④ 130

★★

55. 증권분석에 대한 다음 설명 중 올바르지 않은 것은?

① 주가에 영향을 주는 변수는 거시경제, 산업, 기업 요인이 있다.

② 기업분석 → 산업분석 → 경제분석의 순서로 분석하는 것을 top-down 방식이라고 한다.

③ 일반적으로 top-down분석의 방식으로 분석을 한다.

④ 주식가격을 예측하는 방법에는 기본적 분석과 기술적 분석이 있다.

정답과 해설

51 ④ 관리대상종목은 상장폐지 사유가 발생되었을 경우 지정되며, 투자경고 종목은 주가의 급격한 변화가 계속될 경우 지정된다. 신용거래를 하기 위해서는 통상적으로 매입금액의 40%를 위탁증거금으로 예치한다.

52 ① Nikkei 225는 가격가중 방식의 주가지수이다.

53 ③ 기준시점 주가평균=(10,000원+5,000원)/2=7,500원, 현재시점 주가평균=(12,000원+6,000원)/2=9,000원, 주가지수=(9,000원/7,500원)×100=120

54 ① 기준시점 시가총액=1,000주×2,000원+500주×10,000원=7,000,000원, 현재시점 시가총액=1,000주×2,200원+500주×12,000원=8,200,000원, 주가지수=(8,200,000원/7,000,000원)×100=117

55 ② 기업분석 → 산업분석 → 경제분석의 순서로 분석하는 것은 bottom-up 방식이다.

★★

56. 다음 중 산업의 경쟁강도를 결정짓는 변수에 해당하지 않는 것은?

① 산업내의 경쟁　　② 대체재의 유무
③ 진입장벽　　④ 기업의 강점

★★

57. 다음 중 산업의 경쟁구조분석 중 산업의 수익성을 낮추는 요인에 해당하는 것은?

① 투자에 소요되는 자금이 막대하다.
② 규모의 경제가 중요한 산업이다.
③ 가격이 유일한 경쟁수단이다.
④ 산업의 성장률이 평균 이상으로 높다.

★★

58. 다음 중 제품수명 주기에 대한 설명으로 올바르지 않은 것은?

① 도입기 → 성장기 → 성숙기 → 쇠퇴기를 거친다.
② 도입기에는 사업에 실패해서 철수기업이 증가하여 경쟁이 크게 줄어든다.
③ 성장기에는 신규업체 참여가 증가하여 경쟁이 치열해진다.
④ 성숙기에는 시장세분화가 가속화된다.

★★

59. 다음 정보를 이용하여 A 기업의 ROE를 올바르게 계산한 것은?

매출액 순이익률 5%, 총자산 회전율 1.2회, 부채비율 200%

① 12%　　② 14%
③ 16%　　④ 18%

★★

60. 다음 정보를 이용하여 EVA를 올바르게 계산한 것은?

세후영업이익 50억 원, 투하자본 200억 원, 투하자본 비용 10%

① 20억 원　② 30억 원　③ 40억 원　④ 50억 원

★

61. 다음 중 이익예측시 고려사항으로 알맞지 않은 것은?

① 예측대상이익은 경제적 이익이다.
② 미래 이익예측을 하기 위해서는 다양한 질적인 요인도 고려해야 한다.
③ 과거이익을 분석할 경우 비경상적인 항목이 있다면 해당 항목은 제거하고 분석한다.
④ 기업의 회계처리 방법의 다양성을 염두해 두어야 한다.

★★

62. A 기업의 올해 1주당 이익은 1,000원으로 예상하며 배당성향은 60%이다. A 기업 주주가 요구하는 수익률은 10%이며, A 기업의 배당성향은 앞으로 60%를 유지할 것으로 예상된다. A 기업의 1주당 순이익이 매년 5%로 증가할 것으로 가정할 경우, A 기업의 1주당 적정가치는 얼마인가? (단, 배당할인모형을 사용하시오)

① 10,000원　② 11,000원　③ 12,000원　④ 13,000원

정답과 해설

56 ④ 산업의 경쟁강도를 결정짓는 5가지 변수는 산업내의 경쟁, 대체재의 유무, 진입장벽, 구매자의 교섭력, 공급자의 교섭력이다.

57 ③ 가격이 유일한 경쟁수단이면 산업내 경쟁이 치열해서 산업의 수익성은 낮아진다.

58 ② 쇠퇴기에 대한 설명이다.

59 ④ ROE＝매출액 순이익률×총자산 회전율×(1＋부채비율)＝5%×1.2×(1＋200%)＝18%

60 ② EVA＝세후영업이익－투하자본비용×투하자본＝50억 원－200억 원×10%＝30억 원

61 ① 예측대상 이익은 회계적 이익이다.

62 ③ $P=D_1/(k-g)$＝(1,000원×60%)/(10%－5%)＝12,000원

★★★

63. 고든의 배당성장모형에 대한 설명중 올바르지 않은 것은? (단, 선지에서 언급한 변수 외에 다른 변수는 변동이 없다고 가정한다)

① 주주의 요구수익률이 높을수록 1주당 가치는 하락한다.
② 배당의 기대성장률이 높을수록 1주당 가치는 증가한다.
③ 미래배당금이 클수록 1주당 가치는 증가한다.
④ 베타가 클수록 1주당 가치는 증가한다.

★★

64. 올해 A 기업의 EPS는 1,000원이었으며, 자기자본 순이익률은 5%이며, 유보율은 40%이다. A 기업의 주주 요구수익률은 12%이다. A 기업의 미래 이익의 성장률이 일정하다고 가정할 경우 A 기업 1주당 적정주가는 얼마인가? (단, 배당할인모형을 이용하시오)

① 5,120원 ② 6,120원
③ 7,120원 ④ 8,120원

★★

65. A 기업의 현재 EPS는 1,000원이며, 무성장기업이다. 무위험이자율은 5%이며, A 기업의 베타는 0.5이고, 시장위험프리미엄은 8%이며, A 기업의 EPS는 현재 수준을 지속적으로 유지할 것이며, 배당정책의 변화도 없을 것으로 예상한다. A 기업의 적정 주가는 얼마인가? (단, 배당할인모형을 이용하시오)

① 7,777원 ② 7,888원
③ 8,777원 ④ 11,111원

★★

66. 다음 중 FCFF모형을 활용하여 주당 주식가치를 평가하기 위해 필요한 변수가 아닌 것은?

① 잔존가치 ② 잉여현금흐름
③ 가중평균자본비용 ④ 1주당 순이익

★★

67. A 기업의 현재 부채비율은 100%이며, 타인자본비용은 5%, 자기자본비용은 15%이고, 법인세율이 20%이다. A 기업의 가중평균자본비용은 얼마인가?

① 9.5% ② 10.5%
③ 11.2% ④ 11.4%

★★

68. WACC 계산할 경우 각 자본원천의 가중치를 계산하는 방법으로 고려하기에 가장 부적절한 것은?

① 현재 시장가치 기준 자본구조 ② 비교가능 기업의 자본구조
③ 재무정책을 감안한 장기 자본구조 ④ 과거 부채비율

★★

69. 무위험 이자율이 3%, 시장포트폴리오의 수익률이 10%이며, A 기업의 베타가 1.2이고, 부채비율이 100%일 때 A 기업의 자기자본비용은 얼마인가? (단, CAPM이 성립한다)

① 10.4% ② 11.4%
③ 11.7% ④ 12.3%

정답과 해설

63 ④ 베타가 크다는 것은 주주의 요구수익률이 높다는 것이므로, 베타가 클수록 1주당 가치는 감소한다.

64 ② P=EPS×(1+g)×(1−b)/(k−g), g=b×ROE=40%×5%=2%, 1,000원×(1+2%)×(1−40%)/(12%−2%)=6,120원

65 ④ k=5%+0.5×8%=9%, P=1,000원/9%=1,000원/9%=11,111원

66 ④ FCFF를 이용하여 1주당 주식가치 평가를 하기 위해서 잔존가치, 잉여현금흐름, 가중평균자본비용을 이용하여 기업가치를 계산한 후 이를 타인자본을 차감하고 발행주식수로 나누어주면 1주당 주식가치를 계산할 수 있다. 그러므로 1주당 순이익 자료는 필요하지 않다.

67 ① WACC=5%×(1−20%)×1/2+15%×1/2=9.5%

68 ④ 과거 부채비율은 과거의 사건이므로 미래에 대한 판단을 하는데 적절한 고려대상이 아니다.

69 ② 자기자본비용=무위험이자율+베타×(시장포트폴리오 수익률−무위험이자율)=3%+1.2×(10%−3%)=11.4%

★★

70. FCF모형에서 잔존가치를 추정하는 방법으로 가장 적절하지 않은 것은?

① 예측기간말 PER를 사용하여 계산한 가치
② 예측기간말 PBR을 사용하여 계산한 가치
③ 예측기간말 평가대상 기업의 재무제표상 자산의 장부가액
④ 예측기간말 잉여현금흐름의 영구성장률을 이용하여 계산한 가치

★★

71. 다음 자료를 이용하여 A 기업의 적정 PER를 올바르게 계산한 것은? (단, PER = $\frac{P_0}{EPS_0}$ 으로 가정한다)

유보율 40%, 배당성장률 5%, 자기자본 비용 15%, 현재 EPS 1,000원

① 5.2 ② 6.3
③ 6.7 ④ 7.2

★

72. PER를 이용하여 주가를 평가할 경우 사용할 수 있는 PER로 적절하지 않은 것은?

① 동종산업의 평균 PER ② 평가하려는 기업의 과거 평균 PER
③ 배당평가 모형을 이용하여 계산한 PER ④ 이종산업의 평균 PER

★★

73. PER에 대한 설명으로 올바르지 않은 것은?

① 경기변동에 실적이 민감하게 변화하는 기업의 PER의 변동성은 시장 평균보다 낮다.
② 인플레이션이 높은 경우에는 PER가 낮아지는 경향이 있다.
③ 회계기준이 다른 기업간의 PER를 이용한 주가수준을 비교할 때 정확한 비교가 어렵다.
④ 기업들의 PER차이가 나는 중요한 원인 중의 하나는 각 기업들의 미래 이익 성장률이 다르기 때문이다.

★★

74. A 기업의 PER은 10배이고, 자기자본은 100억원이며, 당기순이익이 10억원 때, A 기업의 이론 PBR을 올바르게 계산한 것은?

① 0.5배
② 0.8배
③ 1.0배
④ 1.2배

★★★

75. 다음 중 상대가치 평가방법에 대한 설명으로 가장 적절하지 않은 것은?

① PSR은 벤처기업과 같은 설립 초기기업의 가치평가에 사용할 수 있다.
② EV/EBITDA는 현금흐름을 감안한 주식가치 평가방법이다.
③ 높은 ROE, 낮은 PBR 주식은 고평가된 주식이다.
④ 주가와 실질가치를 정확히 반영하면 이론적으로 PBR은 1이 되어야 한다.

정답과 해설

70 ③ 예측기간말 평가대상기업의 대체원가 혹은 청산가치를 잔존가치로 볼 수 있으나, 자산의 장부가액을 잔존가치로 가정하지 않는다.

71 ② PER=(1−b)(1+g)/(k−g)=(1−40%)(1+5%)/(15%−5%)=0.63/0.1=6.3배

72 ④ 이종산업의 평균 PER를 이용하여 주가를 계산하면 사업의 위험등이 올바르게 반영되지 않아 올바른 주가평가를 하기 어렵다.

73 ① 경기변동에 실적이 민감하게 변화하는 기업의 EPS변동성이 높기 때문에 PER의 변동성도 시장평균보다 높은 경향이 있다.

74 ③ PBR=ROE×PER=10%×10배=1배

75 ③ 높은 ROE, 낮은 PBR주식은 저평가된 주식이다.

02 채권평가·분석

★

01. 다음 중 채권관련 용어에 대한 설명으로 올바르지 않은 것은?

① 액면가 : 지급이자 산출을 위한 기본단위
② 매출일 : 실제로 채권이 신규창출된 날짜
③ 잔존기간 : 기발행된 채권을 매매할 경우 매매일로부터 다음 액면이자 지급일까지의 기간
④ 만기수익률 : 채권을 만기까지 보유할 경우 기대할 수 있는 수익률

★★

02. 다음 중 재투자 위험이 존재하는 채권은?

① 복리채 ② 단리채
③ 할인채 ④ 이표채

★★

03. 다음 중 국채에 대한 설명으로 올바르지 않은 것은?

① 국회의 동의를 받고 정부가 발행하는 채권이다.
② 경쟁입찰을 통해 발행한다.
③ 국채의 종류에는 국고채, 재정증권, 외국환평형기금 채권, 국민주택채권이 있다.
④ 지역개발기금의 재원조달용으로도 발행된다.

★★

04. 다음 중 가장 올바른 것은?

① 수의상환채권은 모든 것이 동일한 일반채권보다 비싸게 거래된다.
② 무보증회사채를 발행하기 위해서는 1개 이상의 신용평가기관으로부터 신용평가를 받아야 한다.
③ 국채의 신용등급은 국내에서는 AAA이다.
④ 복리채는 만기에 원금과 이자를 한꺼번에 지급한다.

★★

05. 다음 채권 중에 만기에 가장 많은 현금유입이 되는 채권은 무엇인가?

① 3년 만기, 액면이자율 5%, 액면가 10,000원인 회사채

② 3년 만기 액면가 10,000원인 할인채

③ 액면이자율 5%, 만기 3년, 액면가 10,000원인 복리채

④ 액면이자율 5%, 만기 3년, 액면가 10,000원인 단리채

★★

06. 다음 중 채권의 분류가 다른 것은?

① 아리랑 본드

② 양키본드

③ 팬더본드

④ 쇼군본드

정답과 해설

01 ③ 잔존기간은 매매일로부터 만기일까지의 기간이다.

02 ④ 복리채, 단리채, 할인채는 만기에 원금과 이자를 일시에 지급하고, 이표채는 만기이전에 액면이자를 지급한다. 이표채는 재투자 위험이 존재한다.

03 ④ 지역개발기금의 재원조달용으로 발행되는 채권은 지방채이다.

04 ④ 수의상환사채는 발행자가 상환권을 보유하므로 일반사채보다 저렴하게 거래되며, 무보증사채를 발행하기 위해서는 2개 이상의 신용평가기관으로부터 신용평가를 받아야 하며, 국채는 무위험채권으로 분류되어 국내에서는 신용등급이 없다.

05 ③ 복리채는 만기에 10,000원×$(1+5\%)^3$=11,576원이 유입되고, 단리채는 만기에 11,500원이 유입된다.

06 ④ 쇼군본드는 유로채 ①, ②, ④는 외국채이다.
- 유로채 : 김치본드(한국), 쇼군본드(일본), 딤섬본드(중국)
- 외국채 : 아리랑본드(한국), 양키본드(미국), 팬더본드(중국), 사무라이본드(일본), 불독본드(영국)

★★

07. 다음 중 채권의 공모발행에 대한 설명으로 올바른 것은?

① 복수가격 경매방식으로 발행되는 방법은 Dutch auction이다.

② 채권의 만기, 이율, 원리금지급방법 등 발행조건을 미리 정한 후 일정기간 내에 투자자에게 판매하는 것은 공모 입찰발행이다.

③ 우리나라에서 국채는 공모 입찰발행으로 발행한다.

④ Conventional auction 발행은 발행기관이 내부적으로 정한 내정 수익률 이하에서 낮은 수익률 응찰분부터 발행한다.

★★

08. 최근 채권발행 추이에 대한 것으로 올바른 것은?

① 코로나 19 이후로 국채 발행이 급증하였다.

② 간접발행은 국채발행시 사용하는 방식이다.

③ 채권의 총 발행금액이 10년 전과 비교하여 감소하였다.

④ 통화안정증권의 경우 신규발행액 중에 만기 1년 이상의 장기채 비중이 매우 높아졌다.

★★

09. 다음 중 채권 유통시장에 대한 설명으로 잘못된 것은?

① 국채전문 유통시장은 지정가호가 방식을 채택하고 있다.

② 국채전문 유통시장에서 매매수량 단위는 10억 원이다.

③ 거래소에 상장된 채권의 매매는 전문투자자만이 참여할 수 있다.

④ 일반채권시장에는 유동성을 공급하는 시장조성자가 있다.

★★

10. 다음 중 채권유통시장의 특징에 대해서 올바르지 않은 것은?

① 장외거래의 비중이 높다.

② 전체 채권시장에서 국고채의 거래 비중이 매우 높다.

③ 기관투자자보다는 개인투자자 중심의 시장이다.

④ 채권의 대차거래와 Repo거래제도가 활성화되어 있다.

★★

11. 다음 중 채권투자 위험에 대한 설명으로 올바른 것은?

① 만기가 짧은 채권은 만기가 긴 채권에 비해서 재투자 위험이 더 크다.

② 할인채는 이표채와 비교하여 재투자 위험이 더 크다.

③ 시장 이자율이 심하게 변동함으로써 발생하는 위험은 가격변동 위험이다.

④ 유통시장의 시장 참여자 수가 많을수록 유동성 위험은 증가한다.

★★★

12. 다음 중 채권가격 움직임에 대한 설명으로 올바르지 않은 것은?

① 모든 조건이 동일할 때 만기가 긴 채권이 이자율 하락시 가격이 더 적게 상승한다.

② 시장이자율이 상승하면 채권가격은 하락한다.

③ 모든 것이 동일하고 만기만 다를 때 만기가 긴 채권이 이자율 변동에 따라 가격 변동폭이 더 크다.

④ 채권의 잔존기간이 길어짐으로써 이자율 변화에 따라 발생하는 가격 변동률은 체감한다.

정답과 해설

07 ④ 여러 개의 수익률로 발행하는 것은 Conventional auction 혹은 American auction이라고 한다. 즉 내정 수익률 이하에서 각 응찰자가 제시한 응찰 수익률을 낮은 수익률 순으로 배열하여 최저 수익률부터 발행한다. 반면에 Dutch 방식은 내정 수익률 이하에서 낮은 수익률부터 발행한다. 매출발행은 발행 전에 발행조건이 정해진 것이며, 공모 입찰발행은 발행조건을 정하지 않고 투자자부터 입찰 응모를 받아, 그 결과를 기준으로 발행조건을 결정하는 방법이다.

08 ① 국채는 직접발행을 하며, 채권의 발행금액은 10년 전과 비교하여 증가하였으며 통화안정증권의 경우 만기 1년 미만 단기채 비중이 매우 높다.

09 ③ 거래소에 상장된 채권은 누구나 매매에 참여할 수 있다.

10 ③ 채권시장은 기관투자자 중심의 시장이다.

11 ③ 만기가 긴 채권의 재투자 위험이 크며, 할인채는 만기 전에 이자를 받지 않아서 재투자 위험이 없다. 시장참여자가 증가할수록 유동성 위험은 낮아진다.

12 ① 이자율 하락시 만기가 긴 채권의 가격이 만기가 짧은 채권보다 더 많이 상승한다.

★★★

13. 다음 중 이자율 변화와 채권가격에 대한 설명으로 올바른 것은? (단, 옵션적 성격이 없는 사채이다)

① 동일한 크기의 수익률 변동시, 수익률 하락으로 인한 가격 상승폭이 수익률 상승으로 인한 가격 하락폭 보다 크다.

② 모든 것이 동일할 경우, 이자율 변동시 할인채의 가격 변동폭이 이표채의 가격 변동폭보다 작다.

③ 모든 것이 동일할 경우, 표면이자율이 낮은 채권이 표면이자율이 높은 채권보다 이자율 변동에 따른 가격 변동폭이 더 낮다.

④ 모든 것이 동일할 경우, 볼록성이 큰 채권의 가격이 더 저렴하다.

★★★

14. 1년 만기 현물이자율이 10%, 2년 만기 현물이자율이 12%일 때, 만기 2년, 액면가 10,000원, 액면이자율 10%인 채권의 적정가치는 얼마인가?

① 9,678원
② 9,712원
③ 9,981원
④ 10,111원

★★

15. 다음 중 듀레이션에 대한 설명으로 올바르지 않은 것은? (단, 옵션적 성격이 없는 사채를 가정한다)

① 할인채의 듀레이션은 만기와 동일하다.

② 이표채의 듀레이션은 만기보다 짧다

③ 만기수익률이 클수록 듀레이션도 증가한다.

④ 잔존기간이 길수록 듀레이션은 커진다.

★★★

16. 맥컬리 듀레이션이 3이고, 현재 채권의 만기수익률이 5%이다. 이자율이 1% 하락하면 듀레이션으로 계산한 채권가격은 얼마나 변동하는가?

① 채권가격변동 없음
② 2.86% 하락
③ 3.00% 하락
④ 2.86% 상승

★★★

17. 다음 중 듀레이션에 대한 일반적인 설명으로 올바르지 않은 것은?

① 시장이자율이 큰 폭으로 변동할 경우, 듀레이션만으로 측정한 채권가격변동은 실제 채권가격변동과 비교해서 오차가 커진다.

② 시장이자율이 하락할 경우 듀레이션으로 계산한 채권가격은 실제 채권가격보다 과소하게 계산한다.

③ 시장이자율이 상승할 경우, 듀레이션으로 계산한 채권가격은 실체 채권가격보다 과대하게 하락한 것으로 계산된다.

④ 듀레이션으로 인한 채권가격 오차는 채권가격이 이자율변동에 대해서 오목한 형태를 갖기 때문이다.

★★

18. 다음은 채권의 볼록성에 대한 설명이다. 올바르지 않은 것은? (단, 옵션적 성격이 없는 채권을 가정한다)

① 모든 것이 동일할 경우, 표면이자율이 낮아질수록 볼록성은 커진다.

② 모든 것이 동일할 경우, 잔존기간이 짧아질수록 볼록성은 커진다.

③ 모든 것이 동일할 경우, 만기수익률 수준이 낮을수록 볼록성은 커진다.

④ 볼록성이 클수록 듀레이션으로 측정한 채권가격변동의 부정확성이 증가한다.

정답과 해설

13 ① 할인채의 가격 변동폭이 더 크며, 표면이자율이 높을수록 가격 변동폭이 더 작으며, 볼록성이 클수록 채권가격은 더 비싸진다. 볼록성으로 인해 이자율 하락시 채권가격 상승폭이 이자율 상승시 채권가격 하락폭보다 더 크다.

14 ① 1,000원/(1+10%)+11,000원/(1+12%)^2=909원+8,769원=9,678원

15 ③ 만기수익률이 크다는 의미는 채권가격이 저렴하다는 것이므로, 만기수익률이 클수록 듀레이션은 감소한다.

16 ④ $\frac{\triangle P}{P}=-D_M\times\triangle R=-\frac{3}{1.05}\times(-1\%)=2.86\%$

17 ④ 채권가격과 이자율은 볼록한 형태를 갖고, 이로 인해 듀레이션으로 채권가격 변동을 측정할 때 오차가 발생한다.

18 ② 모든 것이 동일할 경우, 잔존기간이 길수록 볼록성은 커진다.

★★
19. 채권 중에 이자율이 하락할 경우 볼록성의 값이 가장 작은 채권은 무엇인가?

① 이표채 ② 할인채
③ 수의상환사채 ④ 수의상환청구사채

★★
20. 다음 중 채권 투자수익률에 대한 설명으로 잘못된 것은?

① 재투자수익률이 만기수익률보다 크면, 재투자수익률은 실효수익률보다 크다.
② 재투자수익률이 만기수익률보다 작으면, 실효수익률이 재투자수익률보다 크다.
③ 할인채의 경우, 채권을 구입 후 만기까지만 보유하면 만기수익률이 달성된다.
④ 이표채의 경우, 채권을 구입 후 만기까지만 보유하면 만기수익률이 달성된다.

★★
21. 다음 중 수익률에 대한 설명으로 올바르지 않은 것은?

① 실효수익률은 복리방식으로 측정한 수익률이다.
② 만기수익률은 채권을 만기까지 보유할 경우 기대할 수 있는 수익률이다.
③ 산술평균수익률은 재투자수익률까지 고려한 수익률이다.
④ 세율이 높아지면 세후수익률은 낮아진다.

★★
22. 액면이자율은 10%이며, 만기에 10,000원의 액면가를 지급하고, 만기는 3년이다. 이자지급은 매 분기에 1번씩 지급할 때 이 채권의 연실효이자율은 얼마인가?

① 10.00% ② 10.21%
③ 10.38% ④ 10.43%

★★

23. 다음 중 채권수익률 곡선에 대한 설명으로 잘못된 것은?

① 채권수익률 곡선은 만기와 채권수익률 간의 관계를 나타낸다.
② 채권수익률 곡선은 채권수익률의 기간구조라고도 한다.
③ 미래이자율이 상승할 것으로 기대하면 수익률곡선은 우상향한다.
④ 유동성 프리미엄이 양수인 경우 수익률 곡선은 항상 우상향한다.

★★

24. 다음 중 수익률 곡선의 유형에 대한 설명으로 잘못된 것은?

① 상승형 수익률 곡선은 일반적으로 안정된 금융시장에서 나타나는 수익률 곡선의 유형이다.
② 하강형 수익률 곡선은 전반적으로 고금리 상태에 있는 금융시장에서 나타나는 경향이 있다.
③ 수평형 수익률 곡선은 하강형에서 상승형 혹은 상승형에서 하강형으로 변화될 때 일시적으로 나타나는 경향이 있다.
④ 낙타형 수익률 곡선은 단기적으로는 금리가 낮아지지만 장기적으로는 금리가 안정된다고 기대하는 상황에서 나타나는 경향이 있다.

정답과 해설

19 ③ 수의상환사채는 이자율이 하락할 때 볼록성이 작아지고, 음의 값을 보이는 경우도 있다.

20 ④ 만기수익률이 달성되기 위해서는 채권을 만기까지 보유해야 하며, 만기 전에 발생하는 현금흐름을 만기수익률로 재투자해야 한다.

21 ③ 산술평균 수익률은 재투자수익률을 고려하지 않는 단리방식으로 계산된 수익률이며, 연단위 기간 이상의 투자 시에는 연단위 복리개념에 근거한 투자수익률에 비해 투자 수익성을 과대계상하는 문제점을 갖고 있다.

22 ③ $(1+10\%/4)^4-1=10.38\%$

23 ④ 유동성 프리미엄이 양수이더라도 미래 이자율이 하락할 것으로 예상되면 수익률 곡선은 우하향 혹은 수평일 수도 있다.

24 ④ 낙타형 수익률 곡선은 단기적으로 금리가 높아지지만 장기적으로 금리가 안정된다고 기대하는 상황에서 나타나는 경향이 있다.

★★★

25. 1년 만기 현물이자율이 10%이고, 2년 만기 현물이자율이 12%이며, 1년 후부터 2년까지 1년 동안 유동성 프리미엄이 2%이라면 1년 후부터 2년까지의 기대이자율은 얼마인가?

① 12.04% ② 13.00%

③ 14.00% ④ 14.24%

★★

26. 다음 중 신용평가에 대한 설명으로 올바르지 않은 것은?

① 발행물 평가는 발행자 평가등급을 기초로 개별 채권의 약정내용, 파산 혹은 청산시 지급 우선순위 등과 같은 것을 고려하여 개별 발행물에 대한 신용등급 평가이다.

② 본평가는 신용평가대상 또는 그 대리인과의 계약에 의거해 발행자 또는 특정 발행 채무에 대해 신용등급을 신규로 부여하는 것을 말한다.

③ 정기평가는 기 공시된 회사채의 신용등급을 1년 단위로 결산 재무자료 등을 이용하여 재검토하는 평가이다.

④ 장기신용등급표에서 BB를 기준으로 BB까지는 투자적격등급이며 BB 미만부터는 투자부적격 등급이다.

★★★

27. 다음 중 채권투자전략에 대해서 올바르게 설명하지 못한 것은?

① 적극적 투자전략은 채권가격에 미치는 변수를 예측하고 이러한 근거를 바탕으로 채권을 운영하는 전략이다.

② 소극적 투자전략은 채권가격에 영향을 미치는 변수에 대한 예측을 최소화하여 예측에 수반된 위험을 최소화하려는 전략이다.

③ 적극적 투자전략은 현재 채권의 시장가격에 모든 정보가 충분히 반영되어 있다는 것을 가정한다.

④ 소극적 투자전략은 투자 수익성 보다는 투자의 유동성이나 안정성 측면에 상대적으로 높은 비중을 두는 경향이 있다.

★★

28. 다음 중 채권투자전략의 성격이 다른 하나는 무엇인가?

① 수익률 예측전략 ② 채권교체 전략

③ 수익률 곡선타기 전략 ④ 만기보유 전략

★

29. 통계적 방법을 이용하여 채권교체 전략을 시행할 경우 문제점에 해당하지 않는 것은?

① 교체를 실행할 스프레드의 기준 설정이 주관적이다.

② 데이터의 기간 선택에 따라 채권 교체의 기준을 제공하는 통계적 추정값이 달라진다.

③ 통계자료들이 과거 데이터에 의존하여 금융시장의 구조적 변화가 발생하면 맞지 않을 수도 있다.

④ 채권간 스프레드가 확대되면 스프레드는 항상 축소된다.

★★★

30. 현재 수평인 수익률 곡선이 가파르게 변동할 것으로 예상할 경우 올바른 투자전략은 무엇인가?

① 장기채는 매입하고, 단기채는 매도한다.

② 장기채는 매도하고, 단기채는 매도한다.

③ 장기채는 매도하고, 단기채는 매수한다.

④ 장기채는 매입하고, 단기채는 매입한다.

정답과 해설

25 ① $(1+12\%)^2=(1+10\%)(1+x+2\%)$, $1+x+2\%=(1+12\%)^2/(1+10\%)$, $x=12.04\%$

26 ④ BBB를 기준으로 BBB까지 투자적격등급이며, BBB 미만 즉 BB부터는 투자부적격등급이다.

27 ③ 적극적 투자전략은 현재 채권가격에 모든 정보가 충분히 반영되어 있지 않다고 가정한다.

28 ④ 만기보유 전략은 소극적 채권투자전략이고, 나머지는 적극적 채권투자전략이다.

29 ④ 스프레드가 추가로 확대될 수도 있고, 축소될 수도 있다. 이는 알지 못한다.

30 ③ 단기수익률은 하락하고 장기수익률은 상승하므로 단기채권의 가격 상승이 예상되어 단기채권은 매수하고, 장기채권의 가격 하락이 예상되기 때문에 장기채권은 매도한다.

★★

31. 소극적 투자전략의 하나로 각 잔존만기별 채권에 동일하게 투자하는 투자방법은 무엇인가?

① 사다리형 운용전략 ② 바벨형 운용전략
③ 인덱스 전략 ④ 만기보유 전략

★★

32. 다음 중 다기간 면역전략을 실행하기 위한 전제조건으로 잘못 설명한 것은?

① 수익률곡선의 변화가 수평적이어야 한다.
② 채권포트폴리오의 듀레이션이 부채의 듀레이션보다 커야 한다.
③ 채권 포트폴리오에 포함되어 있는 개별 채권들의 듀레이션 분포가 채권의 경우에 비해 넓게 퍼져 있어야 한다.
④ 채권 포트폴리오의 현금흐름의 현재가치와 부채흐름의 현재가치의 합이 같아야 한다.

★★★

33. 다음은 옵션의 성격이 존재하는 채권에 대한 설명이다. 올바르지 않은 것은?

① 이자율이 상승할 경우 수의상환채권의 가격은 하락한다.
② 이자율이 상승할 경우 수의상환청구채권의 가격은 일정 수준이하로 하락하지 않는다.
③ 이자율이 하락할 경우 수의상환채권의 볼록성은 항상 양의 값을 갖는다.
④ 수의상환청구채권은 채권투자자가 풋옵션을 보유한 것과 그 실질이 같다.

★★

34. 다음 중 수의상환채권에 대한 설명으로 올바르지 않은 것은?

① 수의상환채권은 콜옵션이 투자자에게 부여되어 있다.
② 수의상환채권은 모든 것이 동일한 일반채권에 비해 가격이 저렴하다.
③ 수의상환채권은 만기수익률을 달성하기 어렵다.
④ 수의상환채권의 만기수익률은 일반채권의 만기수익률보다 높다.

★★

35. A 기업은 전환사채를 발행했다. 전환사채 1좌당 액면가는 500,000원이다. 전환사채 1좌를 전화하면 주식을 20주를 받는다. 전환가격은 얼마인가?

① 20,000원　　② 22,000원

③ 25,000원　　④ 30,000원

★

36. 다음 중 단기 확정이자부 유가증권에 대한 설명으로 올바르지 않은 것은?

① 통상적으로 양도성 예금증서는 액면이자를 지급하지 않는다.

② 통상적으로 기업어음은 액면이자를 지급하지 않는다.

③ 전자단기사채는 증권신고서 제출을 하지 않아도 발행할 수 있다.

④ CD를 발행하기 위해서는 2개 이상의 신용평가기관으로부터 신용평가등급 B 이상을 받아야 한다.

★★

37. 다음 중 자산유동화증권에 대한 설명으로 올바르지 않은 것은?

① 자산 보유자의 신용보다 더 높은 신용등급의 채권 발행이 가능하다.

② 발행에 참여하는 기관이 많아 발행 비용이 상대적으로 비싸다.

③ 현금흐름 발생시 상환받는 순위를 달리하는 것은 외부적 신용보강에 해당된다.

④ 풋백옵션, 초과담보, 신용보증기관으로 부터의 지급보증 등을 통해 신용보강을 할 수 있다.

정답과 해설

31 ① 사다리형 운용전략에 대한 설명이다.

32 ② 채권포트폴리오의 듀레이션과 부채의 듀레이션이 같아야 한다.

33 ③ 수의상환채권은 이자율이 하락할 경우 음의 볼록성의 값을 갖는 구간이 존재한다.

34 ① 콜옵션은 발행자가 보유하고 있다.

35 ③ 전환주수 = 액면금액/전환가격, 전환가격 = 500,000원/20주 = 25,000원

36 ④ 기업어음에 대한 설명이며, CD는 신용평가 없이 발행이 가능하다.

37 ③ 상환받는 우선순위를 달리하는 것은 내부적 신용보강에 해당된다.

★★

38. 다음 중 채권을 발행할 수 있는 기관에 해당하지 않는 것은?

① 정부　　② 지방자치단체
③ 주식회사　　④ 합명회사

★

39. 다음 중 시장이자율이 액면이자율보다 낮을 경우 채권의 발행가액으로 올바른 것은?

① 액면발행　　② 할증발행　　③ 할인발행　　④ 알수없음

★★

40. 다음 중 채권에 대한 설명으로 올바르지 않은 것은?

① 무보증회사채를 발행하기 위해서는 2개 이상의 신용평가기관으로부터 신용평가를 받아야 한다.
② 중소기업은행이 발행한 채권은 회사채로 분류한다.
③ 복리채는 만기에 이자와 원금을 한꺼번에 지급한다.
④ 수의상환채권은 만기수익률 달성이 불가능할 수 있다.

★★

41. 다음 중 채권의 성격이 다른 하나는?

① 양키본드　　② 팬더본드
③ 김치본드　　④ 사무라이본드

★★

42. 다음 중 채권에 대한 설명으로 올바르지 않은 것은?

① 외국기업이 국내에서 원화로 발행하는 채권은 외국채이다.
② 영국의 불독본드는 외국채이다.
③ 중국이외의 지역에서 위안화 표시로 발행되는 채권은 딤섬본드이다.
④ 쇼군본드는 일본에서 외국기업이 엔화로 발행한 채권이다.

★

43. 다음 중 채권발행과 관련한 설명으로 틀린 것은?

① 채권 발행을 위한 모집의 대상이 50인 미만일 때 사모발행이라고 한다.

② Conventional auction은 낮은 수익률순으로 발행하며, 단일가 발행이다.

③ Dutch auction에서 낙찰된 수익률 중에 가장 높은 수익률이 발행가격에 적용된다.

④ 차등가격경매방식은 Conventional auction과 Dutch auction을 결합한 방식이다.

★

44. 다음 중 채권시장에 관한 설명으로 올바른 것은?

① 누구나 국고채 발행시장 입찰에 참여할 수 있다.

② 국채전문딜러는 시장 조성의무가 부여된다.

③ 국채전문딜러는 항상 경쟁입찰을 통해 국채를 인수해야 한다.

④ 국고채 발행은 매출발행의 형식으로 발행전에 발행조건을 미리 정한다.

정답과 해설

38 ④ 채권을 발행할 수 있는 기관은 정부, 지방자치단체, 상법상의 주식회사, 특별법에 의해 설립된 법인이며, 합명회사는 상법상의 주식회사가 아니기 때문에 채권을 발행할 수 없다.

39 ② 액면이자율이 시장이자율보다 높기 때문에 채권은 액면가 보다 할증하여 발행된다.

40 ② 중소기업은행은 특별법에 의해서 설립된 법인이기 때문에 특수채로 분류된다.

41 ③ 양키본드, 팬더본드, 사무라이본드는 외국채이며, 김치본드는 유로본드이다.

42 ④ 쇼군본드는 유로본드로 일본에서 엔화이외의 통화로 발행한 채권이다.

43 ② Conventional auction은 낮은수익률부터 순차적으로 발행하기 때문에 복수가격으로 발행한다.

44 ② 국채전문 딜러는 독점적으로 국채를 인수할 권한이 있기 때문에 이에 상응하는 시장 조성의무가 부과된다.

★★★
45. 다음 중 채권유통시장에 대한 설명으로 올바른 것은?

① 채권 유통은 대부분 거래소를 통해 유통된다.
② 채권 유통에 회사채 비중이 가장 높다.
③ 채권은 기관투자자가 중심이 되는 시장이다.
④ 전통적인 채권만이 주로 유통되기 때문에 다양한 채권 상품의 발전은 거의 없다.

★★
46. 다음 중 채권투자자가 직면하는 위험과 가장 관련이 낮은 것은?

① 채무불이행 위험　　② 재투자 위험
③ 유동성 위험　　④ 수의상환청구위험

★★
47. 다음 중 만기수익률에 대해서 잘못 설명한 것은?

① 채권을 투자하여 만기까지 보유할 때 기대할 수 있는 수익률이다.
② 채권 만기수익률을 달성하기 위해서는 재투자 위험이 없어야 한다.
③ 복리채는 채권 보유기간 중에 이자율이 변동하더라도 만기까지 보유하면 만기수익률을 달성할 수 있다.
④ 할인채는 이자를 지급하지 않기 때문에 만기수익률을 달성할 수 없다.

★
48. 다음 중 만기까지 보유할 경우 만기수익률을 가장 확실히 달성할 수 있는 채권은 무엇인가?

① 복리채　　② 수의상환채권
③ 이표채　　④ 수의상환청구채권

★★

49. A는 표면이자율 5%, 액면가 10,000원, 만기 3년의 채권을 할인발행하였다. A가 발행한 채권에 대한 설명으로 올바르지 않은 것은?

① A가 채권을 발행할 때 시장이자율은 6%였다.
② 시장이자율이 상승하면 A가 발행한 채권의 가격은 하락한다.
③ A의 신용등급이 하락하면 A가 발행한 채권의 가격은 하락한다.
④ A가 발행한 채권의 듀레이션은 3년이다.

★★

50. 다음 중 이표채에 대한 설명 중 올바르지 않은 것은?

① 채권가격이 상승하는 것은 채권 수익률이 상승하는 것과 동일하다.
② 채권의 잔존만기가 길수록 동일한 이자율 변동에 대한 가격 변동률은 커진다.
③ 동일한 크기의 이자율 변동시 이자율 하락으로 인한 채권가격 변동이 이자율 상승으로 인한 채권가격변동보다 크다.
④ 표면이자율이 높을수록 동일한 크기의 시장이자율 변동에 대한 가격변동률은 작아진다.

정답과 해설

45 ③ 채권유통시장은 거래 물량 금액이 크기 때문에 기관투자자가 중심이 되는 시장이다.

46 ④ 수의상환청구사채는 풋옵션이 부여된 채권으로 채권 투자자가 풋옵션을 보유하는 채권이기 때문에 채권투자자의 위험이라고 보기 어렵다.

47 ④ 할인채라도 만기까지 보유하면 만기수익률을 달성할 수 있다.

48 ① 복리채는 채권 보유기간에 발생하는 이자를 투자자에게 지급하지 않고 재투자하여 만기에 지급하기 때문에 만기수익률을 달성할 수 있다.

49 ④ 듀레이션은 채권 투자금액의 시간가중평균 회수기간 이기 때문에 이자를 지급하는 채권의 듀레이션은 채권 만기보다 짧다.

50 ① 채권가격과 채권 수익률은 반비례 관계이기 때문에 채권가격 상승은 채권수익률 하락과 동일하다.

★★★

51. 다음 중 말킬의 채권가격 정리에 대한 설명 중 올바른 것은?

① 모든 것이 동일할 때 잔존만기가 짧을수록 수익률 변동에 대한 가격 변동률은 커진다.
② 채권의 잔존기간이 길어짐에 따라 발생하는 가격 변동률은 체증한다.
③ 동일한 이자율 변동이라면 시장 이자율 하락 혹은 상승과 무관하게 채권가격의 변동폭은 동일하다.
④ 모든 것이 동일한 이표채와 할인채 중에 시장이자율 변화에 민감하게 가격이 변동하는 채권은 할인채이다.

★★

52. 다음 중 듀레이션에 대한 설명으로 올바르지 않은 것은?

① 이표채는 만기수익률이 높을수록 듀레이션은 작아진다.
② 할인채의 듀레이션은 채권의 잔존기간과 동일하다.
③ 이표채는 표면이율이 낮을수록 듀레이션이 커진다.
④ 일반적으로 국고채의 듀레이션이 회사채의 듀레이션보다 길다.

★★★

53. 시장이자율이 10%일 때 듀레이션이 5인 채권이 있다. 시장이자율이 1% 증가하면 해당 채권의 가격은 어떻게 변하겠는가?

① 채권가격이 4.55% 하락한다.
② 채권가격이 4.55% 증가한다.
③ 채권가격이 5% 하락한다.
④ 채권가격이 5% 증가한다.

★★

54. 듀레이션에 대한 설명 중 올바르지 않은 것은?

① 듀레이션을 알면 이자율 변동에 대한 채권가격 변동정도를 알 수 있다.
② 이자율 하락이 예상되면 듀레이션이 긴 채권을 매입하여 시세차익을 얻을 수 있다.
③ 듀레이션은 큰 폭의 시장이자율 변동이 있더라도 채권가격 변화정도를 정확하게 계산한다.
④ 이자율 상승이 예상되면 듀레이션이 짧은 채권을 매입하여 채권가격 하락을 방어할 수 있다.

★★

55. 다음 중 볼록성에 대한 설명으로 잘못된 것은?

① 만기수익률과 잔존기간이 일정할 경우 표면이율이 낮을수록 볼록성은 커진다.

② 만기수익률과 표면이율이 일정할 경우 잔존기간이 길어질수록 볼록성은 커진다.

③ 표면이율과 잔존기간이 일정할 경우 만기수익률의 수준이 낮을수록 볼록성은 커진다.

④ 수익률 변화로 인한 채권가격 변동을 듀레이션을 통해서 계산하면 항상 실제 채권가격보다 과대하게 계산한다.

★★

56. 수정듀레이션이 5이고, 시장이자율이 10%인 채권이 있다. 이 채권의 볼록성은 10이다. 시장이자율이 1% 하락하면 채권가격의 변동폭으로 올바른 것은?

① 채권가격은 5.05% 상승한다.

② 채권가격은 5.05% 하락한다.

③ 채권가격은 6.07% 상승한다.

④ 채권가격은 6.07% 하락한다.

정답과 해설

51 ④ 할인채의 듀레이션이 이표채보다 크기 때문에 할인채는 시장이자율 변화에 따라 이표채 보다 더 민감하게 변동한다.

52 ④ 듀레이션은 채권만기, 표면이자, 채권만기수익률에 따라 결정되기 때문에 국고채의 듀레이션이 회사채의 듀레이션보다 길다고 단정할 수 없다.

53 ① 수정듀레이션=5/1.1=4.55, 이자율 1% 증가는 채권가격의 하락을 가져오며 하락률은 수정듀레이션×이자율변동=4.55×1%=4.55% 채권가격 하락.

54 ③ 듀레이션은 수익률 변동에 대한 채권가격 변동의 근사치를 제공하기 때문에 큰 폭의 수익률 변동이 있을 경우, 듀레이션을 이용한 채권가격 변동의 추정치는 부정확하다.

55 ④ 듀레이션으로 계산한 채권가격 변화는 실제보다 항상 과소하게 계산한다.

56 ① 채권가격 변동률$=5\times1\%+1/2\times10\times(1\%)^2=5.05\%$, 시장이자율이 하락했으므로 채권가격은 5.05% 상승한다.

★★

57. 다음 중 채권수익률 곡선에 대한 설명으로 올바른 것은?

① 채권수익률 곡선은 동일한 주체가 발행한 채권 중에 모든 조건이 동일하나 만기만 다른 채권의 만기와 채권수익률 곡선과의 관계이다.
② 항상 만기가 긴 채권의 수익률이 만기가 짧은 채권의 수익률 보다 높다.
③ 채권 발행주체와 관계없이 단순히 채권만기와 채권 수익률간의 관계를 나타낸 곡선이다.
④ 만기가 길수록 채권수익률이 하락하는 경향을 보인다.

★★

58. 현재 수익률 곡선은 미래 단기수익률에 대한 기대가 반영되어 형성된다고 주장하는 가설은 무엇인가?

① 유동성 선호가설　　② 시장분할가설
③ 불편기대가설　　④ 선호영역가설

★★

59. 채권의 만기에 따라 대체관계가 전혀 없다고 주장하는 가설은 무엇인가?

① 유동성 선호가설　　② 시장분할가설
③ 불편기대가설　　④ 선호영역가설

★★

60. 다음 중 채권수익률 곡선 이론에 대한 설명으로 올바르지 않은 것은?

① 유동성 선호가설은 채권 수익률곡선이 우상향 하는 것을 대체로 잘 설명한다.
② 불편기대 가설에 따르면 미래 단기 이자율이 상승할 것으로 예상하면 채권수익률도 상승한다.
③ 유동성 선호가설에 따르면 미래 단기 이자율이 하락한다고 예상되면, 채권수익률 곡선은 항상 우하향 한다.
④ 선호영역가설에 따르면 만기가 서로 다른 시장일지라도 충분한 투자수익률을 제공한다면 채권 투자자는 자신이 선호하는 만기가 아닌 채권에 투자할 수 있다.

★

61. 다음 중 신용평가에 대한 설명으로 올바르지 않은 것은?

① 신용평가는 자금공급자와 자금수요자의 정보비대칭 문제를 완화시켜 준다.

② 무보증 회사채 발행을 하기 위해서 신용평가를 받아야 한다.

③ BBB 신용등급은 투자부적격 등급이다.

④ 신용등급 전망은 신용변경을 하기 위한 필요절차라고 볼 수 없다.

★★

62. 다음 중 성격이 다른 채권투자전략은 무엇인가?

① 수익률 예측전략

② 수익률 곡선타기 전략

③ 나비형 투자전략

④ 사다리형 투자전략

정답과 해설

57 ① 채권수익률 곡선을 산정하는 방법에 대한 설명이다.

58 ③ 불편기대가설은 현재수익률은 미래의 단기 수익률에 대한 기대가 반영된 결과라고 본다.

59 ② 시장분할가설은 각 만기별로 채권의 수요와 공급에 의해서 수익률이 결정된다고 가정하기 때문에 만기가 서로 다른 채권간에 대체관계가 존재하지 않는 것을 가정한다.

60 ③ 유동성 프리미엄으로 인해 미래 이자율이 하락한다고 예상해도 채권수익률 곡선은 우상향 할 수도 있다.

61 ③ BBB신용등급은 투자적격이며, 투자부적격 등급은 BB등급부터이다.

62 ④ 사다리형 투자전략은 소극적 투자전략이며 ①, ②, ③은 적극적 투자전략에 해당된다.

★★

63. 다음 설명하는 채권투자전략으로 올바른 것은?

> 10년 만기 채권에 투자한 후 1년이 지난 후 해당 채권을 매도하고 다시 만기 10년짜리 채권을 매입하는 투자전략

① 수익률곡선타기 전략　　② 사다리형 투자전략

③ 인덱스 전략　　④ 면역전략

★★★

64. 다음 중 수익률곡선타기 전략에 대한 설명으로 옳지 않은 것은?

① 수익률곡선 자체의 이동의 예측이 틀려야 큰 수익을 얻는다.

② 투자기간 동안 수익률곡선의 변동이 없을 것이라는 가정을 한다.

③ 수익률 하락이 더 큰 채권에 투자하여 수익률을 높이는 것은 숄더효과이다.

④ 롤링효과를 반복적으로 이용할 경우 시장보다 높은 수익률을 기대할 수 있다.

★★

65. 단기채와 장기채만으로 구성되어 운영하는 것으로 소극적 투자전략의 하나인 것은 무엇인가?

① 사다리형　　② 바벨형

③ 나비형　　④ 역나비형

★★

66. 채권의 인덱스 전략에 대한 설명으로 올바르지 않은 것은?

① 적극적 운용전략과 비교하여 상대적으로 저렴한 수수료가 발생한다.

② 다양한 인덱스 중에 투자자의 투자목적에 맞는 인덱스를 선정하여 운영할 수 있다.

③ 목표로 하는 인덱스와 동일한 수익률을 항상 얻을 수 있다.

④ 채권 포트폴리오에 편입될 채권 수를 적절히 조절하여 운영해야 한다.

★★★
67. 면역전략에 대한 설명으로 올바르지 않은 것은?

① 채권의 만기와 듀레이션을 일치시켜야 하는 기본구조를 갖고 있다.
② 이표채의 경우 수익률이 하락하면 채권가격이 상승한다.
③ 이표채의 경우 수익률이 상승하면 채권의 재투자 수익이 증가한다.
④ 투자 초기에 채권의 만기와 듀레이션을 일치시키면 포트폴리오 재조정이 필요없다.

★★
68. 다음 중 수의상환채권에 대한 설명으로 올바르지 않은 것은?

① 만기일 전에 채권 발행자가 정해진 가격으로 채권을 매입할 수 있는 권리를 갖고 있다.
② 투자자 입장에서 만기수익률 달성하지 못할 위험이 존재한다.
③ 항상 양의 볼록성을 갖고 있다.
④ 수의상환채권의 가치는 일반채권의 가치에서 콜옵션의 가치를 차감하여 계산한다.

★★
69. 다음 중 전환사채에 대한 설명으로 올바르지 않은 것은?

① 전환권이 행사되면 기업의 재무구조가 개선된다.
② 전환권이 행사되면 기업에서 지급해야 할 이자금액이 감소한다.
③ 액면 100,000원의 전환사채의 전환가격이 5,000원이면 전환주수는 20주이다.
④ 패리티가 100이상이면 주식으로 전환하는 것이 전환사채 보유자에게 항상 이익이다.

정답과 해설

63 ① 수익률곡선타기 전략에 대한 설명으로 롤링효과에 대한 설명이다.
64 ① 수익률곡선 자체의 이동에 대한 예측이 틀릴 경우 손실을 볼 수 있다.
65 ② 바벨형 운용전략에 대한 설명이다.
66 ③ 추적오차 및 각종 거래비용으로 인해 인덱스와 채권 포트폴리오의 수익률은 동일할 수 없다.
67 ④ 수익률 변동시 마다 듀레이션이 변경되어 채권포트폴리오를 재조정해야 면역전략이 달성된다.
68 ③ 이자율이 하락할 경우 채권가격이 수의상환가격 이상으로 상승하지 않아 음의 볼록성을 갖는 구간이 존재한다.
69 ④ 패리티＝(주식의 시장가격/전환가격)×100, 패리티가 100이상이더라도 전환사채의 취득가액이 전환가치보다 크면 전환사채 전환으로 인해 음의 수익이 발생할 수 있다.

★★

70. 다음 중 옵션적 성격이 있는 사채에 대한 설명으로 올바르지 않은 것은?

① 신주인수권부사채의 신주인수권을 행사하면 자본금이 증가한다.
② 일반적으로 신주인수권이 행사되는 것보다 전환사채가 전환될 때 재무구조 개선 효과가 더 크다.
③ 교환사채가 행사되면 자본금이 증가한다.
④ 전환사채는 동일한 일반 사채와 비교하여 대체로 낮은 표면금리를 갖는다.

★

71. 패리티가 120인 전환사채의 전환대상 주식의 주가가 6,000원이면 전환사채의 액면 전환가격은 얼마인가? (단, 전환사채 1좌는 주식 1주로 전환된다)

① 5,000원　② 6,000원
③ 7,000원　④ 10,000원

★

72. 액면 100,000원인 전환사채의 전환주수가 10주이며, 1주당 시가가 9,000원이라면 전환가치를 올바르게 계산한 것은?

① 10,000원　② 90,000원
③ 100,000원　④ 110,000원

★★

73. 다음 중 자산유동화 증권에 대한 설명으로 틀린 것은?

① 자산유동화 증권의 신용은 자산보유자의 신용보다 높을 수 없다.
② 자산유동화 증권의 신용보강 방법은 내부신용보강과 외부신용보강 방법이 있다.
③ 자산유동화 증권의 발행 수수료는 동일한 조건의 타 증권보다 높은 경향이 있다.
④ 자산유동화 증권을 통해 자산보유자는 재무비율을 관리할 수 있다.

★★

74. 자산유동화증권 발행에 대한 설명으로 틀린 것은?

① 자산보유자는 자신의 자산을 양도하여 자산유동화증권을 발행할 수 있다.
② 수탁기관은 기초자산을 보관하는 기능을 한다.
③ 신용평가기관은 투자자를 확보하여 유동화 증권을 발행한다.
④ 자산관리자는 SPC를 대신하여 실질적으로 수금, 채권보전 등 채무자 관리를 한다.

★★

75. 다음 중 성격이 다른 신용보강 방법은 무엇인가?

① 현금흐름 상환받는 순위를 설정한다.
② 현금흐름 차액적립을 한다.
③ 초과담보를 설정한다.
④ 은행으로부터 신용공여를 받는다.

★

76. 다음 중 MBS의 기초자산으로 올바른 것은?

① 회사채
② 카드론
③ 대출채권
④ 주택저당채권

정답과 해설

70 ③ 교환사채는 사채 발행자가 보유한 상장주식과 교환사채를 교환하기 때문에 교환권이 행사되어도 사채 발행자의 자본금은 변동이 없다.

71 ① 패리티=(전환대상 주식의 주가/전환가격)×100=(6,000원/전환가격)×100=120, 전환가격=5,000원

72 ② 전환가치=주식의 시장가격×전환주수=9,000원×10주=90,000원

73 ① 자산유동화증권은 다양한 신용보강 방법을 통해 자산보유자의 신용보다 높게 형성될 수 있다.

74 ③ 신용평가기관은 신용평가를 하며 유동화증권을 발행하는 기관은 발행주간사이다.

75 ④ 은행으로부터 신용공여를 받는 것은 외부적 신용보강 방법이며, 나머지는 내부적 신용보강 방법이다.

76 ④ MBS는 주택저당채권을 담보로 발행한 유동화증권이다.

03 파생상품평가·분석

★★

01. 다음 중 선물거래의 특징에 해당하지 않는 것은?

① 거래 상대방위험이 존재한다.
② 표준화된 상품을 대상으로 거래가 이루어진다.
③ 대부분 만기 이전에 반대거래에 의해 계약이 소멸된다.
④ 거래소를 통해서 거래가 이루어진다.

★

02. 다음 중 선물거래의 특성에 해당하지 않는 것은?

① 조직화된 거래소에서 거래가 된다.
② 평가손익이 존재한다.
③ 소액의 증거금으로 거래하기 때문에 레버리지 효과가 있다.
④ 계약조건이 표준화 되어 있다.

★★

03. 다음 중 선물가격의 특성에 해당하지 않는 것은?

① 만기일이 가까울수록 선물가격은 현물 가격에 접근한다.
② 보유비용이 양수이면 이론적으로 선물가격이 항상 현물가격보다 높다.
③ 만기일에 현물가격과 선물가격이 다르면 차익거래가 발생한다.
④ 선물가격은 현물가격보다 항상 높게 형성된다.

04. 다음 중 옵션의 시간가치가 가장 큰 경우는 언제인가?

① 내가격 ② 외가격
③ 깊은 외가격 ④ 등가격

★★

05. 다음 중 통화선물거래에 대한 설명으로 올바르지 않은 것은?

① 거래대상은 미국 달러선물, 일본엔 선물, 유로선물, 위안화 선물이 있다.
② 위안화 선물은 호가가격 단위가 0.01원이다.
③ 결제는 매분기마다 이루어진다.
④ 만기에는 실물의 인도와 인수로 결제가 된다.

★

06. 다음 중 우리나라 국채선물에 대한 내용으로 틀린 것은?

① 모든 국채선물은 현금결제방식을 따른다.
② 표면금리 5%, 6개월마다 이표지급, 액면 100원의 가상 국채를 거래대상으로 한다.
③ 거래단위는 10억 원이다.
④ 최소가격 변동폭은 10,000원이다.

정답과 해설

01 ① 선물은 청산소와 일일정산으로 인해 거래 상대방 위험이 존재하지 않고, 선도거래는 당사자간의 거래로 거래 상대방 위험이 존재한다.
02 ② 일일정산을 하기 때문에 실현손익만 존재하며 평가손익은 존재하지 않는다.
03 ④ 선물가격은 현물가격과 같거나 높거나 혹은 낮게 형성되는 것도 가능하다.
04 ④ 등가격일 경우 옵션의 가치는 시간가치로만 구성되어 있으며, 외가격도 옵션의 가치는 시간가치로만 구성되어 있으나 등가격일 경우 시간가치가 가장 크다.
05 ③ 결제는 매월 이루어진다.
06 ③ 거래단위는 1억 원이다.

★

07. 우리나라 주가지수선물 거래제도에 대한 설명으로 올바르지 않은 것은?

① 장중에는 원칙적으로 가격우선원칙이 먼저 적용되고, 동일 가격이면 시간우선원칙이 적용된다.
② 거래소 선물매매시스템의 장애가 10분 이상 발생하여 정상적으로 매매거래를 할 수 없는 경우는 임의적 매매거래 중단사유이다.
③ 사이드카는 프로그램 매매규제에 해당된다.
④ T+2일 결제제도를 도입하였다.

★

08. 다음 중 주가지수 선물거래와 관련하여 결제이행 재원의 사용 순서로 올바른 것은?

① 결제불이행 회원의 재산 → 거래소의 1차 결제 적립금 → 정상회원의 손해배상 공동기금
② 결제불이행 회원의 재산 → 거래소의 재산 → 정상회원의 손해배상 공동기금
③ 결제불이행 회원의 재산 → 정상회원의 손해배상 공동기금→ 거래소의 1차 결제 적립금
④ 결제불이행 회원의 재산 → 거래소의 2차 결제 적립금 → 정상회원의 손해배상 공동기금

★★

09. 선물계약의 만기는 1년이고, 1년 동안의 무위험이자율이 10%이고, 현재 현물가격은 100원이고 선물가격이 120원일 경우 차익거래 방법으로 알맞은 것은? (단, 현물보유로 보유편익은 발생하지 않는다)

① 선물매도, 현물 매입, 대출
② 선물매도, 현물 매입, 차입
③ 선물매수, 현물 매도, 대출
④ 선물매수, 현물 매도, 차입

★★

10. 다음 중 옵션에 대한 설명으로 올바르지 않은 것은?

① 만기에만 옵션의 권리를 행사할 수 있는 것은 유러피언 옵션이다.
② 배당을 지급하지 않는 주식에 대해서 미국식 콜옵션과 유럽식 콜옵션은 그 가치가 동일하다.
③ 배당을 지급하지 않는 주식에 대해서 미국식 풋옵션과 유럽식 풋옵션은 그 가치가 동일하다.
④ 유럽식 풋옵션의 가격은 내재가치보다 작을 수도 있다.

★★★

11. A 주식의 1주당 현재 가격은 10,000원이다. A 주식을 기초자산으로 하는 콜옵션이 1개 있으며, 이 옵션의 행사가격은 10,000원이고 만기는 1년 후이다. 주가가 1년 후에 1번만 변동한다고 가정하자. 주가가 12,000원으로 상승할 확률은 60%이고, 주가가 8,000원으로 하락할 확률은 40%이다. 현재 1년간의 무위험이자율은 10%일 경우 주가가 상승할 위험중립확률은 얼마인가? (단, 배당을 지급하지 않는 유러피안옵션을 가정한다)

① 40% ② 50%
③ 75% ④ 80%

★

12. 다음 중 콜옵션의 감마값이 가장 큰 경우는 언제인가?

① 등가격 ② 내가격
③ 외가격 ④ 감마값은 변화가 없다.

정답과 해설

07 ④ T+1일 결제제도를 운영하고 있다.

08 ① 결제불이행 회원의 재산 → 거래소의 1차 결제 적립금 → 정상회원의 손해배상 공동기금 → 거래소의 2차 결제 적립금 → 정상회원의 추가공동기금 → 거래소의 재산

09 ② F=S(1+r)=100×1.1=110, 선물가격이 균형선물가격보다 비싸게 거래되므로 선물을 매도하고, 현물을 매입한다. 현물 매입을 위해 100만큼 차입한다.

10 ③ 주가가 충분히 하락하는 경우, 지금 당장 행사하는 것이 유리하기 때문에 미국식 풋옵션의 가치가 유럽식 풋옵션의 가치보다 높다.

11 ③ 10,000원=[p×12,000원+(1−p)×8,000원]/1.1, p=0.75(주가가 상승할 위험중립확률)

12 ① 등가격일때 델타의 값이 가장 크고, 이때 델타값을 한 번 더 미분한 감마값이 가장 크다.

★

13. 다음 중 수평 스프레드 거래와 관련하여 잘못 설명한 것은?

① 만기의 차이를 이용하는 투자기법이다.
② 만기일이 긴 콜옵션을 매수 했으면, 만기일이 짧은 풋옵션을 매도한다.
③ 수평스프레드는 옵션의 시간가치의 상대적 변화차이를 이용한 거래이다.
④ 시장가격의 변동이 큰 경우 손실을 볼 가능성이 높다.

★★

14. 경제가 불확실해서 주식시장의 변동성이 확대될 것으로 예상한다. 주가지수 옵션을 거래할 때 이익이 날 가능성이 높은 거래 전략은 무엇인가?

① 스트래들 매입 ② 스트립 매도
③ 스트랭글 매도 ④ 나비형 스프레드 매입

★

15. 다음 중 선물거래에 대한 설명으로 올바르지 않은 것은?

① 자산이 갖고 있는 체계적 위험을 0으로 만들 수 있다.
② 거래소를 통해서 거래된다.
③ 표준화된 상품을 기반으로 거래된다.
④ 거래 상대방의 계약 불이행 위험이 존재한다.

★★

16. 선물거래에서 거래 상대방의 계약 이행 위험을 낮추는 장치로 알맞은 것은?

① 증거금, 일일정산
② 증거금, 현금청산
③ 일일정산, 반대매매를 통한 포지션 청산
④ 일일정산, 표준화된 계약

★★★

17. 다음 중 금융선물에 대한 설명으로 올바른 것은?

① 수출을 하고 거래대금을 미래에 받을 경우 통화선물 매수를 통해 환위험을 헤지할 수 있다.

② 수입을 하고 거래대금을 미래에 지불할 경우 통화선물 매도를 통해 환위험을 헤지할 수 있다.

③ 헤지를 하면 기초자산의 가격변동위험을 줄일 수 있다.

④ 현물 포지션을 보유한 후 이와 반대 거래를 하는 것을 투기거래라고 한다.

18. 다음 중 가장 위험이 큰 매매전략을 순서대로 나열한 것으로 올바른 것은?

① 헤지거래>투기거래>스프레드 거래

② 스프레드 거래>투기거래>헤지거래

③ 투기거래>스프레드 거래>헤지거래

④ 투기거래>헤지거래>스프레드 거래

정답과 해설

13 ② 수평스프레드는 옵션의 만기차이만 다른 동일한 옵션을 하나는 매수, 다른 하나는 매도하는 거래이다. 즉 콜옵션을 이용한 수평스프레드는 만기가 서로 다른 콜옵션으로만 거래를 해야 하며, 풋옵션을 이용한 수평스프레드는 만기가 서로 다른 풋옵션으로만 거래해야 한다.

14 ① 변동성이 심해질 것으로 예상되기 때문에 변동성이 심할 때 이익을 얻을 수 있는 포지션을 구축해야 한다. 스트래들매입은 행사가격이 같은 콜과 풋을 각각 하나씩 매입하는 전략이다.

15 ④ 거래 상대방의 계약불이행 위험은 선도거래에서 존재한다.

16 ① 증거금, 일일정산을 통해 거래 상대방의 계약 불이행 위험을 낮출 수 있다.

17 ③ 헤지를 통해 기초자산의 가격변동위험을 줄이거나 완전히 없앨 수 있다.

18 ③ 투기거래는 현물에 어떤 포지션도 없이 선물의 가격변동에 베팅하는 것으로 위험이 가장 크며, 스프레드 거래는 스프레드 변동을 예상하여 동시에 하나의 선물을 사고 다른 선물을 팔기 때문에 투기거래보다 위험이 작다. 헤지거래는 현물 포지션과 선물을 반대로 거래하여 위험이 가장 작다.

★★

19. 다음 중 콜옵션에 대한 설명으로 올바른 것은?

① 콜옵션 매수자는 기초자산 가격이 하락하면 더 많은 수익을 얻을 수 있다.
② 콜옵션 매도자는 기초자산 가격이 하락할 수록 비례적으로 더 많은 수익을 얻을 수 있다.
③ 콜옵션 매수자가 부담하는 최대 위험은 콜옵션 프리미엄이다.
④ 콜옵션 매도자는 기초자산 가격이 상승할 것을 예상하여 콜옵션을 매도하였다.

★★

20. 다음 중 옵션에 대한 설명으로 올바른 것은?

① 풋옵션은 기초자산을 구입할 수 있는 권리이다.
② 옵션의 가격은 기초자산가격 보다 높게 형성될 수 있다.
③ 모든 조건이 동일하면 대체로 아메리칸 옵션이 유러피언 옵션보다 가격이 높다.
④ 모든 조건이 동일하면 기초자산의 변동성이 높아지면 콜옵션가격은 상승하고 풋옵션가격은 하락한다.

★★★

21. 다음 유러피언 콜옵션의 시간가치를 계산하면 얼마인가?

기초자산의 주가 : 10,000원, 행사가격 : 12,000원, 만기 1년, 콜옵션 가격 : 1,000원

① 없음　② 500원
③ 1,000원　④ 1,100원

★★★

22. 다음 유러피언 콜옵션의 시간가치는 얼마인가?

> 기초자산의 주가 : 12,500원, 행사가격 : 12,000원, 만기 1년, 콜옵션 가격 : 1,000원

① 없음　　② 500원
③ 1,000원　　④ 1,100원

★★★

23. 다음 중 옵션가격을 항상 상승시키는 변수에 해당하는 것은? (단, 옵션은 매수포지션이다)

① 기초자산의 가격 하락　　② 행사가격의 증가
③ 무위험이자율의 하락　　④ 기초자산가격의 변동성 증가

정답과 해설

19 ③ 콜옵션 매수자는 기초자산 가격이 상승할수록 더 많은 수익을 얻을 수 있으며, 콜옵션 매도자는 기초자산 가격이 하락하더라도 콜옵션 프리미엄이 최대의 이익이다. 기초자산 가격이 상승하면 콜옵션 매도자는 손실을 보기 때문에 기초자산 가격이 하락할 것으로 예상하여 콜옵션을 매도한다.

20 ③ 풋옵션은 기초자산을 매도할 수 있는 권리이며, 옵션 가격은 기초자산가격 보다 높게 형성될 수 없으며, 기초자산가격의 변동성이 높아지면 콜옵션, 풋옵션 모두 가격이 상승한다.

21 ③ 옵션의 가치=내재가치+시간가치, 내재가치는 지금 당장 옵션을 행사했을 때 얻는 가치이다. 기초자산의 주가가 10,000원이기 때문에 내재가치는 0이며, 옵션의 가치는 모두 시간가치로 구성되어 있다. 옵션의 시간가치는 1,000원이다.

22 ② 옵션의 가치=내재가치+시간가치, 현재 옵션을 행사하면 500원의 가치가 있고, 옵션의 가격은 1,000원이기 때문에 옵션의 시간가치는 1,000원−500원=500원이다.

23 ④ 기초자산 가격의 변동성의 증가는 콜옵션, 풋옵션 모두 가격을 상승시키는 변수이다.

★★★

24. 다음 옵션가격 변수에 따른 콜옵션과 풋옵션의 가치변화로 올바르지 않은 것은? (단, 옵션은 아메리칸이며 매수포션이다)

	콜옵션	풋옵션
① 기초자산 가격상승	+	−
② 옵션 만기 연장	+	+
③ 기초자산 변동성 증가	+	+
④ 무위험 이자율 상승	−	+

★★

25. 다음 중 통화선물에 대한 설명으로 잘못된 것은?

① 미국 달러선물의 거래단위는 $10,000이다

② 중국 위안화선물의 호가가격 단위는 0.1원이다.

③ 미국 달러선물의 가격제한폭은 기준가격대비 ±4.5%이다.

④ 통화선물은 만기일에 실물인수도 결제한다.

★★

26. 우리나라 국채 선물상품에 대한 설명으로 올바른 것은?

① 모든 국채선물은 만기에 실물인수도 방식으로 결제한다.

② 모든 국채선물의 거래 대상은 표면금리 연 5%, 매 6개월 마다 이자를 지급하는 국채이다.

③ 국채선물 거래단위는 액면가 1,000만원이다.

④ 모든 국채선물의 만기는 3년으로 표준화되어 있다.

★★★

27. 다음 중 선물에 대한 설명으로 올바른 것은?

① 선물가격과 현물가격의 차이는 베이시스이며 선물만기일에 베이시스는 0으로 수렴한다.

② 보유비용이 양수(+)이면 이론 선물가격이 현물가격보다 낮다.

③ 주식선물에서 해당 주식이 배당금을 지불하는 주식이면 이론 선물가격은 상승한다.

④ 무위험 이자율이 상승하면 이론 선물가격은 하락한다.

★★★

28. KOSPI 200지수가 100이고, 연간 무위험이자율이 10%이며, 연간 배당수익률이 5%이고, 선물만기는 90일인 경우 이론 선물가격은 얼마인가? (단 1년은 360일로 가정한다)

① 100.00 ② 101.25

③ 101.50 ④ 101.75

정답과 해설

24 ④ 무위험 이자율이 증가하면 콜옵션의 가격은 상승하고, 풋옵션의 가격은 하락한다.

25 ② 중국 위안화선물의 호가가격 단위는 0.01원이다.

26 ② 모든 국채 선물은 만기에 현금결제를 하며, 액면가는 1억원이며, 국채 선물은 3년, 5년, 10년 만기가 있다.

27 ① $F=S\left[1+(r-d)\times\frac{t}{365}\right]$, 즉 선물 가격=현물가격+보유비용이다. 배당의 지급은 보유비용이 하락하여 선물가격은 하락하면, 무위험 이자율이 증가하는 것은 보유비용이 증가하여 이론 선물가격은 상승한다. 선물 만기시점에 베이시스가 0이 아니면 선물과 현물의 차익거래가 발생하기 때문에 선물 만기일에 베이시스는 0으로 수렴한다.

28 ② F=S×[(1+(r−d)×t/360)=100×[1+(10%−5%)×90일/360일]=101.25

★★

29. 수출업자가 미국 거래처에 $100만의 물건을 판매후 2달 후 거래대금을 USD로 수령하기로 했다. 현재 환율이 1,000원/$이며, 수출업자는 환율변동위험을 헤지하려고 한다. 환율변동위험을 헤지하기 위해 수출업자가 취해야 할 행동으로 올바른 것은?

① 통화선물 $100만을 1,000원/$에 매입한다.

② 통화선물 $100만을 1,100원/$에 매입한다.

③ 통화선물 $100만을 1,000원/$에 매도한다.

④ 통화선물 $100만을 900원/$에 매도한다.

★★★

30. 포트폴리오 매니저가 보유한 주식 포트폴리오는 10억원어치이며, 포트폴리오의 베타는 1.2이다. 향후 주가 하락이 예상되어 포트폴리오 매니저는 포트폴리오를 KOSPI 200 주가지수 선물을 이용하여 주식가격변동 위험을 완전히 헤지하려고 한다. KOSPI 200지수 1 포인트에 25만원이며 KOSPI 200 지수는 현재 200포인트 일 경우 적절한 헤지 방법은 무엇인가?

① 12계약 매수　　② 12계약 매도

③ 24계약 매수　　④ 24계약 매도

★★★

31. KOSPI 200 선물계약을 이용하여 200억 원의 주식 포트폴리오의 가격위험을 완전 헤지하려고 한다. 적정 선물 매도계약은 200계약이다. KOSPI 200 선물지수는 200이고, 1포인트 당 25만원이다. 포트폴리오의 베타는 얼마인가?

① 0.5　　② 1.0

③ 1.5　　④ 2.0

★★★

32. 콜옵션에 대한 설명으로 올바르지 않은 것은?

① 옵션의 시간가치는 등가격에서 가장 크다.

② 기초자산을 보유할 경우 기초자산을 완전 헤지하기 위해서는 콜옵션을 매수해야 한다.

③ 기초자산 가격변동에 따른 옵션가격 변동을 옵션델타라고 한다.

④ 모든 것이 동일한 경우, 콜옵션을 매입하고 풋옵션을 매도하면 선물 매입한 것을 복제할 수 있다.

★★★

33. 무위험이자율이 10%이며, 옵션의 만기는 1년이다. 기초자산가격이 10,000원이고, 행사가격이 10,500원이며, 풋옵션 가격이 1,000원일 경우, 콜옵션의 이론가격은 얼마인가?

① 1,000원 ② 1,254원

③ 1,454원 ④ 2,111원

★★★

34. 현재 가격 10,000원의 A 주식이 있다. 주가가 상승할 경우 A 주식은 12,000원이 되고, 하락할 경우 8,000원이 된다. 무위험 이자율은 10%일 때, 이항옵션 모형을 이용하여 행사가격이 10,000원인 콜옵션 가격을 계산하시오.

① 1,000원 ② 1,212원

③ 1,312원 ④ 1,364원

정답과 해설

29 ③ $100만불을 수령하기 때문에 매도헤지를 하며 환율은 현재와 동일한 1,000원/$로 해야 환율변동에 따른 가격위험을 없앨 수 있다.

30 ④ 필요 선물계약 단위수=(보유포트폴리오 가치×희망헤지비율×포트폴리오 베타)/선물가격×선물계약 승수=10억 원×100%×1.2/25만 원×200 포인트=24계약 매도

31 ① 200계약 매도=200억 원×100%×포트폴리오베타/25만 원×200포인트, 포트폴리오 베타=0.5

32 ② 기초자산 헤지를 위해서는 콜옵션을 매도해야 한다.

33 ③ P+S=C+PV(X), C=1,000원+10,000원−10,500원/(1+10%)=1,454원

34 ④ 주가가 상승할 위험중립확률=$[(1+R_f)-d]/(u-d)$=(1.1−0.8)/(1.2−0.8)=0.75
콜옵션가치=$[C_u \times p+C_d \times (1-p)]/(1+R_f)$=(2,000×75%+0×25%)/1.1=1,364원

★★★

35. 다음 중 기초자산을 주식으로 하는 이항옵션 모형에 대한 설명으로 올바른 것은? (단, 배당금을 지급하지 않는다)

① 주가가 상승할 확률이 높을수록 콜옵션의 가치는 상승한다.
② 주가가 하락할 확률이 높을수록 콜옵션의 가치는 상승한다.
③ 투자자의 위험회피 정도가 클수록 콜옵션 가치는 상승한다.
④ 옵션의 가치는 주가의 상승 혹은 하락 확률과 무관하게 결정된다.

★★★

36. 다음 중 블랙-숄즈 옵션가격결정 모형의 가정에 해당하지 않는 것은?

① 기초자산의 거래는 연속적으로 이루어진다.
② 기초자산의 가격 변동은 로그정규분포를 따른다.
③ 기초자산의 가격변동성은 매 순간 변화한다.
④ 유럽식 옵션을 가정하며, 옵션 잔존기간 동안 배당금은 지급하지 않는다.

★★

37. 옵션 가격결정에 있어 기초자산의 가격 변동성에 대한 설명으로 올바른 것은? (단, 통상적인 기준에서 답변하시오)

① 변동성이 과대평가되면 옵션의 시장가격이 이론가격보다 과소평가된다.
② 변동성은 기초자산의 과거 자료를 통해서 계산할 수 있으며 이는 옵션가격을 정확히 예측할 수 있다.
③ 현재의 옵션가격을 기준으로 기초자산의 변동성을 계산하는 방법은 내재변동성을 계산하는 방법이다.
④ 기초자산의 일일 수익률의 변동성이 s일 경우 연간 변동성은 s×365일로 계산할 수 있다.

★★

38. 다음 중 기초자산가격이 상승할 경우 이익이 발생하는 투자전략은 무엇인가?

① 콜옵션 매도
② 풋옵션 매수
③ 수직약세 스프레드 매입
④ 스트래들 매입

★★

39. 다음 중 양의 캐리에 해당하는 것은 무엇인가?

① 보험료 ② 창고료

③ 배당금 ④ 차입이자

★★

40. 다음 중 스트립헤지에 대한 설명으로 올바른 것은?

① 헤지해야할 대상의 포지션이 장기인 경우 전체 기간동안 헤지를 하는 방법이다.

② 헤지 대상물 전체 가액을 대상으로 헤지하기 때문에 헤지가 효과적이다.

③ 근월물을 일괄 매입 혹은 매도한 후 다시 해당 기간 경과분만큼을 제외한 나머지를 차기 근월물로 치환한다.

④ 사채를 대상으로 스트립헤지를 할 경우 목표금리를 확정시키기는 어렵다.

정답과 해설

35 ④ 이항모형에서 옵션의 가치는 주가의 상승 혹은 하락할 확률과 무관하게 결정되며, 투자자의 위험선호도에 관계없이 결정된다.

36 ③ 기초자산의 가격변동이 일정한 것을 가정한다.

37 ③ 기초 자산의 과거 변동성을 사용할 경우 과거 변동성이 미래에도 유지되지 않을 수 있기 때문에 기초자산의 과거 변동성을 통해 옵션가격을 정확하게 예측할 수는 없다.

38 ④ 스트래들 매입시 기초자산가격이 큰폭으로 상승 혹은 하락시 이익이 발생할 수 있다. 나머지 보기는 기초자산가격이 하락할 때 수익을 얻을 수 있다.

39 ③ 배당금은 양의 캐리로 현물을 보유할 때 얻는 이익이다.

40 ① 헤지해야할 전체 기간 동안 헤지를 하는 방법이며 이를 통해 채권이 기초자산이면 목표 금리를 확정시킬 수 있다.

★★

41. 다음 중 선물계약의 스프레드 거래에 대한 설명으로 올바르지 않은 것은? (단, 베이시스는 F−S 이다)

① 선물을 매입하고 현물을 매도하면 베이시스가 확대될 경우, 투자자는 이익이 발생한다.
② 강세스프레드는 근월물을 매입하고 원월물을 매도한다.
③ 미래 선물가격이 상승할 것으로 예상할 경우 베이시스를 매도하면 수익이 발생한다.
④ 선물만기에 베이시스는 0으로 수렴한다.

★★★

42. 다음 정보를 이용하여 1기간 이항옵션 모형으로 콜옵션 1개의 현재가치를 올바르게 계산한 것은? (단, 유로피안 콜옵션을 가정한다)

- 주식의 현재가격 : 10,000원, 무위험이자율 10%
- 주가 상승 및 하락시 가격변화는 20%로 동일하며, 주가가 상승 및 하락할 확률도 50%로 동일함
- 콜옵션 행사가격 11,000원(콜옵션만기 1년)

① 682원
② 1,000원
③ 1,200원
④ 2,000원

★★

43. 풋옵션의 1개당 가격이 300원이며, 행사가격이 10,000원이다. 현재 주가가 11,000원일 경우 해당 풋옵션 매입자의 손익분기점 주가는 얼마인가?

① 11,000원
② 10,700원
③ 10,000원
④ 9,700원

★★

44. 다음 중 보호적 풋에 대한 설명으로 올바르지 않은 것은?

① 주가가 상승할수록 더 많은 이익을 얻는다.

② 포트폴리오 보험이라고도 한다.

③ 기초자산을 매입하고 풋옵션을 매입한 포트폴리오이다.

④ 약세장에서는 큰 손실이 날 수 있다.

★★

45. 다음 중 옵션을 이용한 수평스프레드 거래에 대한 설명으로 틀린 것은? (단, 수평스프레드 매입을 가정한다)

① 만기가 다른 옵션을 이용한 옵션거래 전략이다.

② 옵션의 시간가치가 만기에 가까워짐에 따라 급격히 감소하는 특징을 이용한 거래전략이다.

③ 만기일에 가까이 있는 옵션을 매도하고, 만기일에 멀리 있는 옵션을 매수한다.

④ 기초자산의 가격변동이 클 때 큰 이익을 얻을 수 있다.

정답과 해설

41 ③ 베이시스 매입은 선물매입과 현물매도이다. 미래 선물가격이 상승할 경우 베이시스를 매입해야 수익이 발생한다.

42 ① 주가가 상승할 위험중립확률 $=[(1+R_f)-d]/(u-d)=(1.1-0.8)/(1.2-0.8)=75\%$
$C_0=[C_u\times p+C_d\times(1-p)]/(1+R_f)=(1{,}000\text{원}\times75\%)/1.1=681.8\text{원}$

43 ④ 주가가 행사가격에서 풋옵션 매입금액만큼 더 하락하면 손익분기점이 되기 때문에 손익분기점 주가는 9,700원이다.

44 ④ 기초자산과 풋옵션을 매입했기 때문에 약세장 혹은 주가 하락기에 손실의 규모를 제한하는 효과가 있다.

45 ④ 수평스프레드 거래는 옵션의 시장가격 변동이 작을 때 이익을 얻을 수 있다.

★★

46. 다음 중 기초자산의 변동성이 낮을 때 이익을 얻는 옵션 거래전략은 무엇인가?

① 스트래들 매입　　② 나비형 스프레드 매도
③ 스트랩 매입　　④ 스트랭글 매도

★★★

47. 다음 중 용어 설명이 올바르지 않은 것은?

① 델타 : 기초자산 가격 변화에 따른 옵션가격의 변화 정도
② 베가 : 기초자산 변동성 변화에 따른 옵션가격의 변화 정도
③ 감마 : 기초자산 만기 변화에 따른 옵션가격 변화 정도
④ 로우 : 이자율 변화에 따른 옵션가격 변화 정도

★★

48. 주식 1주 매수, 이 주식을 기초자산으로 하는 콜옵션 (델타 0.5) 6계약 매도, 풋옵션 (델타 −0.8) 5계약 매수포지션을 취하면 포트폴리오 전체 델타는 얼마인가?

① −1.2　　② −3.0
③ −4.8　　④ −6.0

★

49. 옵션으로 구성된 포트폴리오의 델타가 1.5이다. 기초자산 가격변동위험을 헤지하기 위해 필요한 거래는 무엇인가?

① 콜옵션을 매수한다.　　② 주식을 매수한다.
③ 풋옵션을 매수한다.　　④ 풋옵션을 매도한다.

★★

50. 행사가격이 980원인 풋옵션 1개를 10원에 매입하고, 행사가격이 1,000원인 풋옵션 1개를 20원에 발행했을 경우 최대 손실금액은 얼마인가? (단, 두 풋옵션의 기초자산은 무배당주식이고 유러피언 옵션을 가정한다)

① 10원
② 20원
③ 30원
④ 40원

★

51. 콜옵션의 감마가 0.002이고 델타가 0.7일 때 옵션 기초자산 가격이 100원 상승하면 변화된 델타값은 얼마인가?

① 0.7
② 0.72
③ 0.9
④ 0.92

정답과 해설

46 ④ 스트랭글 매도시 주가가 큰 폭으로 움직이지 않을 때 이익을 얻을 수 있다.

47 ③ 감마는 기초자산 가격 변화에 따른 옵션 델타의 변화 정도이다.

48 ④ 1(주식델타) − 0.5×6(콜옵션) − 0.8×5 = −6

49 ③ 델타가 양수이기 때문에 델타가 음수인 거래를 추가하여 전체 포트폴리오 델타를 0으로 만들어야 한다. 풋옵션은 델타가 음수이기 때문에 풋옵션을 매수해야 한다.

50 ① 수익 그래프를 그리면 최대 손실은 10원이다.

51 ③ 감마 = 델타의 변동/옵션 기초자산의 변동, 델타의 변동 = 기초자산의 변동×감마 = 100원×0.002 = 0.2, 델타값 = 0.7 + 0.2 = 0.9

04 파생결합증권평가·분석

★★

01. 다음 중 ELW에 대한 설명으로 잘못된 것은?

① ELW는 발행자가 의무 이행자이다.
② ELW는 발행자의 신용으로 발행한다.
③ 개별주식을 기초자산으로 하는 ELW는 발행할 수 없다.
④ 1개 이상의 유동성 공급자가 필요하다.

★★

02. 기초자산 가격이 100원이고 행사가격은 90원이다. ELW 1개당 0.2개의 기초자산을 매입할 수 있다. 현재 콜 ELW의 내재가치는 얼마인가?

① 1원 ② 2원
③ 10원 ④ 12원

★★

03. 다음 중 주가연계증권(ELS)에 대해서 잘못 설명한 것은?

① 주가연계증권은 주가지수 및 특정 주식의 움직임에 연계하여 사전에 정해진 조건에 따라 조기 및 만기 상환수익률이 결정되는 만기가 존재하는 증권이다.
② 증권사 자체적으로 하는 자체헤지와 해외IB 등에 수수료 등을 지급하고 하는 백투백헤지로 구분된다.
③ 원금보장형만 있기 때문에 안정적인 수익을 얻을 수 있다.
④ Step－down형은 기초자산 가격이 하락하여 Knock－in이 발생하지 않은 상황에서 3 ~ 6개월마다 주가가 일정 수준 이상인 경우 사전에 정한 약정수익률로 조기상환되는 구조이다.

★★

04. 다음 중 주식워런트증권(ELW)에 대한 설명으로 잘못된 것은?

① 주식워런트 증권은 기초자산을 미리 정한 가격으로 사거나 팔 수 있는 권리를 갖는 증권이다.
② 거래단위는 10주단위이다.
③ 파생상품의 성격이 있기 때문에 최대 손실금액 예측이 불가능하다.
④ 주식시장이 하락하는 상황에서도 수익을 만들 수 있다.

★★

05. 다음 중 주식워런트 증권의 기초자산이 될 수 있는 것에 해당하지 않는 것은?

① 코스피 200주가지수　② 코스닥 150주가지수
③ 니케이 225지수　④ S&P 500지수

★★★

06. 다음 중 ELW관련 용어에 대한 설명으로 올바른 것은?

① 전환비율은 ELW 1주를 행사하면 투자자가 지급해야 하는 현금액을 의미한다.
② 패리티가 100% 보다 크면 내재가치가 없다고 볼 수 있다.
③ 기어링은 레버리지효과를 측정하는 투자지표이다.
④ 손익분기점은 기초자산과 ELW의 수익률이 같아지는 시점까지 도달하기 위해 필요한 기초자산의 연간 기대상승률이다.

정답과 해설

01 ③ 개별주식을 기초자산으로 ELW 발행이 가능하다.
02 ② 콜 ELW 내재가치=(기초자산 가격−행사가격)×전환비율=10원×0.2=2원
03 ③ 원금보장형과 원금비보장형 둘 다 가능하다.
04 ③ 콜옵션과 풋옵션을 발행하지 않고 구입만하기 때문에 최대손실금액은 투자원본이다.
05 ④ 주식워런트 증권의 기초자산이 될 수 있는 것은 코스피 200종목 및 코스닥 150종목중에 선별된 5종목, 코스피 200 주가지수, 코스닥 150주가지수, 해외지수 중에는 니케이 225지수, 항셍지수가 있다.
06 ③ 전환비율은 ELW 1주를 행사하여 받을 수 있는 기초자산의 수이다. 패리티가 100%보다 크면 내재가치가 있으며, 이 경우 내가격이라고 할 수 있다. 자본지지점은 기초자산과 ELW의 수익률이 같아지는 시점까지 도달하기 위해 필요한 기초자산의 연간 기대상승률을 의미한다.

★★
07. 다음 중 ELW에 대한 설명으로 올바르지 않은 것은?

① 해외기초자산으로 NIKKEI 225 지수를 사용할 수 있다.
② 발행사는 최소한 1개 이상의 유동성공급업자와 유동성공급계약을 체결해야 한다.
③ 변경상장은 이미 발행한 ELW의 종목 혹은 수량을 변경하는 제도이다.
④ 발행증권사의 주권이 상장폐지되어도 ELW는 상장폐지 되지 않는다.

★★
08. 다음 중 ELW상장폐지 사유에 해당하지 않는 것은?

① 개별주식 ELW의 해당 주식이 상장폐지 되었을 경우
② 발행사가 ELW를 전부 보유하고 상장폐지신청을 한 경우
③ ELW 발행사가 상습적으로 신고위반한 경우
④ ELW의 매매가 활발하지 않은 경우

★★
09. 다음 중 ETN에 대한 설명으로 올바르지 않은 것은?

① 신용등급, 재무안정성이 우수한 증권회사가 발행할 수 있다.
② 일괄신고서제도를 활용하여 발행절차를 간소화할 수 없다.
③ 상장예비심사신청서를 접수한 날부터 15영업일 이내에 상장예비심사결과를 통지한다.
④ 만기는 대체로 1년 이상에서 20년 이내로 한다.

★★
10. 다음 중 ETN시장 참가자에 대한 설명으로 올바르지 않은 것은?

① 반기 일평균 거래대금이 500만원 미달시 상장폐지될 수 있다.
② 자기자본이 2,500억 원 미만이 되면 상장폐지될 수 있다.
③ ETN발행사는 유동성공급 회사가 될 수 없다.
④ 일일지표가치를 보완하기 위해 실시간 지표가치를 사용한다.

★★

11. 다음 중 ETN 투자위험에 대한 것으로 잘못된 것은?

① 발행사의 신용위험이 존재한다.

② 기업고유위험은 줄일 수 있으나, 시장 전체 위험은 줄이기 어렵다.

③ 국내 주식형 ETN은 증권거래세가 면제되어 빈번하게 거래해도 거래비용이 증가하지 않는다.

④ 발행회사의 부도로 인해 원금 손실이 발생할 수 있다.

★

12. 다음 중 성격이 다른 하나는?

① ELW
② DLS
③ ETN
④ ELB

정답과 해설

07 ④ 발행인의 순자본비율이 100%에 미달하거나, 기초자산인 주권이 상장폐지되면 해당 회사가 발행한 ELW도 상장폐지된다.

08 ④ ELW의 발행인 또는 유동성공급자가 해당 ELW를 전부 보유한 사실이 확인되고 전부보유일로부터 1개월 동안 거래가 없거나 전부보유일부터 직전 1개월 동안의 누적거래량이 상장증권수의 100분의 1에 미달하는 경우 해당 ELW는 상장폐지된다.

09 ② 일괄신고서제도를 활용하여 발행절차를 간소화할 수 있다.

10 ③ ETN발행사 혹은 제3의 증권사가 유동성공급자가 될 수 있다.

11 ③ 빈번하게 거래하면 증권사에게 거래 수수료 지불금액이 증가한다.

12 ④ ELB는 파생결합사채로서 투자자에게 원금이 보장되며, 기초자산의 변동과 연계하여 이자가 변동하는 채무증권이며, 나머지는 파생결합증권이다.

★★

13. 다음 중 파생결합증권에 대한 설명중 올바르지 않은 것은?

① 증권신고서 수리일로부터 15영업일이 경과한 후에 효력이 발생한다.
② 발행의 편의를 위해 일괄신고서제도가 있다.
③ 투자매매업을 하는 법인이면 누구나 파생결합증권을 발행할 수 있다.
④ 기초자산의 범위는 매우 다양하다.

★★

14. ELW의 특징으로 알맞지 않은 것은?

① 레버리지 효과 ② 위험헤지
③ 한정된 손실 위험 ④ 높은 유동성위험

★★

15. 다음 중 ELW에 대한 설명으로 올바른 것은?

① 투자자는 기초자산을 구입 혹은 매도할 수 있는 권리와 의무를 사고 팔 수 있다.
② 1개 이상의 유동성 공급자가 존재한다.
③ 별도의 계약이행 보증금은 존재하지 않는다.
④ 기초자산이 배당을 지급하면 콜 ELW의 가격은 상승한다.

★★

16. ELW가 행사될 가능성에 대해서 알 수 있는 지표로 ELW의 시간가치를 기초자산 가격으로 나눠 준 것은 무엇인가?

① 프리미엄 ② 전환비율
③ 손익분기점 ④ 기어링

★★

17. 기초자산 현재가격이 10,000원, 행사가격이 12,000원, 콜ELW 현재가격이 1,000원이며 ELW의 만기가 1년일 때 자본지지점은? (근사값으로 계산하시오)

① 11.1% ② 22.2%
③ 33.3% ④ 44.4%

★

18. 다음 중 패리티가 1보다 작은 것을 나타낸 것으로 올바른 것은?

① 내가격 ② 외가격
③ 등가격 ④ 옵션델타

★★

19. ELW 기초자산으로 적절하지 않은 것은?

① NIKKEI 225지수 ② HSI 지수
③ KOSPI 200 지수 ④ FTSE 지수

정답과 해설

13 ③ 일정한 조건을 갖춘 금융투자업자가 파생결합증권을 발행할 수 있다(증권 및 장외파생상품 투자매매업 인가 필요).

14 ④ 유동성 공급자로 인해 ELW는 유동성이 보장된다.

15 ② ELW 투자자는 기초자산을 구입할 수 있는 권리만을 사고 팔 수 있다.

16 ① 프리미엄＝(ELW 가격－내재가치)/기초자산 가격

17 ③ $[12,000원/(10,000원-1,000원)]^{1}-1=33.3\%$

18 ② 패리티가 1보다 작으면 외가격이다.

19 ④ ELW 주가지수로 사용될 수 있는 지수는 KOSPI 200, KOSDAQ 150, NIKKEI 225, 홍콩HSI 지수가 있다.

★★

20. ELW 상장폐지 요건으로 잘못 설명한 것은?

① 순자본비율을 100% 이상 유지하지 못할 경우
② 유동성 공급계약자 수가 1개 이하일 경우
③ 발행사가 ELW 전부를 보유하고 1개월간 매매가 전혀 없을 경우
④ 기초자산인 주권을 발행한 회사가 상장폐지 될 경우

★

21. 다음 중 ELS에 대한 설명으로 올바르지 않은 것은?

① ELS는 일반기업이 자신의 주식을 기초자산으로 발행한 파생결합증권이다.
② ELS발행으로 인해 유입되는 현금의 대부분은 상환금을 준비하는 목적으로 사용된다.
③ 원금손실의 가능성이 있다.
④ 상환금을 준비하는 방법은 백투백헤지와 자체헤지가 있다.

★★

22. ELS상품구조에 대한 설명으로 잘못된 것은?

① Bull Spread구조에서 주가가 높은 행사가격보다 높다면 원금과 행사가격에 비례한 투자수익을 지급받는다.
② Reverse Convertible 구조에서는 원금 손실 가능성이 있다.
③ 양방향 구조에서 주가가 양쪽 배리어 수준을 넘어서면 원금만 돌려받는다.
④ Step-down ELS는 매 조기상환 시점마다 일정 비율씩 조기상환 기준지수를 완화한다.

★

23. 다음 중 ETN에 대한 설명으로 올바르지 않은 것은?

① ETN은 채권형식으로 발행되기 때문에 일반적인 공모펀드 신규 발행과 비교해서 신속하게 발행할 수 있다.
② ETN은 벤치마크 지수가 명확하게 설정되어 있지만 내재가치 산정이 어렵다.
③ ETN은 공모펀드와 비교해서 추적오차가 작다.
④ 거래소에 상장되어 있어 투자자입장에서 유동성위험이 낮다.

★

24. ETN관련 시장참가자가 아닌 것은?

① 발행회사 ② 유동성공급자

③ 한국예탁결제원 ④ 신용평가회사

★★★

25. 다음 중 ETN 발행자 요건이 아닌 것은?

① 자기자본 5,000억 원 이상

② 신용등급 AA- 이상

③ 순자본비율 100%이상

④ 최근 3년간의 사업연도의 개별재무제표와 연결재무제표에 대한 감사의견이 모두 적정

정답과 해설

20 ② 유동성 공급계약자 수가 1개 미만일 경우, 1개 미만이 된 날로부터 1개월 이내 다른 LP와 유동성 공급계약을 체결하지 않았을 경우이다.

21 ① ELS는 증권사가 발행하는 파생결합증권이다.

22 ① Bull Spread에서 주가가 높은 행사가격보다 높다면 원금과 고정금액을 돌려받는다.

23 ② 벤치마크 지수가 명확하게 설정되어 있기 때문에 내재가치 산정이 다른 금융상품에 비해서 어렵지 않다.

24 ④ ETN의 시장참가자는 발행회사, 유동성공급자, 지수산출기관, 한국예탁결제원이 있다.

25 ③ ETN 발행자 요건은 증권 및 장외파생상품 매매업 인가를 3년 이상 유지한 금융투자업자, 자기자본 5,000억원이상, 신용등급 AA-이상, 순자본비율 150%이상, 최근 3년간 연결 및 개별재무제표 감사의견 적정이다.

★★

26. 다음 중 ETN 발행관련 해당 사항이 아닌 것은?

① 기초지수는 KRX시장에서 거래되는 기초자산 가격의 변동을 종합적으로 나타내는 지수이어야 한다.

② 기초지수에 국내외 주식 또는 채권이 포함되는 경우 주식, 채권 각각 최소 5종목 이상, 동일 종목비중 30% 이내로 분산되어야 한다.

③ 국채, 통안채, 지방채등으로만 구성된 지수는 5종목 이상이어야 한다.

④ 최소발행금액은 70억 원 이상, 발행증권수는 10만 증권이상이어야 한다.

★★

27. ETN의 상장폐지 요건에 해당하지 않는 것은?

① ETN 발행사의 자기자본이 2,500억 원 미만이다.

② ETN발행사의 순자본 비율이 100% 미만으로 3개월간 지속이 되었다.

③ ETN발행사의 신용등급이 투자적격등급 미만이다.

④ ETN발행 종목의 반기 일평균 거래대금이 500만 원에 미달한다.

★

28. 다음 중 ETN 투자시 직면하는 위험에 해당하지 않는 것은?

① 기초자산 가격하락에 따른 가격변동 위험

② 유동성 부족위험

③ 상장폐지 위험

④ 안전한 채권의 형식이기 때문에 원금 손실 위험은 없다.

★★

29. 다음 중 ETN의 투자지표에 대한 설명으로 올바르지 않은 것은?

① 일일 지표가치는 매영업일 장 종료후 계산된다.

② 장중에는 실시간으로 ETN의 가치를 알 수 없다.

③ 발행회사의 신용위험이 높아질 때 괴리율은 높아진다.

④ 유동성 공급이 원활하면 괴리율은 낮아진다.

★★

30. 다음 중 ELS, ELD, ELF에 대한 설명으로 잘못된 것은?

① ELD는 원금 보장상품이다.

② ELF는 운용사의 투자실적이 높으면 높은 만큼 더 많은 수익을 투자자가 가져갈 수 있다.

③ ELS는 사전에 약정된 수익률을 지급한다.

④ ELF는 증권사에 발행하는 파생결합증권이다.

★★

31. 다음 중 ETN에 대한 설명으로 올바르지 않은 것은?

① 국내증권시장에서 거래되는 종목만으로 지수를 구성할 경우 3종목이상으로 구성해야 한다.

② 실시간 지표 가치의 산출주기는 최대 15초 이내이다.

③ 일일지표 가치는 일반사무관리회사가 산출한다.

④ 유동성공급자가 발행물량을 전액취득 후 한국거래소를 통해 일반투자자에게 매출한다.

정답과 해설

26 ① 국채, 통안채, 지방채등으로만 구성된 지수는 3종목이상이면 가능하다.

27 ④ ETN발행 종목의 반기 일평균 거래대금이 500만 원에 미달하면, 우선적으로 관리종목으로 지정되며, 다음 반기말에도 동일 기준에 미달하면 상장폐지 된다.

28 ④ 발행사가 무보증, 무담보로 발행하기 때문에 발행사의 신용위험이 존재하며, 원금에 손실이 발생할 수 있다. 지수가 하락하면 투자원금의 손실이 발생될 수 있어 원금이 보장되지 않는다.

29 ② 실시간 지표가치를 통해 장중이라도 ETN의 가치변화를 알 수 있다.

30 ④ ELF는 자산운용사에서 발행하는 수익증권이다.

31 ① 국내증권시장을 거래종목만으로 지수를 구성하기 위해서는 5종목이상이 필요하고, 해외증권시장 상장 주식으로만 지수를 구성할 경우에는 3종목 이상이 필요하다.

고시넷 **금융투자분석사** 여기서 다(多) 나온다 **문제은행**

3과목

재무분석론

01 재무제표론

★★
01. 재무제표에 대한 다음 설명 중 잘못된 것은?

① 현금흐름표를 통해서 발생주의 회계에서 제공하지 못한 현금흐름 정보를 알 수 있다.
② 특정 시점의 자산현황을 알려주는 보고서는 자본변동표이다.
③ 재무제표의 내용에 대해 추가적인 설명을 제공하는 자료는 주석이다.
④ 특정기간 동안의 경영성과를 알려주는 보고서는 포괄손익계산서이다.

★★
02. 다음 중 재무제표 작성시 고려사항에 대한 설명으로 잘못된 것은?

① 경영진은 재무제표를 작성할 때 계속기업으로서의 존속가능성을 평가해야 한다.
② 재무제표를 작성할 때 자산과 부채, 수익과 비용은 원칙적으로 상계하지 않고 구분하여 표시한다.
③ 재무제표 항목의 분류와 표시는 특별한 일이 없는 한 매기 동일해야 한다.
④ 모든 재무제표는 발생주의 기준을 적용하여 작성해야 한다.

★★★
03. 다음 중 재무제표에 해당하지 않는 것은?

① 포괄손익계산서 ② 이익잉여금 처분계산서
③ 재무상태표 ④ 현금흐름표

★★
04. 다음 중 기타포괄손익 항목으로 분류되지 않는 것은?

① 유형자산의 재평가잉여금의 변동
② 확정급여제도의 보험 수리적 손익
③ 해외사업장의 재무제표 환산으로 인한 손익
④ FVPL분류 금융자산의 처분손익

★★

05. 다음 중 자산, 부채의 분류로 올바르지 못한 것은?

① 우선주 발행자가 특정 시점에 상환하기로 약정했으나 우선주 보유자의 선택에 의하여 상환해야 하는 우선주는 금융부채로 분류한다.

② 현금으로 상환할 수 있는 권리가 발행자에게 있는 우선주는 금융부채로 분류한다.

③ 확정된 금액으로 확정된 수량의 자기지분상품을 발행하기로 한 워런트는 지분상품으로 분류한다.

④ 전환사채에서 전환권 대가는 자본요소로 분류하고 부채요소는 발행금액과 전환권 대가의 차이이다.

★★

06. 재고자산 평가와 관련된 설명으로 올바르지 않은 것은?

① 저가법 적용은 원칙적으로 항목별로 적용해야 한다.

② 재고자산은 취득원가와 순실현 가능가치 중에 작은 금액으로 평가한다.

③ 재고자산 감액이 발생하였으나 추후 감액요인이 해소되어 재고자산 가치가 증가했을 경우 재고자산의 평가는 가치가 증가한 금액을 전부 평가이익으로 분류해야 한다.

④ 보유 중인 재고자산 장부상의 수량에 미달하는 경우, 부족수량에 기말 제품 단가를 곱한 금액을 재고자산 감모손실로 반영할 수 있다.

정답과 해설

01 ② 재무상태표에 대한 설명이다.

02 ④ 현금흐름표는 현금주의에 의해 작성된다.

03 ② 이익잉여금 처분계산서는 재무제표의 부속자료이다. 재무제표는 포괄손익계산서, 자본변동표, 현금흐름표, 재무상태표, 주석으로 구성되어 있다.

04 ④ FVPL 금융자산의 처분손익은 당기순이익으로 분류된다. 기타포괄손익으로 분류되는 항목은 재평가잉여금 변동, 확정급여제도의 보험 수리적 손익, 해외사업장의 재무제표 환산으로 인한 손익, FVOCI 분류 금융자산의 평가손익, 현금흐름위험회피의 위험회피 수단의 평가손익 중 효과적인 부분이다.

05 ② 현금으로 상환할 수 있는 권리가 발행자에게 있는 우선주는 지분상품으로 분류한다.

06 ③ 감액 상환이 해소되어 재평가를 하더라도, 그 재평가의 한도는 최초의 장부금액을 초과하지 않는 범위 내에서 평가손실을 환입한다.

★★

07. 다음 중 유형자산의 취득원가에 대한 설명으로 올바르지 않은 것은?

① 경영진이 의도하는 방식으로 자산을 가동하는데 필요한 장소와 상태에 이르게 하는데 직접 관련되는 원가는 취득원가에 계상한다.

② 자산의 교환으로 유형자산을 취득할 때는 원칙적으로 공정가액으로 계상한다.

③ 유형자산의 교환거래에 있어 상업적 실질이 결여된 경우에는 제공한 자산의 장부금액을 원가로 측정한다.

④ 자산을 사용 후에 해당 자산이 놓여 있는 부지를 복구하는데 소요될 것으로 추정되는 원가는 취득원가에 포함되지 않는다.

★★

08. 다음 중 무형자산으로 인식할 수 없는 것은 어느 것인가?

① 내부적으로 창출한 무형자산 중에 개발단계에서 발생한 원가

② 내부적으로 창출한 영업권

③ 정부보조에 의한 취득

④ 사업결합으로 인한 영업권의 취득

★★

09. 다음 정보를 이용하여 EBITDA를 올바르게 계산한 것은?

- 매출액 1,000억 원, 매출원가 700억 원, 판매비와 관리비 50억 원
- 무형자산 상각비 50억 원, 유형자산 상각비 100억 원
- 이자비용 50억 원, 법인세 비용 20억 원

① 250억 원　② 300억 원

③ 350억 원　④ 400억 원

★★

10. 다음 중 금융리스 분류기준에 해당하지 않는 것은?

① 염가매수 약정이 있으면 금융리스로 분류한다.
② 리스기간이 리스자산의 경제적 내용연수의 상당부분을 차지하고 있다.
③ 범용성이 없는 자산이다.
④ 소유권 이전 약정이 없다.

★★

11. 다음 중 자산과 부채를 인식하는데 있어 가장 올바른 것은?

① 우발부채는 재무제표 본문에 기재한다.
② 자원의 유출가능성이 높으며 그 금액을 신뢰성 있게 추정할 수 있을 때에는 충당부채로 인식한다.
③ 자원의 유입가능성이 높으며 그 금액을 신뢰성 있게 추정할 수 있을 때에는 재무제표의 자산으로 인식한다.
④ 충당부채 금액은 화폐의 시간가치가 중요하더라도 현재가치로 평가하지 않는다.

정답과 해설

07 ④ 자산을 해체, 제거하거나 부지를 복구하는데 소요될 것으로 최초에 추정되는 원가는 취득원가에 가산한다.

08 ② 내부적으로 창출한 영업권은 무형자산으로 인식하지 않는다. 내부적으로 창출한 무형자산 중에 연구단계에서 발생한 원가는 무형자산으로 보지 않는다.

09 ④ 영업이익=매출액−매출원가−판매비와 관리비=1,000억 원−700억 원−50억 원=250억 원, EBITDA=영업이익+무형자산상각비+유형자산상각비=250억 원+50억 원+100억 원=400억 원

10 ④ 금융리스로 분류되기 위해서는 리스기간 종료 후에 소유권 이전 약정이 있어야 한다.

11 ② 우발부채는 주석으로 표시하며, 우발자산은 자산으로 인식하지 않고, 화폐의 시간가치가 중요한 경우에는 충당부채는 현재가치로 평가한다.

★

12. 다음 중 파생상품 회계와 관련하여 내재파생상품을 주계약과 분리하는 요건에 해당하지 않는 것은?

① 내재파생상품의 경제적 특성 및 위험이 주계약의 경제적 특성 및 위험과 밀접하게 관련되어 있지 않다.

② 내재파생상품과 동일한 조건을 가진 별도의 금융상품 등이 파생상품의 정의를 충족한다.

③ 복합상품의 공정가치 변동이 당기 손익으로 인식되지 않는다.

④ 위험회피 목적으로 거래한 파생상품이다.

★

13. 다음 중 포괄손익계산서 작성기준에 해당하지 않는 것은?

① 수익, 비용 대응의 원칙

② 총액주의

③ 발생주의

④ 현금이 발생할 때 수익으로 인식하고, 현금이 유출될 때 비용으로 인식한다.

★★

14. 다음 중 수익을 인식하는 시점이 잘못된 것은?

① 미인도 청구판매의 경우 재화가 인도가 될 가능성이 높고, 판매자가 해당 재화를 보유하고, 재화가 식별되며, 구매자에게 인도될 준비가 되어 있으면 구매자가 소유권을 가지는 시점에 수익을 인식한다.

② 위탁판매의 경우 수탁자가 제3자에게 재화를 판매한 시점에 수익을 인식한다.

③ 제한적인 반품권이 부여된 판매의 경우 공식적으로 재화의 선적을 수락한 시점이나 재화를 인도 받은 후 반품기간이 종료된 시점에 수익을 인식한다.

④ 판매 후 재매입 약정이 있다면 소유에 따른 위험과 보상이 구매자에게 실질적으로 이전되어야만 수익으로 인식하고 그렇지 않다면 수익으로 인식하지 않는다.

15. 다음 포괄손익계산서 항목 중 그 분류의 성격이 다른 것은?

① 기초상품재고액　　② 판매직원의 복리후생비

③ 판매와 관련한 임차료　　④ 광고선전비

★★

16. 다음 항목 중에 현금유출이 없는 비용에 해당하지 않는 것은?

① 감가상각비　　② 퇴직급여

③ 대손충당금 환입　　④ 대손상각비

★★

17. 현금흐름 분류에 대한 것으로 잘못된 것은?

① 법인세 지급, 운전자본증가는 영업활동현금흐름으로 분류한다.

② 투자자산 취득은 투자활동 현금흐름으로 분류한다.

③ 이자수익, 배당금수입은 투자활동 현금흐름으로 분류한다.

④ 유상증자, 사채상환, 배당금 지급은 재무활동현금흐름으로 분류한다.

정답과 해설

12 ④ 위험회피 목적 여부와 내재파생상품을 주계약과 분리하는 것은 관련이 없다.

13 ④ 현금주의는 현금흐름표 작성할 때 반영하고 포괄손익계산서를 작성할 때는 적용하지 않는다.

14 ① 통상적인 대금지급 조건을 적용해야 미인도청구판매의 수익을 인식할 수 있다.

15 ① 기초상품재고액은 매출원가를 구성하며, 나머지 항목은 판매비와 관리비의 항목을 구성한다.

16 ③ 대손충당금 환입은 현금유입이 없는 수익이다.

17 ③ 이자수익, 수입배당금은 영업활동 현금흐름으로 분류한다.

★★
18. 다음 거래 중에 현금흐름표의 주석으로 기재해야 하는 거래는 총 몇 개인가?

• 현물출자로 인한 유형자산의 취득	• 유형자산의 연불구입
• 무상증자	• 무상감자
• 주식배당	• 전환사채의 전환

① 3개　　② 4개
③ 5개　　④ 6개

★★
19. 다음 중 이익잉여금 변동내역에 해당하지 않는 것은?

① 유형자산 구입　　② 회계정책의 변경으로 인한 누적효과
③ 중대한 전기오류수정손익　　④ 중간배당

★★
20. 다음 중 리스회계에 대한 설명으로 올바르지 않은 것은?

① 리스자산이 갖는 위험과 수익을 실질적으로 리스이용자에게 이전되면 금융리스로 분류한다.
② 리스자산의 경제적 내용연수의 상당부분을 리스이용자가 사용하면 금융리스로 분류된다.
③ 염가구매선택권이 있으면 운용리스이다.
④ 리스이용자만이 중요한 변경없이 사용할 수 있는 특수한 성격의 자산은 금융리스로 분류할 수 있다.

★★
21. 다음 중 자산손상과 관련된 내용으로 잘못된 것은?

① 장부금액이 회수가능액보다 낮을 때 자산은 손상된 것으로 본다.
② 자산이 진부화되었을 경우 자산손상을 인식할 수 있다.
③ 회수가능액은 순공정가치와 사용가치중 큰것으로 한다.
④ 기업의 순자산 장부금액이 당해 시가총액보다 많을 때 자산은 손상된 것으로 본다.

★★

22. 다음 중 손상차손과 관련된 설명으로 올바르지 않은 것은?

① 손상환입 금액의 한도는 손상이 없었을 경우의 장부가치이다.

② 손상환입은 항상 기타포괄손익으로 인식한다.

③ 손상차손금액은 장부가액에서 회수가능가능액을 차감한 금액이다.

④ 유형자산 재평가 모형을 사용하면 과거 손상차손을 당기손익에 인식한 금액까지는 당기손익으로 인식한다.

★★

23. 다음 중 충당부채에 대한 설명으로 올바르지 않은 것은?

① 충당부채가 되기 위해서는 의무이행에 소요되는 금액을 신뢰성있게 측정할 수 있으면 된다.

② 자원의 유출가능성이 높지 않으며 금액을 신뢰성있게 추정할 수 있으면 우발부채이다.

③ 우발부채는 주석으로 공시한다.

④ 우발자산은 주석으로 공시하며 재무제표 본문에는 표시하지 않는다.

정답과 해설

18 ④ 모든 항목이 비현금거래이며, 중요하기 때문에 현금흐름표의 주석으로 기재해야 한다.

19 ① 유형자산 구입은 자산, 부채의 변동을 가져오며, 손익변동을 가져오지 않기 때문에 이익잉여금 변동에 영향을 주지 않는다.

20 ③ 염가구매선택권이 있다면 금융리스로 분류한다.

21 ① 장부금액이 회수가능액보다 클 때 자산은 손상된 것으로 본다.

22 ② 손상환입은 기타포괄손익과 손상차손의 과거 당기손익 인식여부에 따라 당기손익으로 인식하거나 기타포괄손익으로 인식할 수 있다.

23 ① 충당부채가 되기 위해서는 의무의 이행가능성이 높고 그 금액을 신뢰성있게 추정할 수 있어야 한다.

★
24. 다음 중 주식기준 보상에 대한 설명으로 잘못된 것은?

① 주식기준 보상 거래는 기업이 재화나 용역을 제공받는 날에 인식한다.
② 주식결제형 주식기준 보상거래는 자본의 증가로 인식한다.
③ 현금결제형 주식기준 보상거래는 자산의 증가로 인식한다.
④ 보상원가 측정시 원칙적으로 기업이 제공받는 재화나 용역의 공정가치로 측정한다.

★★
25. 다음 중 차입원가 자본화에 대한 설명으로 틀린 것은?

① 특정자산을 취득하기 위해 차입한 차입금의 이자를 비용으로 인식하는 것이다.
② 적격자산을 의도된 용도로 사용하거나 판매 가능한 상태가 되면 차입원가 자본화는 종료한다.
③ 특정차입금은 적격자산 취득과 관련한 직접적인 차입금이다.
④ 일반차입금은 적격자산 취득으로 인해 추가로 증가한 차입금이다.

★★
26. 다음 중 위험회피 회계에 대한 설명으로 잘못된 것은?

① 공정가치 위험회피인 경우 위험회피 대상의 공정가치 변동은 당기손익으로 인식한다.
② 현금흐름 위험회피인 경우, 위험회피가 효과적이면 당기손익으로 인식한다.
③ 해외사업장 순투자위험회피의 경우, 위험회피가 효과적이면 기타포괄손익으로 인식한다.
④ 위험회피 수단의 소멸, 매각, 청산등이 된 경우에는 위험회피회계를 중단한다.

★
27. 다음 중 건설계약 회계처리와 관련한 설명으로 올바르지 않은 것은?

① 계약수익은 계약대가에 대한 공정가치로 인식하며, 이는 최초에 합의한 대금이 될 수 있다.
② 계약이 종료되었고 계약물건이 인도되었을 때 수익을 인식한다.
③ 예상하자보수비용은 원가로 인식한다.
④ 위약금 부담이 발생하는 경우 계약수익을 변경할 수 있다.

★★

28. 다음 중 비용에 대한 설명으로 올바르지 않은 것은?

① 수익비용 대응의 원칙에 따라 비용을 인식한다.

② 사업목적이 배당금을 수령하는 것이 아닌 경우, 배당금 수익은 기타손익항목으로 인식한다.

③ 선급비용은 미리 지급한 비용으로 손익계산서상의 비용이며, 재무상태표에는 반영하지 않는다.

④ 미지급비용은 아직 지급하지 않은 비용이다.

★★

29. 다음 중 법인세 회계에 대한 설명으로 올바르지 않은 것은?

① 원칙적으로 이연법인세 자산과 부채는 상계하지 않는다.

② 세법과 재무회계의 일시적 차이에 의해서 발생한다.

③ 재무회계에서 법인세비용=과세소득×법인세율로 결정된다.

④ 가산할 일시적 차이로 미래 세금부담이 증가하면 이연법인세 부채이다.

정답과 해설

24 ③ 현금결제형 주식기준 보상거래는 부채의 증가로 인식한다.

25 ① 차입원가 자본화는 특정자산을 취득하기 위해 차입한 차입금의 이자를 취득원가에 가산하여 자산으로 인식하는 것이다.

26 ② 기타포괄손익으로 인식한다.

27 ② 수익은 진행기준으로 인식한다.

28 ③ 선급비용은 미리 지급한 비용이나 재무상태표의 자산으로 인식한다.

29 ③ 해당 내용은 세법상 법인세 비용을 계산하는 방법이다.

★

30. 다음 중 주당순손익 계산과 관련하여 잘못된 것은?

① 보통주에 귀속되는 당기순손익에 대하여 기본 주당이익을 계산한다.

② 무상증자로 인해 자본이 변하면 무상증자를 한때에 주식수가 변한 것으로 인식하여 주당순손익을 계산한다.

③ 행사가능한 전환사채, 신주인수권부사채등이 있으면 이를 고려하여 희석주당순손익을 계산한다.

④ 기본주당순이익=기본당기순이익을 가중평균유통보통주식수로 나누어서 계산한다.

★★

31. 다음 중 연결재무제표에 대한 설명으로 올바르지 않은 것은?

① 지배기업과 종속기업의 보고기간 종료일 차이가 3개월을 초과하면 보고기간을 일치시켜야 한다.

② 지배기업과 종속기업의 회계정책이 같아야 한다.

③ 해외재무제표의 경우 종속기업의 통화로 재무제표를 환산한다.

④ 지배기업과 종속기업의 내부거래를 제거해야 한다.

★★

32. 다음 중 사업결합에 대한 내용으로 잘못된 것은?

① 원칙적으로 지배력을 획득한 날이 해당 사업을 취득한 날이다.

② 피투자회사의 이사회에 참여할 수 있다면 이는 유의적인 영향력이 있다고 볼 수 있다.

③ 피투자회사의 경영진과 교류를 하는 것은 유의적인 영향력이 있다고 볼 수 없다.

④ 잠재적 의결권이 있고, 이를 행사 가능하다면, 이러한 의결권은 행사할 것으로 가정한다.

★★

33. 다음 중 지분법에 대한 설명으로 올바르지 않은 것은?

① 관계기업의 당기순이익을 모기업의 지분법손익으로 인식한다.

② 관계기업 지분의 일부 처분으로 유의적 영향력을 상실하면 잔여보유지분은 공정가치로 측정한다.

③ 관계기업 지분의 일부 처분으로, 여전히 유의적 영향력을 행사하면 처분한 지분의 매매손익을 인식하지 않는다.

④ 관계기업의 손실이 누적되어 모회사의 관계기업투자주식의 가치가 0 이하가 되면 지분법 적용을 중지한다.

★★

34. 다음 중 환율변동에 대한 내용으로 올바르지 않은 것은?

① 실제 영업이 이루어지는 국가의 영업통화를 기능통화라고 한다.

② 재무제표를 만들 때 사용한 통화는 표시통화이다.

③ 화폐성 항목은 평균환율을 적용한다.

④ 유형자산평가시 역사적 환율을 적용할 수 있다.

정답과 해설

30 ② 무상증자처럼 실질적인 자본변화가 없이 주식수의 변화를 가져오면 기초에 해당 사건이 발생했다고 가정하여 발행주식수를 계산한다.

31 ③ 해외재무제표의 경우 지배기업의 통화로 재무제표를 환산해야 한다.

32 ③ 피투자회사의 경영진과 교류를 하는 것은 유의적인 영향력이 있다고 볼 수 있다.

33 ③ 처분한 지분에 대해서 매매손익을 인식한다.

34 ③ 화폐성 항목은 마감환율을 적용한다.

★
35. 다음 중 재무제표에 해당하지 않는 것은?

① 자본변동표 ② 재무상태표
③ 주석 ④ 이익잉여금처분 계산서

★★
36. 재무제표 작성을 위한 고려사항에 해당하지 않는 것은?

① 계속기업의 가정 ② 공정한 표시
③ 발생기준 회계를 사용 ④ 수익과 비용은 상계하여 표시

★★
37. 다음 중 자산에 대한 설명으로 올바르지 않은 것은?

① 미래의 경제적 효익의 유입이 기대되어야 한다.
② 손해배상 청구소송에서 이길 가능성이 높고, 그 금액을 합리적으로 추정할 수 있으면 이는 우발자산으로 재무제표 본문에 인식해야 한다.
③ 자산은 물리적 형태가 없을 수도 있다.
④ 소유권이 존재하지 않더라도 자산으로 인식할 수 있다.

★★
38. 다음 중 유동자산에 대한 설명으로 잘못된 것은?

① 기업의 정상 영업주기 내에 실현될 것으로 예상되는 자산
② 보고기간 후 12개월 이내에 실현될 것으로 예상되는 자산
③ 주로 단기 매매목적으로 보유한다.
④ 결산일 기준 만기가 3개월이내이면 현금 및 현금등가물로 분류한다.

★★

39. 다음 중 부채에 대한 설명으로 올바른 것은?

① 장기부채는 재무상태표에 만기에 상환해야 할 금액으로 표시한다.

② 기업이 소송에서 패소할 가능성이 매우 높고, 그 금액을 신뢰성 있게 추정할 수 있으면 충당부채로 인식한다.

③ 선급비용은 부채이다.

④ 선수금은 자산이다.

★★

40. 다음 중 포괄손익계산서에 대한 설명으로 올바르지 않은 것은?

① 수익비용 대응원칙에 의해 작성한다.

② 포괄손익계산서는 기능별 혹은 성격별로 작성할 수 있다.

③ 유형자산의 자산재평가이익은 당기손익에 귀속된다.

④ 해외사업장환산 외환 차이는 기타포괄손익에 귀속된다.

정답과 해설

35 ④ 재무제표는 재무상태표, 포괄손익계산서, 자본변동표, 현금흐름표, 주석으로 구성되어 있다.

36 ④ 자산과 부채, 수익과 비용은 상계하지 않고 구분하여 표시한다.

37 ② 자산은 기업의 과거의 거래결과로 기업이 통제하며 미래의 경제적 효익의 유입이 있어야 하며, 꼭 물리적인 형태가 있을 필요는 없다. 리스자산은 소유권이 회사에게 있지 않더라도 자산의 수익과 위험을 회사가 부담하기 때문에 자산으로 인식한다. 우발자산은 재무제표의 주석으로 표시하며 재무제표 본문에 자산으로 인식하지 않는다.

38 ④ 현금 및 현금등가물로 분류되기 위해서는 취득시점에서 만기가 3개월 이내이여야 한다.

39 ② 장기부채는 현재가치로 재무상태표에 표시해야 하며, 선급비용은 비용을 미리지급 했기 때문에 자산으로 인식하고 선수금은 회사가 미래에 용역등을 제공해야 할 의무가 존재하기 때문에 부채로 인식한다.

40 ③ 자산재평가이익은 기타포괄손익에 귀속된다.

★★★

41. 다음 중 금융자산에 대한 설명으로 올바르지 않은 것은?

① 사업모형이 현금수취인 경우 채무증권은 AC방법에 의해 평가한다.
② FVPL로 분류된 지분증권의 평가손익은 당기순이익에 반영한다.
③ FVOCI로 분류된 지분증권은 매도시에 처분금액과 장부가액 차이는 당기손익에 반영한다.
④ FVCOI로 분류된 지분증권 취득시 취득부대 비용은 당기비용으로 인식한다.

★★

42. A는 액면가액 100,000원인 채권을 95,000원에 취득하였다. 해당 채무증권은 AC자산으로 분류하였다. 액면 이자율이 5%이며, 1년에 한번 후급으로 지불하며 시장이자율이 6%일 경우 첫 년도에 A가 인식해야 할 이자수익은 얼마인가?

① 5,000원 ② 5,500원
③ 5,700원 ④ 5,900원

★★

43. 다음 중 금융자산에 대한 설명으로 잘못된 것은?

① AC금융자산으로 분류된 채무증권은 FVPL금융자산으로 재분류 할 수 있다.
② FVOCI로 선택한 지분증권은 기말에 공정가치로 평가하고 평가손익은 기타포괄손익에 반영한다.
③ FVPL로 평가하는 지분증권의 취득 부대비용은 비용으로 인식한다.
④ FVOCI로 선택한 지분증권은 기업의 회계정책에 따라 FVPL로 재분류할 수 있다.

★★

44. 재고자산 취득원가는 10,000원이다. 홍수가 발생하여 재고자산의 가치가 9,000원으로 하락하였으며 재고자산 판매와 관련하여 500원의 판매비용이 발생할 것으로 예상한다. 기말 재무상태표에 해당 재고자산을 얼마로 인식해야 하나?

① 8,500원 ② 9,000원
③ 9,500원 ④ 10,000원

★★

45. 다음 중 재고자산의 취득원가에 포함되는 것은 무엇인가?

① 제조과정 중에 비정상적으로 낭비된 부분

② 매입관련 운송비

③ 원재료를 단순 보관하기 위해 발생한 보관비용

④ 재고자산 판매원가

★★

46. 20x1년 중에 200개의 재고자산을 1개당 200원에 구입하였다. 기초의 재고는 50개가 존재하였으며 1개당 180원에 구입하였다. 20x1년 중에 230개를 1개당 300원에 판매하였다. 선입선출법으로 기말재고자산을 계산하면 얼마인가?

① 3,600원 ② 4,000원

③ 4,800원 ④ 5,000원

정답과 해설

41 ④ FVOCI로 분류된 지분증권 취득과 관련된 부대비용은 FVOCI에 가산한다.

42 ③ 95,000원×6%=5,700원

43 ④ FVOCI로 선택한 지분증권은 FVPL로 재분류 할 수 없다. 그러나 FVOCI로 선택한 채무증권은 FVPL로 재분류가 가능하다.

44 ① 재고자산은 저가법으로 평가한다. 저가법=Min[취득원가, 순실현가능가치]=[10,000원, 8,500원] 이므로 기말에 해당 재고는 8,500원으로 재무상태표에 인식해야 한다. 장부가치 10,000원과 순실현가능가치 8,500원의 차이 1,500원은 재고자산평가손실로 당기손익에 반영한다.

45 ② 매입관련 운송비는 재고자산의 취득원가에 포함되며, 나머지는 취득원가에 포함하지 않는다.

46 ② 기말재고자산=기초재고자산+당기매입−당기판매=50개+200개−230개=20개, 선입선출법으로 물량흐름을 가정했기 때문에 판매되는 것은 기초재고부터 판매가 된다. 판매된 총 230개중 기초재고는 50개, 당기 매입은 180개이므로, 기말재고자산 20개는 당기매입한 재고자산으로 구성되어 있다. 기말재고자산=20개×200원=4,000원

★★

47. 다음 중 재고자산에 대한 설명으로 올바르지 않은 것은?

① K-IFRS에서 재고자산을 평가하는 방법은 개별법, 선입선출법, 가중평균법, 후입선출법을 인정한다.

② 재고자산의 수량이 장부상의 수량보다 미달한 경우 재고자산 감모손실로 처리할 수 있다.

③ 선입선출법으로 재고자산을 평가하면 물가가 상승하는 시기에 손익이 과대계상될 수 있다.

④ 저가법은 원칙적으로 항목별로 적용한다.

★★★

48. 아래 정보를 이용하여 기계장치 취득원가를 올바르게 계산한 것은?

- 기계장치 구입가격 : 1,000만 원, 설치비용 : 100만 원
- 시운전 비용 100만 원, 매입할인 50만 원

① 1,000만 원 ② 1,150만 원

③ 1,200만 원 ④ 1,250만원

★★

49. 다음 중 유형자산의 취득원가에 포함되지 않는 것은 무엇인가?

① 유형자산의 매입 또는 건설과 직접적으로 관련하여 발생한 종업원 급여

② 설치장소의 준비원가

③ 자산을 해체 혹은 제거하나 복구하는데 소요될 것으로 추정한 원가

④ 새로운 상품과 서비스를 소개하는데 소요되는 원가

★★

50. 다음 중 유형자산의 회계처리에 대한 설명으로 올바르지 않은 것은?

① 유형자산을 취득 후에 기계장치의 내용연수를 증가시키는 지출이 발생하면 해당 지출은 자본적 지출로 처리한다.

② 상업적 실질이 존재하며, 공정가치를 신뢰성 있게 추정할 수 있는 경우 자산의 교환으로 타 자산을 취득한 경우 취득한 자산의 가치는 공정가치로 측정한다.

③ 내용연수 변경으로 인한 손익 변동효과는 과거 재무제표를 재작성한다.

④ 감가상각대상 자산의 표시는 취득원가와 감가상각누계액을 구분하여 표시한다.

★★

51. 기계 가격은 1,000만 원, 취득관련 운송비 및 설치비는 200만 원이 소요되었다. 기계장치의 내용년수는 10년이며 잔존가액은 200만 원이다. 기계장치를 정액법으로 상각할 경우 기계장치 구입 후 3년째 되는 해에 인식해야 할 감가상각비는 얼마인가?

① 100만 원 ② 120만 원

③ 150만 원 ④ 300만 원

정답과 해설

47 ① K-IFRS에서 후입선출법은 재고자산 평가방법으로 인정하지 않는다.

48 ② 취득원가=구입가격+설치비용+시운전비용-매입할인=1,000만원+100만원+100만원-50만원=1,150만원

49 ④ 새로운 상품과 서비스를 소개하는데 발생한 원가는 광고 및 판촉활동과 관련된 원가이므로 유형자산의 취득원가에는 포함하지 않는다.

50 ③ 내용연수 변경, 감가상각방법의 변경, 잔존가액의 변경은 회계추정의 변경으로 전진접으로 회계처리하여 과거 재무제표를 재작성하지 않는다.

51 ① 취득원가=1,000만원+200만원=1,200만원, 감가상각비=(취득원가-잔존가액)/내용연수=(1,200만원-200만원)/10년=100만 원, 정액법은 매기간 동일한 금액의 감가상각비를 인식하기 때문에 기계장치 구입 후 3년째 되는 해에 인식할 금액과 첫년도에 인식할 금액은 동일하다.

★★

52. 다음 중 성격이 다른 감가상각방법은 무엇인가?

① 정액법 ② 정률법
③ 연수합계법 ④ 이중체감법

★★

53. 취득원가 10억 원의 기계장치가 있다. 내용연수는 10년이며, 잔존가액은 없다. 이 기계장치를 7년 사용하고 4억 원에 판매하였다. 본 거래와 관련한 손익효과로 올바른 것은? (단, 감각상각방법은 정액법이며, 재평가는 고려하지 않는다)

① 유형자산 처분이익 (당기순이익) 1억 원
② 유형자산 처분이익 (기타포괄손익) 1억 원
③ 유형자산 처분이익 (당기순이익) 0원
④ 유형자산 처분이익 (당기순이익) 4억 원

★★

54. 한국기업은 유형자산을 재평가방법으로 평가하고 있다. 토지의 취득원가가 10억 원이었으며, 기말에 토지의 재평가 가액은 12억 원이다. 재평가 관련하여 재무제표의 효과에 대해서 올바르게 설명한 것은? (단, 과거에 재평가관련 손익은 발생하지 않았다)

① 재평가이익이 2억원 발생하고 이는 손익계산서의 당기순이익을 2억 원 증가시킨다.
② 토지는 상각하지 않기 때문에 재평가이익을 인식하지 않고, 손익계산서에 영향이 없다.
③ 재평가이익이 2억원 발생하고, 이는 재무상태표의 기타포괄손익누계액 2억 원을 증가시킨다.
④ 재평가이익 2억 원이 발생하고, 해당 토지를 매도할 때 재평가이익 2억 원은 손익계산서의 당기순이익에 반영한다.

★★

55. 다음 중 무형자산에 대한 설명으로 올바르지 않는 것은?

① 원칙적으로 내부적으로 창출한 영업권은 무형자산으로 인정하지 않는다.

② 연구단계에서 발생한 비용은 미래의 자산성이 존재하기 때문에 무형자산으로 인식한다.

③ 사업결합과정 중에는 영업권이 발생할 수도 있다.

④ 개발단계에서 지출한 비용이 특정 조건을 만족한다면 무형자산으로 인식할 수 있다.

★★

56. 아래 정보를 이용하여 무형자산관련 연간 감가상각비를 올바르게 계산한 것은?

- 무형자산의 경제적 내용연수 10년, 법적으로 통제가능한 내용연수 5년
- 무형자산의 소비형태를 정확하게 파악할 수 없음
- 무형자산 내용연수 경과 후에 해당 무형자산을 매각할 수 있는 시장도 존재하지 않고, 매각 관련 계약도 없음
- 무형자산 취득원가 10억 원이며, 취득관련 직접적인 법률자문비용 2억원 발생

① 1.2억 원 ② 2.0억 원

③ 2.4억 원 ④ 3.0억 원

정답과 해설

52 ① 정액법은 매기간 동일한 금액을 감가상각비로 인식을 하며, 나머지 방법은 도입초기에 감가상각비를 많이 인식하는 가속상각방법이다.

53 ① 7년 사용하고 나면 장부가액은 3억 원으로 감소하게 된다. 장부가액 3억 원의 기계장치를 4억 원에 판매하였기 때문에 유형자산처분이익이 1억 원이 발생하고, 이는 당기순이익에 반영한다.

54 ③ 재평가방법으로 유형자산을 평가할 경우 공정가치로 유형자산을 평가한다. 재평가금액이 장부금액보다 큰 경우 두 금액의 차이를 재평가이익으로 인식하고 이는 기타포괄손익에 반영하여 당기순이익에는 반영하지 않고, 재무상태표의 기타포괄손익누계금액에 반영한다. 해당 토지를 매각할 경우 기타포괄손익누계금액에 반영된 금액을 이익잉여금으로 대체하며 손익계산서의 당기순이익에는 인식하지 않는다.

55 ② 연구단계에서 발생한 비용은 자산성이 존재하지 않아 비용으로 처리한다.

56 ③ 취득원가=취득원가+법률자문비용=12억 원, 소비형태를 정확하게 파악할 수 없으므로 정액법을 적용하며, 내용연수 이후 매각가격이 불확실하므로 잔존가액은 없는 것으로 가정하며, 법적으로 통제할 수 있는 내용연수가 경제적 내용년수 보다 짧기 때문에 법적으로 통제할 수 있는 내용연수를 사용함. 감가상각비=12억 원/5년=2.4억 원

★★

57. 다음 중 금융리스 분류기준에 해당하지 않는 것은?

① 리스기간 종료시점에 리스잔존가액을 보증하였다.
② 리스기간 종료시점에 리스자산의 소유권이 리스이용자에게 이전된다.
③ 리스자산의 소유권 이전은 없으나 리스기간이 리스자산의 경제적 내용연수의 상당부분을 차지한다.
④ 리스기간 종료일에 공정가치보다 충분히 저렴하게 리스자산을 매입할 수 있는 권리를 보유하고 있다.

★

58. 다음 정보를 이용하여 20X2년에 인식할 운용리스료를 계산하시오

• 총 리스기간 3년
• 20X1년 50,000원 지급, 20X2년 80,000원 지급, 20X3년 80,000원 지급

① 50,000원 ② 65,000원
③ 70,000원 ④ 80,000원

★★

59. 한국기업은 20x1년 초에 금융리스 계약을 체결하였다. 리스자산의 현재가치는 150,000원이며, 리스제공자의 내재이자율은 10%이다. 매년 30,000원의 리스료를 지급하기로 했으며 리스 계약 기간은 5년이며 정액법으로 감가상각한다. 20x2년에 한국기업이 인식할 이자비용은 얼마인가? (단, 보증잔존가치는 없다)

① 13,500원 ② 15,000원
③ 16,500원 ④ 30,000원

★

60. 다음 중 판매 후 리스에 대한 설명으로 올바른 것은?

① 자산을 리스회사에 판매하고 이를 다시 리스할 경우 이는 자산의 매각거래로 보고 항상 자산처분손익을 인식한다.

② 판매 후 리스는 실질적으로 소유권이 이전되기 때문에 판매자는 해당 자산과 관련하여 아무런 자산과 부채를 인식하지 않는다.

③ 판매 후에 운용리스 계약을 체결하고, 해당 판매거래가 공정가치에 의해서 판매가격이 결정되었다면 해당 판매거래와 관련된 처분손익을 즉시 당기손익으로 인식한다.

④ 판매 후 해당 자산을 금융리스 계약을 체결하면, 이는 자산의 매각거래로 인식하여 판매자의 재무제표에는 해당 자산과 관련된 어떠한 자산 혹은 부채도 인식하지 않는다.

정답과 해설

57 ① 리스기간 종료시점에 리스잔존가액을 보증 여부는 금융리스와 운용리스를 구분하는 기준은 아니다. 리스자산 사용과 관련하여 실질적인 위험과 수익을 리스자산 사용자가 상당부분 부담하면 금융리스이며 그렇지 않으면 운용리스이다.

58 ③ 총운용리스료=50,000원+80,000원+80,000원=210,000원, 운용리스료는 리스기간의 평균리스료로 인식하므로 210,000원/3년=70,000원

59 ① 유효이자율법에 의해 리스부채를 상환한다.

20x1년 초	사용권자산	150,000원	리스부채	150,000원
20x1년 말	이자비용	15,000원	현금	30,000원
	리스부채	15,000원		
	감가상각비	30,000원	감가상각누계액	30,000원
20x2년 말	이자비용	13,500원	현금	30,000원
	리스부채	16,500원		
	감가상각비	30,000원	감가상각누계액	30,000원

60 ③ 판매 후 리스계약을 체결할 때 리스계약이 금융리스계약이면 해당 자산과 관련된 실질적인 효익과 위험이 완전히 이전되지 않았기 때문에 자산 처분손익은 리스계약이 진행됨에 따라 이연하여 인식하며, 판매 후 리스 계약이 운용리스계약으로 될 경우 해당 자산의 위험과 수익이 이전되었다고 판단하여 해당 자산의 판매와 관련된 처분손익을 당기손익으로 즉시 인식한다.

★

61. 자산손상의 대상에 해당하지 않는 것은 무엇인가?

① 재고자산 ② 기계장치
③ 영업권 ④ 영업용 건물

★★

62. 자산손상을 인식할 수 있는 상황에 대한 설명으로 올바르지 않은 것은?

① 회계기간 중에 자산의 시장가치가 시간의 경과나 정상적인 사용에 따라 하락할 것으로 예상될 때 자산은 손상되었다.
② 자산이 진부화되거나 물리적으로 손상되었다.
③ 기업의 순자산 장부금액이 당해 시가총액보다 크다.
④ 자산의 경제적 성과가 기대수준에 미치지 못하거나 못할 것으로 예상되는 증거를 내부보고를 통해 얻을 수 있다.

★★

63. 유형자산의 장부가액이 1,000원이다. 유형자산의 순공정가치는 900원, 사용가치는 800원일 때 손상차손은 얼마인가?

① 손상없음 ② 100원
③ 200원 ④ 300원

★★

64. 다음 정보를 통해 20x2년에 인식해야 할 유형자산 손상차손과 20x3년에 인식해야 할 손상차손환입은 얼마인가?

> A 기업은 10,000원짜리 기계장치를 구입했고, 잔존가치는 없으며, 내용연수는 10년이며, 정액법으로 감가상각한다. 20x2년말 회수가능액이 6,000원이다. 20x3년말 회수가능액이 8,000원이 되었다.

	손상차손	손상차손환입
①	1,000원	1,750원
②	1,000원	2,750원
③	2,000원	1,750원
④	2,000원	2,750원

정답과 해설

61 ① 재고자산은 자산손상의 대상이 아니다. 재고자산은 재고감모손실, 재고자산평가손실이 있다.

62 ① 정상적인 자산의 감소이기 때문에 자산손상을 인식할 수 없다.

63 ② 손상차손=장부금액−회수가능액, 회수가능액=Max[순공정가치, 사용가치], 회수가능액은 900원이며, 장부가액이 1,000원이기 때문에 손상차손은 100원이다.

64 ③

20x1년 말	감가상각비	1,000원	감가상각누계액	1,000원
20x2년 말	감가상각비	1,000원	감가상각누계액	1,000원
	손상차손	2,000원	손상차손누계액	2,000원
20x3년 말	감가상각비	750원	감가상각누계액	750원
	손상차손누계액	1,750원	손상차손환입	1,750원

손상차손한도액 : 7,000원 (손상이 없으면 매년 1,000원씩 감가상각비 발생)

20x3년말 장부가액=5,250원, 회수가능액 8,000원, 2,750원을 한도로 7,000원까지 인식해야 하므로 1,750원을 손상차손환입으로 인식함

★★

65. **다음 중 한국기업의 우발부채로 인식할 수 없는 것은 어느 것인가?**

① 한국기업은 소송에 패소할 가능성이 보통이고 그 금액도 신뢰성 있게 추정할 수 있다.
② 한국기업은 소송에 패소할 가능성이 낮고, 패소할 경우 지불해야 할 금액을 신뢰성 있게 추정할 수 있다.
③ 한국기업은 소송에 패소할 가능성이 있고, 그 금액을 신뢰성 있게 추정할 수 없다.
④ 한국기업은 소송에 패소할 가능성이 없으며, 패소할 경우 지불해야 할 금액을 알 수 없다.

★★

66. **한국기업은 20x1년 1월 1일에 CEO에게 공정가치 100원인 주식 선택권 100개를 3년의 용역제공기간을 조건으로 부여하였다. 20x2년에 한국기업이 인식해야 할 주식결제형 보상원가는 얼마인가?**

① 없음
② 3,333원
③ 6,666원
④ 10,000원

★★

67. **차입원가 자본화 관련 다음 설명 중 올바르지 않은 것은?**

① 재고자산은 자본화할 수 있는 자산이다.
② 자본화는 적격자산에 대한 지출이 발생하고, 차입원가가 발생했고, 적격자산을 의도된 용도에 사용가능한 상태에 이르게 하는데 필요한 활동을 수행했을 때 시작한다.
③ 차입원가 자본화는 자산을 구입하기 위해 특정 차입금을 차입했을 때만 해당 차입금과 관련한 이자비용등을 해당 자산의 취득원가에 가산하는 것이다.
④ 차입원가 자본화는 자산을 의도된 용도에 사용할 수 있을 때 종료한다.

★

68. 다음 사례를 통해 가산할 차입원가는 얼마인가?

기계장치를 제작하기 위해 20x1년 초에 은행에서 이자율 10%로 10억 원을 차입했다. 기계장치 제작은 20x1년 초에 시작했으며 20x1년 말에 기계장치 제작이 완료되었다.

① 0원　　② 0.5억 원
③ 1.0억 원　　④ 1.2억 원

★★

69. 다음 중 파생상품을 이용하여 위험회피를 하였을 경우 회계처리에 대한 설명으로 올바른 것은?

① 공정가치 위험회피를 하기위해 파생상품을 거래했을 경우 위험회피에 효과적인 것으로 발생한 손익은 기타포괄손익에 반영한다.
② 현금흐름 위험회피를 하기위해 파생상품을 거래했을 경우 이와 관련된 손익 모두는 기타포괄손익으로 인식한다.
③ 해외사업장 순투자위험회피를 하기 위해 파생상품을 거래했을 경우 위험회피에 효과적이지 않은 부분은 기타포괄손익에 반영한다.
④ 해외사업장 순투자위험회피를 하기 위해 파상생품을 거래했을 경우 해외사업장을 처분하는 시점에 발생한 손익은 당기 손익으로 인식한다.

정답과 해설

65 ④ 패소할 가능성이 낮고, 그 금액도 신뢰성있게 추정하지 못하므로 우발부채로 인식하지 않는다.

66 ②

구분	공정가치	행사수량	가득기간	누적보상원가	당기보상원가
20x1년말	100원	100개	1/3년	3,333원	3,333원
20x2년말	100원	100개	1/3년	6,666원	3,333원
20x3년말	100원	100개	1/3년	10,000원	3,334원

67 ③ 차입원가 자본화 대상은 특정차입금과 일반차입금 모두 가능하다.

68 ③ 자본화기간은 1년이며, 특정차입금에서 발생한 이자는 10억 원×10%=1억 원, 자본화 대상 이자비용은 1억 원이며 이는 기계장치 취득원가에 가산한다.

69 ④ • 공정가치회피 관련 효과적이든, 효과적이지 않든 당기손익에 반영한다.
• 현금흐름 위험회피거래는 효과적인 경우는 기타포괄손익에 반영한다.
• 해외사업장 순투자 위험회피거래는 효과적이지 않으면 당기손익으로 인식한다.

★★

70. 다음 중 매출로 인식하는 거래에 대한 설명 중 잘못된 것은?

① 출판사가 서점에 책 100권을 송부했고, 출판사는 책 100권에 대한 매출액을 책을 송부한 시점에 인식하였다.

② 36개월 할부로 정수기를 판매했고 36개월 할부금액의 현재가치에 해당하는 부분을 매출액으로 인식하였다. 단, 할부금 회수 관련 불확실성은 없다.

③ 구입 후 30일 안에 소비자가 반품할 수 있는 제품을 판매하였으나 판매 즉시 해당 제품에 대한 매출을 인식하지 않았다.

④ 도매상에 100대의 에어컨을 판매하였으며 에어컨에 대한 모든 책임과 의무는 도매상이 부담하기 때문에 판매계약을 체결한 시점에 에어컨 100대에 대한 매출을 인식하였다.

★★

71. 다음 중 매출인식과 관련된 설명으로 잘못된 것은?

① 책상을 100만 원에 판매하였으며 배달서비스도 제공하였으며, 배달서비스에 대한 금액은 책정하지 않아 해당 거래를 책상 매출 100만 원으로 인식하였다.

② 소프트웨어 개발에 1억 원이 소요되며 해당 소프트웨어 개발 계약을 체결한 날에 1억 원의 매출을 인식하였다. 개발기간은 2년이 소요될 것으로 예상한다.

③ 36개월 할부로 정수기를 판매했으나 대금 수취가 불확실하여 판매대금을 수령했을 때 매출을 인식하였다.

④ BTS 콘서트 입장권 10,000장을 판매하였으며 해당 매출은 콘서트 당일에 인식하였다.

★★★

72. 아래 정보를 이용하여 해당 건설프로젝트의 20x2년도 공사매출액을 올바르게 계산한 것은?

- 공사는 20x1년 초에 개시하며 20x3년 말 완공이 예상됨
- 공사계약금액은 100억 원

	20x1년	20x2년	20x3년
누적발생원가	20억 원	60억 원	80억 원
총 발생원가 추정액	80억 원	80억 원	80억 원

① 25억원 ② 50억원 ③ 60억원 ④ 75억원

★

73. 다음 중 건설계약의 회계처리와 관련하여 올바르게 설명 것은?

① 건설계약 체결전에 발생한 비용은 항상 당기 비용으로 처리한다.

② 진행률 계산은 투입원가 기준으로만 계산한다.

③ 특정 공사를 위해 특수하게 제작된 투입물에 대한 원가는 해당공사의 공사원가에 포함한다.

④ 하자보수 충당금은 판매비와 관리비로 분류한다.

★★★

74. 다음의 정보를 활용하여 한국기업의 영업이익을 계산하시오.

매출액 10,000원, 매출원가 : 8,000원, 판매활동과 관련된 인건비 1,000원, 접대비 500원

① 500원
② 1,000원
③ 1,500원
④ 2,000원

정답과 해설

70 ① 출판사의 경우 위탁판매에 해당되기 때문에 서점에서 판매가 이루어져야 출판사는 매출을 인식할 수 있다.

71 ② 용역제공에 장기간 소요되는 거래는 진행기준에 따라 매출을 인식해야 한다.

72 ②

	20x1년	20x2년	20x3년
공사누적진행율	25%	75%	100%
공사누적매출액	25억 원	75억 원	100억 원
공사누적원가	20억 원	60억 원	80억 원
공사매출액	25억 원	50억 원	25억 원

73 ③ 건설계약 체결전이라도 원가성이 존재하면 건설공사 원가에 포함할 수 있으며, 진행률은 투입원가 외에 투입노력 등 다양한 방법으로 계산이 가능하며, 하자보수 충당금은 공사원가를 구성한다.

74 ① 영업이익 = 매출액 − 매출원가 − 판매비와관리비 = 10,000원 − 8,000원 − 1,500원 = 500원

★

75. 다음 중 퇴직급여에 대한 설명으로 올바르지 않은 것은?

① 확정기여제도하에서 퇴직연금자산은 기업의 자산이다.
② 기업이 퇴직급여를 약정하여 종업원에게 지급하는 것은 확정급여제도이다.
③ 확정기여제도하에서 퇴직연금의 운영주체는 종업원이다.
④ 확정급여제도에서 퇴직급여 운용으로 인한 이익은 기업의 손익으로 인식한다.

★★

76. 법인세 회계에 대한 설명 중 올바르지 않은 것은?

① 가산할 일시적 차이가 존재할 때 기업은 이연법인세 부채를 인식한다.
② 재무회계상 법인세 비용보다 더 많은 세금을 납부하여 미래 세금을 적게 납부할 수 있을 때 이연법인세 자산을 인식한다.
③ 미사용 결손금은 항상 결손금 전체를 대상으로 이연법인세 자산을 인식한다.
④ 동일 과세당국과 동일 과세대상 기업에 해당할 때는 이연법인세자산과 이연법인세부채를 상계할 수 있다.

★★

77. 다음 중 현금흐름표상 현금흐름의 방향이 다른 항목은 무엇인가?

① 기계장치 100억 원을 현금으로 구입하였다.
② 작년보다 재고자산이 10억 원 감소하였다.
③ 작년보다 매입채무가 10억 원이 감소하였다.
④ 주주에게 10억 원의 중간 배당금을 지급하였다.

★★

78. 다음 중 영업활동 현금흐름을 계산하는데 필요하지 않은 정보는 무엇인가?

① 당기순이익 ② 재고자산의 증가
③ 금융자산의 매도와 매수 ④ 매입채무의 감소

★

79. 다음 중 현금흐름표 주석사항에 기재하지 않아도 되는 사항은 무엇인가?

① 현물 출자로 인한 토지의 취득

② 10억원의 무상증자

③ 전환사채의 전환

④ 기계장치 처분 손실

★★

80. 다음 정보를 계산하여 영업활동 현금흐름을 올바르게 계산한 것은?

• 당기순이익 100억 원, 재고자산 증가 10억 원, 매출채권 감소 5억 원
• 감가상각비 3억 원, 매입채무 증가 2억 원

① 100억 원 ② 105억 원

③ 107억 원 ④ 113억 원

정답과 해설

75 ① 확정기여제도에서는 기업은 일정액의 기여금만 납부하면되기 때문에 해당 퇴직연금은 기업의 자산으로 인식하지 않는다.

76 ③ 미사용 결손금이 있더라도 미래에 충분한 과세이익이 발생하거나 가산할 일시적 차이가 있을 경우에만 결손금에 대한 이연법인세 자산을 인식한다.

77 ② 재고자산 10억 원이 감소한 것은 현금의 유입이다. 기계장치 구입은 현금의 유출, 매입채무의 감소는 현금의 유출, 배당금의 지급은 현금의 유출이다.

78 ③ 금융자산은 투자활동 관련 현금흐름이기 때문에 영업활동 현금흐름 계산시 제외한다.

79 ④ 비현금 거래는 현금흐름표에 주석사항으로 기재해야 한다.

80 ① 당기순이익＋비현금비용＋△운전자산 변동＝100억 원(당기순이익)+3억 원 (감가상각비)−10억 원 (재고자산증가)+5억 원 (매출채권감소)+2억 원 (매입채무증가)＝100억 원

★★

81. 다음 중 자본변동표의 변동 사항에 해당하지 않는 것은?

① 10억 원 유상증자
② 5억 원의 자기주식 취득
③ 유형자산 재평가 적립금 5억 원
④ 이익준비금 1억 원

★★

82. 다음 중 연결재무제표에 대한 설명으로 올바른 것은?

① 모회사가 자회사의 지분 40% 이상 취득하였으면 모회사는 지배회사, 자회사는 종속회사로 분류한다.
② 1개의 지배회사, 1개의 종속회사만 존재할 경우 지배회사만이 연결재무제표를 작성한다.
③ 지배회사와 종속회사의 회계기간이 다를 경우 항상 회계기간을 일치시켜야 한다.
④ 지배회사가 종속회사 지분 80%를 보유할 경우 비지배지분은 발생하지 않는다.

★★

83. 다음 정보를 이용하여 한국기업이 인식해야 할 영업권은 얼마인가?

- 20x1년 초 한국기업은 A 기업 지분 80%를 50,000원에 취득하였다.
- 20x1년 초 기준 A 기업의 순자산의 장부가치는 40,000원이고, 공정가액은 50,000원이다.

① 영업권 없음 ② 8,000원
③ 10,000원 ④ 12,000원

★★

84. 다음 정보를 이용하여 한국기업이 인식해야 할 A 기업의 20x1년말 장부가액은 얼마인가?

- 20x1년초 한국기업은 A 기업 지분 25%를 50,000원에 취득하였다.
- 20x1년 A 기업은 10,000원의 당기순이익을 실현하였다.
- 20x1년 A는 4,000원의 배당금을 지급 하였다.

① 50,000원　② 51,500원

③ 52,500원　④ 53,500원

★★

85. 다음 중 환율변동 효과에 대한 설명으로 올바르지 않은 것은?

① 표시통화는 재무제표를 작성하는 통화를 의미한다.

② 표시통화로 환산하는 과정중에 발생하는 외환차이는 기타포괄손익으로 인식한다.

③ 한국에서 사업을 하는 외국법인의 표시통화는 항상 원화이다.

④ 해외지사가 USD 1,000을 보유하고 있고 회계기간 말 이를 원화로 환산할 경우 마감환율로 환산한다.

정답과 해설

81 ④ 이익준비금은 이익잉여금의 처분내역이므로 자본변동표에는 표시되지 않는다.

82 ② 연결재무제표는 종속회사 지분 50% 이상을 보유할 경우이며, 지배회사와 종속회사의 회계기간 차이가 3개월이내일 경우 회계기간을 일치시키지 않아도 되며, 종속회사 지분 100%를 소유하지 않는 경우 비지배지분이 발생한다.

83 ③ A 기업 40,000원　현금 50,000원
영업권 10,000원

84 ②

20x1년 초	A 주식	50,000원	현금	50,000원
20x1년 말	A 주식	2,500원	지분법이익	2,500원
	현금	1,000원	A 주식	1,000원

A 주식의 장부가액=50,000원+2,500원−1,000원=51,500원

85 ③ 한국에서 사업을 하는 외국법인이더라도 재무제표를 원화 외에 다른 통화로 작성할 수 있다.

02 기업가치평가·분석

★

01. 다음 중 기업가치에 대해서 잘못 설명한 것은?

① 기업가치란 기업의 미래 수익창출력이라고 할 수 있다.
② 기업가치는 현재 시장에서 거래되는 기업의 가격이다.
③ 기업가치평가시 미래의 환경변화와 그것의 영향을 고려해야 한다.
④ 기업가치는 넓게 보면 채권자가치와 주주가치의 합으로 볼 수 있다.

★

02. 다음 중 기업가치평가 목적에 해당하지 않는 것은?

① 기업공개를 위한 공모가격 결정
② 상속세 및 증여세에 따른 과세가액 결정
③ 투자의사결정을 위한 가치평가
④ 소득세율을 결정하기 위한 목적

★★

03. 다음 중 자산가치평가 방법에 해당하지 않는 것은?

① 청산가치
② 시장평가가치
③ 장부가치
④ PER

★★

04. 다음 중 수익가치평가방법이 아닌 것은?

① DCF모형
② '증권의 발행 및 공시 등에 관한 규정'의 비상장주식평가
③ EVA할인모형
④ 배당할인모형

★

05. 다음 중 다양한 가치평가의 특징에 대한 설명으로 올바르지 않은 것은?

① 자산가치평가는 미래 수익가치를 반영하지 못하는 단점이 있다.
② 수익가치평가법은 성숙기에 접어든 기업의 평가에 적절하다.
③ 상대가치평가법은 유사 상장회사가 없을 경우 적용이 용이하다.
④ 법률적 평가방법은 이론적인 기반이 부족하다는 단점이 있다.

★

06. 다음 중 수익가치평가 방법의 특징으로 올바르지 않은 것은?

① 안정적인 성장기업의 평가에 활용할 수 있다.
② M&A등 개별적 협상에 적용할 수 있다.
③ 이론적으로 우수한다.
④ 가중치의 적절성에 문제가 있다.

정답과 해설

01 ② 가격에 대한 설명이다. 가치는 미래 지향적이고 주관적인 개념이다.

02 ④ 기업가치평가의 목적으로는 투자의사결정, 기업공개를 위한 가치평가, 과세목적, 합병비율결정, 사업타당성 검토, 가치경영을 위한 평가, 기술가치평가, 재무보고를 위한 가치평가, 기업회생 결정을 위한 가치평가가 있다.

03 ④ PER는 상대가치평가방법이다.

04 ② 법률적 평가방법에서는 '상속세 및 증여세법'에 의한 평가방법, '자본시장법'에 의한 평가방법이 있다.

05 ③ 상대가치평가법을 적용하기 위해서는 유사한 상장회사가 많이 있을수록 평가의 신뢰성이 높아진다.

06 ④ 가중치의 적절성에 대한 문제는 수익가치와 자산가치의 배분이며, 이는 법률적 평가방법에 의해서 발생하는 본질가치의 문제점이다.

★★★

07. 다음 중 PER 평가방법의 문제점이 아닌 것은?

① 직관적으로 이해하기 용이하고 적용이 쉽다.

② 적자가 발생한 기업에 적용하기 어렵다.

③ 동일한 기업이라도 회계정책이나 회계처리 방법에 따라 그 결과가 달라질 수 있다.

④ 시장지배력, 대외신인도 등 비계량적 정보를 반영하여 평가한다.

★★★

08. A 기업의 발행주식수는 100주이고 1주당 주가는 10,000원이다. A 기업의 사채는 50만 원, 차입금은 30만 원, 매입채무 10만 원이 있고, 현금이 20만 원이 있다. A 기업의 올해 영업이익은 50만 원이고 감가상각비가 10만 원일 경우 A 기업의 EV/EBITDA는 얼마인가?

① 2.15배　② 2.67배

③ 2.87배　④ 3.05배

★★

09. 다음 중 EV/EBITDA의 한계점으로 올바르지 않은 것은?

① 비교대상회사의 EBITDA가 적자인 경우는 활용하기 어렵다.

② 설비 등 유형자산에 대한 자본적 지출을 고려하지 않아 실질적인 영업현금흐름을 반영하지 못할 수도 있다.

③ 과거의 회계자료를 통해서 주가를 예측하려고 한다.

④ 무형자산이 많은 기업에 적용하기 어렵다.

★★

10. 다음 중 PBR 평가의 한계점으로 올바르지 않은 것은?

① 완전 자본잠식 상태인 기업의 평가가 곤란하다.

② 기업간 회계처리 방법에 따라 비교의 유의성이 낮아질 수 있다.

③ 자산재평가가 이루어진 기업의 평가에 적절하지 않다.

④ 무형자산이 많은 기업의 평가에 있어 주의해야 한다.

★★
11. 다음 중 PSR 평가의 특징에 해당하지 않는 것은?

① 매출액이 발생하는 부실 기업의 평가에도 적용이 가능하다.
② 다른 상대가치 평가방법과 비교하여 기업 간 회계처리 방법의 차이에 의한 영향이 적다.
③ PER보다 변동성이 크다.
④ 초기 회사, 벤처기업의 평가에 활용할 수 있다.

★★
12. 다음 중 현금흐름할인법에 대한 설명으로 올바르지 않은 것은?

① FCFE는 주주의 자기자본비용으로 할인율을 사용한다.
② FCFF로 현금흐름을 추정하면 기업가치를 도출할 수 있다.
③ FCFF로 현금흐름을 추정하면 이에 대한 할인율은 가중평균자본비용이다.
④ FCFF를 할인하여 나온 값은 평가대상 기업이 보유하고 있는 모든 자산의 가치이다.

정답과 해설

07 ④ PER는 주가와 1주당 순이익과의 비교이기 때문에 시장지배력, 대외신인도, 인력수준, 재무적 안정성, 배당정책등과 같은 질적인 요소들이 평가에 포함되지 않는 단점이 있다.

08 ② EV=시가총액+이자지급부채−현금 및 현금등가물=100만 원+80만 원−20만 원=160만 원, EBITDA=영업이익+감가상각비=50만 원+10만 원=60만 원, EV/EBITDA=160만 원/60만 원=2.67배

09 ④ PBR에 대한 문제점에 해당된다.

10 ③ 자산재평가가 이루어지면 현재의 자산가치와 근접하기 때문에 역사적원가로 평가할 때 보다 평가대상 기업의 실질을 잘 반영할 수 있다.

11 ③ PSR는 PER보다 그 값의 변동성이 낮다.

12 ④ FCFF를 통해서 계산한 가치는 평가대상 기업의 영업가치이다. 즉, 비영업용 자산에 대한 가치평가는 별도로 수행해야 한다.

★★

13. 다음 정보를 이용하여 A 기업의 FCFF(기업잉여현금흐름)를 계산한 것은?

- 매출액 1,000억 원, 영업이익률 20%, 감가상각비 50억 원, 법인세율 20%
- 작년의 순운전자본 200억 원, 올해의 순 운전자본 250억 원
- 매년 필요로 하는 자본적 지출 50억 원

① 110억 원 ② 160억 원
③ 210억 원 ④ 220억 원

14. 다음 정보를 이용하여 A 기업의 기업가치를 올바르게 계산한 것은?

- 향후 5년 동안 A 기업의 FCFF의 현재가치의 합 : 200억 원
- A 기업의 6년 말 예상 FCFF는 20억 원
- A 기업의 가중평균자본비용은 7%
- A 기업의 FCFF의 영구성장률 2%
- 비영업용 자산의 현재가치 : 100억 원
- 현재가치계수(5년, 7%)=0.8

① 520억 원 ② 620억 원
③ 700억 원 ④ 820억 원

★★★

15. 다음 정보를 이용하여 A 기업의 가중평균비용을 계산한 것은?

- 주주의 자본비용 15%, 채권자의 자본비용 10%, 법인세율 20%
- 목표부채비율은 100%

① 10.5% ② 11.5%
③ 12.5% ④ 13.5%

★★

16. 자본비용 계산과 관련한 다음의 설명 중 올바르지 않은 것은?

① 국채의 수익률을 무위험자산 수익률의 대용치로 사용할 수 있다.

② 베타값이 1보다 크면 시장의 평균적 수준보다 낮은 위험도를 갖는 주식이다.

③ 비상장 회사의 베타를 계산하기 위해서는 Hamada model을 이용하여 계산할 수 있다.

④ 시장위험프리미엄 계산에 있어서 측정기간 문제, 수익률의 기간문제, 계산 방식의 문제 등으로 여러 가지 다른 결과값이 나올 수 있다.

★★

17. 다음 정보를 이용하여 A 기업의 가중평균 자본비용을 계산한 것은? (단, CAPM이 성립한다)

- 5년 만기 국채 수익률 5%, 법인세율 20%
- 타인자본비용 8%, 목표부채비율 100%, 시장위험프리미엄 10%, 베타 1.2

① 10.5%　　② 10.8%

③ 11.5%　　④ 11.7%

정답과 해설

13 ① FCFF=EBIT×(1−t)+D+운전자본변동−CAPEX이므로 200억 원×(1−20%)+50억 원−50억 원−50억 원=110억 원

14 ② 미래 5년간의 추정현금흐름의 현재가치+PV(잔존가치)+비영업용자산 가치=200억 원+[20억 원/(7%−2%)]×0.8+100억 원=200억 원+400억 원×0.8+100억 원=620억 원

15 ② $WACC=K_d \times (1-t) \times D/V + K_e \times E/V = 10\% \times (1-20\%) \times 1/2 + 15\% \times 1/2 = 11.5\%$

16 ② 베타값이 1보다 크다는 것은 해당 주식의 위험이 평균적으로 시장보다 높은 위험을 갖는 주식이다. 시장위험프리미엄 계산과 관련해서 한국공인회계사회에서 시장위험 프리미엄 가이던스와 한국의 기업규모위험 프리미엄 연구결과를 참고하여 사용할 수도 있고, 블룸버그가 제공하는 한국 주식시장의 위험프리미엄 정보를 그대로 인용할 수도 있다.

17 ④ 세후타인자본비용=8%×(1−20%)=6.4%, 자기자본비용=무위험이자율+베타×시장위험프리미엄 =5%+1.2×10=17%, WACC=6.4%×1/2+17%×1/2=11.7%

★★★

18. A 기업은 비상장기업이며, A 기업의 부채비율(부채/자기자본)은 100%이며 법인세율은 20%이다. A 기업과 사업위험이 동일한 기업의 사업위험만 반영한 베타는 1.4이다. A 기업의 베타는 얼마인가? (단, 모든 기업은 무위험이자율로 차입과 대출이 가능하다)

① 1.40 ② 1.58
③ 2.23 ④ 2.52

★★

19. 다음 정보를 이용하여 A 기업의 주주잉여현금흐름(FCFE)을 계산한 것은?

- 영업이익 100억 원, 법인세율 20%, 감가상각비 20억 원
- 자본적지출 30억 원, 전기대비 운전자본은 10억 원이 증가하였음
- 이자비용 10억 원
- 순차입금 증가 50억 원

① 101억 원 ② 102억 원
③ 105억 원 ④ 110억 원

★★★

20. 다음 중 EVA에 대한 설명으로 올바르지 않은 것은?

① EVA는 주주와 채권자의 자본비용까지 고려하여 기업의 성과를 측정한다.
② 평가대상 기업의 EVA가 음수이면 평가대상 기업의 영업이익은 적자이다.
③ WACC가 ROIC보다 크면 EVA는 음수이다.
④ EVA를 이용하여 경영자의 성과평가에 활용할 수 있다.

★★

21. EVA를 이용하여 A 기업의 적정가치를 계산한 것은?

- A 기업의 총자산 1,000억 원, 비영업용자산 200억 원
- A 기업의 매출액 1,000억 원, 영업이익률 20%, 법인세율 40%
- A 기업의 WACC는 10%
- A 기업의 EVA는 영구적으로 매년 동일한 금액이 발생한다고 가정함

① 400억 원 ② 1,000억 원
③ 1,200억 원 ④ 1,400억 원

★★★

22. 다음 중 EVA의 한계점에 대한 것으로 올바르지 않은 것은?

① 투하자본이 회계지표를 토대로 계산되기 때문에 감가상각방법에 따라 EVA의 값이 다르게 나올 수 있다.

② 특정연도의 EVA값이 양수이면 미래에도 EVA의 값이 양수라고 봐야 한다.

③ EVA는 증가된 부가가치의 크기를 금액으로 표시하기 때문에 규모가 다른 기업 간 EVA 비교 시 유의해야 한다.

④ EVA는 실질적인 가치의 증감을 알려줄 수 있다.

정답과 해설

18 ④ Hamada model을 사용하면, A 기업의 베타=영업위험만 반영된 베타×[(1+(1−t)×D/E)]=1.4×(1+0.8×1)=2.52

19 ② FCFE=EBIT×(1−t)+D−CAPEX−운전자본변동−이자비용×(1−t)+차입금변동=100억 원×(1−20%)+20억 원−30억 원−10억 원−10억 원×(1−20%)+50억 원=102억 원

20 ② EVA=세후영업이익−(투하자본×WACC) 이므로 EVA가 음수라도 영업이익은 양수일 수 있다.

21 ④ EVA=EBIT×(1−t)−(투하자본×WACC)=200억 원×(1−40%)−(800억 원×10%)=40억 원, MVA=EVA/WACC=40억 원/10%=400억 원, 기업가치=투하자본+MVA+비영업용자산=1,400억 원

22 ② 특정연도의 EVA가 양의 값을 갖는다는 것이, 미래에도 해당 기업의 EVA가 양의 값을 갖는다고 보기는 어렵다.

★★

23. 다음 중 RIM에 대한 설명으로 올바르지 않은 것은?

① 자기자본의 장부가액을 활용하여 DCF 모델의 한계점을 보완하였다.
② 배당정책 예측이 어렵거나, FCF가 음수인 기업에도 적용이 가능하다.
③ DCF모델의 개별 추정기간 이후의 현금흐름인 잔존가치 추정시 분석자의 자의성을 최소화한다.
④ 초과이익의 할인율은 가중평균자본비용이다.

★★

24. 다음 중 RIM 모형을 통해 주주가치를 계산하는 방법으로 가장 올바른 것은? (단, 초과이익은 동일한 금액으로 발생한다고 가정한다)

① 주주가치=초과이익/주주의 자본비용
② 초과이익=당기순이익−총자산×주주의 자본비용
③ 주주가치=자기자본장부가치+초과이익/주주의 자본비용
④ 주주가치=총자산의 장부가치+초과이익/주주의 자본비용

★★

25. 다음 중 EVA와 RIM을 비교한 것으로 올바르지 않은 것은?

① EVA는 채권자와 주주관점에서 기업가치를 평가한다.
② 초과이익의 지속성계수의 값이 1이면 초과이익은 소멸되지 않는다.
③ 초과이익의 지속성 계수의 값이 작을수록 초과이익의 평균회귀현상이 빠르게 나타난다.
④ RIM은 경영자와 채권자입장에서 기업가치를 평가한 것이다.

★

26. 다음 중 공모주식가격 결정에 관한 설명으로 올바르지 않은 것은?

① 공모가격은 발행회사와 인수회사가 협의하여 단일 가격으로 정한다.

② 기관투자자를 대상으로 수요예측을 실시하고, 그 결과를 감안하여 인수회사와 발행회사가 협의하여 가격을 결정한다.

③ 대표주관회사가 사전에 정한 방법에 따라 기관투자자로부터 경매의 방식으로 입찰가격과 수량을 제출 받은 후 일정가격 입찰에 대해 해당 입찰자가 제출한 가격으로 정한다.

④ 대표주관회사가 사전에 정한 방법에 따라 일반투자자로부터 경매의 방식으로 입찰가격과 수량을 제출받은 후 산정한 단일가격으로 정한다.

★★

27. 공모주식 평가방법에 대한 설명으로 잘못된 것은?

① 상대가치평가방법을 이용하여 공모가격을 결정할 수 있다.

② 실무적으로 주식공모시 상대가치는 과거 2개년 사업연도를 각각 산정하는 것이 일반적인 방법이다.

③ 공모가격을 계산한 후 통상적으로 일정의 할증율을 가산하여 기준 공모가격을 결정하며, 할증율은 대체로 10% ~ 30% 범위가 적용된다.

④ 주관회사는 수요예측 시 공모 희망가격을 제시해야 하며, 실무적으로 기준 공모 가격의 90% ~ 110% 내외의 희망가격을 제시하는 경우가 많다.

정답과 해설

23 ④ RIM의 초과이익은 주주를 기준으로 계산되기 때문에 이에 대한 할인율은 주주의 자본비용으로 계산한다.

24 ③ 당기순이익을 기준으로 잔여이익을 계산하기 때문에 잔여이익에 대한 경제적 원가는 자기자본×주주의 자본비용이다.

25 ④ RIM은 주주입장에서 주주가치를 평가한 것이다.

26 ④ 기관투자자로부터 경매의 방식을 통한 입찰가격을 기준으로 공모가격을 결정해야 한다.

27 ③ 기준공모가격은 계산된 이론가격에 통상적으로 10%~30% 사이의 할인율을 반영하여 기준공모가격을 결정한다. 확정 공모가격은 공모 희망가격을 제시한 후, 수요예측 결과와 시장 상황을 고려하여 대표주관회사와 발행회사가 합의하여 최종적으로 확정한다.

★★

28. 상장법인간 합병을 하는 경우, 자본시장법에 의한 기준주가 산정방법으로 가장 올바른 것은?

① 합병일 기준으로 1개월 평균종가를 기준주가로 한다.

② 상장법인 기준주가 = Min[기하평균(1개월 평균종가, 1주일 평균종가, 기산일 종가)]

③ 상장법인 기준주가 = Min[기하평균(1개월 평균종가, 1주일 평균종가, 기산일 종가), 기산일 종가]

④ 상장법인 기준주가 = Min[산술평균(1개월 평균종가, 1주일 평균종가, 기산일 종가), 기산일 종가]

★★

29. 다음 중 자본시장법에 의한 합병가액 산정 방법으로 올바르지 않은 것은?

① 상장법인과 상장법인의 합병시 주가는 기준주가로 한다.

② 상장법인과 비상장법인의 합병시 상장법인은 기준주가, 비상장법인은 대체적으로 인정된 합리적인 가치평가 방법에 따라 평가한다.

③ 비상장법인과 비상장법인의 합병시 양 당사자가 합의한 가격으로 한다.

④ 상장법인과 비상장법인의 합병시 상장법인은 기준주가로 평가하되, 기준주가가 자산가치에 미달하는 경우는 자산가치로 평가한다.

★★

30. 자본시장법에 의한 본질가치 산정방법이 올바르지 않은 것은?

① 자산가치는 순자산가치를 의미하며, 수익가치는 현금흐름할인모형, 배당할인모형 등 미래의 수익가치 산정에 관하여 일반적으로 공정하고 타당한 것으로 인정되는 모형을 적용하여 합리적으로 산정한다.

② 본질가치 = [자산가치 × 1.5 + 수익가치 × 1]/2.5로 계산한다.

③ 자산가치 계산시 분석일 기준 보유하고 있는 자기주식은 가산한다.

④ 대주주에 대한 할증률을 적용하지 않는다.

★★

31. 다음 중 세법에 의한 주식가치평가로 올바르지 않은 것은?

① 상장주식을 평가할 때 일반기업 최대주주의 할증율은 20%이다.
② 상장주식은 평가일 이전, 이후 각 2개월간의 최종시세가액의 평균액으로 한다.
③ 코넥스시장에 상장된 법인의 주식은 상장주식 평가방법을 적용한다.
④ 비상장주식의 평가는 시가평가가 원칙이며, 시가가 없는 경우 보충적인 평가방법을 적용한다.

★★

32. 다음 중 세무상 비상장주식 평가방법에 대한 설명으로 잘못된 것은?

① 순손익가치=1주당 최근 3년간 순손익액의 가중평균액/순손익가치환원율
② 순자산가치=해당법인의 순자산가액/발행주식총수
③ 일반법인의 1주당주식가치=순손익가치×60%+순자산가치×40%
④ 폐업법인의 경우 1주당 가액은 순자산가치로 평가한다.

정답과 해설

28 ④ 기산일은 이사회 결의일과 합병계약 체결일 중 앞서는 날의 전일이며, 산술평균으로 상장법인 기준주가를 산정한다.

29 ② 상장법인과 비상장법인 합병시 비상장법인은 자산가치와 수익가치를 가중평균하여 평가하고, 상대가치평가는 비교공시해야 한다.

30 ② 본질차기=[자산가치×1+수익가치×1.5]/2.5로 자산가치에 40%의 가중치를 주고, 수익가치에 60%의 가중치를 부여한다.

31 ③ 코넥스시장에 상장된 법인은 비상장주식으로 보아 시가로 평가하는 것이 원칙이다.

32 ② 일반법인의 1주당 주식가치=Max[순손익가치×3+순자산가치×2]/5 , 순자산가치×80%]로 계산하며, 부동산 과다보유 법인은 순자산가치에 60%의 가중치를 주고, 순손익가치에 40%의 가중치를 준다.

★

33. 다음 중 세무상 비상장주식 가치평가 방법에 대한 설명으로 올바르지 않은 것은?

① 영업권 평가액은 순자산가액에 가산한다.
② 순손익가치가 음인 경우 순손익가치는 0으로 한다.
③ 순자산가치가 음인 경우 순자산가치는 0으로 한다.
④ 1주당 가액은 음수의 숫자가 나올 수 있다.

★★

34. 세무상 비상장주식 가치평가에 대한 설명으로 올바른 것은?

① 중소기업은 최대주주 지분의 할증평가를 면제한다.
② 중소기업이 아닌 일반기업의 최대주주는 지분율과 관계없이 할증율은 30%로 일정하다.
③ 비상장주식 평가심의위원회는 보충적 평가방법에 따른 주식평가액이 불합리하다고 인정되는 법인에 대해서 현금흐름할인법만을 적용하여 평가한다.
④ 현금흐름 할인법을 적용하여 평가할 때는 현금흐름 추정기간은 10년으로 한다.

★

35. 다음 중 기업가치를 평가하는 목적으로 알맞지 않은 것은?

① 투자의사결정
② 합병비율 계산
③ 기업공개
④ 배당금 지급

★★

36. 다음 가치평가 방법 중 성격이 다른 하나는 무엇인가?

① 현금흐름할인 모형
② 배당할인모형
③ EVA할인모형
④ PER를 이용한 평가

★

37. 다음 중 기업가치평가에 대한 설명으로 올바르지 않은 것은?

① 자산가치평가 방법은 신뢰성이 높으나 미래수익가치를 반영하지 못한다.

② 수익가치평가는 이론적으로 우수하나 미래수익 추정의 불확실성이 존재한다.

③ 상대가치평가방법은 시행이 용이하기 때문에 어느 경우에도 사용할 수 있다.

④ 세법에 의한 평가방법은 가치평가의 이론적 기반이 탄탄하지 못하다.

★★

38. 다음 상대가치평가방법 중 그 수식이 올바르지 않은 것은?

① PER=주가/주당순이익

② PBR=주가/주당순자산

③ EV/EBITDA=주식의 시가총액/EBITDA

④ PSR=주가/주당매출액

정답과 해설

33 ④ 순자산가치도 음이고, 순손익가치도 음이라면 1주당 가액은 0으로 하기 때문에 1주당 가액이 음수가 될 수 없다.

34 ① 중소기업이 아닌 기업의 최대주주 지분은 20%로 할증하여 평가한다. 평가심의위원회에서 인정하는 평가방법은 현금흐름할인법, 배당할인법, 유사상장법인 비교평가방법, 자산평가법이 있다. 현금흐름할인법을 사용할 경우 추정기간은 5년을 적용한다.

35 ④ 배당금 지급할 때는 배당가능 이익의 여부와 기업내의 현금보유 여부를 고려해야 하며, 배당지급관련해서 기업가치를 평가하지 않는다.

36 ④ PER를 이용한 모형은 상대가치 평가모형이며, 나머지는 수익가치평가 모형이다.

37 ③ 상대가치평가방법은 그 시행이 용이하나 유사상장회사가 없을 경우 적용하기가 어렵다.

38 ③ EV/EBITDA에서 EV는 기업가치+순차입금의 가치이다.

★★

39. A 기업의 1주당 당기순이익이 1,000원이며, 비교대상 회사의 평균 PER가 12배이다. A 기업의 현재 주가가 11,000원일 경우 A 기업의 주가에 대한 설명으로 올바른 것은?

① A 기업의 적정 주가는 11,500원이다.
② A 기업은 현재 저평가 되어 있다고 볼 수 있다.
③ 향후 A 기업의 주가는 하락할 가능성이 높다.
④ A 기업은 배당을 지급하지 않는다.

★★

40. 다음 중 PER에 대한 설명으로 잘못된 것은? (단, PER $= \frac{P_0}{EPS_0}$ 로 정의한다)

① 기업간 회계처리 방법이 다르기 때문에 PER을 통한 직접적인 주가비교는 한계가 있다.
② 순이익이 적자인 기업은 PER을 이용하여 주가를 평가하기 어렵다.
③ 과거의 이익을 사용하였기 때문에 미래의 이익성장성을 반영하기 어렵다.
④ PER에는 재무적 안정성, 배당정책 등 주가에 영향을 미칠 수 있는 비계량적 요소가 반영되었기 때문에 PER을 통해서 주가를 올바르게 평가할 수 있다.

★★★

41. EV/EBITDA를 이용하여 A 기업의 적정 시가총액을 올바르게 계산한 것은?

- 영업이익 100억 원, 감가상각비 10억 원
- 총차입금 500억 원, 현금성 자산 100억 원
- 유사기업의 EV/EBITDA 배수는 10배

① 700억 원
② 800억 원
③ 1,000억 원
④ 1,100억 원

★★

42. 다음 중 EV/EBITDA에 대한 설명으로 올바르지 않은 것은?

① 순이익이 적자인 기업에 적용할 수 있다.

② 감가상각방법이 다른 기업간 비교가 어렵다.

③ 재무레버리지가 다른 기업간 가치평가 비교에 적합하다.

④ EBITDA를 영업현금흐름의 개념으로 사용하였다.

★★

43. 다음 중 PBR에 대한 설명으로 올바른 것은?

① PBR이 1보다 작으면 저평가 되어 있어 주식을 매수해야 한다.

② PBR은 주가와 1주당 순자산가치와의 비교이다.

③ 어떠한 기업이라도 PBR을 통해서 적정 주가를 계산할 수 있다.

④ IT업종에 해당하는 기업의 주가를 평가하기에 적절한 방법이다.

정답과 해설

39 ② 주어진 정보를 이용하여 한국기업의 주가를 평가하면 12,000원이며, 현재 한국기업의 주가가 11,000원이기 때문에 한국기업은 저평가 되어 있다.

40 ④ PER은 당기순이익과 주가와의 비교를 통해서 가치평가를 하기 때문에 재무적 안정성, 배당정책과 같은 비계량적 변수는 고려하지 않는다.

41 ① A 기업의 EBITDA=110억 원, 순차입금 400억 원, A 기업의 EV=EBITDA×10배=1,100억 원, 주주가치=1,100억 원−400억 원=700억 원

42 ② 감가상각금액을 영업이익에 가산하기 때문에 감가상각방법이 다른 기업간에 비교가 가능하다.

43 ② PBR=주가/1주당 순자산, PBR이 1보다 작다고 저평가 된 것으로 볼 수만은 없으며, 자본잠식인 기업은 PBR을 이용할 수 없으며, 유형자산이 상대적으로 적은 IT기업의 가치평가로는 부적절한 평가방법이다.

★★

44. 다음 중 PSR에 대한 설명으로 올바르지 않은 것은?

① 이익이 발생하지 않는 초기기업의 가치평가에 활용할 수 있다.

② 기업간 회계처리 방법이 상이하여 기업간 비교가능성이 현저하게 낮다.

③ 매출액만으로 기업간 가치를 비교하기 때문에 원가구조등 중요한 변수를 생략해서 기업가치를 왜곡시킬 수 있다.

④ 재무레버리지가 상이한 기업간 가치비교는 왜곡된 결과를 가져올 수 있다.

★★

45. 다음 중 상대가치 평가의 한계점으로 올바르지 않은 것은?

① 비교대상이 되는 유사회사가 일시적으로 과대평가될 경우 평가결과의 일관성이 떨어질 수 있다.

② 비상장주식은 평가할 수 없다.

③ 유사회사를 선정하는데 있어서 평가자의 주관이 개입될 수 있다.

④ 상대적으로 단기간의 비교만을 통해 가치평가가 이루어져서 기업 고유의 위험, 이익의 성장 가능성 등 질적인 부분에 대한 고려가 미흡하다.

★★

46. 현금흐름법에 대한 설명으로 올바르지 않은 것은?

① FCFE기준 현금흐름은 WACC로 할인하여 가치평가한다.

② 잔존가치가 전체 기업가치에서 차지하는 비중이 크다.

③ 미래의 현금흐름을 추정해야 한다.

④ FCFF방법으로 주주가치 계산시 비영업용자산 가치도 고려해야 한다.

★★
47. 아래 정보를 이용하여 A 기업의 주주 가치를 계산하면 얼마인가? (단, 현금흐름은 FCFF기준이다)

• 향후 5년간의 현금흐름의 현재가치 합계 : 500억 원
• 잔존가치의 현재가치 : 1,000억 원
• 차입금 : 200억 원, 비영업용자산 : 300억 원

① 1,500억 원 ② 1,600억 원
③ 1,700억 원 ④ 1,900억 원

★★
48. 다음 정보를 이용하여 T기의 FCFF를 올바르게 계산한 것은?

• 영업이익 200억 원, 법인세율 20%, 감가상각비 50억 원
• 자본적지출 20억 원,
• T－1기 순운전자본 50억 원, T기 순운전자본 60억 원

① 160억 원 ② 170억 원
③ 180억 원 ④ 200억 원

정답과 해설

44 ② 매출액은 기업간 회계처리의 다름의 가능성이 낮기 때문에 회계처리가 다른 기업간에도 일관되게 비교하여 주가를 평가할 수 있다.

45 ② 비상장주식이더라도 상장회사를 유사회사로 선정하여 평가할 수 있다.

46 ① FCFE는 주주기준의 현금흐름이기 때문에 이에 대응하는 할인율은 주주의 자본비용이다.

47 ② 주주가치＝향후 5년간 현금흐름의 현재가치＋잔존가치의 현재가치＋비영업용 자산가치－차입금＝500억 원＋1,000억 원＋300억 원－200억 원＝1,600억 원

48 ③ FCFF＝세후영업이익＋감가상각비－자본적지출＋운전자본 변동＝200억 원×(1－20%)＋50억 원－20억 원－10억 원＝180억 원

★★

49. 현금흐름할인모형을 적용하여 A 기업의 가치를 평가하려고 한다. 향후 5년치의 현금흐름을 추정했으며, 5년차의 현금흐름은 100억 원이다. 영구적으로 매년 5%씩 현금흐름이 증가할 것으로 예상한다. 할인율은 15%이다. 5년차 말의 잔존가치는 얼마인가?

① 1,000억 원 ② 1,050억 원
③ 1,100억 원 ④ 1,200억 원

★★★

50. 다음 정보를 이용하여 WACC를 올바르게 계산한 것은?

- 목표 부채비율 (부채/자기자본) : 100%
- 베타 : 1, 무위험이자율 5%, 시장위험 프리미엄 10%
- 법인세율 : 20%, 타인자본 비용 8%

① 10.7% ② 11.5%
③ 11.9% ④ 12.3%

★★

51. 다음 정보를 이용하여 A 기업의 베타를 올바르게 계산한 것은?

A 기업의 주주자본비용 15%, 시장포트폴리오 수익률 10%, 무위험이자율 5%

① 1.0 ② 1.5
③ 2.0 ④ 2.2

★★

52. 다음 중 자기자본비용 계산에 대한 설명으로 올바르지 않은 것은?

① 무위험 이자율에 대한 대용치로 신용등급이 가장 높은 회사채 수익률을 사용한다.

② 시장포트폴리오의 대용치로 종합주가지수를 사용한다.

③ 베타가 1보다 큰 기업은 경기변동에 민감한 기업이다.

④ 시장포트폴리오 수익률 계산시 계산방법, 과거자료 기간에 따라 서로 다른 결과가 나올 수 있다.

★★★

53. 다음 정보를 이용하여 A 기업의 자기자본비용을 올바르게 계산한 것은?

- A 기업은 비상장 기업이다.
- A 기업의 부채비율 : 100%, 법인세율 : 20%
- 비교대상 회사의 베타는 1.2이며, 비교대상 기업의 평균 부채비율은 100%
- 무위험이자율 : 5%, 시장위험 프리미엄 10%

① 12%　　② 15%

③ 17%　　④ 18%

정답과 해설

49 ② 잔존가치＝100억 원×(1＋5%)/(15%－5%)＝1,050억 원

50 ① WACC＝K_d(1－t)×D/V＋K_e×E/V＝8%×(1－20%)×0.5＋15%×0.5＝10.7%
K_e＝5%＋10%×1＝15%

51 ③ 15%＝5%＋베타×5%, 베타＝2

52 ① 무위험 이자율에 대한 대용치로 일반적으로 국채 수익률을 사용한다.

53 ③ 1단계 A기업의 사업위험 측정 1.2＝βu×[(1＋(1－20%)×1)], βu＝0.67, A기업의 베타＝0.67×(1＋0.8x1)＝1.2, A기업의 자기자본비용＝5%＋1.2×10%＝17%

★★

54. 다음 정보를 이용하여 A 기업의 주주가치를 올바르게 계산한 것은?

- 추정기간 동안의 FCFE의 현재가치 : 500억 원
- 잔존가치의 현재가치 : 1,000억 원
- 수익을 창출하는 비영업용자산 : 500억 원, 차입금 400억 원

① 1,500억 원 ② 1,600억 원
③ 1,900억 원 ④ 2,000억 원

★★★

55. 다음 정보를 이용하여 A 기업의 EVA를 올바르게 계산한 것은?

- 매출액 1,000억 원, 영업이익률 15%, 법인세율 20%
- 총자산 1,000억 원, 비영업용자산 200억 원, WACC 10%

① 20억 원 ② 40억 원
③ 50억 원 ④ 60억 원

★★

56. 다음 중 EVA에 대한 설명으로 올바르지 않은 것은?

① EVA는 사업부의 성과평가로 사용할 수 있다.
② 당기순이익이 흑자면 EVA는 양수다.
③ EVA는 투하자본의 기회비용까지 고려하였다.
④ EVA가 양수인 기업은 실질적으로 기업가치가 증가하였다.

★★

57. A 기업의 총자산 1,500억 원, 비영업용 자산 100억 원, 영업이익 200억 원, 법인세율 20%일 때 ROIC는 얼마인가?

① 10.4%
② 11.4%
③ 12.0%
④ 13.2%

★★

58. 다음 중 EVA를 활용한 가치평가 방법으로 올바른 것은?

① 기업의 투하자본에 MVA의 현재가치와 비영업용자산의 가치를 더하면 기업가치를 계산할 수 있다.
② 미래 EVA의 현재가치의 합은 MVA이며 이는 곧 기업의 가치이다.
③ 미래 EVA의 현재가치의 합과 기업의 투하자본을 더하면 주주의 가치이다.
④ 비영업용자산이 있더라도 가치평가에 해당 자산을 가산하지 않는다.

정답과 해설

54 ① 주주가치=FCFE의 현재가치+잔존가치의 현재가치=1,500억 원

55 ② EVA=세후영업이익−자본비용=150억 원×(1−20%)−800억 원×10%=120억 원−80억 원=40억 원

56 ② 당기순이익이 흑자라고 해도 자본비용보다 낮은 이익을 실현하면 EVA는 음수가 될 수 있다.

57 ② 투하자본=1,500억 원−100억 원=1,400억 원, 세후영업이익=200억 원×(1−20%)=160억 원, ROIC=160/1,400=11.4%

58 ① 기업가치=투하자본가치+MVA+비영업용자산 가치

★★

59. A 기업은 현재 10억 원의 EVA를 창출하였다. A 기업의 자기자본비용은 10%, 세후 타인자본비용은 5%이며, 목표부채비율은 100%이다. EVA는 매년 2%로 영구히 성장할 것으로 기대된다. A 기업의 MVA를 올바르게 계산한 것은?

① 170억 원 ② 185억 원 ③ 193억 원 ④ 202억 원

★★

60. 다음 정보를 이용하여 A 기업의 주주가치를 올바르게 계산한 것은?

- 총자산 1,000억 원, 부채 500억 원(비영업용 자산은 없음)
- 가중평균자본비용 10%
- EVA : 10억 원, EVA의 영구성장률 : 0%, EVA는 영구적으로 발생한다.

① 600억 원 ② 1,000억 원 ③ 1,100억 원 ④ 1,500억 원

★★

61. 다음 중 기업가치가 증가할 것으로 기대되는 상황은 어느 것인가?

① WACC는 10%, ROIC는 8%인 기업
② 총자산 수익률은 5%, WACC는 10%인 기업
③ MVA가 −200억원인 기업
④ ROE가 15%, 주주의 요구수익률이 12%인 기업

★★

62. 다음 중 RIM과 EVA를 비교한 것으로 올바르지 않은 것은?

① EVA는 주주관점에서 가치를 평가하고 RIM은 채권자와 주주의 관점에서 가치평가를 한다.
② 잔여이익이 0보다 크기 위해서 ROE가 주주의 자본비용보다 커야 한다.
③ RIM에서 기업의 시가총액은 자기자본+미래 잔여이익의 현재가치의 합이다.
④ 미래 EVA의 현재가치합은 MVA이며, MVA가 클수록 기업가치는 증가한다.

★★

63. 다음 중 상장기업의 합병에 대한 설명으로 올바르지 않은 것은?

① 상장기업간 합병시 합병비율은 자본시장법에 의한 합병비율 산정방법에 따른다.

② 비상장 기업간의 합병시 합병비율은 본질가치를 통해 계산해야 한다.

③ 상장법인과 비상장법인의 합병비율 산정시 비상장법은 자산가치와 수익가치를 가중평균하여 산정한다.

④ 상장법인의 기준주가 산정시 가장 길게는 과거 1개월 평균주가가 이용될 수도 있다.

★★

64. 세법에 의한 가치평가 방법에 대한 설명으로 잘못된 것은?

① 상장주식 평가시 50%를 초과하여 보유한 일반기업 최대주주의 지분은 30%를 할증한다.

② 비상장 주식평가시 수익가치와 자산가치를 가중평균하여 계산한다.

③ 상장주식은 평가일 이전, 이후 각 2개월간의 최종시세가액의 평균액으로 평가한다.

④ 순손익가치가 음수일 때는 0으로 평가한다.

정답과 해설

59 ② MVA=EVA(1+g)/(WACC−g)=10×(1+2%)/(7.5%−2%)=185억 원
WACC=5%×0.5+10%×0.5=7.5%

60 ① MVA=10억 원/10%=100억 원, 기업가치=1,000억 원+100억 원=1,100억 원, 주주가치=기업가치−차입금=1,100−500=600억 원

61 ④ ROE가 주주의 요구수익률보다 큰 경우 초과이익이 양수이기 때문에 기업가치가 증가할 것으로 예상한다.

62 ① EVA는 주주와 채권자 관점에서 기업가치평가 방법이며, RIM은 주주관점에서 기업가치평가 방법이다.

63 ② 비상장 기업간의 합병은 당사자 간에 합의에 의해서 합병가액을 결정한다.

64 ① 일반기업의 최대주주는 지분율과 무관하게 20%를 할증한다.

4과목

증권법규 및 직무윤리

01 자본시장 관련 법규

핵심 주제 1 자본시장법 개요

★★

01. 다음 중 자본시장법 제정의 기본 철학에 해당하지 않는 것은?

① 열거주의에서 포괄주의로 규제 전환
② 기능별 규제에서 기관별 규제로 전환
③ 금융투자업간 겸업을 허용하며 업무범위의 확장
④ 원칙중심의 투자자 보호제도 도입

★

02. 자본시장법의 도입 효과에 대한 설명으로 잘못된 것은?

① 증권회사가 선물업 및 집합투자업을 겸영가능하게 되었다.
② 투자권유대행인 제도를 도입하여 판매망을 확충하였다.
③ 투자자의 피해를 최소화하기 위해 금융투자업자의 배상책임 등을 부여하였다.
④ 이해상충이 발생하지 않도록 구조적인 문제해결 보다는 금융투자업자의 자율적인 준수로 변경되었다.

★

03. 다음 중 자본시장법에 대한 설명으로 올바르지 않은 것은?

① 금융투자상품의 개념을 구체적으로 정의하는 포괄주의 규제체계를 따르고 있다.
② 경제적 실질이 동일한 금융서비스를 동일하게 규제하는 기능별 규제체계를 채택했다.
③ 금융투자업간 겸업을 허용하고, 부수업무의 범위를 포괄주의로 전환하였다.
④ 기존에 존재하는 세분화된 업자별 영업행위 규칙대신, 모든 금융투자업자에게 적용되는 영업행위를 규정하여 적용하고 있다.

핵심 주제 2 금융기관 및 관계기관

★★

01. 다음 중 자본시장법상 감독기관과 그 업무에 대한 설명으로 올바르지 않은 것은?

① 금융위원회 : 금융에 관한 정책 및 제도에 관한 사항

② 금융위원회 : 금융감독원의 업무, 운영, 관리에 대한 지도와 감독

③ 증권선물위원회 : 금융기관의 업무 및 재산상황에 대한 검사

④ 금융감독원 : 금융민원 해소 및 금융분쟁 조정

★★

02. 다음 중 자본시장법관련 감독기관 및 관계기관에 대한 설명으로 올바르지 않은 것은?

① 금융위원회는 국무총리 소속중앙행정기관으로 금융정책, 외국환업무 취급기관의 건전성 감독 및 금융감독에 관한 업무를 독립적으로 수행한다.

② 증권선물위원회의 업무는 금융기관의 업무 및 재산상황에 대한 검사 및 검사결과에 관련한 제재를 한다.

③ 금융감독원은 무자본 특수법인으로 정부, 한국은행, 예금보험공사 등의 출연금, 금융회사가 지급하는 감독분담금, 기타수입으로 경비를 충당한다.

④ 증권금융회사는 자기자본 500억원 이상의 주식회사로 금융위에 인가를 받아 설립할 수 있으며, 금융상품의 매도, 매수, 증권의 발행 및 인수 또는 그 청약의 권유 및 청약의 승낙과 관련하여 투자매매업자 또는 투자중개업자에 대하여 필요한 자금 또는 증권을 대여한다.

정답과 해설

핵심 주제 1 자본시장법 개요

01 ② 과거에는 기관별로 규제를 하였으나 자본시장법에서는 기능별로 규제하고 있다.

02 ④ 고객의 이익을 저해시키는 이해상충이 발생하지 않도록 내부적으로 이를 예방하기 위해 준법감시, 내부통제체계를 갖추었다.

03 ① 금융투자상품의 개념을 추상적으로 나열하는 포괄규제를 따르고 있다.

핵심 주제 2 금융기관 및 관계기관

01 ③ 금융기관의 업무 및 재산상황에 대한 검사는 금융감독원의 업무 영역이다.

02 ② 금융감독원의 업무이다.

★★

03. 다음 중 금융위원회 조직에 대한 설명으로 잘못된 것은?

① 위원장은 국무총리의 제청으로 국회의 인사청문회를 거쳐 국회의장이 임명하고, 부위원장은 위원장의 제청으로 대통령이 임명한다.

② 위원장은 국무위원은 아니지만, 국무회의에 출석하여 발언을 할 수 있다.

③ 합의체 행정기관인 위원회와 사무를 처리하기 위한 사무처로 조직된다.

④ 총 9명의 위원으로 위원회가 구성된다.

★

04. 다음 중 금융위원회 소관 사무에 해당하지 않는 것은?

① 금융에 관한 정책 및 제도에 관한 사항

② 금융기관 감독 및 검사, 제재에 관한 사항

③ 자본시장의 관리, 감독 및 감시등에 관한 사항

④ 금융민원 해소 및 금융분쟁 조정

★

05. 다음 중 금융투자업 관계기관에 대한 설명으로 잘못된 것은?

① 한국거래소 시장감시위원회는 유가증권, 코스닥, 파생상품, 코넥스 시장에서의 시세 조정등 불공정 거래를 감시하기 위해 설립된 자율규제기관이다.

② 한국예탁결제원은 증권의 집중예탁업무, 증권등의 계좌간 대체업무, 증권등의 보호예수업무등을 한다.

③ 증권금융회사는 금융위 인가를 받아 설립할 수 있다.

④ 금융투자상품거래청산회사는 금융투자회사 중에 청산절차에 있는 회사의 자산과 부채를 인수하는 기관이다.

★

06. 다음 중 증권선물위원회에 대한 내용으로 틀린 것은?

① 자본시장 및 기업회계와 관련한 주요 업무를 수행하기 위하여 설치된 의결기구이다.
② 자본시장의 불공정거래를 조사한다.
③ 금융기관의 업무 및 재산상황에 대한 검사를 한다.
④ 기업회계 기준 및 회계감리에 관한 업무를 한다.

★

07. 다음 중 금융감독원에 대한 설명으로 잘못된 것은?

① 금융위 및 증선위의 지도, 감독을 받아 금융기관에 대한 검사, 감독업무를 수행한다.
② 원장 1명, 부원장 4인, 부원장보 9명, 감사 1명을 두며, 임직원은 원장이 임면한다.
③ 원장은 금융위의 의결을 거쳐, 금융위 위원장의 제청으로 대통령이 임명하고, 부원장은 원장의 제청으로 금융위가, 부원장보는 원장이 각각 임명한다.
④ 원장, 부원장, 부원장보 및 감사의 임기는 3년이며, 연임할 수 없다.

정답과 해설

핵심 주제 2 금융기관 및 관계기관

03 ① 국무총리의 제정으로 국회의 인사청문회를 거쳐 대통령이 임명한다.

04 ④ 금융감독원의 소관 업무이다.

05 ④ 자본시장법에 따라 금융위로부터 청산업 인가업무 단위의 전부나 일부를 택하여 금융투자상품거래청산업 인가를 받은 회사로, 청산대상거래를 하면서 발생하는 채무를 인수, 장외파생상품의 거래등에 대한 위탁매매거래를 한다. 즉 기업의 청산과정에서 발생하는 자산, 부채의 인수가 아니라, 금융거래의 청산을 돕기 위한 회사이다.

06 ③ 금융감독원의 업무에 해당한다.

07 ④ 1회에 한하여 연임이 가능하다. 금감원은 무자본 특수법인으로, 정부, 한국은행, 예금보험공사 등의 출연금, 금융회사가 지급하는 감독분담금, 기타수입으로 경비를 충당한다.

★

08. 다음 중 금융감독원의 검사대상 금융기관에 해당하지 않는 것은?

① 은행법에 따른 인가를 받아 설립된 은행
② 보험업법에 따른 보험회사
③ 농업협동조합법에 따른 농협은행
④ 공정거래법에 따른 지주회사

핵심 주제 3 금융법규 체계의 이해

★★

01. 다음 중 비조치의견서 적용에 대한 설명으로 잘못된 것은?

① 어떤 행위에 적용할 법령 등의 공백이 있는 경우
② 법령을 제정 혹은 개정시 예상하지 못했던 상황이 발생하여 해당 행위에 적용할 수 있는지 확실한 경우
③ 법령 등의 당초 취지에 비춰서 해당 법령을 문리적으로 적용하는 것이 불합리한 경우
④ 금융당국이 공문 등을 통해 한 의사표명에 위배되는 행위가 법령 등에 따라 제재조치를 받을 우려가 있는 경우

★

02. 다음 중 해당 용어에 대한 설명으로 올바른 것은?

① 실무해석 : 이를 준수하지 않을 경우 그 사유에 대한 설명의무가 있다.
② 실무의견 : 업무 현안에 관한 질의에 대하여 금융위 및 금감원의 실무부서가 제시한 공식적인 해석 또는 의견
③ 모범규준 : 금융위, 금감원, 금융회사가 공동으로 상호 준수할 것으로 약속하는 모범이 되는 규준이다.
④ 해설서 : 금융회사의 재무상황에 대한 검사와 관련된 업무 해설서이다.

★★
03. 다음 중 비조치의견서에 대한 설명으로 올바르지 않은 것은?

① 당해 행위에 적용할 법령등의 공백이 있는 경우 적용할 수 있다.
② 금융투자회사만이 법령해석, 법제처 의견서를 신청할 수 있도록 자격을 부여받았다.
③ 법령 등의 당초 취지에 비추어 당해 행위에 법령 등을 문리적으로 적용하는 것이 불합리한 경우에 적용할 수 있다.
④ 금융감독원장이 해당 행위가 법령등에 위반되지 않는다는 비조치의견서를 회신하는 경우, 사후에 비조치의견서의 내용과 다른 법적조치를 취할 수도 있다.

★
04. 다음 중 금융법규체계에 대한 설명으로 잘못된 것은?

① 법, 시행령, 시행규칙, 감독규정, 시행세칙으로 이루어져 있다.
② 시행규칙은 대통령령이다.
③ 금융감독판례, 비조치의견, 법규유권해석, 행정지도, 실무해석, 의견, 모범규준, 업무해설, 검사매뉴얼등이 금융법규를 보완한다.
④ 시행세칙은 금감원이 제정과 개정을 하고 이를 금융위에 보고한다.

정답과 해설

핵심 주제 2 금융기관 및 관계기관

08 ④ 일반지주회사는 금융감독원의 검사대상 금융기관이 아니다.

핵심 주제 3 금융법규 체계의 이해

01 ② 법 개정 혹은 제정 후에 상황이 변하여 발생하는 것에 대해서 현재의 법의 적용여부에 대해서 불확실한 경우 비조치 의견서를 적용할 수 있다.

02 ③ 실무해석과 의견은 금융법규의 내용 및 업무 현안에 관한 질의에 대하여 금융위 및 금감원의 실무부서가 제시한 비공식적인 해석 또는 의견이다. 모범규준을 준수하지 않을 경우 그 사유에 대하여 설명할 의무가 있으며, 해설서는 법규, 제도, 절차와 관련된 업무해설서이고, 매뉴얼은 금융회사의 재무상황에 대한 검사와 관련된 매뉴얼이다.

03 ② 금융이용자도 법령해석, 법제처 의견서를 신청할 수 있다.

04 ② 시행규칙은 국무총리령이며, 시행령은 대통령령이며, 감독규정은 금융위가 제개정한다.

★

05. 다음 중 법규 유권해석과 비조치의견서에 대한 설명으로 잘못된 것은?

① 법규 유권해석은 금융위가 소관하는 법규에 대한 법규적용 여부를 명확하게 하기 위해서 요청하는 것이다.

② 금융투자업자만이 법령에 대한 해석, 법제처 의견서를 신청할 수 있다.

③ 금융당국은 원칙적으로 어떤 행위가 법령등을 위반하지 않는다는 비조치의견서를 회신하는 경우, 사후적으로 회신내용의 취지에 부합하지 않는 법적 조치를 취하지 않으나, 예외적으로 비조치의견서와 다른 조치를 미래에 취할 수 있다.

④ 비조치의견서를 회신할 경우 사후에 비조치의견서의 회신내용과 다른 법적 조치를 취할 수 있다는 사실을 명시해야 한다.

★

06. 다음 중 행정지도에 대한 설명으로 올바르지 않은 것은?

① 행정지도는 금융위 및 금감원이 금융관련 법규 등에 의한 자신들의 업무를 수행하기 위해 금융회사등의 임의적 협력에 기초하여 지도, 권고, 지시, 협조요청 등을 하는 것을 의미한다.

② 행정지도는 법규의 목적에 부합할 수 있게 최대한도로 해야 한다.

③ 행정지도시 취지, 내용, 행하는 자의 신분을 명시해야 하며, 문서가 원칙이나 구두로 하는 경우 해당 사항을 서면으로 교부해 줄 것을 요청할 수 있다.

④ 행정지도 내용은 원칙적으로 공개해야 한다.

핵심 주제 4 금융투자상품

★★

01. 다음 중 금융투자 상품에 해당하지 않는 것은?

① 원화표시 CD ② 주식

③ 사채 ④ 국채

★

02. 다음 중 투자금액 산정 시 제외항목이 아닌 것은?

① 투자자가 지급하는 판매수수료 및 보수
② 보험계약에 따른 사업비
③ 위험보험료
④ 투자자가 구입한 금융상품의 원본가액

★★

03. 다음 중 금융투자 상품 불인정 대상에 해당하는 것은

① 환매조건부 채권
② 국채
③ 외화표시 CD
④ 관리신탁의 수익권

★

04. 다음 중 채무증권의 발행자로 잘못 연결된 것은?

① 국채 : 한국은행
② 지방채 : 지방자치단체
③ 기업어음 : 기업
④ 특수채 : 법률에 의해 설립된 법인

정답과 해설

핵심 주제 3 금융법규 체계의 이해

05 ② 금융투자업자외에 금융소비자도 해당 행위를 할 수 있다.

06 ② 행정지도는 목적에 부합하는 범위 내에서 최소한도로 해야 한다.

핵심 주제 4 금융투자상품

01 ① 원화표시 CD는 유통과정에서 손실이 발생할 위험이 존재하나, 만기가 짧아 금리변동에 따른 가치변동이 크지 않아, 사실상 예금에 준하여 취급한다.

02 ④ 투자금액 산정시 제외되는 항목은 투자자가 지급하는 판매수수료 및 보수, 보험계약에 따른 사업비, 위험보험료 등은 투자금액에 포함되지 않으며, 투자자가 중도해지 등에 따라 지급하는 환매, 해지수수료, 각종 세금, 발행인, 거래상대방이 채무불이행으로 지급하지 않는 미지급금액 등은 회수금액에 포함한다.

03 ④ 금융투자 상품에 포함되지 않는 투자상품은 원화표시 CD, 관리형 신탁의 수익권, 스톡옵션(주식매수선택권)이다.

04 ① 국채는 정부가 발행하는 채무증권이다. 한국은행은 국채 발행에 있어 관련 사무를 처리 할 수 있으나, 실질적인 발행주체는 정부이기 때문에 이는 기업재정부장관의 소관이다.

★

05. 다음 중 각종 증권에 대한 설명으로 올바르지 않은 것은?

① 예탁받은 증권에 관련된 권리가 표시된 증권이 예탁증권이다.
② 교환사채, 전환사채는 파생결합증권으로 분류된다.
③ 투자계약증권은 공동사업에 금전 등을 투자하여 그 손익을 받을 계약상의 권리가 표시된 증권이다.
④ 금전신탁의 수익증권, 투자신탁의 수익증권등 신탁의 수익권이 표시된 것이 수익증권이다.

★

06. 다음 중 지분증권에 대한 설명으로 틀린 것은?

① 상법상 합자회사, 유한책임회사, 합자조합등이 발행한 출자지분을 취득할 권리가 표시된 증권
② 원본을 보장하지 않는다.
③ 신주인수권이 표시된 증권은 출자지분이 표시되지 않으므로 지분증권이 아니다.
④ 합명회사의 무한책임사원의 지분은 지분증권에서 제외한다.

핵심 주제 5 금융투자업

★★★

01. 다음 중 금융투자업자에 대한 설명이 잘못된 것은?

① 투자매매업은 누구의 명의로 하든지 타인의 계산으로 금융투자상품의 매매를 한다.
② 집합투자업은 2인 이상의 투자자로부터 모은 금전 등을 투자자로부터 일상적인 운용지시를 받지 않고 운영하고 그 결과를 투자자에게 귀속시키는 일을 한다.
③ 투자자문업은 금융투자상품에 관하여 자문에 응하는 것을 영업으로 한다.
④ 신탁업은 수익자를 위하여 재산권을 관리, 처분하게 하는 신탁을 영업으로 한다.

★

02. 다음 중 온라인소액투자중개업의 영업행위 규제에 대한 설명으로 잘못된 것은?

① 자신이 온라인소액중개를 하는 증권을 자기의 계산으로 취득할 수 있다.

② 온라인소액투자중개를 통하여 증권을 발행하는 자의 신용 또는 투자 여부에 대한 투자자의 판단에 영향을 미칠 수 있는 자문을 할 수 없다.

③ 온라인소액증권발행인의 요청에 따라 투자자의 자격등을 합리적이고 명확한 기준에 따라 제한할 수 있다.

④ 증권의 청약기간이 만료된 경우에는 증권의 청약 및 발행에 관한 내역을 지체없이 투자자에게 통지해야 한다.

핵심 주제 6 투자자

★★

01. 다음 중 절대적 전문투자자는 몇 개인가?

국가, 한국은행, 지방자치단체, 주권상장법인, 은행, 예금보험공사

① 2개　　② 3개　　③ 4개　　④ 5개

정답과 해설

핵심 주제 4 금융투자상품

05 ② 교환사채, 전환사채는 사채이며, 파생결합증권이 아니다. 파생결합증권은 주가연계증권(ELS), 주가연계워런트(ELW), 파생연계증권(DLS), 신용연계증권(CLN)등이 있다.

06 ③ 신주인수권은 지분증권에 포함한다.

핵심 주제 5 금융투자업

01 ① 투자매매업은 자신의 계산으로 금융투자상품의 매매를 하며, 투자중개업은 타인의 계산으로 금융투자상품의 매매를 한다.

02 ① 자기의 계산으로 취득할 수 없으며, 증권의 발행 또는 그 청약을 주선 또는 대리하는 행위도 금지된다.

핵심 주제 6 투자자

01 ③ 국가, 한국은행, 은행, 예금보험공사, 외국정부, 국제기구등은 절대적 전문투자자이며, 지방자치단체, 주권상장법인은 상대적 전문투자자이다.

★★
02. 다음 중 금융소비자 보호에 관한 법률상 전문금융투자자에게 적용되는 투자권유 원칙에 해당하는 것은?

① 부당권유 금지 ② 적정성의 원칙
③ 설명의무 ④ 적합성원칙

★
03. 다음 중 절대적 전문투자자에 해당하지 않는 것은?

① 국가 ② 한국은행
③ 외국중앙은행 ④ 주권상장법인

핵심 주제 7 금융투자업 인가 및 등록 개요

★★★
01. 다음 중 인가대상 금융투자업으로 짝지은 것은?

① 투자매매업, 투자자문업, 투자일임업
② 투재매매업, 투자중개업, 집합투자업
③ 투자중개업, 신탁업, 투자일임업
④ 투자중개업, 집합투자업, 투자자문업

★★
02. 금융투자업인가와 관련하여 필요한 것이 아닌 것은?

① 상법상 주식회사이어야 한다.
② 각 필요업무에 1년 이상 종사한 경력이 있는 전문인력 요건을 충족해야 한다.
③ 투자자의 보호가 가능한 충분한 전산설비 및 물적 설비가 있어야 한다.
④ 대주주가 충분한 출자능력을 보유하고 있어야 한다.

★★

03. 다음 중 금융투자업 인가요건 유지의무에 대한 설명으로 잘못된 것은?

① 대주주의 출자능력은 인가 이후에도 지속적으로 유지해야 한다.

② 최대주주는 최근 5년간 5억 원 이상의 벌금형을 받으면 안 된다.

③ 금융투자업자는 인가, 등록을 받은 이후에도 해당 요건을 계속 유지해야 한다.

④ 매 회계연도말 기준 자기자본이 인가업무 단위별 최저자기자본의 70% 이상을 유지해야 한다.

★★

04. 다음 중 금융투자업 인가와 관련된 설명으로 잘못된 것은?

① 예비인가 없이 인가신청을 통해서 인가를 받기 위해서는 총 3개월이 소요된다.

② 인가업무단위별 자기자본이 5억 원 혹은 대통령령으로 정하는 금액 중 큰 금액이상 이어야 한다.

③ 여러 사업을 복수로 인가받을 경우 해당 사업 중 가장 큰 자기자본금액만이 적용된다.

④ 투자매매업, 투자중개업, 집합투자업, 신탁업은 인가대상 사업이다.

정답과 해설

핵심 주제 6 투자자

02 ① 전문투자자에게도 부당권유금지 원칙이 적용된다.

03 ④ 주권상장법인은 상대적 전문투자자로 일반투자자 대우를 받겠다는 의사를 금융투자업자에게 서면으로 통지하면 일반투자자로 간주한다.

핵심 주제 7 금융투자업 인가 및 등록 개요

01 ② 인가대상 금융투자업은 투자매매업, 투자중개업, 집합투자업, 신탁업이며, 등록대상 금융투자업은 투자자문업, 투자일임업, 온라인소액투자중개업, 일반사모집합투자업이다.

02 ② 전문인력의 최소요건은 각 필요업무에 2년 이상 종사한 경력이 있어야 한다.

03 ① 대주주의 출자능력, 재무건전성등의 요건은 출자 이후인 점을 감안하여 인가요건 유지의무에서 배제한다.

04 ③ 여러 사업을 복수로 인가받을 경우 해당 사업 인가에 필요한 각각의 자기자본의 합산 금액의 자기자본 요건을 갖추어야 한다.

★★

05. 다음 중 금융투자업 인가와 관련된 내용으로 틀린 것은?

① 예비인가단계는 2개월이 소요되고, 예비인가 없이 인가를 받기 위해서는 3개월이 소요된다.

② 금융투자업자는 상법에 따른 주식회사, 유한회사가 될 수 있으며, 외국금융투자업자는 지점이나 영업소를 설치한 자가 될 수 있다.

③ 금융투자업자 중에 집합투자업과 신탁업자는 각 필요업무에 2년 이상 종사한 경력이 있는 전문인력을 보유해야 한다.

④ 투자매매업자와 투자중개업자는 투자권유자문인력을 5인 이상 갖추어야 하며, 전문투자자만을 대상으로 할 경우에는 3인 이상의 전문인력을 갖추어야 한다.

★

06. 금융투자업인가와 관련하여 필요한 것이 아닌 것은?

① 상법상 유한회사이어야 한다.

② 각 필요업무에 3년 이상 종사한 경력이 있는 전문인력 요건을 충족해야 한다.

③ 투자자의 보호가 가능한 충분한 전산설비 및 물적 설비가 있어야 한다.

④ 대주주가 충분한 출자능력을 보유하고 있어야 한다.

★

07. 다음 중 인가대상 금융투자업에 대한 설명으로 잘못된 것은?

① 지분증권의 가격, 지수를 기초로 하는 파생결합증권등을 발행하는 것은 투자매매업에 해당하지 않는다.

② 일반사모집합투자업은 집합투자업자로 보지 않는다.

③ 투자자문업, 투자일임업, 온라인소액투자중개업도 등록대상 금융투자업이다.

④ 종합금융투자사업자는 원칙적으로 등록대상이나 이를 영위하기 위해서는 투자매매업자 혹은 투자중개업자이어야 한다.

★
08. 다음 중 금융투자업 인가 관련하여 인력 요건에 대한 것으로 틀린 것은?

① 임원은 금고 이상의 형의 집행유예의 선고를 받고 그 유예기간 중에 있으면 임원 자격요건이 안 된다.

② 금융관계법령에 따라 행정처분을 받은 후 5년이 지나지 않은 자는 임원의 자격요건이 안된다.

③ 공익성 및 건전경영과 신용질서를 해칠 우려가 있는 경우에는 임원자격 요건이 안된다.

④ 집합투자업 혹은 신탁업을 영위하기 위해서는 각 필요업무에 2년 이상 종사한 경력이 있는 전문인력 3인 이상이 필요하다.

★
09. 다음 중 금융투자업자 등록과 관련한 내용을 올바르게 설명한 것은?

① 상법에 따른 주식회사이어야 하며 외국투자자문업자는 지점이나 영업소를 설치하지 않아도 된다.

② 투자자문업자는 1인 이상의 금융투자전문인력을 확보해야 하며, 투자 일임업의 경우 2인 이상을 확보해야 하며, 투자자문업과 투자일임업을 동시에 영위하기 위해서는 최소 2인 이상의 전문인력을 확보해야 한다.

③ 인가대상 금융투자업의 임원의 자격과 등록대상 금융투자업의 임원의 자격 요건은 동일하다.

④ 일반사모집합투자업의 최저자기자본은 5억 원이다.

정답과 해설

핵심 주제 7 **금융투자업 인가 및 등록 개요**

05 ② 금융투자업자는 상법상의 주식회사만 가능하다.

06 ① 상법상 주식회사이어야 한다.

07 ① 해당 파생결합증권등을 발행하는 것은 투자매매업에 해당한다.

08 ④ 집합투자증권의 투자매매업, 투자중개업자는 투자권유자문인력을 5인 이상 갖추어야 한다.

09 ③ 외국투자자문업자는 국내에 지점이나 영업소를 설치해야 하며, 동시에 투자일임업과 자문업을 영위하기 위해서는 각 사업에 필요한 금융투자전문인력의 총 합인 최소 3인이 필요하며, 일반사모집합투자업의 최저자기자본은 10억 원이다.

핵심 주제 8 건전성 규제

★★★

01. 다음 중 금융투자업자의 건전성 규제와 관련하여 잘못 설명한 것은?

① 한국채택국제회계기준에 따라 재무제표를 작성해야 한다.

② 매 분기 자산 및 부채에 대한 건전성을 5단계로 분류하고 이에 대한 회수예상가액을 산정해야 한다.

③ 추정손실로 분류된 자산은 100분의 75에 해당하는 금액의 대손준비금을 적립해야 한다.

④ 정형화된 거래로 발생하는 미수금을 공정가치로 평가한 경우 대손충당금을 적립하지 않을 수도 있다.

★★★

02. 다음 중 순자본비율 규제에 대한 설명으로 잘못된 것은?

① 순자본비율=(영업용순자본－총위험액)/필요유지자기자본

② 시장위험액은 주식위험, 금리위험, 외환위험, 집합투자증권위험, 일반상품위험, 옵션위험액을 포함한다.

③ 총위험액＝시장위험액＋신용위험액

④ 영업용순자본＝자산－부채－차감항목＋가산항목

03. 다음 중 금융투자업자의 적기시정 조치 중에 경영개선 권고의 세부 내용으로 틀린 것은?

① 금융투자업자가 2년 연속 적자이면서 레버리지 비율이 900%를 초과할 경우 경영개선 권고에 해당한다.

② 인력, 조직운용의 개선을 요구할 수 있다.

③ 점포관리 효율화, 부실자산 처분, 신규업무의 진출의 제한, 영업의 일부 정지를 요구할 수 있다.

④ 순자본비율이 100%에 미달할 경우 해당 비율이 100% 이상에 이를 때까지 매달 순자본비율을 다음달 20일까지 감독원장에게 보고해야 한다.

★★★

04. 다음 중 금융투자업자의 순자본비율 규제와 관련된 세부내역으로 올바른 것은?

① 특수관계인에 대한 청구권, 특수관계인이 발행한 증권은 영업용순자본에서 차감한다.

② 순자본비율은 최소한 매달 한번씩 산정해야 한다.

③ 산정된 순자본비율과 산출내역은 업무보고서를 통해 증권거래소에 제출해야 한다.

④ 반기별 순자본비율에 대한 외부 감사인의 검토보고서를 첨부하여 관련기관에 제출해야 하며, 순자본비율이 150% 미만이 된 경우에는 이를 지체 없이 관련기관에 보고해야 한다.

★★

05. 다음 중 금융투자업자의 건전성 규제와 관련된 설명으로 올바른 것은?

① 상장된 금융투자업자는 한국채택국제회계기준을 따르며, 비상장인 금융투자업자는 일반기업회계기준과 한국채택국제회계기준 중에 기업 규모와 사정을 고려하여 선택할 수 있다.

② 금융투자업자는 반기별로 가결산을 헤야 한다.

③ 금융투자업자가 실질적으로 자신의 계산과 판단으로 운용하는 금전을 제 3자 명의로 신탁한 경우에는 그 금전을 당해 금융투자업자가 소유하고 있는 것으로 본다.

④ 채권중개전문회사와 다자간매매체결회사는 대손충당금 적립기준과 자산건전성 분류기준을 다른 금융투자업자와 동일하게 엄격하게 적용한다.

정답과 해설

핵심 주제 8 건전성 규제

01 ③ 충당금을 적립하는 기준은 정상으로 분류된 자산은 100분의 0.5, 요주의 분류자산은 100분의 2, 고정분류자산은 100분의 20, 회수의문분류자산은 100분이 75, 추정손실분류자산은 100분의 100의 합계액의 금액까지 대손준비금을 적립해야 한다.

02 ③ 총위험액=시장위험액+신용위험액+운영위험액이다.

03 ③ 영업의 일부정리는 경영개선 요구에 해당하는 조치이다.

04 ① 영업용 순자본비율은 매일 산정해야 하며, 순자본비율은 매월말 기준으로 1개월 이내에 업무보고서를 통해서 금감원장에게 제출해야 하며, 만약 순자본비율이 100% 미만이 된 경우에는 지체없이 금감원장에게 이를 보고해야 한다.

05 ③ 상장, 비상장 구분 없이 금융투자업자는 한국채택국제회계기준에 따라 회계자료를 작성해야 하며, 금융투자업자는 이러한 결산을 분기별로 해야 한다. 채권중개전문회사와 다자간매매체결회사는 다른 금융투자업자에게 적용되는 대손충당금 적립기준과 자산건전성 분류기준을 적용하지 않는다.

★★★

06. 다음 중 순자본비율 규제에 대한 설명으로 올바른 것은?

① 금융투자업자의 자산, 부채, 자본은 개별재무제표에 계상된 장부가액을 기준으로 한다.
② 부외자산과 부외부채에 대해서는 위험액을 산정하지 않는다.
③ 순자본비율 50%이상 ~ 100% 미만인 경우 경영개선 권고 조치가 취해진다.
④ 금융투자업자가 영위하는 인가업무 중 가장 큰 자기자본에 대한 것을 기준으로 필요유지 자기자본을 계산한다.

★★★

07. 다음 중 경영실태평가와 관련한 적기시정조치에 대한 설명으로 잘못된 것은?

① 경영실태평가는 금융투자업자의 본점, 해외 현지법인 및 해외지점을 대상으로 하며 5단계로 등급을 나눈다.
② 경영개선권고를 받은 경우 경영개선 계획의 승인일로부터 6개월 내에 경영개선 계획을 이행해야 한다.
③ 경영실태평가결과 종합평가등급이 4등급 이하로 판정받으면 경영개선 명령에 해당한다.
④ 경영개선명령을 받은 경우 합병 · 금융지주회사의 자회사로 편입등의 조치를 명령한다.

★★

08. 다음 중 금융투자업자의 위험관리에 대한 설명으로 올바르지 않은 것은?

① 독립적인 리스크 평가와 통제를 위한 리스크 관리체제를 구축해야 한다.
② 금융투자업자는 모회사, 자회사 관계가 있더라도 독립경영이라는 지배구조가 중요하여 주요 위험 변동 상황은 각각의 회사별로 독립적으로 인식하고 감시해야 한다.
③ 장외파생상품에 대한 투자매매업의 인가를 받은 금융투자업자는 경영상 발생할 수 있는 위험을 종합관리하고 이사회와 경영진을 보조할 수 있는 전담조직을 두어야 한다.
④ 외국환업무 취급 금융투자업자는 외화파생상품 거래위험관리 기준을 자체적으로 설정하고 운영해야 한다.

★★★

09. 다음 중 금융투자업자가 금융위보고와 인터넷 홈페이지에 공시해야 하는 경우에 해당하지 않는 것은? (단, 모든 금액은 10억 원 이상에 해당한다)

① 금융투자업자의 직전 분기 말 자기자본의 100분의 10에 상당하는 금액을 초과하는 부실채권이 발생한 경우

② 금융사고로 인해 금융투자업자의 직전 분기말 자기자본의 100분의 2에 상당하는 금액의 초과 손실이 발생되었거나 예상되는 경우

③ 민사소송의 패소로 인해 금융투자업자의 직전 분기말 자기자본의 100분의 1에 상당하는 금액의 초과손실이 발생하는 경우

④ 적기시정조치 중에 경영개선 권고에 해당하는 조치는 공시하지 않아도 된다.

★★★

10. 다음 중 순자본비율에 따른 경영개선 조치에 대한 설명으로 올바르지 않은 것은?

① 순자본비율 50% 이상 ~ 100% 미만 : 경영개선 권고

② 순자본비율 0% 이상 ~ 50% 미만 : 경영개선 요구

③ 순자본비율 0% 미만 : 경영개선 명령

④ 순자본비율 −10% 미만 : 경영즉시 개선

정답과 해설

핵심 주제 8 **건전성 규제**

06 ③ 연결재무제표에 계산된 장부가액기준으로 순자본비율 규제를 하며, 부외자산, 부외부채에 대해서도 위험액을 산정하며, 필요 유지 자기자본은 금융투자업자가 영위하는 인가업무 또는 등록업무 단위별로 요구되는 자기자본을 합계한 금액으로 한다.

07 ③ 경영개선명령은 순자본비율이 0%미만, 부실금융기관에 해당하는 경우이다. 순자본비율이 50% 미만인 경우에는 경영개선 요구에 해당된다.

08 ② 모회사, 자회사 관계가 있더라도 주요 위험 변동 상황을 자회사와 연결하여 종합적으로 인식하고 감시해야 한다.

09 ④ 적기시정조치, 인가 또는 등록의 취소등의 조치를 받은 경우 해당 내용을 금융위에 보고하고, 인터넷 홈페이지 등을 이용하여 공시해야 한다.

10 ④ 순자본비율 −10%미만은 경영개선 명령에 속한다.

★★

11. 다음 중 금융투자업자의 경영실태평가와 적기시정조치에 대한 설명으로 올바르지 않은 것은?

① 경영실태평가는 금융감독당국이 사전적으로 금융투자회사에 바람직한 경영지표를 제시하여 경영의 건전성을 유지하려는 취지로 도입되었다.

② 경영실태평가는 금융투자업의 종류와 관계없이 모두 동일하게 적용하여 평가한다.

③ 경영실태평가는 금융투자업자의 본점, 해외 현지법인, 해외지점을 대상으로 하며 총 5단계의 등급으로 구분된다.

④ 경영실태평가의 결과로는 경영개선 권고, 경영개선 요구, 경영개선 명령이 있을 수 있다.

★

12. 다음 중 금융투자업자의 외환건전성에 대한 설명으로 틀린 것은?

① 선물환매입초과포지션은 각 외국통화별 선물환매입초과포지션의 합계액 기준으로 전월 말 자기자본의 100분의 30에 상당하는 금액을 한도로 한다.

② 외국환포지션 한도 산출시 기준이 되는 통화는 미 달러화이다.

③ 금감원장은 외국환포지션에 대한 별도 한도를 부여할 수 있고 이의 인정기간은 2년 이내로 한다.

④ 자본금 또는 영업기금의 환위험을 회피하기 위한 목적의 외국환 매입분은 외국환포지션 한도관리 대상에서 제외한다.

★★

13. 다음 중 순자본비율 규제에 대한 설명으로 틀린 것은?

① 순자본비율이 100% 미만이 되면 금감원장에게 지체 없이 보고해야 한다.

② 필요유지 자기자본은 금융투자업자가 영위하는 인가업무 또는 등록업무 단위별로 요구되는 자기자본 중에 가장 큰 금액으로 한다.

③ 특수관계인에 대한 금전청구권은 전액 영업용순자본에서 차감한다.

④ 일별로 순자본비율을 산정해야 하며, 순자본비율과 산출내역은 매월말 기준으로 1개월 이내에 업무보고서를 통해 금감원장에게 제출해야 한다.

핵심 주제 9 영업행위 규칙

★★

01. 다음 중 금융투자업자의 영업행위규칙에 대한 설명 중 올바르지 않은 것은?

① 금융투자업자가 아닌 자는 금융투자라는 상호를 사용할 수 없다.

② 신탁업자가 아닌 자는 신탁이라는 문자가 들어가는 상호를 사용할 수 없다.

③ 부동산투자회사법에 따른 부동산투자전문회사는 투자자문이라는 문자가 들어가는 상호를 사용할 수 없다.

④ 금융투자업자는 전자자금이체업무, 신기술사업금융업 등의 겸영업무를 할 수 있다.

★★

02. 다음 중 금융투자업자의 영업행위규칙에 대한 설명 중 틀린 것은?

① 금융투자업자는 고유재산으로 소유하고 있는 증권 및 원화CD를 예탁결제원에 예탁해야 한다.

② 영업, 재무관련 자료는 최소 10년 이상, 내부통제자료는 최소 5년 이상 기록하고 유지해야 한다.

③ 금융투자업자의 임직원이 금융투자상품을 매매할 경우 자기 명의의 하나의 투자중개업자를 통하여 하나의 계좌로 매매해야 하며, 매매명세서를 원칙적으로 월별로 소속회사에 통지해야 한다.

④ 외국금융투자업자의 국내 대표자는 임원으로 간주하고, 외국금융투자업자의 지점, 영업소가 청산 혹은 파산하는 경우 국내 자산은 국내채무에 우선 충당해야 한다.

정답과 해설

핵심 주제 8 건전성 규제

11 ② 금융투자업자의 종류에 따라 공통부문 자본적정성, 수익성, 내부통제와 업종부문 유동성, 안정성으로 구분하여 평가하고, 그 평가결과를 감안하여 종합평가한다.

12 ① 외국환 포지션 한도는 전월말 자기자본의 100분의 50으로 한다.

13 ② 인가업무 또는 등록업무 단위별로 요구되는 자기자본을 합계한 금액으로 필요 유지 자기자본을 계산해야 한다.

핵심 주제 9 영업행위 규칙

01 ③ 투자자문이라는 문자가 들어가는 상호를 사용할 수 있다.

02 ③ 매매명세서는 원칙적으로 분기별로 소속회사에 통지하고, 주요 직무종사자인 (조사분석담당자)경우는 월별로 소속회사에 매매명세서를 통지해야 한다.

★★

03. 다음 중 금융투자업자의 공통 영업행위규칙에 대한 설명으로 잘못된 것은?

① 금융투자업자는 자기의 명의를 대여해서 타인에게 금융투자업을 영위하게 해서는 안된다.

② 겸영을 영위하기 시작한 후 2주 이내에 금융위에 신고해야 한다.

③ 금융투자업자는 준법감시업무를 제3자에게 위탁할 수 있다.

④ 금융투자업자는 고객과의 업무에서 이해상충이 발생하면 이를 고객에게 고지 후, 이해상충을 충분히 저감후에만 고객과 거래할 수 있다.

★

04. 다음 중 전담중개업무에 해당하지 않는 것은?

① 증권의 대여 또는 그 중개, 주선이나 대리업무

② 금전의 융자, 그 밖의 신용공여

③ 일반 기업들의 재산의 보관 및 관리

④ 사모집합투자기구 등의 재산의 보관 및 관리

핵심 주제 ⑩ 투자매매업자 및 투자중개업자업무 관련 규제

★★

01. 다음 중 투자매매업에 대한 설명으로 올바른 것은?

① 누구의 명의로 하든지 자기의 계산으로 금융투자상품의 매매, 증권의 발행, 인수 또는 청약의 권유, 청약, 청약의 승낙을 영업으로 하는 것

② 누구의 명의로 하든지 타인의 계산으로 금융투자상품의 매매, 그 중개나 청약의 권유, 청약, 청약의 승낙 등을 영업으로 하는 것

③ 2인 이상의 투자자로부터 모은 금전 등 또는 국가재정법에 따른 기금관리주체 등으로부터 위탁받은 금전 등을 일상적인 운용지시를 받지 않고 운용등을 하는 것

④ 투자자로부터 금융투자상품등에 대한 투자판단의 전부 또는 일부를 일임받아 투자자별로 구분하여 그 투자자의 재산상태나 투자목적 등을 고려하여 금융투자상품 등을 취득, 처분, 그 밖의 방법으로 운용하는 것을 영업으로 하는 것

★★

02. 다음 중 투자매매 및 중개업무에 대한 규제로 그 내용이 잘못된 것은?

① 투자매매업자는 투자자에게 자기가 투자매매업자인지 혹은 투자중개업자인지 밝혀야 한다.

② 원칙적으로 투자중개업자는 금융투자상품에 관한 같은 매매에 있어서 자신이 본인이 됨과 동시에 상대방의 투자중개업자가 될 수 없다.

③ 채무증권은 최선집행기준이 적용되지 않는다.

④ 투자매매업자는 예외적으로 자기주식을 취득할 수 있고, 취득한 자기주식은 취득일부터 6개월 이내에 처분해야 한다.

★★

03. 다음 중 투자매매업자와 투자중개업자의 업무 관련 규제 내용으로 올바르지 않은 것은?

① 고객에게 본인이 투자매매업자인지 혹은 투자중개업자인지 알리는 방법은 서면으로만 해야 한다.

② 투자자의 청약이나 주문을 집행한 후에 해당 투자자가 최선집행기준에 따라 처리되었음을 증명하는 것을 요청할 경우 금융투자업자는 이에 응해야 한다

③ 금융투자상품의 매매에 관한 청약을 받은 경우 최선집행기준을 기재한 설명서를 투자자에게 교부해야 한다.

④ 증권시장과 파생상품시장 간의 가격차이를 이용한 차익거래는 선행매매 금지에 해당하지 않는다.

정답과 해설

핵심 주제 9 영업행위 규칙

03 ③ 준법감시업무, 위험관리책임업무와 같은 내부통제업무는 위탁할 수 없다.

04 ③ 해당사항이 없으며, 적절한 조건을 갖추면 신탁업자의 업무가 될 수 있으나 전담중개업무의 대상은 아니다.

핵심 주제 10 투자매매업자 및 투자중개업자업무 관련 규제

01 ① 투자매매업에 대한 설명이다

02 ④ 자기주식은 취득일로부터 3개월 이내에 처분해야 한다.

03 ① 고객에게 알리는 방법은 제한이 없다. 즉, 구두, 서면 등 다양한 방법으로 알리기만 하면 된다.

핵심 주제 11 투자매매업자 및 투자중개업자 불건전 영업행위 금지

★★

01. 다음 중 불건전 영업행위에 대한 설명으로 올바르지 않은 것은?

① 투자매매업자는 조사분석자료의 내용이 사실상 확정된 때부터 공표 후 24시간이 경과해야 조사분석자료의 대상이 된 금융투자상품을 자기의 계산으로 매매할 수 있다.

② 투자자로부터 금융투자상품의 가격에 중대한 영향을 미칠 수 있는 매수 또는 매도의 청약이나 주문을 받을 가능성이 있는 경우, 자기의 계산으로 해당 금융투자상품을 주문 받기 전까지는 매매할 수 있다.

③ 조사분석자료의 작성을 담당하는 직원에 대해서는 일정한 기업금융업무와 연동된 성과보수를 지급할 수 없다.

④ 조사분석자료가 이미 공표된 조사분석자료와 비교하여 새로운 내용을 담고 있지 않을 경우에는 해당 조사분석자료 공표 후 24시간 이내라도 해당 금융투자상품을 매매할 수 있다.

★★

02. 다음 중 투자매매업자와 투자중개업자의 불공정 영업행위금지에 대한 설명으로 올바르지 않은 것은?

① 조사분석자료의 내용이 사실상 확정된 때부터 공표 후 24시간이 경과하기 전까지 조사분석자료의 대상이 된 금융투자상품을 고객의 요청에 따라 고객의 자산으로 매매할 수 없다.

② 조사분석자료의 작성자는 인수업무, 모집, 사모, 매출의 주선업무, 기업의 인수합병에 관한 조언업무등과 성과보수를 연동해서는 안 된다.

③ 일정한 증권의 모집 또는 매출과 관련된 계약을 체결한 날부터 그 증권이 최초로 상장된 후 40일 이내에 그 증권에 대한 조사분석자료를 공표하거나 특정인에게 제공할 수 없다.

④ 투자권유대행인은 해당 금융투자업자의 직원이 아니며, 투자권유자문인력은 해당 금융투자업자의 직원이다.

★★

03. 다음 중 투자매매업자 및 투자중개업자의 업무행위와 관련하여 잘못 설명한 것은?

① 금융상품의 매매에 관한 주문을 받는 경우 사전에 그 투자자에게 자기가 투자매매업자인지 투자중개업자인지 밝혀야 한다.

② 금융투자상품에 대한 매매에 있어서 다자간 매매체결회사를 통하여 매매가 이루어지도록 한 경우에는 자신이 본인이 됨과 동시에 상대방의 투자중개업자가 될 수 있다.

③ 증권시장에 상장되지 않은 증권의 매매라도 최선집행기준을 적용해야 한다.

④ 투자자나 그 대리인으로부터 금융투자상품의 매매의 청약 또는 주문을 받지 아니하고는 투자자로부터 예탁받은 재산으로 금융투자상품의 매매를 할 수 없다.

★★

04. 다음 중 투자매매업자의 영업행위에 대해서 잘못 설명한 것은?

① 고객이 투자매매업자에게 서면으로 일반투자자와 같은 대우를 받겠다고 통지한 경우 투자자의 요구에 정당한 사유 없이 동의하지 않으면 안 된다.

② 상당히 많은 수익을 얻을 수 있는 상황에서는 일반투자자의 투자목적에 관계없이 지나치게 자주 투자권유를 해도 된다.

③ 거래상대방에게 업무와 관련하여 금융위가 정하는 기준보다 더 높은 금전상의 이익은 간접적으로라도 제공할 수 없다.

④ 채권자로서 그 권리를 담보하기 위하여 백지수표나 백지어음을 받는 행위를 해서는 안 된다.

정답과 해설

핵심 주제 11 투자매매업자 및 투자중개업자 불건전 영업행위 금지

01 ② 고객으로부터 주문을 받지 않더라도 주문받을 가능성이 있을 경우 선행매매는 금지된다.

02 ① 매매가 금지되는 것은 해당 투자매매업자 혹은 매매중개업자의 자기계산으로 매매할 경우에 해당한다.

03 ③ 증권시장에 상장되지 않은 증권의 매매는 최선집행기준의 예외가 적용된다.

04 ② 일반투자자의 투자목적을 고려하지 않고 지나치게 자주 투자권유를 해서는 안 된다.

★★

05. 다음 중 종합금융투자사업자의 지정요건에 해당하지 않는 것은?

① 상법상 주식회사이어야 한다.
② 증권에 관한 인수업을 영위해야 한다.
③ 2조원 이상의 자기자본이 있어야 한다.
④ 적절한 내부통제기준이 있어야 한다.

핵심 주제 12 투자매매업자 및 투자중개업자 신용공여에 관한 규제

★★

01. 다음 중 투자매매업자의 신용공여에 대한 설명으로 틀린 것은?

① 해당 투자매매업자의 증권 매매거래계좌를 개설하고 있는 고객에 대해서 증권 매매를 위한 매수대금을 융자할 수 있다.
② 고객에게 신용공여를 하기 위해서는 해당 고객과 신용공여에 관한 약정을 체결해야 한다.
③ 신용공여를 했을 때에는 신용을 했기 때문에 고객에게 별다른 담보를 요청하지 않는다.
④ 상환기일이 도래했으나 투자자가 신용공여금액의 상환을 하지 않으면 신용공여금액의 상환을 위한 주문수탁이외의 매매주문수탁이나 현금 또는 증권의 인출을 거부할 수 있다.

★★

02. 다음 중 투자매매업자에 대한 신용공여규제와 관련된 설명으로 옳지 않은 것은?

① 신용공여 한도는 자기자본의 40%이내이다.
② 신용공여시 담보를 100분의 140 이상 징구해야 한다.
③ 채무상환 혹은 수수료 납입을 하지 않았을 때, 그 다음 영업일에 투자자 계좌에 예탁된 현금을 투자자 채무변제에 사용할 수 있다.
④ 채무변제 순서는 처분제비용, 연체이자, 이자, 채무원금의 순서로 변제된다.

★★

03. 다음 중 투자매매업자의 신용공여시 임의상환 방법에 대한 설명으로 잘못된 것은?

① 채무상환, 추가 담보납입, 수수료 납입을 하지 않았을 때 그 다음 날에 투자자 계좌에 예탁된 현금을 투자자의 채무변제에 우선충당할 수 있다.

② 원칙적으로 신용공여금액의 100분의 140 이상에 상당하는 담보를 징구해야 한다.

③ 담보로 징구된 증권이 상장된 증권이라면 이를 처분하는 경우에는 증권시장에서 시가결정에 참여하는 호가에 따라 처분해야 한다.

④ 기타 비상장증권, 집합투자증권등 투자매매업자가 처분할 수 없는 증권을 처분할 경우에는 그 처분방법은 협회가 정하며, 처분대금의 변제는 처분제비용, 연체이자, 이자, 채무원금의 순서로 충당한다.

정답과 해설

핵심 주제 11 투자매매업자 및 투자중개업자 불건전 영업행위 금지

05 ③ 3조 원 이상의 자기자본이 필요하다.

핵심 주제 12 투자매매업자 및 투자중개업자 신용공여에 관한 규제

01 ③ 신용공여를 하더라도 신용공여에 따른 담보를 징구해야 한다.

02 ① 신용공여 규모의 한도는 자기자본의 범위 이내이다.

03 ① 채무변제에 충당할 때는 그런 일이 있은 다음 날이 아니라 다음 영업일에 처분하여 채무변제에 충당할 수 있다.

핵심 주제 13 투자매매업자 및 투자중개업자의 투자자 재산보호를 위한 규제

★★★

01. 다음 중 투자자 재산보호를 위한 규제에 대한 설명으로 올바르지 않은 것은?

① 원칙적으로 투자자 예탁금을 투자중개업자의 사내에 자신의 고유재산과 구분하여 예치할 수 있다.
② 예치기관에 예치된 투자자예탁금을 상계 혹은 압류할 수 없다.
③ 인가 취소등의 사유가 발생하면 투자자예탁금을 투자자에게 우선하여 지급해야 한다.
④ 국채 매매를 통해 투자자예탁금을 운용할 수 있다.

★★

02. 다음 중 투자자 재산보호를 위한 규제에 대한 설명으로 잘못된 것은?

① 투자자예탁금은 투자매매업자 혹은 투자중개업자의 고유재산과 구분하여 증권금융회사 혹은 신탁회사에 예치해야 한다.
② 투자자예탁금을 신탁할 수 있는 금융투자업자로는 은행, 한국산업은행, 중소기업은행, 보험회사가 있다.
③ 투자매매업자가 인가 취소되면 그 사유발생일로부터 1개월 이내에 그 사실과 투자자예탁금의 지급시기, 지급장소등을 둘 이상의 일간신문에 공고해야 한다.
④ 예치기관은 예치 혹은 신탁 받은 투자자예탁금을 자기재산과 구분하여 신의에 따라 성실하게 관리해야 한다.

★★

03. 다음 중 다자간매매체결회사와 관련된 제도로 잘못된 것은?

① ATS라고 하며 2013년 자본시장법 개정으로 설립이 가능해졌다.
② 매매체결대상상품은 전문투자자를 대상으로 하며, 투자매매업의 경우 자기자본은 300억 원, 투자중개업은 자기자본이 200억 원이 필요하다.
③ 원칙적으로 다자간매매체결회사 주식소유 한도는 20%를 초과할 수 없으나, 예외적으로 집합투자기구가 소유하거나, 정부가 소유할 경우에는 20%를 초과하여 소유할 수 있다.
④ 소유한도를 위반한 초과소유분에 대해서는 의결권 행사가 제한되며, 금융위는 6개월 이내의 기간을 정하여 주식처분을 명령할 수 있다.

핵심 주제 14 종합금융투자사업자에 관한 특례

★★

01. 다음 중 종합금융투자사업자의 지정요건에 해당하지 않는 것은?

① 상법에 따른 주식회사이어야 한다.
② 2조원 이상의 자기자본이 있어야 한다.
③ 증권에 관한 인수업을 영위해야 한다.
④ 적절한 위험관리와 이해상충 방지체계를 갖추어야 한다.

★★

02. 다음 중 종합금융투자사업자의 업무에 대해서 올바르지 않은 것은?

① 증권의 대여, 중개, 수선, 대리, 금전의 융자, 신용공여 등을 할 수 있다.
② 신용공여시 총 금액은 자기자본의 100분의 200이다.
③ 기업에 신용공여를 할 때 공정거래법에 해당하는 기업집단에 대해서는 종합금융투자사업자의 자기자본의 100분의 50의 범위를 초과하여 신용공여를 할 수 없다.
④ 종합금융투자사업자의 계열회사에 대해서는 신용공여, 해당 계열회사가 운용하고 있는 일반 사모집합투자기구에 대하여 전담중개업무를 제공하면 안 된다.

정답과 해설

핵심 주제 13 투자매매업자 및 투자중개업자의 투자자 재산보호를 위한 규제

01 ① 투자자예탁금은 투자자로부터 금융투자상품의 매매, 그 밖의 거래와 관련하여 예탁받은 금전이며, 투자매매업자는 이를 고유재산과 구분하여 증권금융회사에 예치하거나 신탁업자에 신탁해야 한다.

02 ③ 그 사유발생일로부터 2개월 이내에 그 사실과 투자자예탁금의 지급시기, 지급장소 등을 둘 이상의 일간신문에 공고해야 한다.

03 ③ 원칙적인 소유한도는 15%이며, 예외적으로 15%를 초과하여 소유할 수 있다.

핵심 주제 14 종합금융투자사업자에 관한 특례

01 ② 3조 원 이상의 자기자본이 있어야 한다.

02 ③ 한도는 100분의 25이다.

핵심 주제 15 증권신고서제도

★★

01. 다음 중 모집 혹은 매출에 대한 설명으로 잘못된 것은?

① 50인을 산출할 때는 청약의 권유를 하는 날 이전 3개월 이내에 해당 증권과 같은 종류의 증권에 대하여 모집이나 매출에 의하지 않고 청약의 권유를 받은 사람을 합산한다.

② 국가, 한국은행, 회계법인, 신용평가업, 발행인의 최대주주와 발행인의 발행주식 총수의 100분의 5이상을 소유한 주주는 50인에 포함되지 않는다.

③ 청약의 권유를 받은 자가 50인 미만이라 할지라도 해당 증권의 발행일로부터 1년 이내에 50인 이상의 자에게 양도될 수 있는 경우에는 모집으로 간주할 수도 있다.

④ 단순히 발행인의 명칭, 발행하려는 증권의 종류와 예정금액, 발행의 예상일정 등에 대한 사실을 안내하는 것은 청약의 권유로 보지 않는다.

★★

02. 다음 중 증권신고서제도에 대한 설명으로 올바르지 않은 것은?

① 모집에 있어 50인 산정기준에 국가등 전문투자자는 제외한다.

② 청약의 권유를 받은 자의 수가 50인 미만이더라도 해당 증권이 발행일로부터 1년 이내에 50인 이상의 자에게 양도될 수 있는 경우 모집으로 간주할 수 있다.

③ 국가가 원리금을 보증한 채무증권이라 하더라도 증권신고서를 제출해야 한다.

④ 증권 신고서 제출의무자는 해당 증권의 발행인이다.

★

03. 다음 중 증권신고서 적용이 면제되는 증권은 총 몇 개인가?

- 국가에서 원리금의 지급을 보증한 채무증권
- 한국주택금융공사가 발행하고 원리금 지급을 보증한 주택저당증권
- 한국주택금융공사가 발행하고 원리금 지급을 보증한 학자금 대출증권
- 전자단기 사채등으로 만기가 3개월 이내인 증권
- 신용등급 AAA 기업에서 발행하는 채무증권
- 국제금융기구가 발행하는 증권

① 3개　② 4개
③ 5개　④ 6개

★★

04. 다음 중 증권신고서 제출과 관련된 설명으로 올바르지 않은 것은?

① 원칙적으로 모집 혹은 매출가액의 총액이 각각 10억원 이상인 경우에는 증권신고서 제출의무가 있다.

② 증권신고서 제출의무가 없더라도 모집 혹은 매출을 하는 발행인은 일정한 사항을 공시해야 한다.

③ 증권신고서 제출의무는 해당 증권의 발행을 도와주는 증권회사가 갖고 있다.

④ 증권신고서 제출시 예비투자설명서 혹은 간이투자설명서를 첨부하여 제출한 경우에는 이를 통해서 청약의 권유는 가능하다.

정답과 해설

핵심 주제 15 증권신고서제도

01 ① 50인 산정에는 청약의 권유를 하는 날 이전 6개월 이내에 해당 증권과 같은 종류의 증권에 대하여 모집이나 매출에 의하지 않고 청약의 권유를 받은 사람을 합산한다.

02 ③ 국가가 원리금을 보증한 안전한 채무증권은 증권신고서 제출의무가 면제된다.

03 ③ 신용등급 AAA 기업에서 발행하는 채무증권은 증권신고서 제출대상 증권이다.

04 ③ 증권신고서 제출의무는 해당 증권을 발행하는 발행회사가 갖고 있다.

핵심 주제 16 증권발행신고서 관련 세부 규정

★★

01. 다음 중 증권신고서에 대한 설명으로 올바르지 않은 것은?

① 증권신고서에 대한 정정요구가 있으면, 정정신고서를 제출해야 하며, 정정신고서가 수리된 날에 당초 제출한 증권신고서가 수리된 것으로 본다.

② 금융위원회의 정정요구가 있으나. 그 요구를 받은 후 2개월 내에 정정신고서를 제출하지 않으면 해당 증권신고서를 철회한 것으로 본다.

③ 증권의 발행인은 매수의 청약일 전일까지 철회신고서를 금융위에 제출할 수 있다.

④ 중소기업창업투자회사는 청약권유대상자 중 전문가로 보지 않아 50인 산정에 포함된다.

★

02. 다음 중 증권신고서 효력발생시기에 대한 설명으로 잘못된 것은?

① 일괄신고서의 정정신고서는 수리된 날부터 3일이 경과한 날에 그 효력이 발생한다.

② 사채권 발행을 위한 신고서의 경우 발행가격의 변동등으로 인해 정정신고서를 제출하는 경우 정정신고서가 수리된 다음날에 그 효력이 발생한다.

③ 집합투자기구간 합병을 위해 신고서를 제출하는 경우, 수익자총회일의 2주 전부터 합병계획서 등을 공시하는 경우에는 그 신고가 수리된 날부터 5일이 경과한 날에 효력이 발생한다.

④ 사소한 문구 수정으로 투자판단에 영향을 미치지 않는 사항을 정정하여 정정신고서를 제출한 경우에는 당초의 효력 발생일에 영향을 미치지 않는다.

★★

03. 다음 중 증권신고서 제출과 효력발생에 대한 설명으로 틀린 것은?

① 증권신고서는 금융위원회에 제출하고, 해당 증권신고서의 형식을 갖추지 않거나, 중요사항에 관한 잘못된 내용이 있으면, 금융위원회는 해당 신고서의 수리를 거부할 수 있다.

② 제출된 증권신고서에 대해서 효력발생기간 동안 별도의 조치가 없다면, 해당 증권신고서는 아직 신고의 효력이 발생되지 않는 것으로 간주한다.

③ 증권신고서 심사 결과 효력이 발생했다는 것은 해당 증권신고서의 기재사항이 진실이거나 정확하다는 것을 인정하거나 정부가 보증하는 것은 아니다.

④ 증권신고서 효력이 발생해야만 청약의 승낙을 할 수 있다.

★★★

04. 다음 중 전매기준에 해당하지 않는 것은?

① 지분증권을 발행한 한국예탁결제원에 1년간 예탁하기로 한 경우
② 지분증권이 상장된 경우
③ 기업어음 증권의 만기가 365일 이상인 경우
④ 채무증권이 발행 후 50매 이상으로 권면분할되어 거래될 수 있는 경우

★

05. 증권발행 신고서의 효력발생과 관련된 설명으로 올바르지 않은 것은?

① 일괄신고서의 정정신고서는 수리된 날부터 3일이 경과한 날 효력이 발생한다.
② 무보증사채권의 발행을 위한 신고서는 수리된 날부터 3일이 경과한 날에 효력이 발생한다.
③ 사채거래수익률 변동으로 정정신고서를 제출하는 경우 정정신고서가 수리된 다음날에 효력이 발생한다.
④ 모집할 증권의 수가 100분의 80 이상과 100분의 120 이하에서 증권수를 변경하면 당초 신고서의 효력발생일에 영향을 미치지 않는다.

정답과 해설

핵심 주제 16 증권발행신고서 관련 세부 규정

01 ② 정정요구를 받고 3개월 이내에 정정신고서를 제출하지 않으면 해당 증권신고서를 철회한 것으로 본다.

02 ③ 신고가 수리된 날부터 3일이 경과한 날에 효력이 발생한다.

03 ② 효력발생기간 동안 금융위원회에서 별도의 조치가 없으면 해당 증권신고서는 효력이 발생된 것으로 본다. 신고의 수리는 증권신고서를 접수했다는 의미이고, 효력의 발생은 신고된 증권신고서를 바탕으로 청약의 승낙을 할 수 있다는 의미이다.

04 ① 예탁결제원에 1년간 예탁한 경우는 전매기준에 해당되지 않는다.

05 ② 무보증사채는 신고서가 수리된 날부터 5일이 경과해야 효력이 발생하고, 보증사채 혹은 담보부사채는 신고서 제출후 3일이 경과해야 효력이 발생한다.

★★

06. 다음 중 분석기관의 평가업무 제한에 대한 설명으로 올바르지 않은 것은?

① 증권분석기관이 자본금 3% 이상을 출자하고 있는 법인에 대해서는 평가업무가 금지된다.

② 증권분석기관의 임원이 자본금 1% 이상을 출자하고 있는 법인에 대해서 평가업무가 금지된다.

③ 증권분석기관 혹은 평가하려는 법인의 임원이 증권분석기관의 주요 주주의 특수관계인인 경우 평가업무의 일부가 제한된다.

④ 동일인이 증권분석기관 및 평가대상 법인에 대하여 임원의 임면 등 주요 경영사항에 대하여 사실상 영향력을 행사할 수 있다면 해당 법인에 대한 평가업무가 금지된다.

★★

07. 다음중 조사분석자료에 대한 설명으로 잘못된 것은?

① 조사분석자료는 그 자료가 사실상 확정된 때부터 공표 후 24시간이 경과하기 전까지 고객의 자금으로 그 조사분석자료의 대상이 된 금융투자상품의 매매중개를 할 수 없다.

② 조사분석자료를 담당하는 직원은 기업금융업무와 연동된 성과보수를 지급할 수 없다.

③ 투자매매업자는 매출과 관련된 계약을 체결한 날부터 그 증권이 최초로 상장된 후 40일 이내에 그 증권에 대한 조사분석자료를 공표할 수 없다.

④ 성과보수 연동이 금지된 업무는 인수업무, 모집, 사모, 매출의 주선업무, 기업의 인수, 합병에 관한 조언업무가 포함된다.

★★

08. 다음 중 증권분석기관이 공모를 하려는 법인에 대해서 평가를 할 수 있는 상황은 어느 것인가?

① 증권분석기관이 해당 법인에 자본금 3% 이상을 출자하고 있는 경우

② 증권분석기관이 그 자본금의 5%이상을 출자하고 있는 주주와 해당 법인에 5% 이상을 출자하고 있는 주주가 동일인인 경우

③ 증권분석기관의 임원이 해당 법인에 그 자본금의 1% 이상을 출자하고 있는 경우

④ 증권분석기관의 임원이 해당 법인에 직원으로 근무한 경력이 있는 경우

핵심 주제 17 투자설명서제도

★★

01. 다음 중 투자설명서 제도에 대한 설명으로 잘못된 것은?

① 원칙적으로 투자설명서에는 증권신고서에 기재된 내용과 다른 내용을 표시할 수 있다.

② 원칙적으로 증권신고의 효력이 발생한 증권을 취득하고자 하는 자에게 투자설명서를 미리 교부해야 한다.

③ 전문투자자에게는 투자설명서를 교부하지 않아도 된다.

④ 발행인은 투자설명서를 발행인의 본점, 금융위, 거래소, 청약사무취급 장소에 비치 및 공시해야 한다.

★★

02. 다음 중 투자설명서 교부를 하지 않아도 되는 경우는 몇 개인가?

전문투자자, 투자설명서를 받기를 거부한자, 이미 취득한 집합투자증권을 계속 추가로 취득하려는 자, 지방자치단체, 주권상장법인

① 1개　　② 2개

③ 3개　　④ 4개

정답과 해설

핵심 주제 16 증권발행신고서 관련 세부 규정

06 ③ 평가업무가 금지된다.

07 ① 조사분석자료가 확정이 되더라도 자기계산으로 매매를 할 수 없지, 고객의 자금으로 매매중개는 할 수 있다.

08 ④ 증권분석기관의 임원이 해당 법인에 단순히 근무한 것만으로는 증권분석기관이 공모를 하려는 법인에 대해서 평가하는 것을 제한하지 않는다.

핵심 주제 17 투자설명서제도

01 ① 투자설명서 내용은 증권신고서에 기재된 내용과 동일해야 한다.

02 ③ 전문투자자, 투자설명서 받기를 거부한자, 이미 취득한 집합투자증권을 계속 추가로 취득하려는 자에게는 투자설명서를 교부하지 않아도 된다.

핵심 주제 18 증권유통시장 공시제도

★★

01. 다음 중 정기공시에 대한 설명으로 잘못된 것은?

① 주권상장법인은 사업보고서, 감사보고서등을 일정한 기한내에 금융위와 거래소에 제출해야 한다.
② 사업보고서에는 회사의 목적, 상호, 사업내용, 임원보수등을 기재해야 한다.
③ 외국 지방자치단체는 사업보고서를 제출하지 않아도 된다.
④ 증권의 소유자수가 300인 미만인 외부감사대상법인도 사업보고서를 제출해야 한다.

★★

02. 다음 중 공시와 관련하여 잘못 설명하고 있는 것은?

① 주권상장법인은 사업보고서, 반기보고서, 분기보고서를 일정한 기한 내에 금융위와 거래소에 제출해야 한다.
② 외부감사대상법인의 경우 증권의 소유자수가 500인 이상인 발행인은 사업보고서를 제출해야 한다.
③ 연결재무제표를 포함한 사업보고서는 사업연도 종료일부터 60일 이내에 제출해야 한다.
④ 자본의 증가 또는 자본감소에 관한 이사회 결의가 있으면 그 다음날까지 주요사항 보고서를 제출해야 한다.

★★

03. 다음 중 금융투자업자의 업무보고 및 경영공시에 대한 설명으로 잘못된 것은?

① 금융투자업자는 매 사업연도 개시일로부터 특정기간의 업무 보고서를 작성하여 금융위에 제출해야 한다.
② 금융투자업자는 감사보고서, 재무제표 및 부속명세서 등을 금융감독원장이 요청할 경우에 제출해야 한다.
③ 동일 기업집단별로 금융투자업자의 직전 분기 말 자기자본의 100분의 5에 상당하는 금액을 초과하는 부실채권이 발생하면 이를 공시해야 한다.
④ 회계기간 변경을 결정하면 이를 공시해야 한다.

★

04. 다음 중 공시의무자가 의무적으로 공시해야 하는 것과 관련이 없는 것은?

① 원재료를 현금으로 저렴하게 구매한 것
② 자기주식의 취득 또는 처분을 결의
③ 자본증가 또는 자본감소에 관한 이사회 결의
④ 양수 · 양도하려는 영업부문의 자산액이 최근 사업연도말 현재 자산총액의 100분의 10 이상인 양수 · 양도

★★

05. 다음 중 주요보고서를 제출하는 사건에 해당하는 것은 총 몇 개인가?

• 자본증가 또는 자본감소에 관한 이사회 결의
• 양수하려는 영업부문의 자산액이 최근 사업연도말 자산총액의 100분의 10 이상인 경우
• 자기주식을 취득하는 경우
• 증권에 관하여 중대한 영향이 미칠 소송
• 해외 증권시장에 상장된 주권의 상장폐지
• 전환사채권 발행의 결정

① 3개
② 4개
③ 5개
④ 모두 다 해당된다.

정답과 해설

핵심 주제 18 **증권유통시장 공시제도**

01 ④ 증권의 소유자수가 300인 미만인 경우 사업보고서 제출이 면제된다.
02 ③ 연결재무제표를 포함한 사업보고서는 사업연도 종료일부터 90일 이내에 제출해야 한다.
03 ③ 자기자본의 100의 10에 상당하는 금액을 초과하는 부실채권이 발생하면 이를 공시해야 한다.
04 ① 원재료를 저렴하게 구매한 것은 의무공시 사항이 아니다.
05 ④ 모두 중대한 사항으로 금융위에 주요 사항 보고서를 제출해야 한다.

★

06. 다음 중 외국법인의 공시에 대한 설명으로 올바르지 않은 것은?

① 연결재무제표에 상당하는 서류를 제출한 외국법인은 개별재무제표도 의무적으로 제출해야 한다.
② 증권 발행인은 외국의 금융관련 법령에 의하여 외국의 금융투자감독 기관에 공시서류를 제출할 경우 그 사본 및 한글 요약본 2부를 금융위에 제출해야 하며, 금융위는 제출한 공시서류를 제출한 날부터 3년간 공시해야 한다.
③ 증권 발행인은 증권 발행과 관련하여 국내에 주소를 둔 자를 발행인을 대리할 권한을 가진 자로 지정해야 한다.
④ 외국기업인 IFRS기준 혹은 US-GAAP에 따라 재무제표를 작성하고, 해당 국가의 기업 설립근거가 되는 법률에 따라 회계감사를 받은 경우에는 국내회계기준과의 차이를 분석한 내용 없이 해당 재무제표를 제출할 수 있다.

★★

07. 다음 중 수시공시제도에 대한 설명으로 올바른 것은?

① 자율공시를 하면 기업의 자율이기 때문에 공시내용에 대한 법적 책임이 없다.
② 조회공시를 오늘 오후에 받았으면, 해당 기업은 24시간 내 답변해야 한다.
③ 상장기업이 애널리스트나 기관투자자에게 선별적으로 정보를 제공하기 위해서는 그러한 제공이 있기 전에 해당 내용을 공시하고 제공해야 한다.
④ 자율공시 사항이 오늘 오전에 발생하면 오늘 오후까지 해당 내용을 공시해야 한다.

★★

08. 다음 중 수시공시에 대한 설명으로 올바르지 않은 것은?

① 주요경영사항의 신고, 주요경영사항의 공시, 자율공시, 조회공시 등이 수시공시에 해당된다.
② 주요경영사항 공시는 기업에 의무가 부과되어 있는 의무공시이다.
③ 자율공시는 기업의 판단에 따라 공시를 하더라도 공시한 이후 법적 효과는 주요 경영사항 공시와 동일하다.
④ 기업의 주요 경영사항에 대해서 거래소가 상장기업에 답변을 요구할 때, 해당 기업은 이에 대해서 답변을 해야 할 의무가 있으며, 답변의 기한은 일률적으로 요구받은 날로부터 1일 이내이다.

핵심 주제 19 공개매수 제도

★★

01. 공개매수제도와 관련하여 올바르게 설명한 것은?

① 증권시장에서 불특정 다수를 대상으로 이루어지는 주식 등의 장내 매수이다.

② 주식등을 3개월 동안 증권시장 밖에서 10인 이상의 자로부터 매수하여 그 주식 등의 총수의 100분의 5이상이 되는 경우 공개매수를 해야 한다.

③ 공개매수에 해당하는 지분은 자신이 소유하고 있는 지분, 특수관계인의 지분과 공동보유자까지 합산하여 계산한다.

④ 공개매수신고서를 제출한 후에 전국을 보급으로 하는 둘 이상의 일간신문에 해당 내용을 공고해야 한다.

정답과 해설

핵심 주제 18 증권유통시장 공시제도

06 ① 해당 외국법인의 국가에서 개별재무제표 제출이 의무화되지 않은 경우에는 개별재무제표 제출을 하지 않을 수 있다.

07 ③ 자율공시도 일단 공시를 하면 그 법적효과는 주요 경영사항 공시와 동일하다. 조회공시는 오늘 오후에 요청 받았으면 다음날 오전까지 해야 한다. 자율공시 사항은 그 사유발생일 다음날까지 해야 한다.

08 ④ 조회공시 사항이 풍문 또는 보도와 관련하여 요구 시점이 오전이면 당일 오후까지, 오후이면 다음날 오전까지 답변해야 하며, 시황급변과 관련한 경우에는 요구받은 날로부터 1일 이내에 다음날까지 답변해야 한다.

핵심 주제 19 공개매수 제도

01 ③ 증권시장 밖에서 즉 장외 매수이며, 주식 등을 6개월 동안 증권시장 밖에서 10인 이상의 자로부터 매수하여 그 주식 등의 총수의 100분의 5이상이 되는 경우이며, 공개매수신고서 제출 전에 신문 등을 통해 공고해야 한다.

★★

02. 다음 중 공매매수 철회에 대한 설명으로 올바르지 않은 것은?

① 응모주주는 공개매수 기간중에 언제든지 그 응모를 철회할 수 있다.

② 원칙적으로 공개매수자는 공개매수공고일 이후에 공개매수를 철회할 수 없으나 예외적인 상황에는 철회할 수 있다.

③ 예외적인 상황발생시 공개매수자는 해당 공개매수시간의 말일 까지 공개매수를 철회할 수 있다.

④ 공개매수 응모주주가 응모를 철회한 경우, 공개매수자는 응모주주에게 손해배상 청구를 할 수 있다.

★

03. 다음 중 공개매수제도에 대한 설명으로 올바르지 않은 것은?

① 공개매수제도는 불특정 다수인에 대하여 의결권 있는 주식 등의 매수의 청약 혹은 매도의 청약을 권유하고 증권시장 안에서 그 주식 등을 매수하는 것을 의미한다.

② 주권, 신주인수권이 표시된 것, 전환사채권이 적용대상 증권이 될 수 있다.

③ 공개매수의무자는 그 본인과 일정한 관계가 있는 자를 포함한다.

④ 주식을 6개월 동안 증권시장 밖에서 10인 이상의 자로부터 매수 등을 하고자 하는 자는 그 매수 등을 한 후에 본인과 특별관계자가 보유하게 되는 주식 등의 수의 합계가 해당 기업의 주식총수의 100분의 5이상인 경우 공개매수를 해야 한다.

★★

04. 다음 중 공개매수 의무자 중 특수관계인에 해당하지 않는 것은?

① 공개매수 의무자가 법인일 경우 그 법인의 임원

② 공개매수 의무자가 법인일 경우 그 법인의 계열회사 및 그 계열회사의 임원

③ 주식등을 공동으로 취득하거나 처분하는 것을 협의한 자

④ 공개매수 의무자와 특수관계인이며 소유하는 주식이 500주인 자

★★

05. 다음 중 공개매수 관련된 내용 중 틀린 것은?

① 공개매수자는 공개매수기간 중에 공개매수에 의하지 않고는 원칙적으로 해당 주식을 매수할 수 없다

② 공개매수자는 발행주식전부를 매수해야 한다.

③ 공개매수에 응모한 주식의 총수가 공개매수 예정주식수에 미달할 경우 그 주식의 전부 혹은 일부를 매수하지 않을 수도 있다.

④ 공개매수가격은 균일해야 한다.

★★

06. 다음 중 공개매수의 진행절차와 관련하여 잘못 설명한 것은?

① 공개매수신고서 사본은 공개매수 대상회사에 송부한다.

② 공개매수대상이 된 주식의 발행인은 공개매수에 관한 의견을 표명하지 않아도 된다.

③ 공개매수기간은 공개매수신고서의 제출일로부터 30일 이상 60일 이내여야 한다.

④ 응모주주는 공개매수기간 중에 언제든지 응모를 취소할 수 있다.

정답과 해설

핵심 주제 19 공개매수 제도

02 ④ 응모를 철회한 응모주주에게 손해배상 청구를 할 수 없다.

03 ① 공개매수는 증권시장 밖에서 해당 주식 등을 매수하는 것을 의미한다.

04 ④ 특수관계인이 소유하는 주식 등의 수가 1,000주 미만일 경우에는 특수관계인으로 보지 않는다.

05 ② 공개매수자는 공개매수신고서에 자신이 공개매수를 통해 매수하고 싶은 주식수를 기재할 수 있고, 그 주식 수에 대해서 전부 매수해야 한다. 무조건 발행주식수 모두를 매수해야 하는 것은 아니다.

06 ③ 공개매수기간은 공개매수신고서의 제출일로부터 20일 이상 60일 이내여야 한다.

★★

07. 다음 중 공개매수 절차에 대한 설명으로 올바르지 않은 것은?

① 공개매수 신고서를 제출하기 전에 공개매수에 대한 공고를 먼저 해야 한다.

② 공개매수 신고서를 제출한 후에 발행인은 공개매수에 대한 의견표명을 반드시 해야 한다.

③ 공개매수기간은 공개매수신고서 제출일로부터 20일 이상 60일 이내이어야 한다.

④ 공개매수 정정신고서를 제출한 경우 정정신고서 제출한 날이 공고한 공개매수시간 종료일 전 10일 이내에 해당하는 경우에는 그 정정신고서를 제출한 날부터 10일이 경과한 날이 공개매수 기간 종료일이다.

핵심 주제 20 주식 등의 대량보유상황 보고제도

★

01. 다음 중 주식의 대량보유상황 보고제도에 대한 설명으로 올바르지 않은 것은?

① 보고의무자는 본인과 특별관계자를 합하여 주권상장법인의 주식 등을 5% 이상 보유하게 된 자이다.

② 5%이상 보유자가 그 보유비율이 1% 이상 변동되는 경우 변동보고를 해야 한다.

③ 5% 이상 보유자가 자신이 가진 주식 수에 배정하는 방법으로 신주를 배정받는 경우, 추가로 취득한 신주에 대해서 변동보고를 해야 한다.

④ 보유목적이 회사의 경영에 영향을 주는 것이 아닌 경우 일정한 전문투자자는 약식보고를 할 수 있다.

★

02. 다음 중 주식의 대량보유상황 보고제도에 대한 설명으로 올바르지 않은 것은?

① 보고의무자는 본인과 특별관계자를 합하여 주권상장법인의 주식 등을 5% 이상 보유하게 된 자이다.

② 보유주식의 수가 변동되지 않고 지분율만 변동되어도 변동보고의무를 해야 한다.

③ 5% 이상 보유자가 보유비율의 1%이상 변동되면 해당 내용을 변동보고 해야 한다.

④ 보유목적이 경영권에 영향을 주기 위한 것이 아니라 할지라도 최소한의 공시의무를 부과하고 있다.

★

03. **다음 중 주식의 대량보유와 관련하여 보유목적에 따라 보고 내용에 대한 설명 중 올바르지 않은 것은?**

① 경영권에 영향을 주기 위해 취득한 자는 보유상황 변동일로부터 5일 이내에 보고해야 한다.

② 경영권에 영향을 주지 않는 목적으로 보유하였으나 일반투자 목적인 경우 보유상황 변동일로부터 10일 이내에 보고해야 한다.

③ 경영권에 영향을 주지 않는 목적의 단순투자 목적으로 보유하는 일반투자자는 보유상황 변동이 있었던 달의 다음 달 10일 이내에 보고해야 한다.

④ 경영권에 영향을 주지 않는 목적의 단순투자 목적으로 보유하는 특례 적용 전문투자자는 보유상황 변동이 있었던 달의 다음 달 20일 이내에 보고해야 한다.

정답과 해설

핵심 주제 19 공개매수 제도

07 ② 발행인은 공개매수에 대해서 의견표명을 하지 않을 수도 있다.

핵심 주제 20 주식 등의 대량보유상황 보고제도

01 ③ 주주배정으로 신주를 받는 경우는 변동보고가 면제된다.

02 ② 보유주식수가 변동하지 않으면 변동보고의무가 없다.

03 ④ 보유상황 변동이 있었던 분기의 다음 달 10일 이내 보고해야 한다.

핵심 주제 21 의결권 대리행사 권유제도

★★

01. 다음 중 의결권 대리행사 권유제도에 해당하는 것은?

① 해당 상장주권의 직원이 10인 미만의 상대방에게 의결권 대리행사를 권유하는 행위
② 신탁관계에 의하여 타인의 명의로 주식을 소유하는 자가 그 타인에게 해당 주식의 의결권 대리행사를 권유하는 행위
③ 해당 상장주권의 임원이 10인 이상의 상대방에게 의결권 대리행사를 권유하는 행위
④ 신문을 통해 불특정 다수인에 대한 광고의 방법으로 대리행사를 권유하며, 해당 상장주권의 발행인의 명칭, 광고의 이유만을 표시하는 경우

★

02. 다음 중 의결권 대리행사 권유를 할 때 위임장 용지와 참고서류를 교부하는 방법에 해당하지 않는 것은?

① 의결권 권유자가 의결권 피권유자에게 위임장 용지 및 참고서류를 직접 교부하는 방법
② 우편으로 의결권 피권유자에게 위임장 용지 및 참고서류를 교부하는 방법
③ 주주총회 소집 통지와 함께 위임장 용지 및 참고서류를 교부하는 방법
④ 의결권 권유자가 해당 서류를 전자우편으로 보내는 방법

핵심 주제 22 장외거래

★

01. 다음 중 장외거래에 대한 설명으로 올바르지 않은 것은?

① 전문투자자만을 대상으로 채무증권에 대한 투자중개업 인가를 받은 자는 체신관서에 대한 채무증권 매매를 중개할 수 있다.
② 투자매매업자는 일반투자자를 상대로 환매조건부매수업무도 가능하다.
③ 투자중개업자는 기업어음증권을 중개할 때는 둘 이상의 신용평가업자로부터 신용평가를 받은 기업어음을 중개해야 한다.
④ 일반투자자는 해외증권을 매매할 때 투자중개업자를 통해 매매해야 한다.

★

02. 다음 중 다양한 증권의 장외거래에 대한 설명으로 잘못된 것은?

① 기업어음증권의 중개 혹은 매매를 하기 위해서는 둘 이상의 신용평가업자로부터 신용평가를 받은 기업어음이어야 한다.

② 일반투자자가 장외파생상품을 매매할 때에는 위험회피 목적의 거래에 대해서만 허용한다.

③ 영업용순자본 비율이 100분의 200에 미달할 경우에는 그 미달상태가 해소될 때까지 장외파생상품의 매매를 중지하고, 미종결 거래의 정리나 위험회피에 관련된 업무만 수행해야 한다.

④ 장외파생상품 거래의 매매에 따른 위험관리, 그 밖에 투자자를 보호하기 위하여 필요한 사항은 금융위가 정한다.

★

03. 다음 중 장외거래 방법에 대한 설명으로 잘못된 것은?

① 협회, 채권중개전문회사등을 제외하는 장외거래는 단일의 매수자와 매도자 간에 매매해야 한다.

② 전문투자자만을 대상으로 하는 채무증권의 매매는 전문투자자, 체신관서에 해당하는자 간의 매매이어야 한다.

③ 채권전문 자기매매업자는 매수자와 매도자를 중개하여 매매를 성사시킨다.

④ 투자매매업자가 투자자에게 원칙적으로 환매조건부매매를 할 수 있다.

정답과 해설

핵심 주제 21 의결권 대리행사 권유제도

01 ③ 해당 상장주권의 임원이 10인 이상의 상대방에게 의결권 대리행사를 권유하는 것은 의결권 대리행사로 본다.

02 ④ 의결권 피권유자가 해당 서류를 전자우편을 통하여 받는다는 의사표시를 한 경우에만 허용된다.

핵심 주제 22 장외거래

01 ② 일반투자자를 상대로 환매조건부매도 업무만 가능하다.

02 ③ 영업용순자본 비율이 100분의 150에 미달하는 경우에 해당한다.

03 ③ 채권전문 자기매매업자는 자신이 거래의 상대방이 되어야 한다.

핵심 주제 23 불공정거래행위에 대한 규제

★★

01. 다음 중 자본시장법상 시세조종 행위에 해당하지 않는 것은?

① 안정조적
② 통정매매
③ 분산투자거래
④ 현물 · 선물 연계 시세조정

★★

02. 다음 중 미공개 중요정보 이용행위 금지에 대한 설명으로 올바르지 않은 것은?

① 내부자거래 규제의 적용대상 법인은 상장법인이다.
② 내부자거래 규제의 대상증권은 주식으로 한정한다.
③ 규제대상자는 내부자, 준내부자, 정보수령자이다.
④ 업무 등과 관련된 미공개 중요정보를 특정 증권등의 매매, 그 밖의 거래에 이용하거나 타인에게 이용하게 하는 행위이다.

★★

03. 다음 중 내부자의 단기매매차익 반환제도에 대한 설명으로 올바른 것은?

① 회사의 임원이 그 회사의 미공개 내부정보를 이용하여 이익이 발생할 경우 적용된다.
② 회사의 재무, 회계, 기획, 연구개발에 관련된 업무에 종사하고 있는 직원은 내부자의 단기매매차익 반환제도의 규제 대상이다.
③ 주권상장법인의 특정 증권 등을 매수 한 후 3개월 이내에 매도하는 경우 발생한 이익을 근거로 단기매매차익을 계산하여 해당 금액을 해당 회사에 반환해야 한다.
④ 투자매매업자가 해당 회사로부터 인수계약을 체결한 날부터 2개월 이내에 매수 또는 매도하여 그 날부터 6개월 이내에 매도 또는 매수하는 경우에도 단기매매차익 반환제도가 적용된다.

★★

04. 다음 중 공개매수 및 대량취득, 처분과 관련한 정보이용행위 금지에 대한 설명으로 올바르지 않은 것은?

① 공개매수와 관련하여 공개매수를 추진 중인 기업의 대리인, 공개매수와 관련된 규제를 하는 관계자로 해당 정보를 업무와 관련하여 취득한 자등이 규제대상이다.

② 공개매수 정보를 이용하여 해당 주식을 매매하거나 타인의 매매에 이용하게 하는 행위를 하면 안된다.

③ 대량 취득 전에 해당 정보를 이용하여 해당 증권의 매매 혹은 타인의 매매에 이용하게 하면 안 된다.

④ 신문에 난 기사를 통해 공개매수가 있을 것을 예상하여 해당 증권을 매매한 자도 미공개 정보를 이용한 행위에 해당한다.

★★

05. 다음 중 내부자의 단기매매차익 반환제도와 관련된 내용으로 올바르지 않은 것은?

① 단기매매차익 반환제도의 취지는 단기매매거래에 따른 이익을 회사에 반환하도록 하여 내부자 미공개 중요정보 이용행위에 대한 사후적인 처벌을 위한 제도이다.

② 단기매매차익 반환대상자는 주권상장법인의 주요주주, 임원, 특정 업무에 종사하는 직원도 해당된다.

③ 주권상장법인의 특정 증권 등을 매수한 후 6개월 이내에 매도하여 이익이 발생하였으면, 그 차익에 대해서 반환해야 한다.

④ 단기매매차익 발생 사실을 통보받은 법인은 이를 인터넷 홈페이지에 공시해야 한다.

정답과 해설

핵심 주제 23 불공정거래행위에 대한 규제

01 ③ 분산투자거래는 시세조정 행위가 아니다.

02 ② 규제대상 증권은 상장법인이 발행한 증권, CB, BW, PB 및 EB 등이다.

03 ② 내부자의 단기매매차익 반환제도는 회사의 미공개 정보를 이용하지 않더라고 회사의 임원과 주요 직원이 당해 회사의 주식을 6개월 이내에 매매하여 발생한 이익에 대하여 회사에 반환하는 제도이다. 투자매매업자가 해당 회사로부터 인수계약을 체결한 날부터 3개월 이내에 매수 또는 매도하여 그 날부터 6개월 이내에 매도 또는 매수하여 이익이 발생하면 단기매매차익 반환제도를 적용한다.

04 ④ 내부자와 아무런 연고가 없으며, 해당 정보를 의도적으로 내부자에게 받지 않았으며, 공개된 정보를 분석하여 이를 예상하고 해당 증권을 매매한 것은 미공개 정보를 이용하여 매매했다고 볼 수 없다.

05 ① 단기매매차익 반환제도는 내부자의 미공개 중요정보의 이용행위를 사전적으로 예방하기 위한 제도이다.

★★

06. 다음 중 임원 및 주요주주의 특정증권 소유상황보고에 대한 설명으로 잘못된 것은?

① 보고대상자는 주권상장법인의 임원 및 주요주주이다.

② 임원 또는 주요주주가 된 날부터 5영입일 이내에 누구의 명의로 된 것이든 자기의 계산으로 소유하고 있는 특정증권의 소유상황을 금융위과 거래소에 보고해야 한다.

③ 주권상장법인의 임원이 아니었으나 임원으로 선임된 경우 그 선임일을 기준으로 5영업일 이내에 보고해야 한다. 유상증자로 신주를 취득하게 되는 경우 주금납입일의 다음날이 변동상황 보고 변동일이다.

④ 비상장법인이 상장이 된 경우 그 상장일이 소유상황보고 기준일이다.

★

07. 다음 중 시세조정 및 부정거래 행위의 처벌과 관련된 내용으로 잘못된 것은?

① 시세조정금지를 위반하면 민사상 손해배상책임 의무만 존재한다.

② 위반행위로 얻는 이익이 없거나 회피한 손실액이 없는 경우 벌금의 상한액은 5억 원이다.

③ 위반행위로 3억 원의 이익을 얻으면 벌금은 15억 원에서 9억 원 사이에서 부과 받을 수 있다.

④ 해당 거래로 인하여 타인에게 손해를 입힌 경우 그로 인한 손해를 타인에게 배상해야 한다.

★★

08. 다음 중 부정행위 및 시장질서 교란행위에 대한 설명으로 잘못된 것은?

① 부정한 수단, 계획, 기교 등을 사용하는 행위이다.

② 중요한 사항에 거짓의 기재 혹은 누락된 문서를 사용하는 것도 부정행위에 포함된다.

③ 허수성 주문을 대량으로 제출하는 것은 시장질서 교란행위에 해당된다.

④ 시장질서 교란행위에 대한 최대 과징금은 3억 원이다.

★

09. 다음 중 불법적인 시세조정행위에 해당되는 것은?

① 모집 또는 매출되는 증권의 발행인 또는 소유자와 인수계약을 체결한 투자매매업자가 일정한 방법에 따라 그 증권의 모집 또는 매출의 청약기간 종료일 전 20일부터 그 청약기간 종료일까지의 기간 동안 증권의 가격을 안정시키기 위해 매매거래를 하는 경우

② 상장된 증권을 1개월 이상 6개월 이내에서 인수계약에 따라 정한 기간 동안 매매거래를 하는 경우

③ 부당한 이익을 얻기 위해 장내파생상품의 기초자산의 시세를 변동 혹은 고정시키는 행위

④ 모집되는 증권의 인수인이 투자매매업자에게 시장조성을 위탁하는 행위

핵심 주제 24 금융기관 검사 및 제재에 관한 규정

★★

01. 다음 중 금융기관 검사에 대한 설명으로 잘못된 것은?

① 금융기관 검사는 업무처리의 공정성 확보 및 사고예방기능을 수행한다.

② 검사를 수행하는 기관은 금융감독원이다.

③ 검사의 종류는 종합검사와 부문검사로 구분되며, 검사의 실시는 현장검사 혹은 서면검사로 시행한다.

④ 검사를 할 경우 해당 기관에 원칙적으로 사전통지를 하지 않는다.

정답과 해설

핵심 주제 23 불공정거래행위에 대한 규제

06 ② 소유상황과 관련된 내용은 증권선물위원회와 거래소에 보고해야 한다.

07 ① 위반했을 경우 1년 이상의 유기징역, 그 위반으로 인해 얻은 이익 혹은 회피한 손실에 대해서 3배에서 5배에 상당하는 벌금을 부과받을 수도 있다.

08 ④ 5억 원 이하의 과징금을 부과할 수 있으며, 위반행위와 관련된 거래로 얻은 이익 등의 1.5배가 5억 원을 넘을 경우에는 그 금액의 과징금을 부과할 수 있다.

09 ③ 불법적인 시세조정행위이며, 나머지 보기는 법률에서 허락하는 시세조정행위이기 때문에 시세조정행위의 예외사항이다. 즉 증권의 안정조작, 시장조성이 이에 해당한다.

핵심 주제 24 금융기관 검사 및 제재에 관한 규정

01 ④ 검사를 할 경우 원칙은 해당기관에 사전통지를 하며, 만약 검사의 사전통지로 인해 검사 목적 달성이 어려우면 사전통지를 하지 않을 수도 있다.

★★★

02. 다음 중 금융기관 검사 방법, 절차, 검사 결과의 처리에 대한 설명으로 올바른 것은?

① 현장검사를 실시하는 경우 검사목적 및 검사기간 등이 포함된 검사사전예고통지서를 해당 금융기관에 검사착수일 2주일 전에 통지해야 한다.

② 현장검사는 대부분 검사대상기관에 실제로 임하여 필요한 사항을 조사하며, 종합검사는 대부분 서면검사의 방법으로 필요한 장부, 서류를 제출받아 검사한다.

③ 검사결과를 검사서에 의해 해당 금융기관에 통보하고 필요한 조치를 취하거나 해당 금융기관장에게 이를 요구할 수 있다

④ 금융투자업자 또는 그 임직원에 대한 과태료 부과, 자본시장법에 의한 조치, 명령 등은 금감원장의 사전 심의를 거쳐 조치한다.

★★★

03. 다음 중 검사결과에 따른 제재로 올바르지 않은 것은?

① 금감원장이 제재조치를 취할 때는 해당 내용을 사전 통지하고 해당 내용에 대해서 의견진술 기회를 주어야 한다.

② 제재를 할 경우 금감원장은 그 제재에 관한 이의신청, 행정심판, 행정소송의 제기, 기타 불복할 수 있는 권리를 제재대상자에게 알려주어야 한다.

③ 제재를 받은 대상자는 해당 조치에 대해서 이의신청을 할 수 있으며, 이의신청 결과에 대해서 불만족스러우면 추가적으로 1번에 한해서 다시 이의신청을 할 수 있다.

④ 이의신청이 있는 직원은 자신이 속한 금융기관의 장을 통하여 금감원장 혹은 금융위에 이의를 신청할 수 있다.

★

04. 다음 중 금융기관 검사에 대한 설명으로 틀린 것은?

① 금융기관은 자체적으로 연감 감사계획을 수립하여 자체감사를 실시해야 하며, 금감원장이 요구할 경우 연간 혹은 분기 감사계획을 제출해야 한다.

② 금융기관은 그 소속 임직원이 부당한 행위를 하여 해당 금융기관 혹은 고객에게 손실을 초래할 경우 이를 금감원장에게 보고해야 한다.

③ 금융기관이 민사소송에서 패소가 확정되면 그 사실을 금감원장에게 보고해야 한다.

④ 금융기관이 민사소송에 피소되면 금액의 크기와 상관없이 그 사실을 금감원장에게 보고해야 한다.

핵심 주제 25 자본시장조사 업무규정

★

01. 다음 중 자본시장 조사업무의 대상은 총 몇 개인가?

> • 미공개정보 이용행위
> • 시세조종등 불공정거래행위
> • 내부자의 단기매매차익 취득
> • 비상장법인의 공시의무 위반
> • 비상장법인 임원등의 특정 증권등 변동상황 보고의무 위반
> • 주식의 대량보유등의 보고

① 3개 ② 4개 ③ 5개 ④ 전부다 해당된다.

★★

02. 다음 중 자본시장 관련 조사 실시 사유에 해당하지 않는 것은?

① 금융위 및 금감원의 업무와 관련하여 위법행위의 혐의사실이 발견된 경우
② 한국거래소로부터 위법행위의 혐의사실을 이첩 받은 경우
③ 널리 알려진 풍문만을 근거로 조사의뢰가 접수된 경우
④ 검찰청장으로부터 위법행위에 대한 조사를 요청받거나, 그 밖의 행정기관으로부터 위법행위의 혐의사실을 통보받은 경우

정답과 해설

핵심 주제 24 금융기관 검사 및 제재에 관한 규정

02 ③ 검사착수일 1주일 전에 통지해야 하며, 종합검사는 대부분 현장검사로 진행되며, 금융투자업자의 과태료부과, 자본시장법상의 조치, 명령 등은 증권선물위원회의 사전 심의를 거쳐 조치한다.

03 ③ 이의신청 결과에 대해서 다시 이의신청을 제기할 수 없다.

04 ④ 소송가액이 최직근 분기말 현재 자기자본의 100분의 1 혹은 100억 원을 초과하는 민사소송에 피소된 경우에 한한다.

핵심 주제 25 자본시장조사 업무규정

01 ② 상장법인의 공시의무 위반, 상장법인 임원등의 특정 증권등 변동상황 보고의무 위반이며, 비상장법인은 해당사항이 없다.

02 ③ 공시자료, 언론보도 등에 의하여 널리 알려진 사실이나 풍문만을 근거로 조사를 의뢰하는 경우에는 조사를 실시하지 않을 수 있다.

기출유형 추가연습문제

1장 자본시장 관련 법규

★★★

01. 다음 중 영업의 전부 혹은 일부의 매각을 조치할 수 있는 상황에 해당하지 않는 것은?

① 경영실태평가 결과 종합평가등급을 4등급 이하로 판정받은 경우
② 부실금융기관에 해당하는 경우
③ 경영개선명령을 받은 경우
④ 영업용 순자본비율이 100% 미만인 경우

★★★

02. 다음 중 주식공개매수와 관련하여 가장 올바르지 않은 것은?

① 공개매수에 해당하는 주식을 보유한 투자자는 장내시장에서 주식공개매수에 응한다.
② 공개매수자는 공개매수서를 제출하고, 그 사본을 공개매수할 주식 등의 발행인에 송부해야 한다.
③ 공개매수 대상 주식의 발행인은 공개매수에 관한 의견표명을 할 수 있다.
④ 공개매수 기간은 공개매수신고서의 제출일로부터 20일 이상 60일 이내이어야 한다.

★★★

03. 다음 중 투자자예탁금과 관련한 내용으로 가장 잘못된 것은?

① 투자자예탁금은 자기재산과 구분하여 관리해야 한다.
② 투자자예탁금으로 원화로 표시된 양도성예금증서를 담보로 한 대출, 국채증권 매수를 하며 운용할 수 있다.
③ 은행, 보험회사는 투자자예탁금을 자신이 보관할 수 없다.
④ 예치기관에 예치된 투자자예탁금은 상계, 압류하지 못한다.

★★★

04. 다음 중 투자설명서에 대한 내용으로 가장 올바르지 않은 것은?

① 원칙적으로 투자설명서에는 증권신고서에 기재된 내용과 다른 내용을 표시하거나 그 기재사항을 누락할 수 없다.

② 예비투자설명서는 증권신고서가 수리된 후 신고의 효력이 발생하지 않은 것이다.

③ 투자자가 투자설명서 수령의 거절의사를 표시해도 투자설명서를 제공해야 한다.

④ 전문투자자에게는 투자설명서를 제공하지 않아도 된다.

★★★

05. 다음 중 종합금융투자사업자에 대한 설명으로 올바르지 않은 것은?

① 종합금융투자사업자가 되기 위해서는 상법에 따른 주식회사, 3조 원 이상의 자기자본 등의 요건이 필요하다.

② 종합금융투자사업자는 금융위에서 인가를 통해 사업 허가여부를 결정한다.

③ 종합금융투자사업자가 될 수 있는 사업자는 투자매매업자 혹은 투자중개업자이어야 한다.

④ 종합금융투자사업자는 전담중개업무, 신용공여업무 등을 할 수 있다.

정답과 해설

01 ① 경영실태평가의 종합평가등급 4등급은 경영개선 요구사항에 해당된다. 경영개선명령을 받으면 이에 대한 조치로 영업의 전부 또는 일부의 양도를 명령할 수 있다.

02 ① 공개매수는 불특정 다수인에 대하여 의결권 있는 주식 등의 매수의 청약을 하거나 매도의 청약을 권유하고 증권시장 및 다자간매매체결회사 밖에서 그 주식 등을 매수하는 것이다.

03 ③ 은행, 보험회사, 한국산업은행, 중소기업은행은 신탁법 제2조에도 불구하고 자기계약을 할 수 있다. 즉 고객예탁금을 자신이 보관할 수 있다는 의미이다.

04 ③ 투자설명서 받기를 거부한다는 의사를 서면, 전화, 전신 등의 방법으로 거부한 경우 투자설명서 교부의무가 없어진다.

05 ② 종합금융투자사업자는 금융위의 인가가 아니라 금융위에서 지정하는 기준을 충족해야 하기 때문에 등록절차가 필요하다.

★★★

06. 금융투자업자의 조사보고서 작성과 관련하여 잘못된 것은?

① 증권분석기관이 100분의 1 이상 투자한 회사에 대해서 평가업무가 금지된다.
② 선량한 관리자의 주의의무로 보고서를 작성해야 한다.
③ 분석보고서의 대상 법인이 증권분석기관의 특수관계자이면 평가업무를 할 수 없다.
④ 증권분석기관의 임원이 해당 법인에 100분의 1 이상을 출자하고 있으면 해당 법인의 평가를 할 수 없다.

★★★

07. 다음 중 인가대상 금융투자업은 어느 것인가?

① 투자일임업　　② 신탁업
③ 투자자문업　　④ 일반사모 집합투자업

★★★

08. 다음 중 투자중개업자와 투자매매업자의 자기거래와 관련하여 올바른 것은?

① 투자중개업자 및 투자매매업자는 자신이 판매하는 집합투자상품을 매매하는 것이 자기계약이기 때문에 금지된다.
② 투자중개업자는 투자자의 동의를 받아 자기매매를 할 수 있다.
③ 투자매매업자 및 투자중개업자는 다자간매매체결회사를 통해서 거래할 경우 자기거래에 해당하므로 거래가 금지된다.
④ 투자매매업자 및 투자중개업자는 증권시장 내에서 거래할 경우 자기거래에 해당되므로 이러한 자기거래는 금지된다.

★★★

09. 다음 중 금융투자업의 경영공시 사항이 가장 아닌 것은?

① 회계기간 변경을 결정한 경우
② 금융사고로 인해 5억 원 이상의 손실이 발생한 경우
③ 상장법인이 아닌 금융투자업자의 경영환경에 중대한 변경을 초래한 사실이 발생한 경우
④ 상장법인이 아닌 금융투자업자에게 채권채무관계에 중대한 변경을 초래한 사실이 발생한 경우

★★★

10. 다음 중 공개매수 철회에 대한 설명으로 잘못된 것은?

① 원칙적으로 공개매수 공고일 이후에는 공개매수를 철회할 수 없으나, 대항 공개매수가 있거나 공개매수자가 사망하게 되면 공개매수를 즉시 철회해야 한다.

② 공개매수자가 발행한 어음 또는 수표가 부도가 나면 공개매수를 철회할 수 있다.

③ 공개매수 철회를 하기 위해서는 철회신고서를 금융위와 거래소에 제출하고, 해당 내용을 공고해야 한다.

④ 공개매수에 응모한 주주는 공개매수기간 동안에는 아무런 이유 없이도 공개매수 응모를 철회할 수 있으며, 철회에 따른 불이익을 받지 않는다.

★★★

11. 금융투자회사의 위험관리체계 구축에 대한 설명으로 틀린 것은?

① 금융투자회사는 각종 거래에서 발생하는 제반위험을 적시에 인식 · 평가 · 감시 · 통제하는 등 위험관리를 위한 체계를 갖추고 있어야 한다.

② 원칙적으로 금융투자업자의 감사는 위험관리지침의 제정 및 개정에 관한 사항을 심의 · 의결한다.

③ 금융투자업자는 주요 위험 변동 상황을 자회사와 연결하여 종합적으로 인식하고 감시해야 한다.

④ 금융투자회사는 위험을 관리하기 위하여 순자본비율 및 자산부채 비율의 수준, 운용자산의 내용과 위험의 정도 등에 대한 지침을 마련하고 이를 준수해야 한다.

정답과 해설

06 ① 증권분석기관이 100분의 3 이상 투자한 회사에 대해서 해당 법인의 평가업무가 금지된다.

07 ② 인가대상 금융투자업은 투자중개업, 투자매매업, 집합투자업, 신탁업이다. 등록대상 금융투자업은 투자자문업, 투자일임업, 온라인소액투자중개업, 일반사모집합투자업이다.

08 ② 투자중개업자 및 투자매매업자가 자신이 판매하는 집합투자상품을 매수하는 것은 자기계약 예외사항에 해당하여 허용된다. 투자중개업자는 투자자의 동의를 받아 자기매매를 할 경우 허용될 수 있다. 다자간매매체결회사를 통해서 거래하는 경우 자기계약의 예외사항에 해당하여 허용된다. 증권시장 내에서 거래할 경우 자기거래에 해당하지 않는다.

09 ② 금융사고 등으로 금융투자업자의 직전 분기말 자기자본의 100분의 2에 상당하는 금액을 초과하는 손실이 발생하였거나 손실이 예상되는 경우 경영공시를 해야 한다. 단, 10억 원 이하는 경영공시대상에서 제외된다.

10 ① 원칙적으로 공개매수 공고일 이후에는 공개매수를 철회할 수 없지만, 공개매수자의 사망과 같은 사유나 경쟁매수자가 나타날 경우에 공개매수를 철회할 수도 있다.

11 ② 금융투자업자의 이사회의 업무이다.

★★★

12. 다음 중 간주모집에 해당하지 않는 것은?

① 지분증권이 모집 또는 매출된 실적이 있거나 증권시장에 상장된 경우
② 기업어음의 만기가 365일 이상인 경우
③ 단기사채의 만기가 6개월인 경우
④ 전환권이 부여된 경우 권리행사금지기간을 1년 이상으로 정한 경우

★★★

13. 자본시장조사 업무규정에 따라 조사 결과에 대한 제재에 해당하는 것은?

㉠ 과태료 부과 ㉡ 증권발행제한 ㉢ 6개월 이내의 직무정지

① ㉠　　② ㉠, ㉡
③ ㉠, ㉢　　④ ㉠, ㉡, ㉢

★★★

14. 다음 중 재무건전성 규제에 대한 설명으로 올바른 것으로만 짝지어진 것은?

㉠ 순자본비율은 영업용순자본을 필요유지 자기자본으로 나눈 값이다. ㉡ 필요유지 자기자본은 금융투자업자가 영위하는 인가업무 또는 등록업무 단위별로 요구되는 자기자본을 합계한 금액이다. ㉢ 레버리지 비율은 개별 재무상태표상의 자기자본 대비 총자산의 비율로 계산하며, 구체적인 방법은 금감원장이 정한다.

① ㉠　　② ㉠, ㉡
③ ㉡, ㉢　　④ ㉠, ㉡, ㉢

★★★

15. 투자중개업자가 투자자로부터 금융투자상품의 매매 주문을 받지 않고 임의로 금융투자상품을 매매하는 것은 무엇인가?

① 통정매매
② 가장매매
③ 일임매매
④ 임의매매

★★★

16. 금융기관검사 제재에 대한 설명으로 올바르지 않은 것은?

① 금융감독원은 제재심의위원회를 설치 운영한다.
② 행정제재시 제재대상자에게 미리 알려줘야 한다.
③ 제재에 대한 이의신청은 한번만 가능하다.
④ 제재조치를 받은 후 해당 금융기관의 장은 별도의 조치를 취하지 않는다.

정답과 해설

12 ④ 권리행사금지기간이 1년 이상이므로 전매가능성이 없어서 간주모집으로 볼 수 없다.

13 ④ ㉠~㉢ 모두 제재할 수 있다.

14 ③ ㉠ 순자본비율=(영업용순자본－총위험액)/필요유지 자기자본

15 ④ 임의매매에 대한 설명이다.

16 ④ 해당 금융기관의 장은 제재조치를 받은 경우 금감원장이 정하는 바에 따라 이사회 앞 보고 또는 주주총회 부의 등 필요한 절차를 취해야 한다.

★★★

17. **다음 중 장외거래 방법에 대한 설명으로 잘못된 것은?**

① 협회, 채권중개전문회사 등을 제외한 장외거래는 단일의 매수자와 매도자간 매매이어야 한다.

② 전문투자자만을 대상으로 하는 채무증권의 매매는 전문투자자, 체신관서에 해당하는자 간의 매매이어야 한다.

③ 채권전문중개매매업자는 매수자와 매도자를 중개하여 매매를 성사시킨다.

④ 투자매매업자가 일반투자자에게 원칙적으로 환매조건부매수를 할 수 있다.

★★★

18. **투자매매업자의 신용공여에 대해서 잘못 설명한 것은?**

① 청약주식에 대해서는 청약주식을 담보로 징구해야 한다.

② 관리지정종목에 대해서 신규대출을 하지 않는다.

③ 신용거래를 하기 위해서는 신용공여약정을 체결해야 한다.

④ 총신용규모 한도는 자기자본의 140%이다.

★★★

19. **기초자산의 가격, 이자율, 지표, 단위 또는 이를 기초로 하는 지수 등의 변동과 연계하여 정하여진 방법에 따라 지급금액 또는 회수금액이 결정되는 권리가 표시된 증권은 무엇인가?**

① 수익증권　　② 파생결합증권

③ 옵션 및 선물　　④ 채무증권

★★★

20. **다음에서 순자본비율의 산정시 총위험액을 계산할 때 포함되는 위험은 어느 것인가?**

시장위험, 신용위험, 운영위험, 유동성위험

① 시장위험, 신용위험　　② 시장위험, 신용위험, 유동성위험

③ 시장위험, 신용위험, 운영위험　　④ 시장위험, 운영위험, 유동성위험

★★★

21. 금융투자업의 적용배제에 대한 설명으로 틀린 것은?

① 투자권유대행인이 투자권유를 대행하는 것은 투자중개업 적용이 배제된다.
② 역외영업 특례 적용에 해당하는 역외투자자문업은 투자자문업 적용이 배제된다.
③ 종합금융회사가 어음관리계좌(CMA)를 운용하기 위해서는 집합투자업 인가를 받아야 한다.
④ 특정 전문투자자간에 환매조건부매매를 하는 경우 투자매매업 적용이 배제된다.

★★★

22. 다음 중 고객예탁금을 즉시 돌려주어야 하는 경우에 해당하지 않는 것은?

① 순자본비율이 100% 미만인 경우
② 회사채, 어음이 지급거절 당한 경우
③ 영업의 전부가 6개월 이상 금지당한 경우
④ 단기적인 유동성 악화로 고객의 예탁금을 지불하지 못한 경우

정답과 해설

17 ④ 투자매매업자는 일반투자자에게 환매조건부매수를 할 수 없다.

18 ④ 총신용규모 한도는 자기자본의 범위 이내이어야 하고, 담보를 징구할 경우 신용공여금액의 100분의 140 이상에 상당하는 담보를 징구해야 한다.

19 ② 파생결합증권에 대한 설명이다. 최대손실이 투자원금까지면 증권, 투자원금보다 더 큰 손실이 발생할 수 있으면 파생상품으로 분류한다.

20 ③ 유동성위험은 총위험액 계산시 고려하지 않는다.

21 ③ 종합금융회사가 어음관리계좌를 운용하는데 있어서 집합투자업 적용을 하지 않는다.

22 ① 순자본비율이 100% 미만인 경우에는 경영개선 권고사항이다. 나머지 보기는 긴급조치 사항에 해당된다.

★★★

23. 다음 중 공개매수를 할 경우 특수관계자가 될 수 있는 사람은?

> ㉠ 공개매수 의무자의 주요주주
> ㉡ 공개매수 의무자 계열사의 임원
> ㉢ 인허가권을 갖고 있는 자

① ㉠, ㉡　　② ㉠, ㉢
③ ㉡, ㉢　　④ ㉠, ㉡, ㉢

★★★

24. 경영개선 권고에 대한 조치사항에 해당하지 않는 것은?

① 영업점 폐쇄
② 경비절감
③ 부실자산처분
④ 자본금증액 및 특별대손충당금 설정

★★★

25. 다음 중 전매제한조치 중에 보호예수 대상이 된 증권으로 할 수 없는 것은 무엇인가?

① 공개매수에 응하는 경우
② 신주인수권부사채의 권리를 행사하는 경우
③ 주권병합을 위해 새로운 주권으로 교부받는 경우
④ 전환사채권 행사를 하는 경우

★★★

26. 금융투자업자의 자산건전성에 대한 설명으로 가장 올바르지 않은 것은?

① 순자본비율은 영업용 순자산에서 부채를 차감한 값을 총자산으로 나눈 값이다.

② 레버리지 비율은 개별 재무상태표상의 자기자본 대비 총자산의 비율로 계산된다.

③ 순자본비율을 계산할 때 금융투자업자의 연결재무제표에 계상된 장부가액을 기준으로 한다.

④ 필요 유지 자기자본은 금융투자업자가 영위하는 인가업무 또는 등록업무 단위별로 요구되는 자기자본을 합계한 금액이다.

★★★

27. 「금융기관 검사 및 제재에 관한 규정」상 검사 및 제재에 대한 설명으로 가장 거리가 먼 것은?

① 제재에 대한 이의신청 처리결과에 대해서 다시 이의를 신청할 수 있다.

② 금융감독원장은 금융기관의 업무 및 재산상황 또는 특정 부문에 대한 검사를 실시한다.

③ 금융감독원장은 제재에 관한 사항을 심의하기 위하여 제재심의위원회를 설치 · 운영한다.

④ 현장검사를 실시하는 경우 긴급한 현안사항 점검 등 사전통지를 위한 시간적 여유가 없는 불가피한 경우에는 검사사전예고통지서를 발송하지 아니할 수 있다.

정답과 해설

23 ④ 공개매수 관련 인허가권을 갖고 있는자로 공개매수에 있어 특수관계자로 본다.

24 ① 경영개선 권고에 대한 조치로는 인력 및 조직운용개선, 경비절감, 점포관리의 효율화, 부실자산의 처분, 영업용순자본행위의 제한, 신규업무진출제한, 자본금의 증액 혹은 감액, 특별대손충당금의 설정 등의 조치를 권고할 수 있다. 영업점 폐쇄는 경영개선 요구시 취할 수 있는 조치이다.

25 ① 보호예수는 해당 증권을 특정 기간 동안 매매하지 못하게 하는 제도이다. 공개매수에 응하는 것은 해당 증권을 매도하는 행위이기 때문에 보호예수기간에 이를 할 수 없다.

26 ① 순자본비율은 (영업용순자본－총위험액)/필요유지자기자본으로 계산한다.

27 ① 제재에 대한 이의신청에 대해서 다시 이의를 신청할 수 없다.

★★★

28. 다음 중 전매제한조치를 위해 보호예수 대상이 된 증권의 인출이 허용되지 않는 것은?

① 공개매수에 응하기 위한 경우
② 전환권, 신주인수권 등 증권에 부여된 권리행사를 하기 위한 경우
③ 주식의 액면 또는 권면의 분할 또는 병합에 따라 새로운 증권으로 교환하기 위한 경우
④ 전환형 조건부자본증권을 주식으로 전환하기 위한 경우

★★★

29. 다음 중 투자설명서 제도에 대한 내용으로 올바르지 않은 것은?

① 기업경영 등 비밀유지와 관련된 사항은 투자설명서에 기재를 생략할 수 있다.
② 투자설명서 받기를 거부한다는 의사를 서면 등으로 표시한 투자자일지라도 증권을 청약권유하기 위해서는 반드시 교부해야 한다.
③ 전자문서의 방법으로 투자설명서를 교부할 수도 있다.
④ 전문투자자에게는 투자설명서를 교부하지 않을 수 있다.

★★★

30. 다음 중 투자매매업자 및 투자중개업자의 투자자 예탁금에 대한 설명으로 올바르지 않은 것은?

① 투자자 예탁금은 투자매매업자 또는 투자중개업자의 고유재산과 구분하여 증권금융회사에 예치하거나 신탁업자에 신탁해야 한다.
② 투자자 예탁금을 신탁할 수 있는 은행, 한국산업은행, 중소기업은행, 보험회사는 신탁업 제2조에도 불구하고 자기계약을 할 수 없다.
③ 예치기관에 예치 또는 신탁한 투자자예탁금은 상계 · 압류하지 못한다.
④ 예치기관에 예치 또는 신탁한 투자자 예탁금을 양도하거나 담보로 제공할 수 없다.

★★

31. 다음 중 공개매수 철회에 대한 설명으로 잘못된 것은?

① 원칙적으로 공개매수 공고일 이후에는 공개매수를 철회할 수 없으나 대항공개매수가 있거나, 공개매수자가 사망하게 되면 공개매수를 즉시 철회해야 한다.

② 공개매수자가 발행한 어음 또는 수표가 부도가 되면 공개매수를 철회할 수 있다.

③ 공개매수 철회를 하기 위해서는 철회신고서를 금융위와 거래소에 제출하고, 해당 내용을 공고해야 한다.

④ 공개매수에 응모한 주주는 공개매수 기간 동안에는 아무런 이유 없이도 공개매수 응모를 철회할 수 있으며, 철회에 따른 불이익을 받지 않는다.

★★

32. 다음 중 의결권 대리행사 권유제도의 적용대상자에 해당하지 않는 것은?

① 의결권의 확보 혹은 취소 등을 목적으로 주주에게 위임장 용지를 송부하는 행위를 하는 자

② 자기 또는 제 3자에게 의결권의 행사를 대리시키도록 권유하는 행위를 하는 자

③ 의결권의 행사 또는 불행사를 요구하거나 의결권 위임의 철회를 요구하는 행위를 하는 자

④ 해당 상장주권 발행인의 임원인 자가 8명의 상대방에게 그 주식의 의결권 대리행사를 권유하는 때 그 임원

정답과 해설

28 ① 전매제한조치는 전매기간동안 주식 소유권의 사실상 이전을 금지하기 위한 조치이다. 공개매수에 응하는 것은 해당 주식을 매도하기 위한 행위이므로 전매제한조치를 위해 보호예수된 증권의 인출이 허용되지 않는다.

29 ② 투자설명서 교부가 면제되기 때문에 투자설명서를 교부할 필요가 없다.

30 ② 투자자예탁금을 신탁업자에게 신탁할 수 있는 금융투자업자는 은행, 한국산업은행, 중소기업은행, 보험회사이며, 이들은 신탁업 제2조에도 불구하고 자기계약을 할 수 있다. 즉 자신의 고객예탁금을 자신이 보관할 수 있다.

31 ① 공개매수 철회를 무조건 해야 하는 것은 아니며, 철회할 수 있는 사안이 될 수 있으며, 철회를 한다면 공개매수기간의 말일까지 철회할 수 있다.

32 ④ 해당 상장주권 발행인의 임원 혹은 발행인이 10인 미만의 상대방에게 의결권 대리행사를 권유하면 이는 의결권 대리행사 권유로 보지 않는다.

★

33. 다음 중 불공정거래 행위에 대한 설명으로 올바른 것은?

① 회사의 내부자로부터 중요한 미공개 정보를 수령한 사람은 그 중요 정보를 이용하여 해당 상장 회사의 증권 매매를 해도 된다.

② 내부자 거래 규제 대상 증권은 상장법인이 발행한 지분증권에 대해서 한정한다.

③ 중요한 내부 정보가 전국을 가시청권으로 하는 지상파 방송을 통해서 방송이 되었고 그 시간이 3시간이 흘렀으면 해당 정보를 알고 있는 내부자는 해당 정보를 이용하여 해당 기업의 증권 매매에 활용해도 된다.

④ 연합뉴스사를 통해 중요한 내부자 정보가 제공된 경우는 그 제공된 후 3시간이 지나면 해당 정보를 이용하여 해당 증권의 매매에 활용해도 된다.

★★

34. 다음 중 금융기관 검사 및 제재에 관한 규정에 대한 설명으로 올바르지 않은 것은?

① 금감원장은 현장검사를 실시하는 경우 원칙적으로 해당 금융기관에 사전예고통지를 검사착수일 1주일 전에 해야 한다.

② 금감원장은 적출된 지적사항에 대해서 제재를 건의하거나 금감원장의 조치를 취하기 전에는 해당 금융기관으로부터 의견진술을 할 수 있는 기회를 주어야 한다.

③ 제재를 받은 금융기관이 당해 제재처분에 대해 부당하다고 인정할 경우 이에 대한 이의를 신청할 수 있으며, 이의신청 처리결과에 대해서 한 번 더 이의신청할 수 있다.

④ 금융기관은 민사소송에서 패소가 확정될 경우 이에 대한 내용을 금감원장에게 보고해야 한다.

★★

35. 다음 중 미공개 정보 이용과 관련된 설명으로 올바르지 않은 것은?

① 내부자거래 규제의 적용대상 법인은 상장법인과 12개월 내 상장이 예정된 법인이다.

② 규제대상자는 내부자, 준내부자, 내부정보인지 알면서 이 정보를 수령한자이다.

③ 증권매매 자체가 금지되는 것은 아니며, 해당 미공개 내부자 정보를 이용한 증권매매행위가 금지되는 것이다.

④ 금융위 혹은 거래소가 설치, 운영하는 전자전달매체를 통하여 공개된 정보는 공개된 때부터 3시간이 지나면 더 이상 미공개정보로 보지 않는다.

★

36. 다음 중 내부자 단기매매차익 반환제도에 대한 설명으로 올바른 것은?

① 단기매매차익 발생사실은 금융위원회가 해당 법인에게 통보한다.

② 투자매매업자도 특정 주권상장법인의 증권 등을 모집, 매출하는 경우, 이러한 인수계약을 체결한 날부터 3개월 이내에 매수 또는 매도하여 그 날부터 6개월 이내에 매도 또는 매수하는 경우 이익이 발생하면, 이를 반환해야 한다.

③ 투자중개업자가 안정조작이나 시장조성을 위하여 매매하는 경우 그 매매날부터 6개월 이내에 매도, 매수하는 경우는 단기매매차익 반환제도를 적용하지 않는다.

④ 안정조작이란 투자매매업자가 일정한 방법에 따라 모집 또는 매출한 증권의 수요, 공급을 그 증권이 상장된 날부터 1개월 이상 6개월 이하의 범위에서 인수계약으로 정한 기간 동안 조성하는 매매이다.

정답과 해설

33 ③ 회사의 내부자로부터 중요한 미공개 정보를 수령하여 이를 이용하여 해당 회사의 증권의 매매에 활용하면 안되며, 이는 포괄적으로 규제하기 때문에 직접적인 내부자뿐만 아니라 이러한 내부정보를 수령한 자까지 해당 정보를 이용하여 증권 매매에 활용하면 안 된다. 내부자 거래규제 대상 증권은 상장법인 발행한 증권, CB, BW, EB도 포함된다. 지상파 방송을 통해서 방송이 되고 6시간이 지나면 해당 정보가 공개된 것으로 하며, 연합뉴스사를 통해서 해당 정보가 공개되고 6시간이 지나면 해당 정보가 공개된 것으로 한다.

34 ③ 이의신청한 결과에 대해서 다시 이의신청을 할 수 없다.

35 ① 6개월 이내 상장이 예정된 법인을 포함한다.

36 ② 단기매매차익 발생사실은 증권선물위원회가 해당 법인에 통보한다. 투자중개업자는 안정조작이나 시장조성을 할 수 없다. ④시장조성에 대한 설명이다. 안정조작은 투자매매업자자 모집 또는 매출의 청약기간 종료일 전 20일부터 그 청약기간의 종료일까지의 기간 동안 증권의 가격을 안정시켜 증권의 모집 또는 매출을 원활하도록 하는 매매이다.

★★

37. 다음 중 시세조종행위에 대한 규제로 올바르지 않은 것은?

① 규제대상 행위는 통정매매, 가장매매, 현실거래에 의한 조정, 허위표시등에 의한 시세조정, 가격고정 또는 안정조작행위, 현 · 선연계 시세조종행위 등이 있다.

② 상장증권의 매매를 유인할 목적으로 그 증권의 매매가 성황을 이루고 있다고 잘못 판단하게 하거나 그 시세를 변동시키는 매매 등의 행위를 할 수 없다.

③ 어떤 증권의 시세가 자기 혹은 타인의 시장 조작에 의하여 변동한다는 말을 유포하면 시세조정행위에 해당된다.

④ 현물과 선물을 연계하여 차익거래를 추구하는 행위는 시세조종행위에 해당된다.

★★

38. 다음 중 영업의 전부 혹은 일부의 매각을 조치할 수 있는 상황에 해당하지 않는 것은?

① 경영실태평가 결과 종합평가등급을 4등급 이하로 판정받은 경우

② 부실금융기관에 해당하는 경우

③ 경영개선명령을 받은 경우

④ 순자본비율이 100% 미만인 경우

★★

39. 다음 중 종합금융투자사업자에 대한 설명으로 올바르지 않은 것은?

① 종합금융투자사업자가 되기 위해서는 상법에 따른 주식회사, 3조 원 이상의 자기자본 등의 요건이 필요하다.

② 종합금융투자사업자는 금융위에서 인가를 통해 사업 허가여부를 결정한다.

③ 종합금융투자사업자가 될 수 있는 사업자는 투자매매업자 혹은 투자중개업자이어야 한다.

④ 종합금융투자사업자는 전담중개업무, 신용공여업무 등을 할 수 있다.

★★
40. 금융투자업자의 조사보고서 작성과 관련하여 잘못된 것은?

① 증권분석기관이 100분의 1 이상 투자한 회사에 대해서 평가업무가 금지된다.
② 선량한 관리자의 주의의무로 보고서를 작성해야 한다.
③ 분석보고서의 대상 법인이 증권분석기관의 특수관계자이면 평가업무를 할 수 없다.
④ 증권분석기관의 임원이 해당 법인에 100분의 1 이상을 출자하고 있으면 해당 법인의 평가를 할 수 없다.

★★
41. 다음 중 투자중개업자와 투자매매업자의 자기거래와 관련하여 올바른 것은?

① 투자중개업자 및 투자매매업자는 자신이 판매하는 집합투자상품을 매매하는 것이 자기계약이기 때문에 금지된다.
② 투자중개업자는 투자자의 동의를 받아 자기매매를 할 수 있다.
③ 투자매매업자 및 투자중개업자는 다자간매매체결회사를 통해서 거래할 경우 자기거래에 해당하므로 거래가 금지된다.
④ 투자매매업자 및 투자중개업자는 증권시장 내에서 거래할 경우 자기거래에 해당되므로 이러한 자기거래는 금지된다.

정답과 해설

37 ④ 현물과 선물 연계를 통한 차익거래는 시장의 효율성을 높여주기 때문에 시세조정행위에 해당되지 않는다.

38 ① 경영실태평가의 종합평가등급 4등급은 경영개선 요구사항에 해당된다. 경영개선명령을 받으면 이에 대한 조치로 영업의 전부 또는 일부의 양도를 명령할 수 있다.

39 ② 종합금융투자사업자는 금융위의 인가가 아니라 금융위에서 지정하는 기준을 충족해야 하기 때문에 등록절차가 필요하다.

40 ① 증권분석기관이 100분의 3 이상 투자한 회사에 대해서 해당 법인의 평가업무가 금지된다.

41 ② 투자중개업자 및 투자매매업자가 자신이 판매하는 집합투자상품을 매수하는 것은 자기계약 예외사항에 해당하여 허용된다. 투자중개업자는 투자자의 동의를 받아 자기매매를 할 경우 허용될 수 있다. 다자간매매체결회사를 통해서 거래하는 경우 자기계약의 예외사항에 해당하여 허용된다. 증권시장 내에서 거래할 경우 자기거래에 해당하지 않는다.

★★

42. 다음 중 금융투자업자의 자기계약과 관련한 내용으로 잘못된 것은?

① 투자매매업자 또는 투자중개업자는 금융투자상품에 관한 같은 매매에 있어 자신이 본인이 됨과 동시에 상대방의 투자중개업자가 되어서는 아니된다.
② 금융투자업 종사자는 금융소비자가 동의한 경우에는 금융소비자와의 거래 당사자가 될 수 있다.
③ 투자매매업자 또는 투자중개업자가 자기가 판매하는 집합투자증권을 매수하는 것은 허용한다.
④ 투자중개업자가 투자자로부터 다자간매매체결회사에서 매매의 위탁을 받아 다자간매매체결회사를 통해서 매매가 이루어지는 것은 자기계약으로 금지된다.

★★

43. 다음 중 간주모집에 해당하지 않는 것은?

① 지분증권이 모집 또는 매출된 실적이 있거나 증권시장에 상장된 경우
② 기업어음의 만기가 365일 이상인 경우
③ 단기사채의 만기가 6개월인 경우
④ 전환권이 부여된 경우 권리행사금지기간을 1년 이상으로 정한 경우

★★

44. 다음 중 자본시장법상 순영업비율 계산시 시장위험에 해당하지 않는 것은?

① 주가위험 ② 이자율위험
③ 외환위험 ④ 신용위험

★★
45. 다음 중 공개매수를 할 경우 특수관계자가 될 수 있는 사람은?

㉠ 공개매수 의무자의 주요주주 ㉡ 공개매수 의무자 계열사의 임원 ㉢ 인허가권을 갖고 있는 자

① ㉠, ㉡
② ㉠, ㉢
③ ㉡, ㉢
④ ㉠, ㉡, ㉢

★★
46. 다음 중 고객예탁금을 즉시 돌려주어야 하는 경우에 해당하지 않는 것은?

① 순자본비율이 100% 미만인 경우
② 회사채, 어음이 지급거절 당한 경우
③ 영업의 전부가 6개월 이상 금지당한 경우
④ 단기적인 유동성 악화로 고객의 예탁금을 지불하지 못한 경우

정답과 해설

42 ④ 예외적으로 허용되는 자기계약(거래)이다.
43 ④ 권리행사금지기간이 1년 이상이므로 전매가능성이 없어서 간주모집으로 볼 수 없다.
44 ④ 시장위험은 주식위험액, 금리위험액, 외환위험액, 집합투자증권 등 위험액, 일반상품위험액, 옵션위험액이 있다.
45 ④ 공개매수 관련 인허가권을 갖고 있는 자로 공개매수에 있어 특수관계자로 본다.
④ 단기적인 유동성 악화로 고객의 예탁금을 지불하지 못한 경우
46 ① 순자본비율이 100% 미만인 경우에는 경영개선 권고사항이다. 나머지는 긴급조치 사항에 해당된다.

02 회사법

★

01. 다음 중 주식에 대한 설명으로 올바르지 않은 것은?

① 주식회사는 액면주식을 무액면 주식으로 전환할 수 있다.
② 현재 우리나라는 기명주식만을 발행하고 있다.
③ 주권불소지를 주주가 택한 경우, 향후에 해당 기업에게 주권발행을 요구할 수 없다.
④ 액면금액은 최소 1주당 100원 이상으로 발행해야 한다.

★★

02. 다음은 여러 형태의 회사를 비교한 것이다. 올바르지 않은 것은?

① 합명회사는 인적결합이 강한 회사로 무한책임사원으로만 구성되어 있다.
② 유한회사는 유한책임사원으로만 구성되어 있다.
③ 유한책임회사는 유한책임사원으로만 구성되며, 사원의 지분을 양도하기 위해서는 사원총회의 다수결 결의가 필요하다.
④ 주식회사는 유한책임으로 구성된 주주로 구성되며, 거액의 고정자본이 필요한 대규모 회사의 형태에 알맞다.

★★

03. 다음 중 주식회사의 자본원칙에 대한 설명으로 올바르지 않은 것은?

① 상법은 회사 설립시 발행할 수 있는 주식의 총수를 정관의 절대적 기재사항 중 하나로 규정하고 있다.
② 주식회사는 회사의 자본액에 상당하는 재산을 실질적으로 확보하고 있어야 한다.
③ 주식회사의 자본금은 어떠한 일이 있어도 감소할 수 없다.
④ 주식회사의 자본원칙은 자본확정, 자본충실, 자본불변의 원칙이 있다.

★★★

04. 다음 중 주식회사의 설립절차로 가장 올바른 것은?

① 발기인 → 정관작성 → 실체구성 → 설립등기
② 정관작성 → 발기인 → 실체구성 → 설립등기
③ 실체구성 → 발기인 → 정관작성 → 설립등기
④ 정관작성 → 실제구성 → 발기인 → 설립등기

★★

05. 다음 중 주식회사 설립과 관련한 내용으로 올바르지 않은 것은?

① 법인도 발기인이 될 수 있다.
② 정관의 절대적 기재사항으로는 목적, 상호, 회사가 발행할 주식의 총수, 액면주식을 발행하는 경우 1주의 금액, 본점소재지, 회사가 공고하는 방법 등이 있다.
③ 주식의 일부를 발기인이 인수하고 나머지 일부에 대해서 주주를 모집하는 방법은 발기설립이다.
④ 주식회사 설립에 있어서 설립절차의 조사·감독은 원칙적으로 이사, 감사가 담당한다.

정답과 해설

01 ③ 주권불소지 의사를 회사에 표명했더라도, 향후 주식 발행을 회사에 요구할 수 있다.

02 ③ 유한책임사원의 지분을 양도하기 위해서는 사원 전원의 동의가 필요하다.

03 ③ 주주총회의 특별결의와 채권자 보호절차 등을 한다면, 예외적으로 주식회사의 자본을 감소시킬 수 있다.

04 ① 발기인 → 정관작성 → 실체구성 → 설립등기의 순서로 주식회사를 설립한다.

05 ③ 발기인이 발행주식을 모두 인수하는 것은 발기설립이고, 발행주식의 일부에 대해서 주주를 모집하는 것은 모집설립이다.

★★★

06. 다음 중 상법의 자본충실을 위한 제도는 모두 몇 개인가?

- 이익배당의 제한
- 주식의 액면미달발행의 제한
- 변태설립에 대한 엄격한 조사와 감독
- 발기인의 주식인수, 납입담보책임
- 법정준비금제도

① 2개　　② 3개

③ 4개　　④ 5개

★★

07. 다음 중 회사설립에 대한 책임의 설명으로 올바르지 않은 것은?

① 회사 성립시 발행주식에 대해서 발기인이 연대하여 책임을 져야 한다.

② 회사가 성립되지 않았을 경우, 발기인 전원이 연대책임을 지고, 회사 설립에 관하여 지급한 일체의 비용을 발기인이 부담해야 한다.

③ 이사, 감사가 임무를 게을리하여 회사나 제3자에게 손해를 입힌 때에는 이사, 감사와 발기인이 연대하여 배상할 책임을 지고, 이러한 책임은 주주 전원의 동의로 면제할 수 없다.

④ 법인이 선임한 검사인이 악의 또는 중대한 과실로 인하여 손해배상 책임이 발생하면 법원이 선임한 검사인이 그 손해에 대해서 배상할 책임이 있다.

★★

08. 다음 중 주주의 권한에 대한 설명으로 올바르지 않은 것은?

① 회사와의 관계에 있어서 주주명부상의 주주만이 주주로서 지위를 가지게 된다.

② 자연인, 법인은 주주가 될 수 있으나, 행위제한 능력자는 주주가 될 수 없다.

③ 원칙적으로 주주평등의 원칙이 위배된 정관의 규정이나 주주총회의 결의는 무효이나 예외적으로 이익배당 및 잔여재산 분배에 관한 종류주식, 의결권 배제하거나 제한하는 종류주식 등에 대해서는 예외를 인정하고 있다.

④ 이익배당청구권, 잔여재산분배청구권, 신주인수권, 주권교부청구권, 주식의 양도권은 주주의 자익권에 해당한다.

★★

09. 다음 주식회사에 대한 설명으로 잘못된 것은?

① 단독주주권으로는 의결권, 설립무효판결청구권, 총회결의취소판결청구권 등이 있다.

② 소소주주권으로는 주주총회소집청구권, 회계장부열람권, 이사 등 해임청구권 등이 있다.

③ 원칙적으로 상장회사는 주요 주주 및 그 특수관계인, 이사 및 집행임원, 감사를 상대방으로 하거나 이러한 자를 위하여 신용공여를 할 수 없다.

④ 이사, 집행임원 또는 감사에 대한 금전대여로서 학자금, 주택자금 또는 의료비 등 복리후생을 위하여 5억 원의 범위 안에서 금전 등을 대여할 수 있다.

★★

10. 다음 중 자기주식 취득규제와 관련된 설명으로 잘못된 것은?

① 배당가능 이익범위 내에서 예외적으로 자기주식을 취득할 수 있다.

② 회사가 특정 목적으로 자기주식을 취득하는 경우에는 배당 가능 이익을 취득재원으로 하지 않더라도 자기주식을 취득할 수 있다.

③ 모자관계의 회사에 있어서는 자회사가 모회사의 주식을 원칙적으로 취득할 수 있다.

④ 주주총회 결의를 통해 자기주식을 취득할 경우에는 취득할 수 있는 주식의 종류 및 수, 취득가액의 총액의 한도 등을 미리 주주총회 결의로 정해야 한다.

정답과 해설

06 ④ 보기의 모든 내용이 상법상 자본충실을 위한 제도이다.

07 ④ 해당 책임은 주주 전원의 동의로 면제할 수 있다.

08 ② 행위제한 능력자도 주주가 될 수 있다.

09 ④ 한도 금액은 1억 원이다.

10 ③ 모자관계에 있어서 원칙적으로 자회사는 모회사의 주식을 취득할 수 없다. 모자관계에 있어 모회사란 자회사의 발행주식 총수의 100분의 50을 초과하는 주식을 가지고 있는 회사를 말한다.

★★

11. 주식의 포괄적 교환에 대한 설명으로 올바르지 않은 것은?

① 주식의 포괄적 교환이란 회사가 다른 회사 발행주식 전부와 자기회사의 주식을 교환함으로써 완전 자회사의 주식은 완전 모회사로 된 회사에 이전하고, 완전 자회사로 된 회사의 주주는 완전 모회사로 된 회사가 발행한 신주를 배정받아 그 회사의 주주가 되는 것을 의미한다.
② 완전 모회사가 완전 자회사의 주주들에게 교환대가로 자신의 모회사의 주식을 취득하여 이전할 수 있다.
③ 주식의 포괄적 교환을 하고자 할 경우에는 주식교환계약서를 작성하고 이사회 결의만 하면 된다.
④ 주식의 포괄적 교환에 반대하는 주주는 원칙적으로 회사에 대하여 주식매수청구권을 행사할 수 있다.

★★

12. 다음 중 지배주주의 매도청구에 대한 설명으로 올바른 것은?

① 지배주주가 소수주주에게 주식매도 청구할 때는 이사회 결의로 가능하다.
② 발행주식 총수의 90% 이상을 보유한 주주는 경영목적을 달성하기 위해 필요한 경우 소수주주가 보유하는 주식의 매도를 청구할 수 있다.
③ 지배주주가 소수주주에게 매매가액을 지급한 때에 주식이 이전된 것으로 본다.
④ 지배주주로부터 매수청구를 받은 소수주주는 3개월 내에 지배주주에게 주식을 매도해야 한다.

★★

13. 다음 중 주주총회 특별결의 사항으로 알맞은 것은?

① 주식소각 ② 이사선임
③ 주식병합 ④ 감사선임

★★

14. 다음 중 주주총회의 보통결의사항에 해당하는 것은 무엇인가?

① 주식의 포괄적 교환 ② 이사의 회사에 대한 책임 면제
③ 주식배당 ④ 중간배당

★★

15. 다음 중 주주의 의결권 행사제한과 관련된 설명으로 올바르지 않은 것은?

① 총회의 결의에 관하여 특별한 이해관계가 있는 주주는 의결권을 행사하지 못한다.

② 회사, 모회사 및 자회사 또는 자회사가 다른 회사의 발행주식 총수의 10분의 1을 초과하는 주식을 가지고 있는 경우에는 그 다른 회사가 가지고 있는 회사 또는 모회사의 주식에 대해서 의결권을 행사하지 못한다.

③ 감사 선임에 있어서 의결권 없는 주식을 제외한 발행주식 총수의 100분의 3을 초과하는 수의 주식을 가진 주주는 보유 주식 전부에 대해서 의결권을 행사할 수 없다.

④ 자산총액 2조원 이상인 상장회사가 정관으로 집중투표를 배제하거나 그 배제된 정관을 변경하려는 경우에는 의결권 없는 주식을 제외한 발행주식 총수의 100분의 3을 초과하는 주식은 의결권을 행사할 수 없다.

★★

16. 다음 중 이사의 의무에 해당하지 않는 것은?

① 충실의무
② 경업금지의무
③ 비밀유지의무
④ 주주총회에 감사보고서 제출의무

정답과 해설

11 ③ 이사회 결의도 필요하지만, 주주총회 특별결의를 통해 주식의 포괄적 교환을 할 수 있다.

12 ② 지배주주는 소수주주에게 주식 매도청구를 주주총회의 승인을 받아서 해야 하며, 발행주식 총수의 95% 이상인 지배주주가 이를 실시할 수 있으며, 지배주주로부터 매수청구를 받은 소수주주는 2개월 이내에 지배주주에게 해당 주식을 매도해야 한다.

13 ③ 주식병합은 주식 수 변경을 가져와서 정관을 수정해야 하며, 이는 주주총회 특별결의를 거쳐야 한다. 주식소각은 이사회결의를 통해서 할 수 있으며, 이사선임과 감사선임은 주주총회 보통결의를 통해 할 수 있다.

14 ③ 주주총회 보통결의사항은 지배주주의 매도청구, 이사, 감사, 청산인의 선임 및 그 보수의 결정, 재무제표 승인, 주식배당, 주주총회 연기 또는 속행 결정 등이 있으며, 특별결의 사항은 주식의 포괄적 교환, 사후 설립, 임의해산등이 있으며, 이사의 회사에 대한 책임 면제는 총주주의 동의로 가능하며, 중간배당은 이사회에서 결정한다.

15 ③ 100분의 3을 초과하는 주식에 대해서만 의결권 행사가 제한된다.

16 ④ 주주총회의 감사보고서 제출의무는 감사의 의무이다.

★★

17. 주식회사의 이사에 대한 설명으로 올바르지 않은 것은?

① 이사는 이사회의 구성원으로 회사의 업무집행에 관한 의사결정을 하고, 이사회를 통하여 대표이사 및 집행임원 등의 업무집행을 감독할 권한을 가진다.
② 이사는 3인 이상을 둘 수 있다.
③ 자본금 10억원 미만의 회사에는 1인 또는 2인 이사만 둘 수도 있다.
④ 사외이사는 회사의 상무에 종사하는 이사이며, 상장회사는 일정 수 이상의 사외이사 선임을 강제하고 있다.

★★

18. 다음 중 감사에 관한 설명으로 올바르지 않은 것은?

① 감사는 이사회에서 선임한다.
② 감사는 이사회의 결의 자체도 감사할 수 있다.
③ 감사는 업무감사에 있어서 감사결과를 반드시 주주총회에 보고해야 한다.
④ 감사는 영업보고청구권, 업무 · 재산상태조사권, 자회사 감사권, 이사회 참석권, 손해보고 수령권, 이사에 대한 유지청구권, 주주총회 및 이사회소집청구권, 감사 해임에 대한 의견진술과 같은 권한을 갖는다.

★★

19. 다음 중 신주발행과 관련한 내용으로 올바르지 않은 것은?

① 액면미달 발행을 하기 위해서는 주주총회 특별결의가 필요하다.
② 모든 주주는 원칙적으로 자신이 소유하는 주식의 수에 비례하여 평등하게 신주인수권이 있다.
③ 신주를 인수할 때 현물출자는 엄격하게 금지되어 현물출자로 신주를 인수할 수 없다.
④ 신주를 인수한 자가 이사와 통모하여 현저하게 불공정한 발행가액으로 신주를 인수한 경우 신주를 인수한 자는 회사에 대하여 공정한 발행가액과의 차액에 상당한 금액을 지급할 의무가 있다.

★★

20. 다음 중 자본금 감소와 관련한 내용으로 올바르지 않은 것은?

① 자본금을 감소하는 방법은 주금액을 감소하는 방법과 주식수를 감소시키는 방법이 있다.
② 결손의 보전을 위한 자본금 감소에는 주주총회 특별결의가 필요하다.
③ 원칙적으로 자본금 감소를 하기 위해서는 채권자 보호절차가 있어야 한다.
④ 자본금 감소는 그 절차 또는 내용에 중대한 하자가 있을 때는 무효가 될 수 있다.

★★

21. 다음 중 준비금에 대한 설명으로 잘못된 것은?

① 이익준비금은 회사의 자본금의 2분의 1이 될 때까지 매 결산기 이익배당액의 10분의 1 이상을 적립해야 한다.
② 주식배당을 하더라도 이익준비금을 적립해야 한다.
③ 회사의 자본거래에서 발생한 잉여금을 자본준비금으로 적립한다.
④ 이익준비금 혹은 자본준비금의 처분은 원칙적으로 결손보전에 충당하는데 처분해야 한다.

정답과 해설

17 ④ 사외이사는 회사의 상무에 종사하는 이사가 아니다.
18 ① 감사는 주주총회에서 선임한다.
19 ③ 현물출자를 통해서 신주를 인수할 수 있다.
20 ② 결손의 보전을 위한 자본금 감소는 주주총회 보통결의로 가능하다.
21 ② 주식배당을 하는 경우 자금의 사외유출이 없기 때문에 이익준비금을 적립하지 않아도 된다.

★★
22. 이익배당에 대한 설명으로 올바르지 않은 것은?

① 이익배당의 방법으로는 금전, 현물, 주식에 의한 배당이 가능하다.
② 이익배당은 매 영업연도 말에 결산하여 손익을 확정한 다음에만 할 수 있으나, 영업연도 중 1회에 한하여 이사회 결의로 주주에게 이익을 배당할 수도 있다.
③ 중간배당은 금전배당만 허용된다.
④ 상장회사는 그 사업연도 개시일부터 3월, 6월, 9월 말일 당시의 주주에게 이사회 결의로 금전으로 분기배당을 할 수 있다.

★★
23. 주식배당에 대한 다음 설명 중 올바르지 않은 것은?

① 주주총회 결의에 의하여 주식배당을 할 수 있으나, 주식에 의한 배당은 이익배당총액의 2분의 1에 상당하는 금액을 초과할 수 없다.
② 미발행 주식수가 없을 경우에는 정관을 변경하여 수권 주식수를 증가시켜야 한다.
③ 주식배당을 할 때에는 이사회 결의로도 주식배당이 가능하다.
④ 주식배당을 하면 자본금이 증가하게 되어 일정한 기간 내에 변경등기를 해야 한다.

★★
24. 다음 중 사채발행과 관련한 내용으로 올바르지 못한 것은?

① 회사는 원칙적으로 주주총회 결의를 통해 사채를 발행해야 한다.
② 사채의 모집이 완료된 때에는 이사는 지체 없이 인수인에 대하여 각 사채의 전액 또는 제1회의 납입을 시켜야 한다.
③ 기명사채의 이전과 관련해서는 일반적인 양도방법과 같이 당사자간 의사의 합치와 채권의 교부로 할 수 있다.
④ 사채를 발행한 회사는 사채관리회사를 정하여 변제의 수령, 채권의 보전, 그 밖에 사채의 관리를 위탁할 수 있다.

★★

25. 다음 중 사채권자집회에 대한 설명으로 틀린 것은?

① 사채권자집회는 사채를 발행한 회사 또는 사채관리회사가 소집한다.

② 사채권자집회의 결의는 법원의 인가 없이도 원칙적으로 효력이 발생한다.

③ 사채권자집회의 결의사항으로는 사채관리회사의 사임 및 해임, 사채관리회사의 사무승계자 선정등 사채권자의 이해에 중대한 관계가 있는 사항을 결의할 수 있다.

④ 사채권자집회는 해당 종류의 사채총액의 500분의 1 이상을 가진 사채권자 중에서 1명 또는 여러 명의 대표자를 선임하여 그 결의할 사항의 결정을 위임할 수 있다.

★★

26. 다음 중 회사의 분할과 합병에 대한 설명으로 올바르지 않은 것은?

① 합병시 합병계약서를 작성해야 한다.

② 물적분할은 원칙적으로 이사회 결의로 가능하다.

③ 합병 무효는 합병등기일 후 6개월 이내에 소송으로만 주장할 수 있다.

④ 분할은 하나 이상의 회사를 2개 이상의 회사로 분리하는 것이며, 주식회사에서만 인정한다.

정답과 해설

22 ③ 중간배당은 현물로 할 수도 있다.

23 ③ 주식배당은 주주총회의 배당결의에 의하며 보통결의로 가능하다.

24 ① 사채발행은 이사회 결의를 통해서 할 수 있다.

25 ② 사채권자 집회의 결의는 법원의 허가가 없어도 가능하나, 결의가 효력이 발생하기 위해서는 법원의 인가를 받아야 한다.

26 ② 물적분할은 원칙적으로 주주총회의 특별결의로 가능하나, 소규모 분할일 때에는 이사회 결의로 이를 갈음할 수 있다.

★★

27. 회사 합병 절차에 대한 설명으로 잘못된 것은?

① 합병에 반대하는 주주는 주식매수청구권을 보유한다.
② 합병을 하기 위해서는 원칙적으로 합병계약에 의거 합병을 한다.
③ 합병으로 인하여 소멸하는 회사의 총주주의 동의가 있거나 그 회사의 발행주식 총수의 100분의 90 이상을 합병 후 존속하는 회사가 소유하고 있는 경우의 합병은 소규모 합병이다.
④ 주식회사의 간이합병과 소규모 합병의 경우에는 주주총회의 특별결의 없이 이사회 승인만으로 합병이 가능하다.

★★

28. 다음 중 다양한 회사의 형태에 관한 설명으로 올바르지 않은 것은?

① 2인 이상의 무한책임사원으로 구성되어 있는 회사는 합명회사이다.
② 유한회사에서 감사는 필요시 선임할 수 있다.
③ 합자회사는 유한책임사원으로만 구성되어 있어, 중요한 의사결정은 사원총회 특별결의를 통해 결정한다.
④ 상법상 회사는 모두 법인격을 갖는다.

★★

29. 다음 중 주식회사의 자본에 대한 설명으로 올바른 것은?

① 주식회사는 액면주식을 발행한 상태에서 주주총회의 특별결의가 있으면 무액면 주식을 발행할 수 있다.
② 자본금 납입이 완료되기 전이라도 납입에 대한 확약만 있으면 주식을 발행해야 한다.
③ 회사의 자산이 회사의 채무에 미달할 경우 주주는 그 미달금액에 대한 책임을 져야 한다.
④ 모집설립 방법으로 회사를 설립할 경우라도 발기인은 해당 주식을 1주라도 인수해야 한다.

★★

30. 다음 중 자본충실의 원칙과 관련이 없는 내용은 무엇인가?

① 이익배당의 제한
② 주식 액면미달 발행의 금지
③ 회사설립시 현물출자와 현금출자는 동일한 절차로 출자된다.
④ 회사설립시 미인수된 주식에 대해 발기인이 주금 납입에 대한 책임을 진다.

★

31. 다음 중 회사설립에 대한 내용으로 잘못된 것은?

① 모집설립시 출자이행이 완료되면 창립총회를 소집하여 이사, 감사를 선임한다.
② 법인은 발기인이 될 수 없다.
③ 회사 실체의 구성이 완료되면 2주 내에 설립등기를 해야 한다.
④ 강행법규 등을 위반한 중대한 경우 설립무효소송을 할 수 있다.

정답과 해설

27 ③ 간이합병에 대한 설명이다. 소규모 합병은 합병 후 존속하는 회사가 합병으로 인하여 발행하는 신주 및 이전하는 자기주식의 총수가 그 회사의 발행주식 총수의 100분의 10을 초과하지 아니하는 경우의 합병을 말한다.

28 ③ 합자회사에는 1인 이상의 무한책임 사원이 있다.

29 ④ 액면주식과 무액면주식 둘 중 하나만 발행이 가능하며, 자본금 납입이 완료되지 않으면 주식은 발행할 수 없으며, 주주는 유한책임만을 지기 때문에 채무가 자산을 초과해도 그 초과분에 대한 책임이 없다.

30 ③ 변태설립사항이 발생할 경우 해당 사항에 대한 엄격한 조사와 감독을 한다.

31 ② 법인도 발기인이 될 수 있다.

★★

32. 다음 중 주주에 대한 설명으로 잘못된 것은?

① 주식회에서는 발행주식 전부를 1인 주주가 소유하는 1인 회사를 인정한다.

② 일반적으로 주주인지 여부는 실질적 법률관계보다 주주명부상의 주주로 등재되어 있는 것만으로 결정된다.

③ 회사는 주주를 그 소유주식의 수에 따라 평등하게 대우해야 한다.

④ 이익배당청구권, 잔여재산분배청구권은 주주의 자익권 중의 하나이다.

★★

33. 다음 공익권 중 주주가 단독으로 행사할 수 있는 공익권이 아닌 것은?

① 설립무효판결청구권　　② 총회결의취소판결청구권

③ 신주발행유지청구권　　④ 주주총회소집청구권

★★

34. 다음 중 주주와 이해관계인과의 거래 제한에 대한 설명으로 잘못된 것은?

① 상장회사는 원칙적으로 이사가 담보를 제공하면 이사에게 금전을 대여할 수 있다.

② 자산총액 2조원 이상인 상장회사는 최대주주를 상대방으로 하는 단일 거래규모가 최근사업연도말 현재의 자산총액의 100분 1이상인 거래를 하기 위해서는 이사회의 승인이 필요하다.

③ 회사는 감사에게 학자금 명목으로 1억원의 범위안에서는 금전대여를 할 수 있다.

④ 상장회사와 대주주간에 최근 사업연도말 매출총액 100분의 1 이상인 거래를 한 후에는 정기주주총회에서 해당 거래에 대해서 보고해야 한다.

★★

35. 다음 중 주식양도에 대한 설명으로 올바르지 않은 것은?

① 법률 또는 정관에 의하지 않고는 주식양도를 원칙적으로 제한할 수 없다.

② 이사 또는 집행임원은 자신이 원하는 시기에 아무런 제재없이 권리주의 양도를 할 수 있다.

③ 주권발행전에 한 주식의 양도는 회사에 대하여 효력이 없다.

④ 원칙적으로 모자관계의 회사에 있어서 자회사가 모회사의 주식을 취득할 수 없다.

★

36. 다음 중 주식매수선택권을 행사할 수 있는 최소요건에 해당하는 것은?

① 주주총회 결의일로부터 2년 이상 재임 또는 재직해야 한다.
② 주주총회 결의일로부터 3년 이상 재임 또는 재직해야 한다.
③ 주주총회 결의일로부터 4년 이상 재임 또는 재직해야 한다.
④ 주주총회 결의일로부터 5년 이상 재임 또는 재직해야 한다.

★★

37. 다음 중 주식의 포괄적 교환에 대한 설명으로 잘못된 것은?

① 주식의 포괄적 교환을 하기 위해서는 주식교환계약서를 작성해야 하고 주주총회의 보통결의에 의한 승인을 받아야 한다.
② 주식교환으로 인하여 특정 주식의 주주에게 손해가 미치게 될 때에는 종류주주총회 결의도 거쳐야 한다.
③ 간이 주식교환, 소규모 주식교환은 이사회의 승인으로 주주총회 승인을 갈음할 수 있다.
④ 소규모 주식교환의 경우에 주식의 포괄적 교환에 반대하는 경우, 원칙적으로 주식매수청구권이 인정되지 않는다.

정답과 해설

32 ② 회사와의 관계에 있어서 주주명부상의 주주만이 주주로서 지위를 가지나, 일반적으로 주주인지의 여부는 실질적 법률관계에 의하여 정해진다.

33 ④ 주주총회소집은 일반법인은 지분율 3%이상의 주주가 소집할 수 있으며, 자본금 1천억원 이상의 상장회사는 지분을 1.5%이상 보유한 주주가 소집할 수 있다.

34 ① 상장회사는 원칙적으로 이사, 주요주주 및 그 특수관계인, 집행임원, 감사를 상대방으로 하거나 이러한 자를 위하여 신용공여를 하여서는 안된다.

35 ② 발기인, 이사 또는 집행임원이 권리주를 양도한 때에는 과태료의 제재를 받는다.

36 ① 주주총회 결의일 (혹은 이사회결의일)로부터 2년 이상 재임 또는 재직해야 한다.

37 ① 주주총회의 특별결의에 의한 승인을 획득해야 한다.

★★

38. 다음 중 지배주주의 매도청구에 대한 설명으로 잘못된 것은?

① 회사의 발행주식 총수의 100분의 95 이상을 보유하고 있는 주주는 회사의 경영상의 목적을 달성하기 위해 회사의 다른 주주에게 주식의 매도를 청구할 수 있다.

② 지배주주가 소수주주에게 주식의 매도를 청구할 때는 주주총회의 승인을 받아야 한다.

③ 지배주주는 매도청구일 10일 전까지 소수주주에게 매매가액의 수령과 동시에 주권을 지배주주에게 교부해야 한다는 것을 공고해야 한다.

④ 지배주주의 매도청구를 받은 소수주주는 매도청구를 받은 날로부터 2개월 내에 지배주주에게 보유하고 있는 주식을 매도해야 한다.

★★

39. 다음 중 주주총회의 특별결의사항에 해당하지 않는 것은?

① 정관의 변경　　② 감사의 해임

③ 자본의 감소　　④ 재무제표의 승인

★★

40. 다음 중 주주총회의 소집권자가 아닌 것은?

① 이사회　　② 감사

③ 법원　　④ 금융감독원

★★

41. 다음 중 의결권에 대한 설명으로 올바르지 않은 것은?

① 의결권 행사를 위해서는 주주명부에 명의개서가 되어 있어야 한다.

② 주주는 2개 이상의 의결권을 갖고 있을 때 이를 통일하여 행사해야만 한다.

③ 주주는 대리인으로 하여금 자신의 의결권을 대리행사하게 할 수 있다.

④ 주주는 서면으로 의결권을 행사할 수 있다.

★★

42. 다음 중 주주의 의결권 행사제한에 대한 설명으로 잘못된 것은?

① 총회의 결의에 있어 특별한 이해관계가 있는 자는 의결권을 행사하지 못한다.

② 회사의 자기주식은 의결권이 없다.

③ 자회사가 모회사의 주식을 취득한 경우 해당 주식은 의결권이 예외적으로 인정된다.

④ 감사의 선임에 있어서 발행주식 총수의 100분의 3을 초과하는 수의 주식을 보유한 주주는 초과분에 대해서 의결권행사를 하지 못한다.

★★

43. 다음 중 이사회에 대한 설명으로 잘못된 것은?

① 이사는 3인 이상이어야 하나, 1인 또는 2인 이사를 예외적으로 두는 경우도 있다.

② 임기만료전에 이사가 해임될 경우 이사는 회사를 상대로 손해배상청구소송을 할 수 있다.

③ 자산총액 2조원 이상의 상장회사는 사회이사를 4명이상으로 하되 이사 총수의 과반수가 되도록 해야 한다.

④ 이사는 충실의무, 경업금지의무, 회사의 기회 및 자산유용금지, 자기거래 금지의무등이 있다.

정답과 해설

38 ③ 지배주주는 매도청구일 1개월 전까지 공고해야 한다.

39 ④ 재무제표의 승인은 주주총회의 보통결의사항이다.

40 ④ 금융감독원은 주주총회의 소집권자가 아니다.

41 ② 주주는 의결권불통일행사를 할 수 있다.

42 ③ 자회사가 보유하고 있는 모회사 주식에 대해서 의결권을 행사할 수 없다.

43 ③ 사외이사는 3명이상으로 하되 이상 총수의 과반수가 되도록 해야 한다.

★★
44. 다음 중 감사에 대한 설명으로 잘못된 것은?

① 감사위원회가 있으면 감사를 두지 않을 수 있다.
② 자본금 총액이 10억 원 미만인 회사는 감사를 선임하지 않을 수 있으며, 대표이사는 감사의 역할을 한다.
③ 이사와 회사간의 소송이 발생하면 감사는 그 소에 관하여 회사를 대표한다.
④ 감사위원회는 3인 이상의 이사로 구성되어야 한다.

★★
45. 다음 중 신주발행과 관련된 내용을 잘못 설명하고 있는 것은?

① 현물출자를 하는 경우, 공인된 감정을 통해 현물출자가액을 정할 수 있다.
② 신주발행은 이사회가 결정할 수 있다.
③ 신주의 할인 발행은 회사가 성립한 날로부터 2년이 경과해야 할 수 있다.
④ 상장회사가 할인 발행을 하기 위해서는 이사회의 특별결의가 필요하다.

★★
46. 다음 중 배당에 대한 설명으로 올바르지 않은 것은?

① 영업연도 중에 1회에 한하여 이사회의 결의로 배당을 할 수 있다.
② 상장회사는 분기배당을 할 수 없다.
③ 배당금 지급은 원칙적으로 이익배당에 관한 주주총회나 이사회 결의일로부터 1개월 이내에 해야 한다.
④ 주식배당은 이익배당총액의 2분의 1에 상당하는 금액을 초과할 수 없다.

★★

47. 다음 중 합병에 대한 설명으로 올바르지 않은 것은?

① 합병을 하기 위해서는 합병계약이 존재해야 한다.

② 주식회사의 간이합병과 소규모합병은 이사회 승인으로 가능하다.

③ 합병반대주주는 주식매수청구권을 행사할 수 있다.

④ 합병의 중대한 하자가 존재하는 경우 주주는 주주총회에서 합병 무효를 주장할 수 있다.

정답과 해설

44 ② 주주총회가 감사의 역할을 한다.

45 ④ 주주총회의 특별결의를 통해서 할 수 있다.

46 ② 상장회사는 정관에 정함이 있으면 분기배당을 할 수 있다.

47 ④ 합병무효는 소만으로만 주장할 수 있다.

03 직무윤리

핵심 주제 1 직무윤리의 이해

★

01. 다음 중 법과 윤리에 대한 설명으로 올바르지 않은 것은?

① 윤리는 사회적인 의미로 확장되면 정의라고 부르며, 이는 절대 다수의 합의를 전제로 하는 문화현상이라고 볼 수 있다.

② 법은 정당한 것을 지향하는 규범이라고 할 수 있으며, 필요한 한도 내에서 윤리를 스스로의 영역 속에 채택한 것이라고 볼 수 있다.

③ 법은 궁극적으로 윤리의 실현을 목적으로 두고 있으며 이는 있어야 할 법이라고도 한다.

④ 윤리는 개인적인 도덕심을 지키는데 가장 큰 목적을 두고 있으며, 자율성에 그 기반을 두고 있다.

★

02. 다음 중 법과 윤리에 대한 설명으로 틀린 것은?

① 개인적이고 내면적인 규범은 윤리이며, 이것이 사회적인 범위로 확장되면 법이다.

② 윤리는 절대 다수의 합의를 전제로 하는 문화현상이다.

③ 법이 지키고자 하는 정의는 사회적인 것이며, 윤리가 지키고자 하는 것은 도덕심이다.

④ 법은 궁극적으로 윤리의 실현을 목적으로 한다.

★★

03. 다음 중 직무윤리와 윤리경영에 대한 설명으로 올바르지 않은 것은?

① 기업윤리는 조직의 모든 구성원에게 요구되는 윤리적 행동을 강조하는 구체적인 개념이다.

② 직무윤리는 개인의 윤리적 행동과 태도를 구체화하여 이를 업무와의 직접적인 관련성을 높였다.

③ 기업윤리는 윤리강령등의 추상적인 선언문의 형태이다.

④ 윤리경영은 직무윤리를 기업운영방식에 적용한 것으로 경영활동 과정에서 발생하는 잠재적인 이해상충, 기업지배구조, 뇌물 수수 및 횡령 등까지 포괄하는 통합적인 개념이다.

★★

04. 다음 중 금융투자업에서 직무윤리가 강조되는 이유에 해당하지 않는 것은?

① 산업의 고유속성으로 고객의 자산을 위탁 받아 운영 · 관리하므로 고객의 이익을 침해할 가능성이 높아 타 산업보다 더 높은 기준의 직무윤리를 요구한다.

② 자본시장에서 취급하는 금융투자상품은 원본손실 위험이 내포되어 있어 고객과의 분쟁 가능성이 높으며 직무윤리를 통해 분쟁가능성을 줄여줄 수 있다.

③ 자신이 소속한 기업의 실적달성을 위해 여러 압박이 존재하고 그러한 압박속에서 금융투자업 종사자 자신을 보호하는 역할을 한다.

④ 복잡한 금융상품에서 직관적이고 단순한 금융상품 개발이 가속화되어 금융소비자 보호를 위한 최소한의 수준 이상의 윤리적인 업무자세가 요구된다.

★

05. 다음 중 윤리경영이 중요한 이유에 해당하지 않는 것은?

① 윤리적인 행동을 통해서 사회적 비용을 줄일 수 있다.

② 윤리적인 행동은 비즈니스에서 발생하는 거래 비용을 줄일 수 있다.

③ 윤리는 생산 투입의 하나의 요소로 볼 수 있어 금융산업에 있어서 중요한 자산이다.

④ 윤리를 지키는 것에 따른 비용이 많이 발생해서, 기업의 서비스제공 원가를 높여준다.

정답과 해설

핵심 주제 1 직무윤리의 이해

01 ③ 법은 있는 그대로의 법이다.

02 ① 사회적인 범위로 확장되면 정의이며, 정의는 법과 윤리를 모두 포괄하는 개념이다.

03 ① 기업윤리는 추상적이고 포괄적인 개념이고 이를 구체화한 것이 직무윤리라고 볼 수 있다.

[보충플러스]

- 기업윤리는 경영환경에서 발생할 수 있는 모든 도덕적, 윤리적 문제들에 대한 판단 기준이며 조직 구성원들에게 요구되는 윤리적 행동을 강조하는 포괄적인 개념
- 직무윤리는 조직 구성원이 맡은 업무를 수행하면서 지켜야 하는 윤리적 행동과 태도를 구체화한 것
- 기업윤리는 '윤리강령'등의 추상적인 선언문, 직무윤리는 '임직원 행동강령'등으로 구체화된 것
- 윤리경영은 직무윤리를 기업의 경영에 도입한 것

04 ④ 현대 금융상품은 복잡하기 때문에 금융소비자 보호가 그 어느때 보다 필요해 졌으며, 직무윤리를 통해 최소한의 수준에서 금융소비자 보호를 할 수 있다.

05 ④ 윤리적인 기업은 장기적인 측면에서 고객의 신뢰를 얻을 수 있기 때문에 기업의 번영에 도움을 준다.

★

06. 다음 중 법과 윤리에 대한 설명으로 잘못된 것은?

① 법은 있는 그대로의 법이며, 윤리는 있어야 할 법이다.
② 법은 정당한 것을 지향하는 규범이다.
③ 법은 정당한 사회관계를 규정하기 위하여 자발성을 갖는 여러 규범들의 종합이다.
④ 법은 사람들 간의 다양한 사회적 관계를 규정한다.

★

07. 다음 중 법과 윤리에 대한 설명으로 올바르지 않은 것은?

① 윤리는 사회적인 의미로 확장되면 정의라고 부르며, 이는 절대 다수의 합의를 전제로 하는 문화 현상이라고 볼 수 있다.
② 법은 정당한 것을 지향하는 규범이라고 할 수 있으며, 필요한 한도 내에서 윤리를 스스로의 영역 속에 채택한 것이라고 볼 수 있다.
③ 모든 법은 궁극적으로 윤리의 실현을 목적으로 두고 있으며 이는 있어야 할 법이라고도 한다.
④ 윤리는 개인적인 도덕심을 지키는데 가장 큰 목적을 두고 있으며, 자율성에 그 기반을 두고 있다.

★★

08. 다음 중 윤리에 대한 설명으로 올바르지 않은 것은?

① 사회가 변함에 따라 윤리관도 급격히 변화하고 있으나, 윤리의 절대적 기준에는 변함이 없다.
② 기업윤리는 조직의 모든 구성원들에게 요구되는 윤리적 행동을 강조하는 포괄적인 개념이다.
③ 직무윤리는 미시적인 개념으로 조직 구성원들이 자신의 업무를 하면서 지켜야 하는 윤리적 행동과 태도를 구체화한 것이다.
④ 윤리경영은 기업윤리를 나타내는 개념으로 기업의 경영전반에 걸친 사상을 의미한다.

핵심 주제 2 직무윤리의 기초사상 및 국내외 동향

★★

01. 다음 중 직무윤리에 대한 사상의 설명으로 올바르지 않은 것은?

① 칼뱅은 금욕적 직업윤리를 강조하였으며 이는 서구사회의 건전한 시민윤리의 토대를 이루었다.

② 베버는 합리성, 체계성, 조직성, 합법성을 서구의 문화적 속성으로 설명하였다.

③ 칼뱅의 금욕적 생활주의는 종교적인 측면을 강조하여 시민들에게 부에 대한 거부감을 갖게 만들었다.

④ 칼뱅은 모든 신앙인은 노동과 직업이 신성하기 때문에 이에 대해서 소명을 갖고 일할 것을 주장하였다.

★★

02. 다음 중 직무윤리의 사상적 배경에 대한 설명으로 올바르지 않은 것은?

① 칼뱅주의와 베버의 사상은 유사할 수 있으나, 그 둘은 본질적으로 독립되고 서로 다른 개념이다.

② 칼뱅의 금욕적 생활윤리는 자본주의 발전의 정신적 원동력으로 작용하여 현대 서구사회의 시민윤리 토대 형성에 기여했다.

③ 직무윤리라는 영어는 1970년대 초반에 미국에서 널리 사용되었다.

④ 베버는 프로테스탄티즘의 윤리와 자본주의 정신을 바탕으로 직업윤리에 대해서 설명한다.

정답과 해설

핵심 주제 1 직무윤리의 이해

06 ③ 법은 강제성을 갖는 여러 규범들의 종합이며, 자율성을 갖는 것은 윤리라고 볼 수 있다.

07 ③ 법은 있는 그대로의 법을 의미하며, 윤리는 있어야 할 법이라고 할 수 있다.

08 ④ 윤리경영은 직무윤리라는 구체적인 윤리의 개념을 기업의 경영방식에 도입한 것이다.

핵심 주제 2 직무윤리의 기초사상 및 국내외 동향

01 ③ 칼뱅의 금욕적 생활윤리는 자본주의 발전의 정신적 원동력이자 지주로서 역할을 하였고 이로 인해 서구사회의 건전한 시민윤리의 토대를 이루었다.

02 ① 칼뱅의 사상을 바탕으로 베버의 사상이 계승 발전되었다.

★★

03. 다음 중 금융투자업자의 직무윤리에 대한 설명으로 올바르지 않은 것은?

① 금융투자업 종사자는 금융소비자에 대해서 신임의무가 발생하며, 이는 고객과 이해상충이 발생하는 것만을 피하면 지킬 수 있다.
② 금융투자업에서 준수해야 할 가장 중요한 직무윤리는 고객우선의 원칙과 신의성실의 원칙이다.
③ 신의성실의 원칙은 법적인 의무와 윤리적인 의무를 동시에 갖고 있다.
④ 금융투자업 종사자가 선관주의 의무 혹은 충실의무를 위반하면 불법행위에 대한 손해배상책임을 부과받을 수 있다.

핵심 주제 3 직무윤리 적용대상과 성격

★★

01. 다음 중 직무윤리에 대한 설명으로 적합하지 않은 것은?

① 직무윤리의 중요 내용을 통해서 고객우선의 원칙과 신의성실의 원칙이라는 직무윤리 핵심을 도출하였다.
② 직무행위는 자본시장과 금융투자업과 관련된 직무활동으로 발생하는 모든 직접적인 행위만을 의미한다.
③ 직무윤리 위반에 따라 명시적인 제재가 존재하지 않을 수도 있다.
④ 직무윤리에 적용되는 대상은 현재 금융투자업에 종사하는 사람을 포함하여 이와 직접적 혹은 간접적으로 관련 있는 모든 사람을 포함하는 매우 넓은 대상에 영향을 미치는 개념이다.

★★★

02. 다음 중 직무윤리 적용대상에 해당하지 않는 것은?

① 금융투자업 종사자
② 투자관련 업무에 종사하면 회사와의 고용계약이 없어도 적용 받는다.
③ 현재 계약을 맺고 있는 고객만이 적용대상이다.
④ 회사와 고용계약도 없으며 보수를 받지 않는 투자자산운용사

★★

03. 다음 중 신의성실의 원칙에 대한 설명으로 올바르지 않은 것은?

① 윤리적인 원칙이며 법적인 원칙은 아니다.
② 권리의 행사와 의무를 이행함에 있어서 행위준칙이 된다.
③ 법률관계를 해석함에 있어서 해석상의 지침이 된다.
④ 계약이나 법규에 흠결이나 불명확한 점이 있는 경우 이를 메워주고 명확하게 하는 기능을 한다.

★★★

04. 다음 중 이해상충 방지체계에 해당하지 않는 것은 무엇인가?

① 미공개 중요정보 등에 대한 회사 내부의 정보교류의 차단
② 이해상충이 발생한 경우 이를 고지하고 해당 거래를 진행하는 것
③ 자기계약의 금지
④ 고객과 거래를 하기 전에 이해상충 발생가능성을 파악하는 것

정답과 해설

핵심 주제 2 직무윤리의 기초사상 및 국내외 동향

03 ① 금융투자업자와 고객과의 신임의무는 단순히 고객과 이해상충이 발생하면 이를 회피하는 것을 넘어서, 금융투자업자가 전문가로서의 자질을 유지해야 하는 의무도 포함된다.

핵심 주제 3 직무윤리 적용대상과 성격

01 ② 직무활동으로 발생하는 모든 직·간접적인 행위를 포함한다.

02 ③ 직무윤리는 계약을 맺고 있지 않는 잠재적인 고객까지 그 대상이다.

03 ① 윤리적인 원칙이며 위반시 법적인 제재가 따르는 원칙이다.

04 ② 고객과의 거래로 인해 이해상충이 발생할 것으로 예상될 때는 이에 대한 내용을 고객에게 고지하고, 이해상충발생가능성을 낮추고 거래를 해야 하며, 만약 이해상충가능성 발생 정도를 낮추지 못한다면 해당 거래는 하지 않아야 한다.

★

05. 다음 중 직무윤리의 국내외 동향에 대한 설명으로 올바르지 않은 것은?

① OECD는 '국제 공통의 기업윤리강령'을 발표하고, 각국의 기업으로 하여금 이에 준하는 윤리강령을 제정하도록 요구하였다.

② 국제투명성기구는 국가별 부채인식지수를 발표하고 있다.

③ 영국의 BITC와 사회적 책임을 평가하는 CR Index는 윤리경영을 평가하는 지수로 사용된다.

④ 2003년 국내에서 개발된 산업정책연구원의 KoBEX는 강제적인 기업윤리 행동강령을 담고 있다.

핵심 주제 4 금융투자업 직무윤리 기본원칙

★★★

01. 다음 중 고객우선의 원칙과 신의성실 원칙에 대한 설명으로 적절하지 않은 것은?

① 금융투자업자와 소비자는 이익충돌상황이 발생할 수 있으며, 이러한 상황에서 항상 고객의 이익을 금융투자업자의 이익보다 우선해야 한다.

② 고객우선의 원칙이 적용되는 상품은 원본 손실 가능성이 있는 금융투자상품으로만 보아야 한다.

③ 신의성실은 상대방의 신뢰에 반하지 않도록 성의 있게 행동할 것을 요구하는 원칙이다.

④ 신의성실 원칙은 매우 중요한 윤리적 원칙이면서 법적의무이기도 하다.

★

02. 다음 중 신중한 투자자의 원칙에 대한 설명으로 가장 적합한 것은 무엇인가?

① 고객의 자산을 운용할 경우 펀드매니저의 개인적인 감에 의존하여 최고의 수익률을 내야 한다.

② 업무를 하는데 있어 필요로 하는 최소한의 자격증 혹은 관련 지식만을 습득한다.

③ 고객을 위한 자산관리를 함에 있어 최대한 신중하게 접근하여 고객자산을 관리한다.

④ 자산에 대한 투자를 할 경우 현대적인 포트폴리오 이론에 입각한 분산투자를 하며, 일반인 혹은 평균인 이상을 넘어 해당 전문가 집단에서 평균적으로 요구되는 수준의 주의를 통해서 업무를 한다.

★

03. 다음 중 신중한 투자자의 원칙에 대해서 가장 잘 설명하고 있는 것은?

① 금융투자업자는 전문가로서의 주의를 기울이는 정도와 수준에 있어서 일반인 이상의 당해 전문가 집단에 요구되는 수준의 주의를 기울이며 업무를 해야 한다는 것이다.

② 전문가로서 품의유지 의무를 지키는 것을 의미한다.

③ 고객과 이해상충이 발생하는 거래에 대해서는 이해상충발생 가능성을 저감후에 고객과 거래를 해야 한다는 것을 의미한다.

④ 고객의 재산을 운용함에 있어서 천천히 의사결정을 하는 것을 의미한다.

정답과 해설

핵심 주제 3 직무윤리 적용대상과 성격

05 ④ KoBex는 강제적인 규칙이라기보다 하나의 지표로 공통지표와 추가지표로 구성되고 있으며, 기업의 윤리경영을 측정한다.

핵심 주제 4 금융투자업 직무윤리 기본원칙

01 ② 금융투자상품 외에 대출성, 보장성 등 다양한 상품에 적용되는 원칙이다.

02 ④ 자산운영업계에서 일반적으로 받아들여지고 있는 포트폴리오 이론에 따라 자산을 운용하는 것이며, 이는 충실의무, 공평의무, 전념 의무 등을 요구하며, 전문가로서 요구되는 수준의 주의를 다하며 자신의 업무를 수행하는 것이 신중한 투자자의 원칙이다.

03 ① 신중한 투자자의 원칙은 전문가로서 주의의무를 다하는 것이며, 이는 평균적인 일반인보다 더 높은 주의 의무를 요구하며, 해당 전문가집단에게 평균적으로 요구되는 수준의 주의 의무를 갖고 업무를 하는 태도를 의미한다.

핵심 주제 5 이해상충의 방지의무

★★

01. 다음 중 이해상충 방지에 대한 설명으로 잘못된 것은?

① 금융투자업자는 이해상충발생 가능성을 파악하고 이를 내부통제기준이 정하는 방법과 절차에 따라 적절히 관리해야 한다.

② 이해상충발생 가능성이 있을 경우 해당 거래를 하기 전에 그 사실을 투자자에게 미리 알리고 거래를 해야 한다.

③ 원칙적으로 사무 공간 또는 전산설비를 공동이용하면 안 된다.

④ 원칙적으로 자신이 발행하였거나 관련되어 있는 대상에 대한 조사분석자료의 공표와 제공을 하면 안 된다.

★★

02. 다음 중 이해상충을 방지하기 위한 노력에 해당하지 않는 것은?

① 리서치 부문과 기업금융업무의 본부장을 겸임하게 하면 모든 정보는 한 명의 본부장에게 집중되어 정보교류차단을 구조적으로 손쉽게 할 수 있다.

② 금융투자업자 자신과 관련 대상에 대한 조사분석자료의 공표를 원칙적으로 금지한다.

③ 원칙적으로 투자매매업자 혹은 투자중개업자는 금융투자상품 매매에 있어서 자신이 본인이 됨과 동시에 상대방의 투자중개업자가 되면 안된다.

④ 금융투자업자가 고객과의 이해관계가 상충되는 거래를 할 경우, 해당 거래로 인해 이해관계가 상충됨을 꼭 고객에게 고지해야 한다.

★★

03. 다음 중 이해상충 발생에 대한 적합한 설명이 아닌 것은?

① 금융투자업은 공적영역과 사적영역의 정보를 이용하기 때문에 구조적으로 이해상충이 발생할 가능성이 높다.

② 금융투자업자와 금융소비자 간에는 금융소비자가 더 많은 정보를 보유하고 있어 이해상충 문제가 발생한다.

③ 자본시장법에 따라 금융투자업자는 다양한 겸영 업무가 허용되어 과거보다 이해상충이 발생될 가능성이 높다.

④ 이해상충 발생을 방지하기 위해 자발적인 노력뿐만 아니라 법에서 정하는 강제적인 노력이 동시에 수행되어야 한다.

핵심 주제 6 금융소비자보호 내부통제체계

★★★

01. 다음 중 내부통제체계 관련 각 기관의 역할에 대해서 잘못 설명한 것은?

① 이사회 : 내부통제와 관련된 주요사항을 심의 · 의결한다.

② 대표이사 : 내부통제체계가 적절히 구축 · 운영되도록 관리해야 하며, 대표이사의 권한은 위임할 수 없다.

③ 금융소비자보호 내부통제위원회 : 대표이사를 의장으로 하는 금융소비자보호 내부통제위원회 설치는 의무사항이다.

④ 금융소비자보호 총괄기관 : 대표이사 직속기관으로 소비자보호와 영업부서 업무간의 이해상충 방지 및 회사의 소비자보호 업무역량 제고를 위해 금융상품의 판매 · 개발 업무와 독립되어 업무를 수행한다.

정답과 해설

핵심 주제 5 이해상충의 방지의무

01 ② 투자자에게 알리고, 이해상충이 발생할 가능성을 내부통제기준이 정하는 방법 및 절차에 따라 금융소비자 보호에 문제가 없는 수준으로 낮춘 후 거래를 해야 한다.

02 ① 리서치 부문과 기업금융부문을 명확히 구분하여 원칙적으로 두 부문 간의 정보교류를 차단해야 한다.

03 ② 정보의 비대칭상황으로 일반적으로 금융투자업자가 금융소비자보다 더 많은 정보를 보유하고 있어 이해상충이 발생할 가능성이 높다.

핵심 주제 6 금융소비자보호 내부통제체계

01 ② 대표이사는 내부통제기준 위반방지를 위한 예방대책마련, 내부통제기준 준수 여부에 대한 점검, 내부통제기준 위반에 대한 조치방안 및 기준마련, 내부통제를 효과적으로 운영하기 위한 인적, 물적자원 지원, 준법감시인과 금융소비자보호 총괄책임자의 업무 분장 및 조정의 역할을 하며, 이중에서 예방대책마련, 점검, 위반에 따른 조치방안 및 기준마련을 금융소비자보호 총괄책임자에게 위임할 수 있다.

★★★

02. 다음 중 금융소비자 보호관련 내부통제체계에서 각각의 역할에 대해서 잘못 설명한 것은?

① 이사회는 금융소비자보호에 관한 내부통제체계의 구축 및 운영에 관한 기본방침을 정한다.

② 준법감시인은 내부통제위원회의 위원장이 되어 매 반기 1회 이상 의무적으로 회의를 개최하고 회의 결과를 이사회에 보고해야 한다.

③ 대표이사는 이사회가 정한 내부통제체계의 구축 및 운영에 관한 기본방침에 따라 금융소비자보호와 관련한 내부통제체계를 구축하고 운영해야 한다.

④ 금융소비자보호 업무를 총괄하는 임원을 두고 해당 임원은 대표이사 직속의 독립적 지위를 가져야 한다.

★★

03. 다음 중 금융소비자보호 총괄책임자(COO)의 직무에 해당하지 않는 것은?

① 금융상품설명서, 계약서류 등 사전 심의

② 금융상품 단계별 소비자보호체계에 관한 관리, 감독 및 검토

③ 금융소비자보호 관련부서 간 업무 협조 및 업무조정 등 업무 총괄

④ 임직원 성과보상체계에 대한 금융소비자보호 측면에서의 평가

★★

04. 다음 중 금융소비자보호 내부통제위원회의 심의사항에 해당하지 않는 것은?

① 금융소비자보호에 관한 경영방향

② 금융소비자보호 관련 주요제도 변경사항

③ 중요 민원 및 분쟁에 대한 대응 결과

④ 금융소비자보호 관련 교육기획 및 운영

핵심 주제 7 상품개발 단계의 금융소비자 보호

★★

01. 다음 중 금융상품 판매 이전 단계의 금융소비자 보호에 관한 설명으로 올바르지 않은 것은?

① 금융상품 판매자에 대한 교육체계를 갖추고, 판매자격 기준을 마련하고 운용해야 한다.

② 각 회사가 판매 임직원 등을 대상으로 판매하려는 상품군에 대한 포괄적인 설명을 해야 한다.

③ 금융상품 판매임직원 등을 대상으로 회사의 내부통제기준, 금융소비자보호관련법령 등을 준수할 수 있는 교육을 의무적 실시해야 하며, 해당 교육을 이수하지 못한 임직원은 금융상품을 판매할 수 없도록 해야 한다.

④ 집합투자증권 중 펀드는 펀드 투자권유자문인력이 판매할 수 있다.

★★

02. 다음 중 상품개발 단계의 금융소비자 보호에 대한 설명으로 적절하지 않은 것은?

① 사전협의는 통상 금융상품을 개발하는 부서와 금융상품 판매계획을 수립하는 부서, 금융소비자보호 총괄기관 간에 이루어진다.

② 금융상품개발 초기단계부터 금융소비자 의견이 반영될 수 있도록 업무절차를 마련해 운영해야 한다.

③ 금융소비자보호 총괄기관은 상품개발 혹은 마케팅 정책수립 부서 등이 정해진 협의절차를 충분히 이행하고 있는지 점검해야 한다.

④ 사전협의 절차시 사전협의가 누락된 경우 금융소비자보호 총괄기관은 해당 사실을 기록하여 다른 상품개발시 반영될 수 있도록 하며, 이와 관련한 내용은 해당 부서의 성과평가 등에는 반영하지 않는다.

정답과 해설

핵심 주제 6 금융소비자보호 내부통제체계

02 ② 내부통제위원회의 위원장은 대표이사가 해야 하며, 매 반기 1회 이상 의무적으로 해당 회의를 개최하고 회의결과를 이사회에 보고하고, 관련기록은 최소 5년 이상 유지해야 한다.

03 ④ 금융소비자보호 총괄기관의 업무이다.

04 ④ 해당 내용은 금융소비자보호 총괄기관의 업무이다.

핵심 주제 7 상품개발 단계의 금융소비자 보호

01 ② 판매하려는 각각의 개별 상품에 대한 교육을 실시하여 각 상품별 특성과 위험 등에 대해 판매하는 임직원 등이 이를 명확히 이해하고 판매할 수 있도록 해야 한다.

02 ④ 중요한 사전협의가 누락된 경우에는 금융소비자보호 총괄기관은 이러한 사실을 해당 부서의 성과평가 또는 민원평가에 반영해야 한다.

핵심 주제 8 상품판매 단계의 금융소비자 보호

★★
01. 다음 중 상품판매단계에서 금융소비자보호에 관한 설명으로 잘못된 것은?

① 고객에게 적정하지 않다고 판단되는 파생상품은 그 사실을 알리고 해당 금융소비자로부터 확인을 받는 등의 적절한 조치를 취해야 한다.

② 금융투자업자는 일반투자자를 상대로 투자권유를 하는 경우에는 금융투자상품의 내용, 투자에 따르는 위험등을 일반투자자가 이해할 수 있도록 설명해야 한다.

③ 투자권유를 거절한 투자자에게 지속하여 투자권유를 하면 안 된다.

④ 금융투자상품을 매매하면서 금융소비자에게 사후적으로 손실의 일부분을 보전하는 것은 허용된다.

★★★
02. 다음 중 적합성 원칙에 대한 설명으로 올바르지 않은 것은?

① 금융투자상품을 판매하기 전에 일반금융소비자인지 전문금융소비자인지 확인해야 한다.

② 적합성원칙에 따라 고객의 투자목적, 경험, 자금력, 위험에 대한 태도에 따라 적합한 투자를 권유해야 하는 것은 일반금융소비자와 전문금융소비자 모두에게 해당되며, 적합하지 않다면, 전문금융소비자에게도 해당 상품을 권유해서는 안 된다.

③ 가장 먼저 고객이 투자권유를 원하는지 혹은 원하지 않는지 확인해야 한다.

④ 고객에게 적합하지 않다고 판단되면 고객에게 계약체결을 권유할 수 없다.

★★
03. 다음 중 상품판매단계에서 지켜야 할 것이 아닌 것은?

① 해당 금융상품이 고객에게 적합한지 고객의 재산, 위험에 대한 태도 등을 파악한 후 권유해야 한다.

② 금융상품을 권유하지 않음에도 불구하고 고객이 금융상품의 계약을 체결하고자 할 때는 면담 등을 통하여 고객에 대해서 파악할 필요가 없다.

③ 금융투자업자가 설명의무를 준수하지 않은 경우 해당 금융상품의 계약으로부터 얻은 수입의 최대 50%까지 과징금을 부과 받을 수 있다.

④ 투자성 금융상품의 청약철회는 계약서류를 제공받은 날로부터 7일 이내에 할 수 있다.

★★

04. 다음 중 개별금융소비자에게 판매권유를 하는 순서로 올바른 것은?

㉠ 일반금융소비자인지 전문금융소비자인지 확인
㉡ 파악된 고객정보를 기록하고 고객의 확인을 받음
㉢ 금융소비자가 투자권유를 원하는지 확인
㉣ 일반금융소비자인 경우 면담 등을 통해 고객을 파악

① ㉠-㉡-㉢-㉣ ② ㉠-㉢-㉣-㉡
③ ㉢-㉠-㉡-㉣ ④ ㉢-㉠-㉣-㉡

★★

05. 다음 중 설명의무에 대한 설명으로 잘못된 것은?

① 설명의무를 제대로 이행하지 않을 경우 해당 금융상품 계약으로부터 얻는 수입의 최대 50% 이내에서 과징금을 부과할 수 있다.
② 설명의무가 적용되는 금융상품은 투자성, 대출성 상품에 국한된다.
③ 고객에게 계약체결에 대한 권유가 없더라도 설명의무가 금융투자업자에게 부과된다.
④ 금융소비자가 알기 쉽도록, 간단, 명료하게 작성하고, 금융소비자가 오해할 우려가 있는 정보를 작성하면 안 된다.

정답과 해설

핵심 주제 8 상품판매 단계의 금융소비자 보호

01 ④ 투자자가 입은 손실의 전부 또는 일부를 사후에 보전해 주는 행위는 허용되지 않는다.

02 ② 해당 내용은 전문투자자에게는 적용되지 않는다.

03 ② 적정성에 대한 설명이며, 금융소비자가 청약권유 없이 금융상품 계약 체결을 원하더라도 해당 금융소비자가 일반투자자라면 고객에 대해서 파악하고 고객에게 적절하지 않은 상품일 경우 이를 해당 고객에게 알려야 한다.

04 ④ 금융소비자가 투자권유를 원하는지 확인하고, 투자권유를 원한다면 해당 금융소비자가 일반금융소비자인지 전문금융소비자인지 확인 후, 일반금융소비자일 경우 해당 소비자와 면담 등을 통해서 고객을 파악하고, 파악된 정보를 기록하고 고객의 확인을 받아야 한다. 마지막으로 고객에게 확인받은 내용을 지체 없이 해당 금융소비자에게 제공해야 한다.

05 ② 설명의무가 적용되는 상품은 대출성, 투자성, 보장성, 예금성 상품이다.

★★★

06. 다음 중 부당권유 행위금지에 대한 설명으로 잘못된 것은?

① 불확실한 사항에 대하여 고객에게 단정적인 판단을 제공하거나 고객이 오인할 소지가 있는 내용을 알리면 안 된다.

② 금융상품의 가치에 중대한 영향을 미치는 사실을 미리 알고 있더라도 아직 금융투자업자의 고객이 아니라면, 이를 알려줄 필요는 없다.

③ 고객이 투자권유에 대한 거절을 분명히 했다면 1달 이내에는 동일한 금융상품을 고객에게 권유하면 안 된다.

④ 타 금융투자업자의 상품과 투자 권유를 하는 상품을 비교하기 위해서는 명확한 비교대상 및 기준을 밝혀야 한다.

★★

07. 다음 중 청약철회권에 대한 설명으로 적절하지 않은 것은?

① 투자성 상품은 계약서류를 제공받은 날로부터 7일 이내에 청약을 철회할 수 있다.

② 대출성 상품은 계약서류를 제공받은 날로부터 15일 이내에 청약을 철회할 수 있다.

③ 고객의 단순 변심으로 청약을 철회하더라도 금융투자업자는 이미 받은 수수료 등을 반납하고, 고객에게 어떠한 책임을 물어서는 안 된다.

④ 청약철회기간 이내에 예탁한 금전 등을 운용하는데 동의한 경우에는 청약을 철회할 수 없다.

★

08. 다음 중 상품판매단계에서 지켜야 할 것이 아닌 것은?

① 금융상품에 대해서 아무런 이유 없이 청약을 철회할 경우 해당 금융소비자는 이에 대한 손해배상책임의무가 없다.

② 금융소비자가 투자성 상품에 청약 철회를 요청하더라도 청약 철회 기간 이내에 예탁한 금전 등을 운용하는데 동의한 경우는 청약철회를 할 수 없다.

③ 불공정영업행위가 적발될 경우 금융투자업자는 최대 1억 원 이내의 과징금을 부과 받을 수 있다.

④ 금융소비자에게 중요사실을 전달할 경우에는 해당 사실을 전달하기만 하면 어떠한 방법으로 전달해도 무방하다.

★★

09. 회사가 금융소비자에게 합법적으로 손실을 보상해도 되는 경우에 해당하지 않는 것은?

① 회사가 자신의 위법행위로 인해 발생한 손해를 배상할 때

② 회사가 자신의 위법행위가 불명확하지만 사적화해의 수단으로 손실을 보상할 때

③ 분쟁조정에 따라 손실을 보상할 때

④ 회사는 위법행위가 전혀 없음에도 불구하고 금융소비자가 큰 손실이 발생하여 이에 대한 손실을 보상할 때

★★

10. 다음 중 금융투자상품을 광고할 수 없는 주체는 어느 것인가?

① 보험회사　　② 금융지주회사

③ 금융투자협회　　④ 일반지주회사

정답과 해설

핵심 주제 8 상품판매 단계의 금융소비자 보호

06 ② 투자권유시 해당 금융상품의 가치에 중대한 영향을 미치는 사실을 알 경우 이를 고객에게 알려주어야 한다.

07 ② 대출성 상품은 계약서를 제공받은 날로부터 14일 이내에 청약을 철회할 수 있다.

08 ③ 불공정영업행위가 적발될 경우 해당 금융상품의 계약으로부터 얻은 수입의 최대 50%까지 과징금이 부과될 수 있으며, 과태료는 최대 1억 원 이내에서 부과될 수 있다.

09 ④ 회사의 위법행위가 전혀 없음에도 불구하고 금융소비자의 손실을 보상하는 것은 투자자가 입은 손실의 전부 혹은 일부를 사후에 보전하여 주는 행위이며 이는 자본시장법 제55조 손실보전 등의 금지를 위반한 것이다.

10 ④ 금융투자상품을 광고할 수 있는 주체는 등록된 금융상품판매업자, 예외적으로 협회, 금융회사를 자회사나 손자회사로 두고 있는 금융지주회사 등이다.

★

11. 다음 중 상품 판매 단계의 금융소비자보호에 대한 설명으로 잘못된 것은?

① 정당한 사유 없이 소비자를 차별하면 안 된다.

② 신의성실원칙과 고객우선의 원칙을 위반할 경우 실정법 위반으로 보기 어렵기 때문에 금융투자업자 조직 내에서 자체적인 징계만이 가능하다.

③ 금융상품을 판매할 때는 6대 판매원칙을 준수하며 판매해야 한다.

④ 금융투자상품 판매시 우선적으로 고객을 이해하고 파악해야 한다.

★★★

12. 다음 중 적정성 원칙에 대한 설명으로 올바르지 않은 것은?

① 일반금융소비자에게 적정하지 않은 금융상품은 절대로 계약을 체결할 수 없다.

② 일반금융소비자에게 적정하지 않다고 판단되는 상품은 해당 사실을 일반금융소비자에게 알리고, 이를 해당 금융소비자에게 확인을 받아야 한다.

③ 고객에게 계약체결을 권유하지 않음에도 금융상품을 고객이 구입하려고 할 때 적용된다.

④ 적합성원칙은 금융투자사업자가 고객에게 계약 체결을 권유할 때 지켜야 하는 원칙이며, 적정성원칙은 고객이 스스로 금융상품 계약을 하고 싶을 때 금융투자사업자에게 부과된 의무이다.

★★

13. 다음 중 불공정영업행위 금지에 대해 잘못 설명한 것은?

① 금융소비자 의사에 반하여 계약체결을 강요하면 안 된다.

② 대출계약이 성립한 날부터 3년 이내에 상환할 경우 상환수수료 혹은 위약금 등을 부과하면 안 된다.

③ 불공정영업행위를 하게 되면 과징금과 별도로 최대 1억 원 이내의 과태료를 부과 받을 수 있다.

④ 금융상품판매업자 또는 그 임직원이 업무와 관련하여 편익을 요구하는 것도 불공정영업행위에 해당된다.

핵심 주제 9 상품판매 이후의 금융소비자 보호

★★

01. 다음 중 상품 판매 이후 단계의 금융소비자보호에 대한 설명으로 올바르지 않은 것은?

① 금융투자업 종사자는 금융소비자로부터 위임받은 업무를 처리한 경우 그 결과를 금융소비자에게 일정한 기간을 두고 보고하고 그에 따라 필요한 조치를 취해야 한다.

② 금융소비자가 금융소비자법에 따라 허용된 자료 열람을 요청하면 요구받은 날로부터 6영업일 이내에 해당 자료를 열람할 수 있게 해야 한다.

③ 해피콜 서비스는 금융상품 판매담당자가 아닌 다른 제3자가 금융소비자에게 통화하여 판매담당자가 설명의무 등을 적절히 이행했는지 확인하는 절차이다.

④ 위법한 계약이 발생하고 5년 이내, 이를 안날로부터 1년 이내 금융소비자는 위법계약해지를 금융투자업자에게 요구할 수 있다.

★★

02. 다음 중 위법계약해지에 대해서 금융투자업자가 거절할 수 있는 사유에 해당하지 않는 것은?

① 고객이 위법 사실에 대한 근거를 제시하지 않은 경우

② 계약 체결당시 위법사실이 없었으나 그 이후에 사정변경에 따라 고객이 위반사항을 주장하는 경우

③ 금융소비자가 계약체결 전에 위법사실이 있다는 것을 명백하게 알면서 체결한 계약

④ 위법사실이 없다는 사실을 금융투자업자가 증명하지 못한 경우

정답과 해설

핵심 주제 8 상품판매 단계의 금융소비자 보호

11 ② 신의성실원칙과 고객우선의 원칙은 윤리규정임과 동시에 다양한 법에 반영되어 있어 이를 위반할 경우 조직 내 징계뿐만 아니라 법 위반에 따른 처벌도 받을 수 있다.

12 ① 고객에게 적정하지 않다고 판단되더라도 해당 내용을 고객에게 알리고, 고객의 확인을 받으면, 고객이 원할 경우 해당 금융상품을 고객에게 판매할 수 있다.

13 ② 대출계약이 성립 후 3년 이내에는 상환수수료, 위약금 등을 부과할 수 있으나 3년 이후에는 이러한 것을 부과하는 것이 불공정영업행위에 해당된다.

핵심 주제 9 상품판매 이후의 금융소비자 보호

01 ① 위임받는 업무를 처리하였을 때는 지체 없이 해당 처리 내용을 금융소비자에게 보고해야 한다. 보고는 단순히 처리 결과만의 보고가 아니라 금융소비자가 보고 결과를 듣고 후속적인 지시를 내릴 수 있을 정도의 보고가 되어야 한다.

02 ④ 해당 내용은 위법계약해지 요청에 대한 거절 사유에 해당하지 않는다.

★★

03. 다음 중 금융소비자의 자료열람권에 대한 설명으로 적절하지 않은 것은?

① 해당 자료를 금융소비자에게 제공 요청을 받은 경우 원칙적으로 6영업일 이내에 해당 자료를 열람할 수 있게 해야 한다.

② 금융투자업자는 자료 열람과 관련하여 어떠한 비용도 금융소비자에게 청구하면 안된다.

③ 열람하려는 자료가 열람목적과 관련이 없다고 명백하게 판단되면 금융투자업자는 해당 자료의 열람을 거절할 수 있다.

④ 해당 자료의 열람을 승인할 때는 원칙적으로 문서로 승인한다.

★★★

04. 다음 중 위법계약 해지권에 대한 설명으로 옳지 않은 것은?

① 계약 체결 후 5년 이내에 혹은 위법계약 사실을 안 날로부터 1년 이내에 서면 등으로 해당 계약의 해지를 금융소비자가 요구할 수 있다.

② 이러한 요구를 받으면 금융투자업자는 7일 이내에 금융소비자에게 그 결과를 통지해야 한다.

③ 양도성 예금증서, 표지어음은 위법계약 해지권의 대상이 안 된다.

④ 금융투자업자는 정당한 사유가 없으면 고객의 계약해지 요구를 승낙해야 한다.

핵심 주제 10 본인에 대한 윤리

★

01. 금융투자업 종사자의 본인에 대한 윤리에 해당하지 않는 것은?

① 업무와 관련된 직접적인 법규만을 준수한다.

② 전문가로서 전문지식을 확보하기 위해 노력한다.

③ 조직 내 지위를 이용하여 하급자에게 부당한 명령이나 지시를 하지 않는다.

④ 부당한 명령을 받은 직원을 이를 거절해야 한다.

★★

02. 금융투자업 종사자가 가진 윤리의무에 해당하지 않는 것은?

① 금융투자업 종사자가 자신이 업무 중에 만든 자료를 회사의 허가없이 자신이 운영하는 블로그에 게재하였으며, 징계과정에서 해당 규정이 있는지 모른다고 주장한다면 이러한 주장은 받아들여져야 한다.

② 회사와 임직원은 경영환경 변화에 유연하게 적응하기 위하여 창의적 사고를 바탕으로 끊임없이 자기혁신에 힘써야 한다.

③ 상급자가 부당한 지시를 할 경우, 해당 직원은 이를 거절해야 한다.

④ 임직원은 회사의 품의나 사회적 신뢰를 훼손할 수 있는 일체의 행위를 해서는 안된다.

★★★

03. 다음 중 금융투자업무 종사자가 제공해도 되는 재산상이익은 무엇인가?

① 문화활동으로 한정된 상품권을 제공하는 행위

② 재산상이익이 사회적 상규에 반하는 정도의 금품

③ 10만 원 상당의 상품권을 제공하는 것

④ 거래상대방만 참석한 여가 및 오락활동 등에 수반되는 비용을 제공하는 것

정답과 해설

핵심 주제 9 상품판매 이후의 금융소비자 보호

03 ② 자료열람과 관련한 수수료, 우송료, 혹은 해당 자료를 생성하기 위해 사용된 비용을 금융소비자에게 청구할 수 있다.

04 ② 10일 이내에 금융소비자에게 그 수락 여부를 통지해야 한다.

핵심 주제 10 본인에 대한 윤리

01 ① 업무와 관련된 직 · 간접적인 법규 등을 알고 이를 준수해야 한다.

02 ① 법령의 무지로부터 발생한 사실에 대해서 해당 법을 모른다는 주장은 받아들여지지 않는다.

03 ① 문화활동에만 사용할 수 있는 문화상품권을 고객에게 제공해도 된다.

핵심 주제 11 회사에 대한 윤리

★★★

01. 다음 중 임직원의 대외활동에 대한 설명으로 올바르지 않은 것은?

① 회사의 공식의견이 아닌 경우 사견임을 명백히 표현해야 한다.
② 대외활동으로 인하여 회사의 주된 업무 수행에 지장을 주면 안 된다.
③ 대외활동으로 인해 금전적인 보상을 받게 되는 경우 회사에 신고해야 한다.
④ 자신의 회사를 돋보이기 위해 다른 금융투자회사에 대한 험담은 할 수 있다.

★★★

02. 금융투자업 종사자의 대외활동에 대한 설명으로 올바르지 않은 것은?

① 외부강연을 할 때 회사의 의견과 자신의 의견이 다르면 자신의 의견을 표현할 수 없다.
② 준법감시인의 사전승인을 받으면 대외활동을 할 수 있다.
③ 임직원과 고객간의 이메일을 회사가 아닌 외부 카페에서 사용하더라도 표준내부통제기준 및 관계법령 등의 적용을 받는다.
④ 회사와 고용계약이 종료되더라도 고용기간 동안 본인이 생산한 지적재산물은 회사의 재산이므로 이를 사용하기 위해서는 회사의 허락이 있어야 한다.

★

03. 다음 중 금융투자업무 종사자가 지켜야 할 회사에 대한 윤리에 해당하지 않는 것은?

① 임직원은 서로 존중하고 원활한 의사소통과 적극적인 협조 자세를 견지해야 한다.
② 회사의 영업기회를 가로채서는 안 된다.
③ 경영진은 직원을 대상으로 윤리교육을 실시해야 하며, 그럼에도 불구하고 업무담당자가 업무수행에 있어서 직무윤리를 위반하여 타인에게 손해를 끼친 경우, 회사는 이에 대한 법적인 책임이 없다.
④ 업무수행 과정에서 알게 된 회사의 업무정보와 고객정보를 안전하게 보호하고 관리해야 한다.

★★

04. **다음 중 정보보호와 관련한 다음 설명 중 올바르지 않은 것은?**

① 비밀정보는 회사의 재무건전성이나 경영 등에 중대한 영향을 미칠 수 있는 정보이다.

② 비밀정보는 회사에서 정한 기준에 따라 정당한 권한을 보유하고 있거나 권한을 위임받은 자만이 열람해야 한다.

③ 임직원이 회사를 퇴직하는 경우 해당 임직원이 보관하고 있는 비밀정보는 파기해야 한다.

④ 비밀정보를 제공받은 자는 비밀유지의무를 성실히 준수해야 한다.

핵심 주제 12 사회 등에 대한 윤리

★★

01. **다음 중 금융투자종사자의 사회에 대한 윤리에 해당하지 않는 것은?**

① 증권 시세에 영향을 주려는 목적이 없더라도 시장교란행위로 판단 받아 제재를 받을 수 있다.

② 프로그램 오류 등으로 증권이 갑자기 폭락하게 되면 처벌을 받을 수 있다.

③ 시장질서 교란행위를 할 경우 이를 통해 얻는 이익만을 근거하여 과징금을 계산한다.

④ 시장질서를 교란을 통해서 얻은 이익이 1억 원이면, 과징금 최대금액은 5억 원이다.

정답과 해설

핵심 주제 11 회사에 대한 윤리

01 ④ 다른 금융투자회사를 비방해서는 안 된다.

02 ① 외부강연을 하더라도 회사의 의견과 본인이 의견이 다르면 사견임을 명백히 밝힌 후에 자신의 의견을 표현할 수 있다.

03 ③ 회사와 경영진은 사용자로서 피해자에게 배상책임을 질 수도 있다.

04 ③ 퇴사시 비밀정보는 회사에 반환해야 한다.

핵심 주제 12 사회 등에 대한 윤리

01 ③ 얻게 되는 이익 혹은 손실회피액 기준으로 과징금을 계산한다. 이익 또는 손실회피액×1.5배<5억 원, 과징금은 5억 원 이하, 이익 또는 손실회피액×1.5배>5 억 원, 이익 또는 손실회피액을 한도로 과징금을 부과할 수 있다.

★

02. 다음 중 금융투자업 종사자가 지켜야 할 사회 등에 대한 윤리 중 잘못된 것은?

① 회사와 임직원은 공정하고 자유로운 시장경제 질서를 존중하고, 이를 유지하기 위하여 노력해야 한다.

② 미공개 중요정보의 내부자, 준내부자, 1차 수령자만이 제재의 대상이다.

③ 시민사회의 일원임을 인식하고 사회적 책임과 역할을 다해야 한다.

④ 시장질서 교란행위에 해당하는 주문의 수탁을 거부해야 한다.

핵심 주제 13 직무윤리 내부통제준수 절차

★★★

01. 다음 중 내부통제관련 준법감시인의 역할에 대한 것으로 올바르지 않은 것은?

① 임직원의 위법, 부당행위등과 관련된 사항을 이사회, 대표이사, 감사에게 보고하고 이를 시정할 것을 요구할 수 있다.

② 준법감시 업무의 전문성 제고를 위한 연수프로그램의 이수

③ 내부통제기준 준수 여부 등에 대한 정기 혹은 수시 점검

④ 임직원이 체포되었을 경우, 사법절차가 진행되면 법정에서 임직원을 변호해야 한다.

02. 다음 중 부당한 금품 제공 및 수수와 관련된 사항으로 올바르지 않은 것은?

① 거래 상대방으로부터 금융투자업자가 5억 원을 초과하여 재산상의 이익을 제공하거나, 수령한 경우에는 이를 즉시 공시해야 한다.

② 금융투자회사는 이사회가 정한 금액 이상을 초과하여 동일한 거래 상대방에게 재산상 이익을 제공하거나 수령하려는 경우 이사회 사전승인을 받아야 한다.

③ 거래상대방에게 제공한 재산상 이익을 확인하기 위해서는 소속 임직원의 동의를 받은 후 대표이사 명의의 서면으로 요청해야 한다.

④ 동일한 거래 상대방에게 수령 혹은 제공할 수 있는 금액은 이사회에서 사전에 결의하도록 해야 한다.

★★★

03. 다음 중 준법감시인이 맡을 수 있는 업무는?

① 자산 운용에 관한 업무

② 회사의 부수업무

③ 회사의 겸영업무

④ 자산총액이 7천억 원 미만이며 비상장인 상호저축은행의 위험관리 업무

★★★

04. 다음 중 금융투자업자의 내부통제에 대한 설명으로 올바른 것은?

① 내부통제기준을 변경할 경우 대표이사의 승인이 필요하다

② 준법감시인을 임면할 때는 주주총회의 결의가 필요하며, 준법감시인 임면일로부터 7영업일 이내에 금융위원회에 보고해야 한다.

③ 준법감시인의 평가는 회사의 재무적 성과가 아닌 별도의 보수지급 및 평가기준을 마련해서 평가해야 한다.

④ 준법감시업무 관련 우수자가 있는 경우 준법감시인은 인사상 혜택을 해당 직원에게 부여할 수 있다.

정답과 해설

핵심 주제 12 사회 등에 대한 윤리

02 ② 미공개 정보를 전달한자도 포함되며, 자신의 직무와 관련하여 정보를 생산하거나 알게 된 자, 해킹, 절취, 기망, 협박 및 그 밖의 부정한 방법으로 정보를 알게 된 자까지 확대 적용한다.

핵심 주제 13 직무윤리 내부통제준수 절차

01 ④ 준법감시인은 회사의 공적인 업무에 대해서 역할을 해야 하며, 임직원의 사적인 영역까지 역할을 할 수 없다.

02 ① 10억 원 이상의 재산상 금액이다.

03 ④ 예외적으로 위험관리 업무 중에 준법감시인이 맡을 수 있는 업무이며, 5조원 미만의 금융투자업자, 5조 원 미만의 보험회사, 5조 원 미만의 여신전문금융회사의 위험관리 업무는 맡을 수 있으나, 만약 이러한 기업들이 주권상장법인으로 최근 사업연도말 자산총액 2조 원 이상인 경우는 준법감시인이 위험관리 업무를 수행할 수 없다.

04 ③ 내부통제 기준을 변경 혹은 제정할 경우에는 이사회의 승인이 필요하며, 준법감시인 임면은 주주총회가 아니라 이사회 결의사항이다. 준법감시 업무 우수직원이 있을 경우 준법감시인은 해당 직원에게 인사상 혜택을 부여할 수 있도록 회사에 요청할 수 있다.

★★★

05. 다음 중 내부통제관련 대표이사의 역할에 해당하지 않는 것은?

① 조직내 내부통제와 관련한 정책, 절차가 지켜질 수 있도록 조직단위별로 적절한 임무와 책임을 부과한다.
② 매년 1회 이상 내부통제체계, 운용실태를 점검하여 이를 이사회에 보고한다.
③ 내부통제체계, 운용실태 점검은 준법감시인에게 위임할 수 있으나 이사회에 보고하는 것은 위임할 수 없다
④ 내부통제체계 구축 및 운영에 필요한 정책을 수립해야 한다.

★★★

06. 다음 중 임직원이 상위 결재권자와 준법감시인에게 지체 없이 보고해야 할 사항에 해당하지 않는 것은?

① 임직원 자산이 관계법령 등과 내부통제기준 등을 위반하였을 때
② 정부 등으로부터 내부정보를 요구 받았을 때
③ 임직원이 체포, 기소, 유죄 판결을 받았을 때
④ 질병으로 인해 병원에 입원했을 때

핵심 주제 ⑭ 영업점에 대한 내부통제

★★★

01. 다음 중 영업점에 대한 내부통제 설명 중 올바르지 않은 것은?

① 금융소비자를 위해서 전용공간을 제공하는 경우 해당 공간은 직원과 분리되어야 한다.
② 사이버룸에는 반드시 '사이버룸'임을 명기하고 고객의 사생활 보호를 위해 외부에서 내부가 관찰될 수 없도록 폐쇄형 형태로 설치해야 한다.
③ 영업점에서 1년 이상 근무한 경력이 있거나, 준법감시 혹은 감사업무를 1년 이상 수행한 경력이 있는 자로 해당 영업점에 상근하는 직원은 영업점의 영업관리자로 고려될 수 있다.
④ 예외적으로 1명의 영업관리자가 2 이상의 영업점을 묶어 영업관리자의 업무를 수행할 수 있다.

★★★

02. 다음 중 영업관리자가 될 수 있는 조건에 해당하는 것은 무엇인가?

① 영업점에서 3년 이상 근무한 경력이 있어야 한다.

② 영업점장이 아니며 책임자 급이어야 하나, 해당 영업점에 직원수가 적어 영업점장을 제외한 책임자급이 없는 경우에는 책임자급이 아닌 직원을 영업관리자로 둘 수 있다.

③ 영업관리자가 2개 이상의 영업점을 묶어 영업관리자의 업무를 수행할 수 없다.

④ 영업관리자는 해당 영업점에 상근하지 않더라도 과거에 근무한 경력이 있으면 된다.

★★

03. 다음 중 영업점에 대한 내부통제로 올바르지 않은 것은?

① 영업관리자를 지정하여 영업점에 대한 내부통제가 가능하도록 해야 한다.

② 지점장은 영업관리자가 될 수 있다.

③ 1명의 영업관리자가 2개 이상의 영업점을 묶어서 영업관리 업무를 수행할 수 있다.

④ 영업점에 대한 통제가 가능하도록 세부기준을 제정, 운영해야 한다.

정답과 해설

핵심 주제 13 직무윤리 내부통제준수 절차

05 ③ 내부통제체계 및 운영에 대한 점검 및 이사회보고는 준법감시인에게 위임할 수 있다.

06 ④ 해당 사항은 준법감시인에게 보고하지 않아도 된다.

핵심 주제 14 영업점에 대한 내부통제

01 ② 사이버룸은 개방형으로 만들어서 외부에서 내부가 보여야 한다.

02 ② 영업점에서 1년 이상 근무한 경력이 있거나 준법감시 혹은 감사업무를 1년 이상 수행한 경력이 있으며 해당 영업점에 상근하고 있어야 한다. 예외적으로 1명의 영업관리자가 2개 이상의 영업점을 묶어 영업관리자의 업무를 수행할 수 있다.

03 ② 지점장, 즉 영업점장은 영업관리자가 될 수 없다.

핵심 주제 15 직무윤리 위반행위자에 대한 제재

★★★

01. 다음 중 금융위원회가 금융투자업 인가 취소 또는 금융투자업 등록 취소를 할 수 있는 사유에 해당하지 않는 것은?

① 거짓, 그 밖의 부정한 방법으로 금융투자업의 인가를 받거나 등록한 경우

② 업무의 정지 기간 중에 업무를 한 경우

③ 금융위원회의 시정 명령 또는 중지명령을 이행하지 않은 경우

④ 내부통제기준을 마련하지 아니한 경우

★★★

02. 다음 중 윤리경영을 고취시키기 위한 회사의 제도인 것은 몇 개인가?

준법서약, 윤리강령의 제정, 내부고발제도, 명령휴가, 영업관리자

① 2개 ② 3개

③ 4개 ④ 5개

★★

03. 다음 중 금융위원회가 처분 또는 조치를 할 때 반드시 청문을 실시해야 하는 것에 해당하지 않는 것은?

① 종합금융투자사업자에 대한 지정 취소

② 신용평가회사 임직원에 대한 해임요구 또는 면직요구

③ 금융투자업자 임직원에 대한 면직요구

④ 금융투자업자 직원에 대한 경고 요구

★

04. 다음 중 내부제보제도에 대한 설명으로 올바르지 않은 것은?

① 관계법령 등을 위반한 경우 내부 제보할 수 있다

② 내부제보자가 원하지 않으면 준법감시인이 해당 직원에게 금전적 혜택을 부여하는 것을 회사에 요청하지 않을 수 있다.

③ 성희롱 등 부정한 행위

④ 핵심 부서에서 근무하는 직원의 취미생활

정답과 해설

핵심 주제 15 **직무윤리 위반행위자에 대한 제재**

01 ④ 내부통제기준이 없으면 1억 원 이하의 과태료 부과에 처해질 수 있다.

02 ④ 모든 제도가 윤리경영을 고취시킬 수 있는 제도이다.

03 ④ 청문 해당사항이 아니다.

04 ④ 지극히 개인적인 영역이기 때문에 내부제보대상에 해당하지 않는다.

기출유형 추가연습문제

3장 직무윤리

★★★

01. 다음 중 금융투자업자가 금융소비자 보호법상 할 수 있는 것은 무엇인가?

① 금융상품의 가치에 중대한 영향을 미치는 사항을 미리 알고 있으므로 계약체결 전에는 이를 알리지 않고 계약체결 후에 이를 알린다.

② 투자성 상품의 계약체결 권유를 위해 고객의 요청이 없어도 고객에게 전화를 한다.

③ 타 금융투자회사의 금융상품과 비교를 명확한 근거없이 하며, 자사의 금융상품이 더 우수하다고 알린다.

④ 금융투자상품에 대한 계약의 체결권유를 받은 금융소비자가 이를 거절하였으나, 1개월 후에 동일한 금융상품을 해당 투자자에게 권유한다.

★★★

02. 다음 중 내부통제위원회에 대한 설명으로 올바르지 않은 것은?

① 내부통제위원회의 위원장은 대표이사가 맡으며, 최소 분기에 1회 이상 회의를 개최해야 한다.

② 최근 사업연도말 자산총액 5조 원 미만인 금융투자회사는 내부통제위원회를 두지 않을 수도 있다.

③ 위원장은 대표이사가 맡으며, 준법감시인도 내부통제위원이다.

④ 내부통제위원회 회의 결과는 기록하고 이사회에 보고한다.

★★★

03. 다음 중 금융소비자 보호법상 올바른 것은?

① 금융소비자의 정보는 어떤 일이 있더라도 제3자에게 제공하지 않는다.

② 고객에게 투자성 상품 계약체결을 권유한 후 1개월 후에 동일 고객에게 동일 투자상품을 재권유할 수 있다.

③ 투자성 상품 판매시 원금보장만 가능한지 기대수익률까지 보장이 가능한지 명확히 표시해야 한다.

④ 금융소비자와 금융투자업자 간에 소송이 있을 경우 금융소비자가 금융투자업자에게 요청하는 정보는 항상 제공해야 한다.

★★★

04. 다음 빈칸에 들어갈 말을 순서대로 올바르게 짝지은 것은?

> 금융소비자가 적정성 원칙에 위배되는 계약을 체결했고, 나중에 위법계약 사실을 안 날로 (　　), 계약체결일로부터 (　　) 이내에 위법계약에 대한 해지 요구가 가능하다.

① 1년, 5년　　② 6개월, 3년
③ 1년, 3년　　④ 6개월, 5년

★★★

05. 다음 중 금융투자회사의 내부통제체계에 대한 설명으로 올바르지 않은 것은?

① 금융사고 발생 우려가 높은 업무를 수행하는 임직원에게는 명령휴가제도를 운영해야 한다.
② 내부통제체계에 따라 내부제보자에게 인사상 혹은 금전적 혜택을 주는 것은 허용되지 않는다.
③ 준법서약서를 작성하여 준법감시인에게 제출하여 임직원의 윤리의식을 높일 수 있다.
④ 임직원의 위법, 부당한 행위등을 회사에 신고하는 내부제보제도를 운영한다.

정답과 해설

01 ④ 투자성 상품의 경우 계약의 체결권유를 받은 금융소비자가 이를 거부하는 취지의 의사표시를 하였는데도 계약의 체결의 권유를 계속하면 안 된다. 그러나 예외적으로 투자성 상품에 대한 계약 체결권유를 받은 금융소비자가 이를 거부하는 취지의 의사를 표시한 후 1개월이 지난 경우에는 해당 상품을 재권유할 수 있다.

02 ① 내부통제위원회는 최소 반기에 1회 이상 회의를 개최한다.

03 ② 금융소비자는 자료 열람요구권이 있으나 정당한 사유가 있다면 기업은 해당 자료를 제공하지 않을 수 있다.

[오답풀이]

③ 투자성 상품 판매 시 원금보장을 할 수 없다.

04 ① 금융소비자는 금융상품의 계약 체결일로부터 5년 이내, 위법계약 사실을 안 날로부터 1년 이내인 경우에 위법계약 해지 요구가 가능하다. 만일 금융소비자가 위법계약 사실을 안 날이 계약체결일로부터 5년이 경과한 이후에는 동 금융상품의 계약 체결에 대한 위법계약 해지를 요구할 수 없다.

05 ② 준법감시인은 내부 제보 우수자를 선정하여 인사상 또는 금전적 혜택을 부여하도록 회사에 요청할 수 있으나, 내부제보자가 원하지 않는 경우에는 요청하지 않는다.

★★★

06. 다음 중 금융투자회사 직원이 지켜야 할 윤리를 모두 고른 것은?

㉠ 고객의 개인정보를 고객 동의 없이 유출하면 안 된다. ㉡ 고객에게 위임 받은 업무는 처리 즉시 고객에게 상세하게 보고해야 한다. ㉢ 거래상대방만 참석한 여가 및 오락활동 등에 수반되는 비용을 제공한다.

① ㉠, ㉡　　② ㉠, ㉢
③ ㉡, ㉢　　④ ㉠, ㉡, ㉢

★★★

07. 다음 중 내부통제체계에 대한 설명으로 올바른 것은?

① 준법감시인을 해임하기 위해서는 이사 과반수의 의결이 필요하다.
② 준법감시인은 대표이사와 이사회의 지휘를 받아 업무를 수행한다.
③ 준법감시인의 성과보수는 기업의 재무성과와 연동하여 지급할 수 있다.
④ 준법감시인을 임면하면 한국금융투자협회에 보고해야 한다.

★★★

08. 다음 중 재산상 이익의 제공 및 수령에 대한 설명으로 틀린 것은?

① 금융투자회사는 재산상 이익 제공 현황 및 적정성 점검 결과 등을 매 3년에 한 번 이사회에 보고해야 한다.
② 금융투자회사는 이사회가 정한 금액을 초과하는 재산상 이익을 제공하고자 하는 경우에는 미리 이사회 의결을 거쳐야 한다.
③ 금융투자회사는 금전, 물품, 편익 등을 10억 원을 초과하여 특정 투자자 또는 거래상대방에게 제공하거나 특정 투자자 또는 거래상대방으로부터 제공받은 경우 인터넷 홈페이지 등에 공시해야 한다.
④ 금융투자회사가 거래상대방에게 재산상 이익을 제공하거나 제공받은 경우 제공목적, 제공내용, 제공일자, 거래상대방, 경제적 가치 등을 5년 이상 기록, 보관해야 한다.

★★★

09. 다음 중 준법감시인에 대한 설명으로 올바르지 않은 것은?

① 준법감시인의 임기는 최소 2년 이상이며 영업부서의 업무와 겸직할 수 없다.

② 준법감시인의 선임은 이사회의 과반수 의결이 필요하다.

③ 준법감시인은 대표이사의 지휘를 받아 금융투자회사 전반의 내부통제업무를 수행한다.

④ 준법감시인의 성과보수는 회사의 경영성과와 연동하여 지급한다.

★★★

10. 내부통제위원회에 대한 설명으로 가장 올바르지 않은 것은?

① 내부통제위원장은 준법감시인이 해야 하며 대표이사는 내부통제위원으로 회의에 참석한다.

② 매 반기별 1회 이상 회의를 개최하고 관련 내용을 기록하고 보관해야 한다.

③ 최근 사업연도말 자산총액 5조 원 미만인 금융투자회사는 내부통제위원회를 두지 않을 수도 있다.

④ 내부통제위원회는 임직원의 윤리의식, 준법의식 제고에 노력을 해야 한다.

정답과 해설

06 ① ⓒ 거래상대방만 참석한 여가 및 오락활동 등에 수반되는 비용을 제공하는 것은 부당한 재산상의 이익이기 때문에 제공해서는 안 된다.

07 ② 준법감시인을 해임하기 위해서는 이사회의 $\frac{2}{3}$ 이상의 찬성이 필요하며, 성과보수는 재무성과와 연동하여 지급할 수 없으며, 준법감시인 임면사항은 금융위원회 보고사항이다.

08 ① 재산상 이익 제공 현황 및 적정성 점검 결과를 매년 이사회에 보고해야 한다.

09 ④ 준법감시인의 성과보수는 회사의 경영성과와 연동하여 지급하지 않고, 별도의 보수 지급 및 평가기준을 마련하여 지급해야 한다.

10 ① 내부통제위원장은 대표이사이며, 준법감시인은 내부통제위원이다.

★★★

11. 다음 중 내부고발제도에 대한 설명으로 올바르지 않은 것은?

> ㉠ 금융투자회사는 내부제보자에 대한 비밀을 보장하고, 불이익을 주어서는 안 된다.
> ㉡ 준법감시인은 내부제보 우수자를 선정하여 인사상 또는 금전적 혜택을 줄 수 있다.
> ㉢ 위법, 부당한 행위를 인지하고도 회사에 제보하지 않는 미제보자라 할지라도 제보하지 않은 것에 대한 불이익은 없다.

① ㉠, ㉡ ② ㉠, ㉢
③ ㉡, ㉢ ④ ㉠, ㉡, ㉢

★★★

12. 다음 중 금융소비자보호 내부통제체계에 대한 설명으로 잘못된 것은?

① 이사회는 금융소비자보호에 관한 내부통제체계의 구축 및 운영에 대한 기본방침을 정한다.
② 금융소비자보호 내부통제위원회 의장은 이사회 의장이 맡는다.
③ 금융소비자보호 총괄기관은 금융소비자보호에 관한 경영방향을 수립한다.
④ 금융소비자보호 총괄책임자(COO)의 업무는 위험관리 규정을 개정하거나 수정하는 업무가 아니다.

★★★

13. 다음 중 금융투자회사 직원의 고객과의 영업활동에 대한 설명으로 잘못된 것은?

① 고객이 요청하지 않았음에도 불구하고 전화 통화와 같은 실시간 통화의 방법으로 투자성 상품의 계약 체결을 권유하는 것은 금지되어 있다.
② 각 회사는 판매임직원 등을 대상으로 금융소비자에게 제공되는 '개별상품'에 대한 교육을 실시해야 한다.
③ 금융상품 판매직원의 전문성과 숙련도가 낮은 직원 혹은 불완전판매 관련 민원이 많이 발생하는 직원은 금융상품의 판매를 제한할 수 있다.
④ 투자성과에 대한 표시를 할 때는 원금에 대한 보장인지, 원금을 포함한 기대수익률까지 보장하는지 명확히 표시해야 한다.

★★★

14. 다음 중 고객과의 이해상충 발생에 대한 내용으로 가장 올바르지 않은 것은?

① 금융투자업자는 이해상충이 발생할 가능성을 파악하고, 이를 평가한 결과 이해상충이 발생할 가능성이 있다면 이를 투자자에게 알려야 한다.

② 고객과의 이해상충 발생가능성을 낮추는 것이 곤란할 경우에는 고객의 각서를 받고 해당 매매 혹은 거래를 한다.

③ 금융투자업자 자신이 발행하였거나 관련되어 있는 대상에 대한 조사분석자료의 공표와 제공을 원칙적으로 금지한다.

④ 투자매매업자 또는 투자중개업자는 금융상품에 관한 같은 매매에 있어 자신이 본인이 됨과 동시에 상대방의 투자중개업자가 되어서는 안 된다.

★★★

15. 다음 중 금융투자업자의 자기계약과 관련한 내용으로 잘못된 것은?

① 투자매매업자 또는 투자중개업자는 금융투자상품에 관한 같은 매매에 있어 자신이 본인이 됨과 동시에 상대방의 투자중개업자가 되어서는 아니된다.

② 금융투자업 종사자는 금융소비자가 동의한 경우에는 금융소비자와의 거래 당사자가 될 수 있다.

③ 투자매매업자 또는 투자중개업자가 자기가 판매하는 집합투자증권을 매수하는 것은 허용한다.

④ 투자중개업자가 투자자로부터 다자간매매체결회사에서 매매의 위탁을 받아 다자간매매체결회사를 통해서 매매가 이루어지는 것은 자기계약으로 금지된다.

정답과 해설

11 ③ 준법감시인은 내부제보 우수자에게 인사상 금전적 혜택을 부여하도록 회사에 요청할 수 있지, 자신이 해당 혜택을 내부제보 우수자에게 제공할 수 없다. 위법, 부당한 행위를 인지했음에도 불구하고 제보하지 않는 것에 대한 불이익이 존재한다.

12 ② 금융소비자보호 내부통제위원회 의장은 대표이사가 맡는다.

13 ④ 투자성과에 대한 약속을 할 수 없다.

14 ② 고객과의 이해상충 발생가능성을 낮출 수 없다면, 고객과 해당 매매나 거래 등을 해서는 안 된다.

15 ④ 예외적으로 허용되는 자기계약(거래)이다.

★★★

16. 다음 중 금융투자회사의 내부통제기준 위반시 부과하는 조치 중 과태료 최대금액 1억 원의 조치에 해당하지 않는 것은?

① 준법감시인의 자산운용업무 겸직
② 내부통제 기준을 마련하지 않은 경우
③ 준법감시인을 두지 않은 경우
④ 이사회 결의를 거치지 않고 준법감시인을 임면한 경우

★★★

17. 다음 중 임직원의 대외활동과 관련하여 가장 올바른 것은?

① 금융투자회사의 임직원은 외부강연, 연설, 교육, 기고 등의 활동을 할 수 없다.
② 임직원 본인이 업무시간에 만든 자료는 자신의 홍보를 위해 배포하며 사용할 수 있다.
③ 인터넷 게시판이나 웹사이트에 금융투자상품에 대한 분석이나 권유에 대한 내용을 게시할 수 있다.
④ 회사와 공식의견이 아닌 자신의 의견을 표현할 경우 사견임을 명백히 표현해야 한다.

★★★

18. 다음 중 금융소비자보호 총괄책임자(COO)의 업무에 해당하지 않는 것은?

① 금융투자회사의 위험관리 통제에 관한 규정의 제정 및 개정
② 상품설명서, 금융상품 계약서류 등 사전 심의
③ 금융상품 각 단계별 소비자보호체계에 관한 관리, 감독 및 검토
④ 민원발생과 연계한 관련 부서, 직원 평가기준의 수립 및 평가 총괄

★★★

19. 다음 중 과당매매에 대한 판단으로 잘못된 것은?

① 고객의 매매횟수를 고려하여 과당매매인지 아닌지 판단한다.

② 고객의 투자성향을 고려하여 과당매매인지 아닌지 판단한다.

③ 고객이 매매를 통해 얼마나 많은 수익이 발생했는지 고려하여 판단한다.

④ 고객의 수수료 총액을 고려하여 과당매매 여부를 판단한다.

★★★

20. 영업관리자에 대한 설명으로 가장 올바르지 않은 것은?

① 영업관리자는 업무성과를 기준으로 성과평가를 하면 안된다.

② 영업관리자는 1년 이상 해당 영업점에서 근무한 경력이 있어야 한다.

③ 준법감시인은 영업관리자에게 1년에 1회 이상 법규 및 윤리관련 교육을 실시해야 한다.

④ 영업관리자는 준법감시 업무로 인하여 업무상 불이익을 받으면 안 된다.

정답과 해설

16 ① 준법감시인의 자산운용 겸직업무에 대한 과태료는 3천만 원이다.

17 ④ 회사의 공식의견이 아닌 경우 사견임을 명백히 표현해야 한다.

18 ① 금융소비자보호 총괄책임자는 금융투자회사의 위험관리 통제업무를 하지 않는다.

19 ③ 과당매매 판단에 있어 수익률 혹은 손실률은 판단기준이 아니다.

20 ① 영업관리자는 자신의 업무성과를 기준으로 성과평가를 받는다. 그러므로 본인이 수행하는 업무가 과다하거나 수행하는 업무의 성격으로 인하여 준법감시 업무에 곤란을 받지 않아야 영업관리자의 자격이 될 수 있다.

★★★

21. 다음 중 금융위원회가 금융투자업자 혹은 금융투자업자의 임직원에게 할 수 있는 조치는 어느 것인가?

① 직원의 1년간 직무정지
② 벌금 부과
③ 임원의 해임
④ 1억 원 이하의 과태료 부과

★★★

22. 다음 중 자본시장법상 일반투자자와 전문투자자 모두에게 공통으로 적용되는 원칙은 무엇인가?

① 설명의무 ② 적합성원칙
③ 부당권유금지 ④ 적정성원칙

★★★

23. 다음 중 이해관계가 상충할 경우 가장 올바르지 못한 것은?

① 고객의 이익을 가장 우선에 두어야 한다.
② 고객의 이익과 회사의 이익이 상충할 때는 고객의 이익이 우선한다.
③ 고객의 이익과 임직원의 이익 중에 고객의 이익을 우선한다.
④ 임직원 이익과 회사의 이익이 상충할 경우에는 임직원 이익이 우선한다.

★★★

24. 내부통제기준 위반에 대하여 금융투자회사에 1억 원 이하의 과태료 부과에 해당하는 것은 다음 〈보기〉 중에 몇 개인가?

〈보기〉

- 준법감시인에게 자산운용에 관한 업무를 겸직하게 한 경우
- 준법감시인에 대한 별도의 보수지급 및 평가기준을 마련 · 운영하지 아니한 경우
- 금융투자회사 임직원에 대한 금융위원회 제재조치 요구를 이행하지 아니한 경우

① 0개 ② 1개
③ 2개 ④ 3개

★★★

25. 「금융투자회사 표준내부통제기준」상 준법감시인에 대한 설명으로 가장 적절한 것은?

① 준법감시인의 임기는 최소 3년 이상으로 하여야 한다.
② 준법감시인은 이사회 및 대표이사의 지휘를 받아 그 업무를 수행한다.
③ 준법감시인 해임시 이사 총수의 과반수의 찬성으로 의결해야 한다.
④ 준법감시인을 임면한 때에는 그 사실을 한국금융투자협회에 보고하여야 한다.

정답과 해설

21 ④ 직원의 정직은 6개월 이내이며, 벌금은 사법기관이 부과하는 것이며, 임원의 해임에 대한 요구를 할 수 있다.

22 ③ 부당권유금지는 모든 투자자에게 공통으로 적용되는 원칙이다.

23 ④ 임직원과 회사의 이익이 충돌할 경우에는 회사의 이익이 우선한다.

24 ② 금융위원회의 제재조치 요구를 이행하지 않으면 1억 원 이하 과태료 부과대상이다.

25 ② 준법감시인의 임기는 최소 2년 이상으로 해야 하며, 해임시 이사 총수의 3분의 2 이상의 이사회 의결이 필요하며, 임면시에는 임면일로부터 7영업일 이내에 금융위원회에 보고해야 한다.

★★★

26. 「금융투자회사 표준내부통제기준」상 영업점의 내부통제에 대한 설명으로 가장 거리가 먼 것은?

① 금융투자회사는 영업점별 영업관리자의 임기를 1년 이상으로 하여야 한다.
② 준법감시인은 영업점별 영업관리자에 대하여 연간 1회 이상 법규 및 윤리 관련 교육을 실시하여야 한다.
③ 금융투자회사는 영업점별 영업관리자에게 업무수행 결과에 대한 보상을 별도로 지급하여서는 아니 된다.
④ 금융투자회사는 영업점별 영업관리자가 준법감시업무로 인하여 원래 업무에 지장을 주지 아니하도록 하여야 한다.

★★★

27. 「금융투자회사의 금융소비자보호 표준내부통제기준」상 금융소비자보호 총괄책임자가 수행하는 업무에 해당하지 않는 것은?

① 대표이사로부터 위임받은 업무
② 위험관리지침의 제정 및 개정 업무
③ 민원발생과 연계한 관련 부서 평가기준 수립 업무
④ 금융소비자보호 관련 교육 프로그램의 개발 및 운영 업무 총괄

★★★

28. 「금융투자회사의 표준윤리준칙」상 임직원의 대외활동에 대한 설명으로 가장 적절하지 않은 것은?

① 회사의 공식의견 이외의 사견을 표현하여서는 아니 된다.
② 대외활동으로 인하여 회사의 주된 업무수행에 지장을 주어서는 아니 된다.
③ 대외활동으로 인하여 금전적인 보상을 받게 되는 경우 회사에 신고하여야 한다.
④ 대외활동의 범위에는 SNS(Social Network Service) 등 전자통신수단을 이용한 대외활동을 포함한다.

★★★

29. '금융소비자보호 표준내부통제기준'에 따른 내부통제위원회에 대한 설명으로 올바르지 않은 것은?

① 내부통제위원회의 의장은 대표이사이다.

② 모든 금융회사가 내부통제위원회를 설치해야 한다.

③ 내부통제위원회는 반기에 1번 이상 의무적으로 개최하고 그 결과를 이사회에 보고하고 기록해야 한다.

④ 준법감시인, 위험관리책임자는 내부통제위원회의 위원이 되어 회의에 참석해야 한다.

★★★

30. 다음 중 금융소비자보호 표준내부통제 기준에 대한 설명으로 올바른 것은?

① 특정한 정보가 비밀정보인지 불명확한 경우, 우선 해당 부서장이 비밀정보 여부를 판단한다.

② 어떠한 경우라도 고객의 정보를 제 3자에게 제공할 수 없다.

③ 투자이익을 보장할 경우 원금에 대한 보장인지 수익률에 대한 보장인지 명확하게 표현해야 한다.

④ 투자권유를 받은 금융소비자가 이를 거부하는 의사표시를 한 경우 1개월이 지난 후에 동일 상품을 다시 권유할 수 있다.

정답과 해설

26 ③ 영업관리자에게 업무수행 결과에 따라 적절한 보상을 지급할 수 있다.

27 ② 위험관리지침의 제정 및 개정업무는 위험관리책임자가 담당한다.

28 ① 직원은 회사의 공식의견이 아닌 경우 사견임을 명백히 표현해야 한다. 즉 사견을 표현할 수 있다.

29 ② 예외적으로 소규모 금융회사는 내부통제위원회를 두지 않을 수 있다.

30 ④ 비밀정보 여부가 불명확할 경우 준법감시인의 확인을 받기 전까지는 비밀정보로 분류하여 관리한다. 고객의 동의를 얻거나 관계법령의 요구가 있으면 고객 정보를 제3자에게 제공할 수 있다. 원칙적으로 투자원금을 보장할 수 없다.

★★★

31. 다음 빈칸에 들어갈 숫자로 올바른 것은?

> 금융소비자는 금융상품에 관한 계약을 체결한 경우 위법계약 사실을 안 날로부터 ( ), 금융상품계약 체결일로부터 ( ) 이내인 경우 위법계약의 해지 요구가 가능하며, 금융회사는 금융소비자의 위법계약 해지요구가 있는 경우 해당일로부터 ( ) 이내에 계약 해지 요구의 수락 여부를 결정하여 금융소비자에게 통지해야 한다.

① 1년, 5년, 7일 ② 1년, 5년, 10일

③ 5년, 1년, 7일 ④ 5년, 1년, 10일

★★★

32. 다음 중 매매명세의 통지와 관련한 내용으로 올바르지 않은 것은?

① 매매가 체결된 후 지체없이 매매에 대한 거래내용을 통지해야 한다.

② 매매가 체결된 날의 다음 달 20일까지 월간 매매내역 · 손익내역 등을 통지해야 한다.

③ 매매명세의 통지방법은 투자자와 미리 합의된 방법으로 통지해야 한다.

④ 투자자가 통지받기를 원하지 않더라도 매매명세 통지 의무를 다하기 위해 투자 매매업자 혹은 투자중개업자는 매매명세서를 투자자에게 통지해야 한다.

★★★

33. 다음 중 과당매매를 판단하는 기준에 대한 설명으로 올바르지 않은 것은?

① 일반투자자가 부담하는 수수료의 총액

② 일반투자자가 해당거래를 통해 얻은 이익이나 손실의 규모

③ 일반투자자의 재산상태 및 투자목적에 적합한지 여부

④ 일반투자자의 투자지식이나 경험에 비추어 당해 거래에 수반되는 위험을 잘 이해하고 있는지 여부

정답과 해설

31 ② 위법계약 사실을 안 날로부터 1년이며, 금융상품 계약기간 5년 이내인 경우, 10일 이내에 금융회사는 계약해지 요구 수락에 대한 결정을 해야 한다.

32 ④ 투자자가 통지받기를 원하지 아니하는 경우에는 지점, 그 밖의 영업소에 비치하거나 인터넷 홈페이지에 접속하여 수시로 조회가 가능하게 함으로써 통지를 갈음할 수 있다.

33 ② 일반투자자가 매매로부터 얻은 이익이나 손실의 규모는 과당매매를 판단하는 기준에 해당하지 않는다. 개별 매매거래시 권유내용의 타당성 여부, 재산상태 및 투자목적에 적합한지 여부, 투자지식이나 경험을 고려하여 부담하는 수수료 총액 등을 종합적으로 고려하여 과당매매 여부를 판단한다.

고시넷 **금융투자분석사** 여기서 다(多) 나온다 **문제은행**

책속의 책

시험 다시보기

19회(2021년)시험 다시보기_1회

▶ 정답과 해설 442쪽

1과목 증권분석기초

■ 계량분석_1 ~ 5[5문항]

01. 다음 중 수익률 계산으로 올바른 것은?

> • 액면가 10,000원, 만기 1년, 액면이자율 12%, 시장이자율 10%
> • 이자는 매 3월마다 후급으로 지급

① 연간이자수입은 1,000원이다.
② 액면이자율로 재투자시 실효이자율이 연간 액면이자율보다 낮다.
③ 액면이자율로 재투자시 실효이자율은 12.55%이다.
④ 매 3개월마다 250원을 이자로 지급받는다.

02. 다음 중 사칙연산이 가능한 척도는 어느 것인가?

① 명목척도　　② 서열척도
③ 구간척도　　④ 비율척도

03. 다음 중 왜도값이 양수일 경우 올바르지 않은 것은?

① 극단적으로 큰 값이 포함되어 있다.
② 최빈값은 평균값보다 작다.
③ 왜도 값이 양수이든 음수이든 항상 평균값은 최빈값과 중앙값 사이에 위치한다.
④ 정규분포는 왜도 값이 0이다.

04. 표본평균이 10, 표본평균의 분산이 25이며, 관측치는 100개가 있을 때 모집단의 평균값의 95% 신뢰구간의 하한값은 얼마인가? (단, 신뢰구간 95%의 Z값은 1.96을 사용하시오.)

① 6.08　　② 8.04
③ 9.02　　④ 10.98

05. 다음 중 회귀분석에 대한 설명으로 올바른 것은?

① 다중회귀분석시 결정계수 값이 크면 클수록 적합도가 높다.
② 독립변수의 값이 커질수록 해당 독립변수의 분산도 커지는 현상이 있다면 다중공선성 문제가 있다고 말한다.
③ DW값이 0이라는 것은 회귀식의 오차항이 독립성 가정을 만족한다는 의미이다.
④ 두 변수간의 2차식의 관계가 있다면 회귀분석으로 도출된 식을 활용하여 종속변수 값을 예측하더라도 예측된 종속변수 값에는 오류가 있다.

■ 증권경제_6 ~ 15[10문항]

06. 다음 중 절대소득가설에 대한 설명으로 알맞은 것은?

① 소득이 없을 경우 총소비는 0이다.
② 평균소비성향이 한계소비성향보다 크다.
③ 고소득층의 소비성향이 저소득층보다 대체로 높다.
④ 대체로 경기 확장기의 소비성향이 경기 수축기의 소비성향보다 높다.

07. 항상소득가설에 따를 경우 단기적으로 소비를 증가시킬 수 있는 정책은 무엇인가?

① 일시적으로 세율을 낮춘다.
② 일시적으로 세율을 높인다.
③ 영구적으로 최저임금을 10% 증가시킨다.
④ 영구적으로 최저임금을 10% 감소시킨다.

08. 다음 중 IS-LM모형에 대한 설명으로 올바르지 않은 것은? (단, IS는 우하향, LM은 우상향곡선으로 가정한다.)

① 이자율 R이 증가하면 IS선이 좌측으로 평행 이동한다.
② 정부지출이 증가하면 국민소득 Y도 증가한다.
③ 정부지출이 100만큼 증가하면 국민소득 Y는 100보다 적은 금액이 증가한다.
④ 한국은행에서 화폐발행을 증가시키면 이자율은 하락한다.

09. IS-LM모형에 있어서 정책효과에 대해서 잘못 설명한 것은? (단, LM곡선은 우상향한다)

① IS곡선이 우하향하면 정부지출에 따른 구축효과가 발생한다.
② 고전학파는 재정정책보다 통화정책의 유효성이 더 크다고 주장한다.
③ 케인즈에 따르면 경제가 극심한 불경기를 경험할 때, 중앙은행은 통화량을 늘려서 이자율을 낮추어야 한다.
④ 피구에 따르면 불경기에는 물가가 하락하여 실질자산이 증가하여 소비가 증가하기 때문에 정부의 시장개입이 없어도 자동으로 불경기에서 탈출한다.

10. 다음 중 AD-AS곡선에 대한 설명으로 올바른 것은?

① 단기분석을 위해서 자본 K와 노동 N은 고정되어 있다고 가정한다.
② 노동의 한계생산성이 체증함을 가정한다.
③ 고전학파에 따르면 재정정책은 국민소득 Y를 증가시키는데 효과가 없으나, 통화정책은 국민소득 Y를 증가시키는 유효한 정책수단이다.
④ 고전학파에 따르면 경제성장을 위해서는 경제내 총공급량을 증가시켜야 한다.

11. 다음 중 AD-AS 곡선에 대한 설명으로 올바른 것은?

	정책	물가	국민소득
① 고전학파	통화확대	상승	변화없음
② 고전학파	재정지출확대	상승	하락
③ 케인즈학파	통화확대	하락	변화없음
④ 케인즈학파	재정지출확대	상승	하락

12. 화폐 유통속도는 1%, 통화량 증가는 2%, 물가상승률은 2%일 때, 화폐 수량방정식으로 실질국민소득 변화율을 올바르게 계산한 것은?

① 0% ② 1%
③ 2% ④ 3%

13. 현금보유비율이 40%, 지급준비율 10%, 본원통화가 100억원일 때 통화량 M의 근사값은 얼마인가?

① 217억원 ② 220억원
③ 315억원 ④ 320억원

14. 다음 중 이자율에 대한 설명으로 올바르지 않은 것은?

① 중첩세대 모형에서 이자율은 인구증가율과 동일하다.
② 케인즈는 이자율은 화폐시장에서 결정되기 때문에 실질이자율의 개념을 사용하고, 고전학파는 이자율은 저축과 투자시장에서 결정되기 때문에 명목이자율의 개념을 사용한다.
③ 현대적 대부자금설은 케인즈와 고전학파의 견해를 받아들여 대부자금의 공급과 수요가 일치하는 곳에서 균형이자율이 결정된다고 주장한다.
④ 경제 상승초기에는 대체로 이자율이 하락한다.

15. 다음 경기종합지수 중 그 성격이 다른 하나는 무엇인가?

① 재고순환지표 ② 취업자수
③ CP유통수익률 ④ 생산자제품재고지수

▌기업금융 · 포트폴리오 관리_16 ~ 25[10문항]

16. 다음 중 대리인 문제에 대한 설명으로 올바르지 않은 것은?

① 대리인 문제는 현실적으로 완벽하게 해결할 수 있는 문제이다.
② 대리인 문제의 근본적인 원인은 대리인과 주인의 정보불균형 때문이다.
③ 성과급제, 경영자의 배임에 대한 처벌, 적대적 인수합병은 주주의 입장에서 경영자의 대리인 문제를 최소화할 수 있는 장치이다.
④ 채권자와 주주사이에도 대리인 문제가 발생할 수 있다.

17. 다음 중 자본예산 분석방법에 대한 설명으로 올바른 것은?

① 투자로 인한 현금흐름 유출의 현재가치와 현금유입의 현재가치를 0으로 만드는 할인율은 WACC이다.

② 회수기간법은 화폐의 시간가치를 고려하여 투자원금의 회수기간을 계산한다.

③ 상호배타적인 2개의 투자 안에서 NPV와 IRR로 평가한 각각의 결과는 항상 다르다.

④ 순현재가치는 투자종료 이전에 유입되는 현금흐름을 자본비용으로 재투자함을 가정한다.

18. 한국기업은 기계장치 교체를 위해 10억원의 투자를 할 계획이다. 투자의 효과는 3년 지속되며, 자본비용은 10%이다. 기계장치 투자로 인해 매년 5억원의 현금흐름이 유입된다. 본 투자안의 PI를 계산하시오. (단, 연금의 현가계수=2.49(10%, 3년))

① 0.245　② 0.289

③ 0.291　④ 0.298

19. 다음 정보를 이용하여 가중평균자본비용을 계산하시오.

• 법인세율 20%, 세전 타인자본비용 5%, 목표부채비율 200% • 무위험이자율 2%, 베타 1.2, 시장포트폴리오 수익률 10%

① 6.53%　② 10.01%

③ 11.07%　④ 11.51%

20. 한국기업은 100억원의 부채를 사용하고 있으며, 부채에 대한 이자율은 10%이다. 법인세는 30%가 적용되고 있다. 한국기업은 현재의 부채 규모를 200억원으로 증가시키고 부채금액을 영구적으로 유지하려고 한다. 추가적인 부채 사용으로 인한 대리인비용, 파산비용 등은 없다고 가정하면, 추가 부채사용으로 인한 한국기업의 기업가치는 얼마가 증가하나?

① 10억원　② 20억원

③ 30억원　④ 60억원

21. 다음 중 배당정책에 대한 설명으로 올바른 것은?

① MM(1961)에 따르면 법인세가 존재할 경우 배당으로 인한 기업가치에 변화는 없다.

② 배당을 증가시키는 것은 항상 기업가치에 긍정적인 영향을 준다.

③ 배당을 증가시키는 것은 주주와 채권자의 대리비용을 감소시킨다.

④ 소득세율이 높은 투자자는 일반적으로 배당을 적게 주는 기업에 투자하는 것을 선호한다.

22. 아래에서 설명하는 적대적 M&A 방어기법은 무엇인가?

피합병법인의 가장 가치 있는 사업부를 매각하여 피합병법인의 인수 매력도를 낮추는 방법

① LBO ② 왕관의 보석
③ 팩맨전략 ④ 포이즌필

23. 다음 중 지배원리에 의한 효율적 투자자산은 어느 것인가?

구분	평균수익률	분산
A	5%	5%
B	6%	5%
C	7%	6%
D	8%	10%

① A ② A, B
③ B, C ④ B, C, D

24. 다음 중 두 자산의 결합으로 인한 분산투자 효과가 가장 큰 상관계수 값은 얼마인가?

① 1.0 ② 0.5
③ 0.0 ④ −1.0

25. 10개의 위험자산으로 구성된 포트폴리오가 있다. 포트폴리오의 총위험을 계산하기 위해 필요한 데이터는 몇 개인가? (단, 마코위츠 모형을 사용하시오.)

① 55개 ② 90개
③ 100개 ④ 110개

2과목 가치평가론

■ 주식평가 · 분석_26 ~ 35[10문항]

26. 다음 중 회사채 발행 혹은 유상증자를 통해서 자금을 조달하는 시장은 어디인가?

① 단기금융시장 ② 외환시장
③ 장기금융시장 ④ 유통시장

27. 다음 중 증권시장의 기능에 대해서 잘못 설명한 것은?

① 발행시장과 유통시장은 별개의 시장으로 서로 영향을 주거나 받지 않는다.
② 발행시장에서는 투자자의 유휴자금이 장기의 안정성 있는 생산 자금화된다.
③ 유통시장을 통해서 증권의 공정한 가격이 형성된다.
④ 투자자는 유통시장을 통해서 위험분산을 할 수 있다.

28. 한국기업은 100,000주의 주식을 발행하였고 1주당 10,000원에 거래된다. 한국기업은 20%의 무상증자를 결정하였다. 무상증자 후 한국기업의 1주당 주가에 가장 가까운 것은?

① 8,000원　② 8,333원
③ 8,800원　④ 9,000원

29. 다음 중 유통시장과 해당 시장의 매매방법이 잘못 연결된 것은?

① 유가증권시장 : 경쟁매매
② 코스닥시장 : 경쟁매매
③ 코넥스시장 : 상대매매
④ K-OTC시장 : 상대매매

30. 포터의 산업의 경쟁강도를 분석하는 구조적 요인 중에 진입장벽에 해당하는 것은 무엇인가?

① 규모의 경제
② 산업의 성장성
③ 기존 제품과 유사한 성능을 가져다주는 다른 제품의 수
④ 다수의 원재료 공급자 수

31. 다음에 해당하는 제품 수명주기의 단계는 어디인가?

- 품질이 열악함
- 시장 내 경쟁자가 적으며 대체로 적자를 시현함

① 도입기　② 성장기
③ 성숙기　④ 쇠퇴기

32. 다음의 정보를 이용하여 A 기업의 부채비율을 계산하시오. (단, 부채비율=부채/자기자본)

- 자기자본이익률 : 10%
- 매출액 순이익률 : 5%
- 총자산 회전율 : 1

① 50%　② 100%
③ 150%　④ 200%

33. 다음의 정보를 이용하여 항상성장배당모형을 이용하여 한국기업의 1주당 적정가액을 계산하시오.

- 작년의 1주당 이익 : 1,000원
- 한국기업의 유보율 : 40%, 자기자본이익률 10%
- 자기자본비용 : 20%

① 1,900원　② 2,900원
③ 3,900원　④ 4,500원

34. 다음 정보를 이용하여 A 기업의 FCFF를 올바르게 계산한 것은?

- 영업이익 100억원, 법인세율 20%, 이자비용 20억원
- 전년도 순운전자본 50억원, 당기 순운전자본 55억원
- 당기 자본적 지출 30억원, 배당금 20억원
- 감가상각비 20억원

① 25억원　② 45억원
③ 65억원　④ 100억원

35. A 기업의 현재 PER는 20배이다. 아래의 정보를 이용하여 A 기업의 적정 PER를 계산하고 과소 혹은 과대평가를 결정하시오. (단, PER=P_0/EPS_0로 정의한다.)

- EPS_0=1,000원, 유보율 40%, 자기자본 100억원, 당기순이익 20억원
- 무위험이자율 5%, 시장위험 프리미엄 8%, 베타 1.2

① 적정 PER 9.82배, 고평가
② PER 10.82배, 고평가
③ PER 20.82배, 저평가
④ PER 22.82배, 저평가

▮채권평가·분석_36~45[10문항]

36. 다음 채권 중 재투자위험이 없는 채권은 무엇인가?

① 이표채　② 변동금리채권
③ 고정금리채권　④ 할인채

37. 다음 중 채권을 발행할 수 없는 주체는 누구인가?

① 정부
② 지방자치단체
③ 상법상 주식회사
④ 상법상 유한회사

38. 다음 중 전환사채와 신주인수권부 사채에 대한 설명으로 올바르지 않은 것은?

① 일반적으로 전환사채는 모든 조건이 동일한 일반사채보다 액면이자율이 낮다.
② 신주인수권부사채의 신주인수권을 행사하면 기업의 재무구조가 개선된다.
③ 전환사채의 가치는 일반사채의 가치에서 풋옵션의 가치를 차감해야 한다.
④ 신주인수권부사채의 신주인수권이 행사되면 이를 행사하기 위해 추가적인 자금소요가 발생한다.

39. 다음 중 채권에 대한 설명으로 올바르지 않은 것은?

① 교환사채는 사채를 발행한 회사의 주식과 교환할 수 있는 권리가 있는 사채이다.
② 수의상환채권은 사채 발행자가 특정 조건이 충족되면 언제든지 상환할 수 있는 채권이다.
③ 수의상환청구채권은 금리가 상승해도 일정수준 이하로 채권가격이 떨어지지 않는다.
④ 수의상환채권은 금리가 하락해도 일정수준이상으로 채권가격이 상승하지 않는다.

40. 다음 중 채권발행 방법에 대한 설명으로 올바르지 않은 것은?

① Conventional auction은 단일 가격으로 채권발행 가격을 결정하는 방법이다.
② American auction은 내정 수익률 이하에서 각 응찰자가 제시한 응찰수익률의 낮은 순으로 채권을 배정하는 방법이다.
③ Dutch auction은 모든 낙찰자에게 수익률이 가장 높은 것을 일률적으로 적용한다.
④ 차등가격 낙찰방식은 최고 낙찰수익률 이하 응찰 수익률을 일정간격으로 그룹화하여 각 그룹별로 최고낙찰수익률을 적용하는 방식이다.

41. 다음 정보를 이용하여 이표채의 현재가치를 올바르게 계산한 것은?

액면가 10,000원, 만기 2년, 액면이자율 5%, 시장이자율 10%, 이자는 1년에 한 번 지급

① 9,032원 ② 9,132원
③ 9,476원 ④ 10,000원

42. 다음 중 말킬의 채권가격 정리에 대해 잘못 설명한 것은?

① 시장이자율이 상승하면 채권가격은 하락한다.
② 채권의 만기가 길수록 동일한 수익률 변동에 대한 가격 변동폭은 커진다.
③ 채권수익률 변동에 의한 채권가격 변동은 만기가 길수록 증가하나, 그 증감률은 체증한다.
④ 만기가 일정할 때 채권수익률 하락으로 인한 가격 상승폭은 같은 폭의 채권수익률 상승으로 인한 가격 하락폭 보다 크다.

43. 시장 이자율이 5%이고, 만기가 존재하지 않는 영구채의 듀레이션은 얼마인가?

① 10 ② 21
③ 23 ④ 28

44. 수정듀레이션이 3이며, 시장이자율이 1% 상승하고, 볼록성은 6일 때, 시장이자율 변화에 대한 채권가격 변화를 올바르게 계산한 것은?

① 3% 상승 ② 3% 하락
③ 3.03% 상승 ④ 2.97% 하락

45. 다음 정보를 이용하여 2년 만기 채권의 2년 만기 현물이자율을 올바르게 계산한 것은?

- 액면가 10,000원, 액면이자율 5%, 이자는 1년에 1회 지급
- 1년 만기 현물이자율 6%, 현재 채권가격 9,800원

① 6.01% ② 6.09%
③ 6.34% ④ 6.46%

▌파생상품평가 · 분석_46 ~ 55[10문항]

46. 다음 중 선도거래와 선물거래의 비교로 올바르지 않은 것은?

① 선도거래는 신용위험이 존재한다.
② 선도거래는 대체로 만기일에 실물이 인수도 된다.
③ 일일정산제도는 선도거래의 특징이다.
④ 선물거래는 기초자산의 제한이 선도거래 보다 많다.

47. 다음 정보를 이용하여 주가지수 선물의 이론가격을 올바르게 계산한 것은?

현재 주가지수 현물가격=100포인트, 무위험 이자율 5%, 배당수익률 2%, 만기 1년

① 102 ② 103
③ 104 ④ 105

48. 주식포트폴리오를 100억원 어치 보유하고 있다. 주식포트폴리오의 베타는 0.8이다. 미래 주가변동에 대해 현재 보유하고 있는 포트폴리오 100%를 헤지하려고 한다. KOSPI 200선물은 1포인트당 25만원이다. 다음 중 어떤 거래를 해야 현재 보유하고 있는 주식 포트폴리오의 위험을 헤지할 수 있는지 올바르게 계산한 것은? (KOSPI 200지수는 현재 200포인트이다)

① 200계약 매수 ② 200계약 매도
③ 160계약 매수 ④ 160계약 매도

49. 근월물 선물의 가격이 100, 원월물 선물가격이 105이다. 근월물 선물 가격이 상승하면서 두 선물의 가격차이가 좁아졌다. 곧 두 선물의 스프레드가 다시 넓어질 것으로 예상할 경우 어떤 전략을 취해야 이익이 발생할 수 있는가?

① 근월물 매도, 원월물 매수
② 근월물 매도, 원월물 매도
③ 근월물 매수, 원월물 매도
④ 근월물 매수, 원월물 매수

50. 주식에 대한 콜옵션이 1개 있고 이 콜옵션을 10원에 구입하였다. 현재 해당 주식의 행사가격은 500원이다. 만기에 주식가격이 520원이 될 경우 콜옵션 보유자의 손익으로 올바른 것은?

① 손실 10원
② 손실과 이익이 없음
③ 이익 10원
④ 이익 20원

51. 풋옵션의 가격이 100원이며, 옵션 만기까지 4개월이 남아 있다. 기초자산의 현재 가격은 1,000원이며, 행사가격은 1,020원이다. 이 풋옵션의 시간가치는 얼마인가?

① 0원　② 20원
③ 80원　④ 100원

52. 다음 중 옵션 가격에 영향을 미치는 변수에 대한 설명으로 올바른 것은? (단, 유러피안옵션 매입 포지션을 가정한다)

① 행사가격이 상승하면 콜옵션가격은 증가한다.
② 기초자산가격의 변동성이 증가하면 모든 옵션의 가격은 하락한다.
③ 무위험이자율이 상승하면 풋옵션가격은 상승한다.
④ 만기가 증가하면 풋옵션 가격은 증가 혹은 하락 모두 가능하다.

53. 다음 정보를 이용하여 풋옵션의 가격을 계산하면? (단, 모든 옵션의 만기와 행사가격은 동일한 유럽식 옵션이다)

- 무위험이자율 : 5%, 옵션만기 : 1년
- 기초자산의 가격 : 1,000원
- 행사가격 : 1,100원
- 콜옵션의 가격 : 100원

① 97원　② 120원
③ 137원　④ 147원

54. 다음 중 기초자산가격의 변동성이 감소할 때 이익이 발생하는 포지션은 무엇인가?

① 콜옵션 매수　② 풋옵션 매수
③ 스트랭글 매도　④ 스트래들 매수

55. 다음 중 이항모형에 대한 설명으로 잘못된 것은?

① 주가는 상승 혹은 하락만 한다고 가정한다.
② 주가의 상승확률이 높을수록 콜옵션 가격은 증가한다.
③ 주가의 변화는 연속적이지 않다.
④ 옵션가격은 위험중립확률과 밀접한 관련이 있다.

▮ 파생결합증권평가 · 분석_56 ~ 60[5문항]

56. 다음 중 파생결합증권이 아닌 것은?

① ETN ② ELS
③ ELW ④ ELB

57. 다음 중 ELW에 대한 설명으로 올바르지 않은 것은?

① 개인투자자가 ELW를 신규로 거래하기 위해서는 일정금액의 기본예탁금을 예치해야 한다.
② 투자자는 매입만 가능하기 때문에 손실의 최대금액이 한정되어 있다.
③ 유동성 공급자가 1개가 되면 상장폐지 요건에 해당한다.
④ 만기일에 ELW 보유자가 권리행사시 이익이 발생하면 자동적으로 권리행사가 된다.

58. 다음 중 정보를 이용하여 콜 ELW의 손익분기점을 계산하시오.

> • 전환비율 : 0.2
> • 행사가격 : 1,000원, ELW가격 : 10원
> • 현재 기초자산 가격 : 800원

① 850원 ② 900원
③ 1,020원 ④ 1,050원

59. 다음 중 ELS에 대한 설명으로 올바르지 않은 것은?

① Bull Spread는 주가가 낮은 행사 가격 이하이면 원금만 돌려받고, 주가가 높은 행사가격 이상이면 원금과 고정금액을 돌려받는다.
② Step Down ELS는 조기상환 가능성을 높여준다.
③ ELS발행사는 ELS판매를 통해서 들어온 자금의 대부분을 상환금 준비보다는 추가 수익을 얻기 위해 투자한다.
④ ELS투자자는 원금손실이 발생할 수 있다.

60. 다음 중 ETN에 대한 설명으로 올바른 것은?

① 벤치마크 지수가 명확하지만 다른 금융상품과 비교하여 내재가치 산정에 어려움이 있다.
② ETN의 기초지수는 주식을 기초로 하는 경우 최소 10종목 이상으로 지수를 만들어야 한다.
③ 주요 시장 참가자는 발행회사, 유동성공급자, 지수산출기관, 사무관리회사 등이 있다.
④ ETN은 상장폐지가 되더라도 손실이 발생하지 않는다.

3과목 재무분석론

■ 재무제표론_61 ~ 70[10문항]

61. 다음은 현금흐름표를 구성하는 항목이다. 영업활동 현금흐름이 아닌 항목은 무엇인가?

① 유형자산의 취득　② 매입채무의 증가
③ 재고자산의 취득　④ 선수금의 감소

62. 다음 중 재무상태표의 한계점에 대한 설명으로 올바르게 설명한 것이 아닌 것은?

① 역사적 원가로 표시되어 있어 현재 가치를 올바르게 반영하지 못한다.
② 추정이 사용되어 자의적인 해석이나 판단이 개입될 수 있다.
③ 인적자원 등 계량화할 수 없는 자산이 포함되지 않는다.
④ 물리적 형태가 없는 자산은 실체가 존재하지 않아 재무상태표에 표시하지 않는다.

63. 다음 정보를 이용하여 한국기업의 영업이익을 올바르게 계산한 것은?

- 매출액 1,000억원, 기초재고 200억원, 당기재고매입액 500억원, 기말재고 100억원
- 이자비용 20억원, 이자수익 10억원, 자산재평가이익 20억원, 판매비 50억원, 관리비 10억원, 법인세 비용 10억원

① 240억원　② 300억원
③ 340억원　④ 350억원

64. 다음 중 금융자산 회계처리와 관련한 설명으로 올바르지 않은 것은?

① 계약상 현금흐름을 수취하기 위해 금융자산을 보유하는 것이 목적인 사업모형이라면 원칙적으로 채무증권의 평가손익을 인식하지 않는다.
② 계약상 현금흐름의 수취와 금융자산의 매도를 동시에 목적으로 하는 사업모형이라면 채무 증권의 공정가치 변화를 당기손익으로 인식할 수도 있다.
③ 지분상품을 취득하였으나 단기매매목적이라면 원칙적으로 금융상품의 매매차익은 기타포괄손익으로 분류해야 한다.
④ 지분상품의 평가손익을 기타포괄손익으로 분류했다면, 그 이후에도 지속적으로 해당 평가 손익을 기타포괄손익으로 분류해야 한다.

65. 다음은 한국기업의 재고자산 목록이다. 한국기업의 기말재고는 얼마로 평가해야 하는가?

항목	취득원가	순실현가치
텔레비전	100억원	105억원
세탁기	100억원	90억원
에어컨	100억원	110억원

① 290억원　② 300억원
③ 305억원　④ 315억원

66. 다음 중 유형자산 취득시 취득원가에 포함되지 않는 항목은 무엇인가?

① 설치장소 준비원가
② 자산사용 후 원상복구의무가 있는 경우 원상복구에 소요될 것으로 추정되는 원가
③ 설치장소 운송원가
④ 자산의 정상가동 중에 발생한 가동손실

67. 다음 정보를 이용하여 한국기업이 20×2년에 인식해야 할 금융리스 부채의 원금 상환액은 얼마인가?

- 20×1년 말 금융리스 부채 : 100억원
- 내재이자율 : 10%
- 정기리스료 : 15억원

① 5억원　② 10억원
③ 15억원　④ 20억원

68. 한국기업의 20×1년 회계이익은 100,000원이며, 세무조정 결과 가산할 일시적 차이가 20,000원이 발생하였다. 가산할 일시적 차이는 20×2년에 전액 소멸될 것으로 예상하며, 현재 법인세율은 20%이며, 미래에도 법인세율은 20%로 유지될 것으로 기대한다. 20×1년 말에 한국기업이 인식해야 할 이연법인세 자산 혹은 부채는 얼마인가?

① 이연법인세 자산 2,000원
② 이연법인세 부채 2,000원
③ 이연법인세 자산 4,000원
④ 이연법인세 부채 4,000원

69. 다음 중 차입원가 자본화 대상으로 올바르지 않은 것은?

① 투자목적의 건물　② 사업목적의 토지
③ 재고자산　④ 선수금

70. 다음 중 투자주식의 지분율에 따른 회계처리 방법으로 올바른 것은?

① 모회사가 자회사의 지분율 10% 이상을 취득한 것은 유의적 영향력이 있는 것으로 보아 연결재무제표를 작성한다.
② 모회사가 자회사 지분율 51%를 취득한 것은 유의적인 영향력이 있는 것으로 보아 모회사의 개별재무제표에 자회사의 주식은 지분법을 이용하여 평가한다.
③ 모회사가 자회사 지분율 25%를 취득한 것은 유의적인 영향력이 있는 것으로 보아, 모회사는 자회사를 포함하는 연결재무제표를 작성한다.
④ 모회사가 자회사 지분율 21%를 취득하면 항상 지분법을 적용하여 자회사의 지분가치를 평가한다.

▮기업가치평가 · 분석_71 ~ 80[10문항]

71. 다음 중 기업가치평가 목적으로 가장 알맞지 않은 것은?

① 투자의사결정
② 과세목적
③ 합병비율 결정
④ 공장의 폐쇄 혹은 가동의사결정

72. 다음 중 가치평가 하는 방법 중에 수익가치로만 짝지어진 것은?

청산가치, 장부가치, PER, 상속세 및 증여세법에 의한 평가, EVA 할인모형, 배당할인모형, DCF모형

① 청산가치, PER, 상속세 및 증여세법에 의한 평가
② EVA 할인모형, 배당할인모형, DCF모형
③ 청산가치, EVA할인모형, 배당할인모형
④ 장부가치, 배당할인모형, DCF모형

73. A 기업과 유사한 기업의 EV/EBITDA 배수가 10배이다. A 기업의 차입금은 1,000억원이 있으며, 현금은 300억원이 있다. A 기업의 매출액은 5,000억원이며, 매출액 영업이익률은 10%이며 매년 감가상각비는 300억원이 발생한다. A 기업의 주주가치는 얼마인가?

① 7,000억원 ② 7,300억원
③ 7,700억원 ④ 8,000억원

74. 다음 중 상대가치평가방법의 장점에 해당하지 않는 것은?

① 현금흐름할인모형 보다 적은 가정이 필요하여 단시간에 계산할 수 있다.
② 현재 주식시장의 상황을 잘 반영한다.
③ 현금흐름할인모형 보다 이해하기가 용이하다.
④ 평가자의 편의가 없어서 객관적인 평가가 가능하다.

75. 다음 중 현금흐름할인 모형에 대한 설명으로 올바르지 않은 것은?

① FCFF 방법으로 계산한 현금흐름은 주주와 채권자의 자본비용을 가중평균한 할인율로 할인한다.
② FCFE 방법으로 계산한 현금흐름시 이자비용은 자본비용이기 때문에 현금흐름에 반영하지 않는다.
③ 현금흐름방법에 의한 가치평가는 잔존가치가 전체 가치에 큰 비율을 차지한다.
④ 현금흐름 추정시 운전자본이 작년대비 증가했다는 의미는 운전자본에 의한 추가 지출이 발생하여 현금의 유출로 본다는 의미이다.

76. 다음 정보를 이용하여 A 기업의 적정 주주가치 계산으로 올바른 것은?

• 미래 5년간의 FCFE로 추정한 현금흐름의 현재가치의 합 : 1,000억원 • 미래 6년부터 FCFE가 매년 1%로 영구적으로 성장함을 가정한 잔존가액의 현재가치 : 8,000억원 • 채권자에 지급할 이자지급부채 금액 : 1,000억원 , 현금 : 500억원

① 7,500억원 ② 8,000억원
③ 8,500억원 ④ 9,000억원

77. 한국기업은 비상장기업이다. 한국기업과 사업내용이 유사한 A기업은 상장기업이며 A기업의 베타는 1.5이며, 부채비율은 100%이고, 법인세율은 20%이다. 한국기업의 현재 부채비율은 50%이다. 한국기업의 베타는 얼마인가?

① 1.05　② 1.17
③ 1.39　④ 1.95

78. 다음 정보를 이용하여 한국기업의 가중평균자본비용을 계산하시오. (단, 근사치로 계산하시오.)

- 한국기업의 타인자본비용 : 5%, 법인세율 : 20%
- 무위험이자율 : 3%, 시장위험프리미엄 : 7%, 베타 : 1.5
- 목표부채비율 : 200%

① 6.2%　② 6.9%
③ 7.0%　④ 7.2%

79. EVA를 이용하여 A 기업의 기업가치를 계산하시오.

- 총자산 2,000억원, 비영업용 자산 500억원
- WACC 10%, 매출액 2,000억원, 매출액 영업이익률 20%, 법인세율 20%
- EVA는 매년 동일한 금액으로 영구적으로 발생할 것으로 가정함
- 이자지급부채 500억원, 현금 100억원

① 3,200억원　② 3,700억원
③ 4,000억원　④ 4,500억원

80. 한국기업과 A기업은 합병하려고 한다. 한국기업과 A기업은 모두 상장법인이다. 다음 정보를 이용하여 한국기업의 합병 시 기준주가를 계산하시오.

1개월 평균종가 5,000원, 1주일 평균종가 5,500원, 기산일 종가 6,000원

① 5,000원　② 5,300원
③ 5,500원　④ 6,000원

4과목 증권법규 및 직무윤리

▮자본시장 관련 법규_81 ~ 90[10문항]

81. 다음 중 금융투자업 관계기관에 대해서 잘못 설명하고 있는 것은?

① 한국거래소 시장감시위원회는 유가증권, 코스닥, 파생상품, 코넥스 시장에서의 시세 조종 등 불공정 거래를 감시하기 위해 자본시장법에 의해 설립된 자율규제기관이다.
② 증권의 계좌 간 대체 및 매매거래에 따른 결제업무 및 유통의 원활을 위해 한국증권금융회사가 설립되었고, 현재는 한국증권금융㈜가 유일하게 인가받은 증권금융회사이다.
③ 한국금융투자협회는 회원 상호 간의 업무질서 유지 및 공정한 거래질서 확립을 위해 설립되었다.
④ 신용평가회사는 금융투자상품, 기업, 집합투자기구 등에 대한 신용평가를 하여 그 결과에 제공하는 업무를 한다.

82. 다음 중 절대적 전문투자자는 몇 개인가?

> 국가, 한국은행, 지방자치단체, 주권상장법인, 은행, 예금보험공사

① 2개 ② 3개
③ 4개 ④ 5개

83. 다음 중 인가대상 금융투자업으로 짝지은 것은?

① 투자매매업, 투자자문업, 투자일임업
② 투자매매업, 투자중개업, 집합투자업
③ 투자중개업, 신탁업, 투자일임업
④ 투자중개업, 집합투자업, 투자자문업

84. 다음 중 금융투자업자의 건전성 규제와 관련하여 잘못 설명한 것은?

① 한국채택국제회계기준에 따라야 한다.
② 매 분기마다 자산 및 부채에 대한 건전성을 5단계로 분류하고 이에 대한 회수예상가액을 산정해야 한다.
③ 추정손실로 분류된 자산은 100분의 75에 해당하는 금액의 대손준비금을 적립해야 한다.
④ 정형화된 거래로 발생하는 미수금을 공정가치로 평가한 경우 대손충당금을 적립하지 않을 수도 있다.

85. 증권발행 신고서의 효력발생과 관련된 설명으로 올바르지 않은 것은?

① 일괄신고서의 정정신고서는 수리된 날부터 3일이 경과한 날 효력이 발생한다.
② 무보증사채권의 발행을 위한 신고서는 수리된 날부터 3일이 경과한 날에 효력이 발생한다.
③ 사채거래수익률 변동으로 정정신고서를 제출하는 경우 정정신고서가 수리된 다음날에 효력이 발생한다.
④ 모집할 증권의 수가 100분의 80 이상과 100분의 120 이하에서 증권수를 변경하면 당초 신고서의 효력발생일에 영향을 미치지 않는다.

86. 공개매수제도와 관련하여 올바르게 설명한 것은?

① 증권시장 안에서 불특정 다수를 대상으로 이루어지는 주식 등의 장내 매수이다.
② 주식 등을 3개월 동안 증권시장 밖에서 10인 이상의 자로부터 매수하여 그 주식 등의 총수의 100분의 5 이상이 되는 경우 공개매수를 해야 한다.
③ 공개매수의무자에 해당하는 지분은 자신이 소유하고 있는 지분, 특수관계인의 지분과 공동보유자의 지분까지 합산하여 계산한다.
④ 공개매수신고서를 제출한 후에 전국을 보급으로 하는 둘 이상의 일간신문에 해당 내용을 공고해야 한다.

87. 다음 중 장외거래에 대한 설명으로 올바르지 않은 것은?

① 전문투자자만을 대상으로 채무증권에 대한 투자중개업 인가를 받은 자는 체신관서에 대한 채무증권 매매를 중개할 수 있다.
② 투자매매업자는 일반투자자를 상대로 환매조건부 매수업무도 가능하다.
③ 투자중개업자는 기업어음증권을 중개할 때는 둘 이상의 신용평가업자로부터 신용평가를 받은 기업어음을 중개해야 한다.
④ 일반투자자가 해외증권을 매매할 때는 투자중개업자를 통해 매매해야 한다.

88. 다음 중 금융기관 검사 및 제재에 관한 규정에 대한 설명으로 올바르지 않은 것은?

① 금감원장은 현장검사를 실시하는 경우 원칙적으로 해당 금융기관에 사전예고통지를 검사착수일 1주일 전에 해야 한다.
② 금감원장은 적출된 지적사항에 대해서 제재를 건의하거나 금감원장의 조치를 취하기 전에는 해당 금융기관으로부터 의견진술을 할 수 있는 기회를 주어야 한다.
③ 제재를 받은 금융기관이 당해 제재처분에 대해 부당하다고 인정할 경우 이에 대한 이의를 신청할 수 있으며, 이의신청 처리결과에 대해서 한 번 더 이의신청할 수 있다.
④ 금융기관은 민사소송에서 패소가 확정된 경우 이에 대한 내용을 금감원장에게 보고해야 한다.

89. 금융소비자보호법상 다음 광고규제에 대한 내용 중 올바르지 않은 것은?

① 광고를 할 경우 금융상품 설명서 및 약관을 읽어볼 것을 필수적으로 포함해야 한다.
② 투자성 상품에 대한 광고에서는 운용실적이 미래수익률을 보장하지 않는다는 사항을 필수적으로 포함해야 한다.
③ 대출성 상품에 대해서 대출이자를 일단위로 표시할 수 있다.
④ 보험상품에 대해 보험료 인상 및 보장내용이 변경 가능하다는 내용을 광고에 필수적으로 포함해야 한다.

90. 다음 중 금융소비자 보호에 관한 법률상 전문금융투자자에게 적용되는 투자권유 원칙에 해당하는 것은?

① 부당권유 금지 ② 적정성 원칙
③ 설명의무 ④ 적합성 원칙

▮회사법_91 ~ 95[5문항]

91. 다음 중 발기인에 대한 설명으로 올바르지 않은 것은?

① 법인도 발기인이 될 수 있다.

② 회사설립시 정관작성, 발행 주식에 대한 결정은 발기인의 과반수 이상의 찬성으로 결정할 수 있다.

③ 자본금 총액이 10억원 미만이며 발기설립의 방법으로 설립하는 경우 발기인들의 서명이 있으면 정관은 공증인의 공증을 받지 않아도 효력이 발생한다.

④ 발기설립시에는 발기인이 회사설립시에 발행하는 모든 주식을 인수해야 한다.

92. 다음 중 회사 설립에 관한 책임으로 올바르지 않은 것은?

① 회사설립시 발기인이 그 임무를 해태한 때에는 그 발기인은 회사에 대하여 연대하여 손해 배상 책임을 진다.

② 회사가 성립하지 않은 경우에는 회사 설립에 관하여 지급한 비용 일체를 이사가 부담해야 한다.

③ 이사가 임무를 게을리하여 회사나 제3자에게 손해를 입혔더라도 주주 전원이 동의하면 이사의 손해배상 책임을 면제할 수 있다.

④ 이사, 감사가 임무를 게을리하여 회사나 제3자에게 손해를 입힌 때에는 이사, 감사와 발기인은 연대하여 손해배상할 책임을 진다.

93. 다음 중 주주의 권리 중에 단독 주주권으로만 짝 지어진 것은?

① 의결권, 설립무효판결청구권, 신주발행 유지청구권

② 의결권, 주주총회소집청구권, 신주발행 유지청구권

③ 주주총회소집청구권, 회계장부열람권, 주주제안권

④ 주주총회소집청구권, 대표소송제기권, 정관열람권

94. 다음 중 자기주식 취득과 관련한 내용 중 잘못 설명한 것은?

① 배당가능이익 범위 내에서 회사는 자기주식을 취득할 수 있다.

② 원칙적으로 자기주식을 취득하기 위해서는 주주총회의 결의가 필요하다.

③ 자기주식 취득방법은 특정 주주가 보유한 주식만을 취득해야 한다.

④ 취득한 자기주식을 반드시 처분할 필요는 없다.

95. 다음 중 주주총회에 대한 설명으로 올바르지 않은 것은?

① 주주총회 결의는 보통결의사항과 특별결의사항만 있다.

② 주주총회는 원칙적으로 이사회에서 소집한다.

③ 주주총회는 정관에 다른 정함이 없으면 본점 소재지 또는 이에 인접한 지역에서 개최해야 한다.

④ 주주총회 소집통지가 주주명부상의 주주의 주소에 계속 3년간 도달하지 않은 경우에는 그 주주에게 총회 소집을 통지하지 않을 수 있다.

▌직무윤리_96 ~ 100[5문항]

96. 윤리경영과 직무윤리가 강조되는 이유로 적절하지 않은 것은?

① 현재와 미래 사회는 고도의 정보화 기술사회이며, 이러한 사회에서 정보기술이나 시스템이 잘못 사용될 경우 사회적, 국가적으로 엄청난 피해가 발생할 수 있기 때문에 이러한 시스템을 다루는 사람에게 고도의 직문윤리가 요구되고 있다.

② 직무윤리는 사회관계에 있어서 거래비용을 줄여줄 수 있기 때문에 거래비용 절감차원에서 사회구성원들은 더 높은 윤리를 가진 기업과 거래하는 것을 선호한다.

③ 윤리는 사회를 구성하는데 중요한 인프라나, 윤리 자체가 기업의 생산요소로 인정되기에는 아직 부족한 부분이 많다.

④ 윤리적인 행동을 하게 되면, 사람들 간의 관계를 규제하는 법이 최소화되며 이는 결국 규제와 관련된 비용이 최소화되어 사회적 비용이 감소될 수 있다.

97. 다음 중 직무윤리에 대한 사상의 설명으로 올바르지 않은 것은?

① 칼뱅은 금욕적 직업윤리를 강조하였으며 이는 서구사회의 건전한 시민윤리의 토대를 이루었다.

② 베버는 합리성, 체계성, 조직성, 합법성을 서구의 문화적 속성으로 설명하였다.

③ 칼뱅의 금욕적 생활주의는 종교적인 측면을 강조하여 시민들에게 부에 대한 거부감을 갖게 만들었다.

④ 칼뱅은 모든 신앙인은 노동과 직업이 신성하기 때문에 이에 대해서 소명을 갖고 일할 것을 주장하였다.

98. 다음 중 금융투자업자의 직무윤리에 대한 설명으로 올바르지 않은 것은?

① 금융투자업 종사자는 금융소비자에 대해서 신임의무가 발생하며, 이는 고객과 이해상충이 발생하는 것만을 피하면 지킬 수 있다.

② 금융투자업에서 준수해야 할 가장 중요한 직무윤리는 고객우선의 원칙과 신의성실의 원칙이 있다.

③ 신의성실의 원칙은 법적인 의무와 윤리적인 의무를 동시에 갖고 있다.

④ 금융투자업 종사자가 선관주의 의무 혹은 충실의무를 위반하면 불법행위에 대한 손해배상 책임을 부과받을 수 있다.

99. 다음 중 이해상충 방지체계에 해당하지 않는 것은 무엇인가?

① 미공개 중요정보 등에 대한 회사 내부의 정보교류의 차단

② 이해상충이 발생한 경우 이를 고지하고 해당 거래를 진행하는 것

③ 자기계약의 금지

④ 고객과 거래를 하기 전에 이해상충 발생가능성을 파악하는 것

100. 다음 중 상품 판매 이후 단계의 금융소비자보호에 대한 설명으로 올바르지 않은 것은?

① 금융투자업 종사자는 금융소비자로부터 위임받은 업무를 처리한 경우 그 결과를 금융소비자에게 일정한 기간을 두고 보고하고 그에 따라 필요한 조치를 취해야 한다.

② 금융소비자가 금융소비자보호법에 따라 허용된 자료 열람을 요청하면 요구받은 날로부터 6영업일 이내에 해당 자료를 열람할 수 있게 해야 한다.

③ 해피콜 서비스는 금융상품 판매담당자가 아닌 다른 제3자가 금융소비자에게 통화하여 판매 담당자가 설명의무 등을 적절히 이행했는지 확인하는 절차이다.

④ 위법한 계약이 발생하고 5년 이내, 이를 안 날로부터 1년 이내 금융소비자는 위법계약해지를 금융투자업자에게 요구할 수 있다.

20회(2022년)시험 다시보기_2회

▶ 정답과 해설 453쪽

1과목 증권분석기초

■ 계량분석_1 ~ 5[5문항]

01. 다음의 주어진 정보를 이용하여 베타를 계산하면 얼마인가? (단, x는 독립변수, y는 종속변수이다)

$$\frac{\sum(x-\overline{x})(y-\overline{y})}{n-1}=0.2$$
$$\frac{\sum(x_i-\overline{x})^2}{n-1}=0.4$$
$$\frac{\sum(y_i-\overline{y})^2}{n-1}=0.6$$

① 1/3 ② 1/2
③ 2/3 ④ 2.0

02. 표본평균 값이 1,000이며, 표준오차는 120이고, 표본의 수는 81개일 때, 다음 중 95% 신뢰구간에 포함될 수 있는 모평균 값은 얼마인가? (Z값은 1.96을 사용하시오)

① 950 ② 960
③ 970 ④ 980

03. 다음 중 분포에 대한 설명 중 잘못된 것은?

① 왜도가 0이면 좌우 대칭이다.
② 확률변수는 평균이 0이고 분산이 1이다.
③ 정규분포보다 높은 첨도를 갖고 있으면 정규분포보다 뾰족한 정도가 크다.
④ 왜도가 양수이면 평균값이 최빈값보다 크다.

04. 당첨 확률 10%, 당첨이 되지 않을 확률이 90%인 복권이 있다. 윤재가 이 복권을 3번 구입 했다면 이 중 2번 당첨될 확률은 얼마인가?

① 0.01% ② 0.09%
③ 0.1% ④ 2.7%

05. 다음 설명 중 올바른 것은?

① 평균이 크면 분산도 큰 값을 가진다.
② 표본집단의 평균과 모집단의 평균을 계산할 때 표본집단은 '총관측치-1'로 나누어서 계산하고, 모집단은 총관측치로 나누어서 계산한다.
③ 모든 것이 동일할 때 평균이 크면 클수록 변동계수의 값은 감소한다.
④ 범위, 표준편차, 상관계수는 변수의 편차를 측정하는 지표이다.

▌증권경제_6 ~ 15[10문항]

06. 다음 중 경기선행지수에 해당하지 않는 것은?

① 재고순환지표 ② 소비자 기대지수
③ 취업자수 ④ 장단기금리차

07. IS-LM모형에서, 정부의 재정지출 증가에 대한 설명으로 올바른 것은? (단, IS곡선은 우하향을 가정한다)

① LM곡선이 수평이면 완전구축효과가 발생한다.
② LM곡선이 수직이면 구축효과는 발생하지 않는다.
③ LM곡선이 우상향하면 정부지출로 인해 이자율이 증가한다.
④ LM곡선이 우상향하면 재정지출 증가로 민간투자가 증가하여 경제총생산 Y가 증가한다.

08. 다음 중 AD-AS모형에서 정부정책의 효과에 대한 설명으로 올바르지 않은 것은?

① 중앙은행이 통화량을 증가시키면 AS곡선이 우측으로 이동하여 경제총생산량이 증가한다.
② AS곡선이 우상향하면 세금감면으로 인해 경제총생산량이 증가한다.
③ AS곡선이 우상향할 때 정부의 재정지출 증가는 AD곡선을 우측으로 이동시켜 경제총생산량이 증가한다.
④ 고전학파에 따르면 정부지출, 세금감면같은 수요진작 정책은 장기적으로 물가상승을 발생시킨다.

09. 20X2년 명목 GDP가 110억원, GDP 디플레이터가 110, 20X3년 명목 GDP가 120억원 일 때, 20X3년 GDP 디플레이터는 얼마인가?

① 110 ② 115
③ 120 ④ 125

10. 다음 중 실업에 대한 설명으로 잘못된 것은?

① 고전학파는 취업박람회 개최를 통해 실업을 해결할 수 있다고 생각했다.
② 케인즈학파는 실업은 구조적인 문제이기 때문에 취업 네트워크 활성화를 통해 탐색비용을 낮추어야 한다고 주장한다.
③ 임금이 신축적일 경우 실업은 마찰적이며 자발적이다.
④ 임금이 경직적일 경우 정부는 수요확장정책을 통해서 실업을 해결해야 한다.

11. 다음 정보를 이용하여 민간이 현금을 보유할 때 통화승수를 계산하면 얼마인가?

c(현금통화비율)=0.2, (지급준비율)=0.1

① 3.45배 ② 3.57배
③ 5.35배 ④ 6.05배

12. 화폐공급량 증가율이 5%, 화폐유통속도 증가율이 1%, 실질국민소득 증가율이 4%일 때, 물가 상승률은 얼마인가?

① 1% ② 2%
③ 3% ④ 4%

13. 다음 중 투자에 대한 설명으로 올바른 것은?

① 토빈의 q가 1보다 클 때 기업가들은 투자를 감소시키게 된다.
② 자본의 한계생산물 가치가 자본비용보다 크면 투자가 증가한다.
③ 투자자금의 조달순서는 차입, 사내유보, 주식발행순이다.
④ 케인즈에 따르면 투자는 기업가의 동물적인 감각에 따르기 때문에 투자의 한계효율은 일정하다.

14. 다음 중 소비에 대한 설명으로 올바르지 않은 것은?

① 일반적으로 한계소비성향이 평균소비성향보다 작다.
② 케인즈의 절대소득가설에 따르면 소득이 없어도 소비는 존재한다.
③ 소비의 톱니효과는 '나의 소비판단의 기준은 나의 과거소비'라는 것을 의미한다.
④ 항상소득가설에 따르면 일시소득이 증가하면 일시소비도 증가한다.

15. 다음 중 환율결정이론에 대한 설명으로 잘못된 것은?

① 마샬-러너 조건이 성립할 경우 환율 평가절하는 무역수지를 개선할 수 있다.
② 구매력평가설에 따르면 양국의 환율 차이는 두 국가의 인플레이션 차이이다.
③ 구매력평가설은 단기적인 환율의 움직임은 잘 설명하나, 장기적인 환율의 움직임은 잘 설명하지 못한다.
④ 외부의 예상치 못한 충격이 발생하면 환율은 장기균형 수준에서 대폭 이탈하기도 한다.

▮ 기업금융 · 포트폴리오 관리_16 ~ 25[10문항]

16. 다음 중 CAPM의 가정으로 올바르지 않은 것은?

① 투자자는 자산의 기대수익률과 위험에 대해서 동질적 기대를 한다.
② 재투자를 고려한 모형이다.
③ 투자자는 무위험이자율로 차입과 대출을 제약없이 할 수 있다.
④ 투자자는 평균-분산기준에 의해 투자대상을 선정한다.

17. 다음 정보를 이용하여 투자안의 NPV를 계산한 것으로 올바른 것은?

- 매년 100억원의 현금흐름이 3년간 발생함
- 투자금액은 200억원, 할인율 10%를 적용
- 할인율 10%, 3년의 연금현가계수 2.487 적용

① 48.7억원 ② 49.3억원
③ 70.3억원 ④ 100.3억원

18. **다음 중 NPV와 IRR에 대한 설명으로 올바르지 않은 것은?**

① NPV는 투자기간 중 발생한 현금흐름이 자본비용으로 재투자 된다는 것을 가정한다.
② IRR은 투자기간 중 발생한 현금흐름이 IRR로 재투자된다는 것을 가정한다.
③ NPV법에 따르면 투자안의 NPV가 0보다 크면 투자를 해야 한다.
④ IRR법에 따르면 투자안의 자본비용이 IRR보다 높으면 투자를 해야 한다.

19. **다음 중 자본시장선(CML)에 대한 설명으로 올바른 것은?**

① 베타와 주식수익률 간의 관계를 나타낸다.
② 무위험자산이 존재할 경우 CML선을 도출할 수 없다.
③ 잘 분산된 포트폴리오의 위험과 수익률의 관계를 알 수 있다.
④ 시장포트폴리오에 대한 별도의 가정을 하지 않는다.

20. **다음 중 CAPM과 APM에 대한 설명으로 올바르지 않은 것은?**

① CAPM은 시장포트폴리오로 자산의 위험과 수익률을 설명하려고 한다.
② APM은 여러 공통변수를 통해서 자산의 위험과 수익률을 설명하려고 한다.
③ APM은 차익거래가 없을 때 시장이 균형에 있다고 가정한다.
④ CAPM은 자산의 가격이 시장에서 불균형일 경우, 균형으로 회복이 불가능한 문제가 있다.

21. **다음 정보를 이용하여 WACC를 올바르게 계산한 것은?**

> • 타인자본비용 5%, 법인세율 20%, 무위험이자율 5%, 시장위험프리미엄 10%
> • 베타 1.2, 목표부채비율 100%

① 8.5% ② 9.5%
③ 10.5% ④ 11.2%

22. **다음 정보를 이용하여 자유현금(FCFF)을 올바르게 추정한 것은?**

> • 매출액 : 100억원
> • 영업이익률 : 15%
> • 법인세율 : 20%
> • 감가상각비 : 10억원
> • 운전자산 증가 : 10억원
> • 운전부채 증가 : 5억원
> • 공장투자 : 15억원

① −2억원 ② 2억원
③ 4억원 ④ 7억원

23. 다음 정보를 이용하여 한국기업의 1주당 적정 가치를 올바르게 계산한 것은?

- 현재 1주당 배당금 1,000원, 배당은 5%의 성장률로 지속적으로 성장할 것으로 예상함
- 주주의 자본비용 10%

① 18,000원 ② 19,000원
③ 21,000원 ④ 22,000원

24. 다음에서 설명하는 적대적 M&A 방어 방법으로 알맞은 것은?

우호세력에게 자사 지분의 매입을 요청하는 방법

① 백기사 전략 ② 곰의 포옹
③ 왕관의 보석 ④ 독약처방

25. 다음 정보를 이용하여 포트폴리오 베타를 계산하시오.

- 시장포트폴리오 수익률의 표준편차 10%
- 포트폴리오수익률의 표준편차 20%
- 시장포트폴리오 수익률과 포트폴리오 수익률의 상관계수 0.5

① 0.5 ② 1.0
③ 1.5 ④ 2.0

2과목 가치평가론

▮주식평가 · 분석_26 ~ 35[10문항]

26. 다음 정보를 이용하여 한국기업의 적정 주가를 계산하시오.

- 총자산 1,000억원, WACC 10%, 영업이익 200억원, 법인세율 20%, 부채 500억원
- 매년 EVA 금액은 동일하며, 영구적으로 발생한다고 가정함
- 총 발행주식수 : 10,000,000주

① 8,000원 ② 10,000원
③ 11,000원 ④ 12,000원

27. A 기업의 당기순이익은 100억원이며, 발행주식수는 10,000,000주이다. A 기업의 비교 대상 회사의 PER이 12배이며, A 기업의 현재 주가는 10,000원이다. PER을 통하여 A 기업의 주가를 평가할 때 A 기업의 주가 상승 여력은 얼마인가?

① 0% ② 10%
③ 20% ④ 25%

28. **다음 중 PER에 대한 설명으로 잘못된 것은?**

① 1주당 주가를 1주당순이익으로 나눈 값이다.
② 기업의 ROE가 증가하면 PER도 증가한다.
③ 기업의 베타가 증가하면 PER도 증가한다.
④ 대체로 PER은 PBR에 비해 변동성이 크다.

29. **다음 중 PBR에 대한 설명으로 잘못 설명한 것은?**

① PER이 높을수록 PBR도 증가한다.
② PER로 가치평가를 하지 못할 경우 사용할 수 있다.
③ ROE와 PBR은 양의 상관관계가 존재한다.
④ PBR은 총자산을 총발행주식수로 나눈 값이다.

30. **PSR을 통해 적정 주가를 계산하려고 한다. 다음 정보를 이용하여 한국기업의 PSR을 계산하시오.**
(단, PER는 $\frac{P_0}{EPS_0}$로 가정한다)

- 매출액 1,000억원, 영업이익 150억원, 당기순이익 100억원
- 유보율 20%, 총자산 1,000억원, 부채비율 100%
- 운전자산 200억원, 총발행주식수 1,000,000주
- 자기자본비용 10%, 타인자본비용 5%, 목표부채비율 100%

① 1.38　　② 1.42
③ 1.48　　④ 1.52

31. **다음 정보를 이용하여 A 기업의 EV/EBITDA를 올바르게 계산한 것은?**

- 총 차입금 500억원, 현금성 자산 100억원, 매출액 1,000억원
- 영업이익률 15%, 당기순이익률 10%, 총자산 1,200억원
- 감가상각비 50억원, A 기업 시가총액 1,000억원

① 7.0　　② 7.5
③ 8.0　　④ 8.4

32. **다음 중 종합주가지수에 대한 설명으로 올바른 것은?**

① 종합주가지수는 시장에 존재하는 모든 종목의 주가에 동일한 가중치를 부여하여 작성한다.
② 종합주가지수와 유사한 방식으로 작성한 지수는 NIKKEI 225가 있다.
③ 시가총액이 높은 종목의 주가가 상승할 때 종합주가지수는 상승할 가능성이 높다.
④ 종합주가지수는 시장포트폴리오의 대용치로 사용하기에는 부적합하다.

33. A 기업의 매출액은 1,000억원이며, 당기순이익률은 15%이다. A 기업의 총자산은 1,000억원이고, 부채비율이 50%일 때, A 기업의 ROE는 얼마인가?

① 15% ② 22.5%
③ 24.5% ④ 28%

34. 다음 정보를 이용하여 A 기업의 1주당 적정가치를 계산하시오.

- 현재 1주당 배당금 1,000원, 유보율 40%, 자기자본순이익률 10%
- 무위험이자율 5%, 시장위험프리미엄 10%, 베타 1.2
- 배당은 항상 성장한다고 가정함

① 8,000원 ② 8,200원
③ 8,250원 ④ 8,400원

35. 다음 중 주식매매 체결의 우선순위에 대해서 올바른 것은?

① 가격－시간－수량－위탁매매
② 가격－수량－시간－위탁매매
③ 가격－위탁매매－시간－수량
④ 가격－수량－위탁매매－시간

■ 채권평가 · 분석_36 ~ 45[10문항]

36. 다음 중 이표채에 대한 설명으로 올바르지 않은 것은?

① 정해진 지급주기마다 액면이자를 지급한다.
② 시장이자율이 상승하면 재투자수익률이 증가하여 채권의 가격은 상승한다.
③ 만기에 원금을 지급받는다.
④ 모든 것이 동일할 때 액면이자율이 증가하면 채권의 가치도 증가한다.

37. 채권에 대한 다음 정보를 이용하여 Convexity 값을 올바르게 계산한 것은?

- 수정듀레이션＝2.5, 시장이자율＝5%
- 시장이자율이 1% 증가할 때 채권 가격은 2% 하락하였다.

① －50 ② 100
③ 150 ④ 154

38. 액면가 100,000원, 액면이자율 3%, 만기 5년인 회사채가 있다. 이자는 1년에 한 번만 지급하며, 현재 시장이자율은 5%이고 시장이자율 회사채 만기까지 변동이 없을 것으로 예상한다. 다음 중 만기 현금흐름이 큰 순서대로 올바르게 나열한 것은? (단, 만기 전에 지급받은 현금은 시장 이자율로 재투자할 수 있다고 가정한다.)

① 이표채 → 단리채 → 복리채
② 이표채 → 복리채 → 단리채
③ 복리채 → 이표채 → 단리채
④ 복리채 → 단리채 → 이표채

39. 모든 조건이 동일한 채권 중, 다음의 주어진 경제상황에서 가장 액면이자수익이 큰 채권은 어느 것인가?

향후 시장 금리가 인상될 것으로 예상된다.

① 금리변동부채권 ② 고정금리채권
③ 역금리변동부채권 ④ 할인채

40. 채권시장에 대한 설명 중 잘못된 것은?

① 국채전문딜러와 예비국채전문딜러는 국고채 입찰시장에 참여할 수 있다.
② 일정 자격을 갖춘 은행 및 금융투자회사는 국채매매에 참가할 수 있으나, 일반투자자는 국채를 매매할 수 없다.
③ 채권거래시장은 기관투자자 중심의 시장이다.
④ 국고채와 통화안정증권이 채권거래량의 상당 부분을 차지한다.

41. 다음 중 채권투자전략에 대한 설명으로 올바르지 않은 것은?

① 미래 이자율을 예측할 수 있을 경우 적극적 투자전략을 통해 수익을 얻을 수 있다.
② 채권시장이 효율적이고 시장에 존재하는 모든 정보가 채권가격에 모두 반영되었다고 믿는 경우 채권 거래 비용을 최소화하는 전략이 유용하다.
③ 채권시장이 비효율적이라고 가정하면 채권투자자는 채권의 유동성과 안정성에 더 높은 비중을 두고 채권을 운용한다.
④ 향후 이자율이 하락할 경우 듀레이션이 큰 채권에 투자하는 것은 채권시장이 비효율적이라고 가정한다.

42. 다음의 채권투자 전략 중 그 성격이 같은 것으로 짝 지은 것은?

만기보유, 사다리형, 바벨형, 나비형, 역나비형, 수익률곡선타기

① 만기보유, 역나비형, 나비형
② 사다리형, 바벨형, 수익률곡선타기
③ 만기보유, 사다리형, 바벨형
④ 바벨형, 역나비형, 수익률곡선타기

43. 다음 중 채권에 대한 설명으로 올바른 것은?

① 수의상환채권은 채권 투자자가 일정한 조건을 갖출 때 채권 상환을 요청할 수 있는 채권이다.

② 수의상환청구채권은 채권에 콜옵션이 부여된 채권이다.

③ 이자율이 하락할 경우 수의상환채권은 음의 볼록성을 보여준다.

④ 수의상환청구채권은 발행자가 풋옵션을 보유한 채권이다.

44. A 기업은 액면가 100,000원의 전환사채를 발행하였다. 액면 10,000원당 전환주수가 2주이며, 현재 주식의 시장가치는 5,500원이다. 패리티는 얼마인가?

① 100 ② 110
③ 115 ④ 120

45. 다음 중 채권상환이 기업의 자본에 미치는 영향에 대해서 잘못 설명한 것은?

① 전환사채가 전환되면 기업의 부채비율이 하락한다.

② 신주인수권이 행사되면 기업의 자본금이 증가한다.

③ 전환사채 전환으로 기업으로의 실질적인 현금유입은 없다.

④ 교환사채가 교환되면 기업의 자본금이 증가한다.

▮파생상품평가 · 분석_46 ~ 55[10문항]

46. 다음 중 베이시스에 대한 설명으로 올바르지 않은 것은?

① 선물 만기에 베이시스는 0으로 수렴한다.

② 베이시스는 항상 양의 값을 갖는다.

③ 베이시스는 선물가격과 현물가격의 차이이다.

④ 베이시스가 캐리와 다를 경우 차익거래 기회가 발생한다.

47. 다음 중 옵션을 활용한 스프레드 거래에 대한 설명으로 잘못된 것은?

① 버터플라이 스프레드는 행사 가격을 제외한 모든 것이 동일한 옵션 4개의 조합을 통해 구성할 수 있다.

② 주가가 크게 움직일 경우 버터플라이 스프레드 매입은 이익이 발생한다.

③ 스트립을 만들기 위해서는 두 개의 풋옵션과 하나의 콜옵션이 필요하다.

④ 스트랭글 매입시 주가가 큰 폭으로 변동할 때 이익이 발생한다.

48. **포트폴리오 매니저는 1,000억원의 주식 포트폴리오를 운영하고 있다. 포트폴리오의 베타가 1.5이며, 미래 주가가 하락할 것을 대비하여 주가지수 선물을 이용하여 80% 헤지를 하려고 한다. 주가지수 선물은 1포인트에 25만원이며 현재 400포인트이다. 올바른 헤지 방법은 무엇인가?**

① 1,200계약 매수

② 1,200계약 매도

③ 1,500계약 매수

④ 1,500계약 매도

49. **다음 중 선물을 이용한 헤지에 대한 설명으로 올바르지 않은 것은?**

① 현물과 반대 방향의 선물거래를 통해 헤지할 수 있다.

② 선물을 이용하여 체계적 위험을 제거할 수 있다.

③ 헤지하려는 대상에 대한 선물이 없으면 헤지를 할 수 없다.

④ 미래에 현물매입을 해야 한다면, 매입할 현물가격의 불확실성을 제거하기 위해 매입헤지를 한다.

50. **이항옵션 모형에 대한 설명으로 올바른 것은?**

① 주가가 상승할 확률이 높을 경우, 콜옵션 가치가 증가한다.

② 위험회피성향이 높을수록 모든 조건이 동일할 때 콜옵션 가치가 증가한다.

③ 주가가 하락할 확률이 높을 때, 풋옵션 가치는 하락한다.

④ 콜옵션 가치는 주가의 상승확률과 관계없이 결정된다.

51. **다음 중 콜옵션의 시간가치가 가장 높은 옵션은 어느 것인가?**

① 행사가격 100, 기초자산가격 90, 옵션프리미엄 11

② 행사가격 90, 기초자산가격 100, 옵션프리미엄 11

③ 행사가격 100, 기초자산가격 100, 옵션프리미엄 5

④ 행사가격 90, 기초자산가격 100, 옵션프리미엄 5

52. **다음 중 옵션의 세타의 변화에 대한 설명으로 올바른 것은?**

① 무위험이자율이 변동할 경우 옵션가격의 변화를 설명한다.

② 옵션의 감마와 세타는 항상 서로 같은 부호를 갖는다.

③ 옵션 매도자의 세타는 항상 양수이다.

④ 옵션 만기가 변화함에 따라 옵션의 가치 변화하는 정도이다.

53. 다음과 같이 구성되어 있는 포트폴리오의 가치를 기초자산의 시장가격 움직임과 무관한 델타 중립 포지션으로 만들려고 한다. 필요한 거래로 올바른 것은?

> • 95.40 April Call(델타=0.5) 9계약 매도
> • 96.00 June Put(델타=−0.4) 5계약 매도
> • 94.00 April Call(델타=0.6) 5계약 매입

① 95.40 April Call 1계약 매입
② 96.00 June Put 1계약 매입
③ 95.40 April Call 1계약 매도
④ 94.00 April Call 1계약 매도

54. 다음 정보를 통한 옵션의 만기손익계산으로 알맞은 것은?

> • 행사가격 98인 콜옵션을 2에 발행
> • 행사가격 100인 콜옵션을 1에 매입

① 최대이익은 3
② 최대손실은 2
③ 기초자산가격이 100일 때 손실 1
④ 기초자산가격이 90일 때 손실 2

55. 다음 중 국채선물에 대한 설명으로 올바르지 않은 것은?

① 기초자산은 표면금리 연 5% 기준의 가상국채이다.
② 국채선물은 현금결제 방식으로 결제한다.
③ 액면가액은 1억원이다.
④ 결제는 3월, 6월, 9월에만 한다.

▮ 파생결합증권평가 · 분석_56 ~ 60[5문항]

56. 다음 선물거래에 대한 설명으로 잘못된 것은? (단, 베이시스는 선물가격−현물가격이다.)

① 현물 포지션 없이 선물을 매입 혹은 매도한 거래는 투기거래이다.
② 현물가격이 고평가되어 있을 때 현물을 매입하고 선물을 매도하면 수익을 얻을 수 있다.
③ 베이시스가 확대될 것으로 예상되면 선물을 매수하고, 현물을 매도하면 이익을 얻을 수 있다.
④ 스프레드거래는 투기거래에 비해 위험이 낮다.

57. 다음 중 ELW에 대한 설명으로 올바르지 않은 것은?

① 적은 투자금액으로 큰 수익을 얻을 수 있다.
② 투자자가 ELW를 발행할 수 있어 원금 이상의 손실이 발생할 수 있다.
③ 유동성 공급자가 존재하여 원활한 거래를 할 수 있다.
④ 권리행사 만기일에 ELW 매입자가 권리행사로 인해 이익이 발생하면 자동적으로 권리행사가 된다.

58. 다음 중 ELS에 대한 설명으로 올바르지 않은 것은?

① 기초자산 가격이 상승할수록 비례적으로 ELS로 인한 수익도 상승하여 이론적으로 무한대의 이익을 얻을 수 있다.
② 기초자산 가격의 상승 혹은 하락 여부와 관계없이 수익이 발생할 수도 있다.
③ Step Down ELS는 조기상환 가능성을 높여줄 수 있다.
④ 증권사가 발행하며, ELS 판매대금의 대부분은 상환금을 준비하는 목적으로 사용된다.

59. 다음 중 ETN에 대한 설명으로 올바른 것은?

① 주식의 형식으로 발행된다.
② 발행자는 자기자본의 100%까지 발행할 수 있다.
③ ETN을 발행하기 위해 발행자는 자기자본 2,500억원 이상이 있어야 한다.
④ 신규상장하는 ETN의 발행총액은 70억원 이상이어야 한다.

60. 전환비율이 0.2인 콜 ELW 10개를 2,000원에 매입하였다. 콜 ELW 행사가격은 10,500원이다. 동시에 기초자산 1주를 10,000원에 매입하였다. 만기에 기초자산 가격이 10,700원으로 상승하면 투자자가 얻는 손익은 얼마인가?

① 900원 손실　　② 900원 이익
③ 1,100원 이익　　④ 1,700원 이익

3과목 재무분석론

■ 재무제표론_61 ~ 70[10문항]

61. 한국기업은 기계장치를 10억원에 구입하였다. 기계장치의 잔존가액은 2억원이며, 내용연수는 4년이다. 해당 기계장치를 정액법으로 상각했을 경우와 정률법으로 상각했을 경우 2차년도에 인식해야 할 감가상각비는 얼마인가? (단 정률은 0.45로 한다.)

① 정액법 : 2억원, 정률법 : 2.475억원
② 정액법 : 2억원, 정률법 : 3.125억원
③ 정액법 : 2.5억원, 정률법 : 2.475억원
④ 정액법 2.5억원, 정률법 : 4.5억원

62. 한국기업은 계약금액 100억원의 공사계약을 20×1년 초에 수주하였다. 총 공사기간이 3년일 때, 아래 정보를 이용하여 2년 차에 인식해야 할 공사이익을 계산하시오.

- 1년 차 공사누적원가 30억원
- 총 공사 예상원가 80억원, 2년 차 공사누적원가가 70억원

① 10억원　　② 15억원
③ 17억원　　④ 20억원

63. 다음 정보를 바탕으로 선입선출법을 이용하여 기말재고자산 금액을 계산하시오.

- 기초재고 100개, @1,000원
- 당기매입 500개, @1,200원
- 당기판매 500개, @1,500원

① 100,000원 ② 120,000원
③ 135,000원 ④ 150,000원

64. 다음 중 기계장치를 구입할 때 취득원가에 포함되지 않는 것은 무엇인가?

① 공장에 설치하기 위해 설치비 100만원이 발생했다.
② 설치 후 시운전을 하였으며 이와 관련하여 시운전비가 200만원 발생하였다.
③ 기계장치 구입 후 공장까지 운송하기 위해 내륙운반비 50만원이 발생하였다.
④ 시운전을 끝내고 기계장치를 가동했으며, 이 과정에서 불량품이 발생하였으며 이와 관련되어 10만원의 손실이 발생했다.

65. 한국기업의 기능통화는 원화이다. 한국기업의 미국 달러화의 외화거래가 있을 경우 이를 인식하는 환율로 잘못 연결된 것은?

① 현금－마감환율
② 유형자산－취득일 환율
③ 자본금－자본금 납입일 환율
④ 매출액－마감환율

66. 다음 거래 중 이익잉여금 변동을 가져오는 거래는 무엇인가? (단, 위험회피거래는 효과적이라고 가정한다)

① 보유 토지를 재평가하니 10억원의 이익이 발생하였다.
② 현금흐름위험을 회피하기 위한 파생상품거래에서 이익이 발생하였다.
③ 해외사업장 순투자 위험회피를 위해 선물환을 매도하였고 선물환 거래에서 손실이 발생하였다.
④ 재고자산 평가를 하였으며 이로 인해 손실이 발생하였다.

67. 다음 중 수익과 비용을 인식하는 방법으로 올바르게 설명하지 않은 것은?

① 수익과 비용은 서로 상계하여 순액으로 보고한다.
② 비용은 수익이 발생했을 때 인식한다.
③ 용역은 원칙적으로 진행기준으로 인식한다.
④ 건설공사에서 손실이 예상될 때는 예상되는 손실을 즉시 비용으로 인식한다.

68. 다음 중 자산에 해당하는 것은 무엇인가?

① 선수금 ③ 운용리스
② 연구개발비 ④ 영업권

69. 다음 중 재무제표상 부채인 것은 무엇인가?

① 선급비용 ② 우발부채
③ 이연법인세부채 ④ 미수수익

70. 한국기업은 자본금 1,000만원, 자본잉여금 1,000만원, 이익잉여금 2,000만원이 있다. 한국기업이 무상증자 500만원을 했을 경우 한국기업의 자본구성으로 올바른 것은?

① 자본금 1,500만원, 자본잉여금 500만원, 이익잉여금 2,000만원
② 자본금 1,500만원, 자본잉여금 1,000만원, 이익잉여금 1,500만원
③ 자본금 1,500만원, 자본잉여금 750만원, 이익잉여금 1,750만원
④ 자본금 1,000만원, 자본잉여금 1,500만원, 이익잉여금 1,500만원

기업가치평가 · 분석_71 ~ 80[10문항]

71. 다음 정보를 이용하여 A기업의 지분 30%를 보유한 최대주주이 1주당 적정 가치를 올바르게 계산한 것은? (단, A기업은 일반법인에 해당하며, 중소기업이 아니다)

- 최근 3년간 순손익액의 가중평균액 : 5억원, 자본환원율 10%
- 순자산가액 40억원, 총발행주식수 100만주

① 4,600원 ② 5,000원
③ 5,520원 ④ 5,420원

72. 다음 정보를 이용하여 A 기업의 가중평균자본비용을 올바르게 계산한 것은?

- 타인자본비용 5%, 법인세율 20%, 목표부채비율 50%
- 무위험이자율 3%, 베타 1.2, 시장위험프리미엄 5%

① 5.2% ② 6.3%
③ 7.3% ④ 8.5%

73. 다음 중 현금흐름할인 가치평가에 대한 설명으로 올바르지 않은 것은?

① 기업이 창출할 수 있는 미래현금흐름 추정의 현재가치의 합이 기업가치이다.
② 잔존가치가 전체기업가치에서 차지하는 비중이 크다.
③ FCFF 기준으로 현금흐름을 추정하면 WACC로 할인해야 한다.
④ 영구성장률이 증가하면 기업가치는 감소하는 경향이 있다.

74. 다음 중 시장위험프리미엄에 대한 설명으로 올바르지 않은 것은?

① 모든 것이 동일할 때 무위험이자율이 증가하면 시장위험프리미엄은 감소한다.
② 시장위험프리미엄 계산을 위해서는 시장포트폴리오의 수익률을 알아야 한다.
③ 베타가 큰 주식은 시장위험프리미엄이 크다.
④ 각 국가별로 시장위험프리미엄의 크기는 다를 수 있다.

75. 다음 중 FCFF에 대한 설명으로 올바른 것은?

① 주주에게 귀속되는 현금흐름이다.
② FCFF=세후영업이익+감가상각비−자본적 지출+운전자본 변동으로 계산한다.
③ FCFF로 추정한 현금흐름은 자기자본비용으로 할인한다.
④ FCFF로 계산한 기업가치를 총발행주식수로 나누면 1주당 이론주가가 계산된다.

76. 다음 중 상대가치평가에 대한 설명으로 잘못된 것은?

① PBR이 1보다 작으면 저평가된 주식이다.
② PER은 주가를 1주당 순이익으로 나눈 값이다.
③ PSR은 벤처기업, 유형자산이 없는 기업의 평가에 이용할 수 있다.
④ EV/EBITDA는 기업의 자본구조를 고려하지 않는 상대가치평가 방법이다.

77. 타인자본비용 계산과 관련하여 올바르게 설명한 것은?

① 타인자본 계산시 영업부채까지 포함하여 계산해야 한다.
② 평가 대상기업의 신용도가 반영된 이자율로 평가해야 한다.
③ 차입하고 있는 차입이자비용의 단순평균금액을 차입이자율로 해야 한다.
④ 법인세는 고려하지 않는다.

78. 다음 중 현금흐름을 이용한 가치평가에 대한 설명으로 올바른 것은?

① WACC 계산시 목표자본구조를 기준으로 타인자본과 자기자본의 가중치를 결정한다.
② FCFF로 평가할 때 비영업자산의 현금흐름이 고려되었기 때문에 비영업자산의 가치는 별도로 고려하지 않는다.
③ 평가기업의 베타를 추정할 수 없을 때에는 베타를 1로 놓고 평가해야 한다.
④ 무위험이자율은 신용등급 AAA의 사채이자율을 대용치로 사용할 수 있다.

79. EVA방법을 이용하여 한국기업의 기업가치를 계산하시오.

- 총자산 1,000억원, 비영업용자산 100억원, 부채비율 100%
- WACC 10%, 법인세율 20%, 매출액 1,000억원, 영업이익률 15%
- 매년 EVA 발생 금액은 동일함

① 1,000억원　② 1,300억원
③ 1,600억원　④ 1,700억원

80. 상장기업인 A 기업은 비상장기업인 대한기업과 합병하려고 한다. A 기업은 자본시장법을 통하여 가치평가 하려고 한다. 다음 주어진 정보를 이용하여 A 기업의 1주당 적정가치를 계산하시오.

- A 기업 1개월 종가평균 10,000원, A 기업 1주일 종가평균 11,000원
- 기산일 종가 11,500원, A 기업 2개월 평균종가 10,500원

① 10,833원 ② 10,500원
③ 11,000원 ④ 11,500원

4과목 증권법규 및 직무윤리

▮자본시장 관련 법규_81 ~ 90[10문항]

81. 다음 중 금융투자업자의 업무에 대한 설명으로 알맞지 않은 것은?

① 투자매매업자는 자기의 계산과 타인의 계산으로 금융투자상품을 매매할 수 있다.
② 투자중개업자는 타인의 계산으로 금융투자상품을 매매할 수 있다.
③ 집합투자업자는 2인 이상의 투자자로부터 모은 재산에 대한 집합투자를 영업으로 한다.
④ 투자일임업자는 투자자로부터 금융투자상품에 대한 투자판단의 전부 또는 일부를 일임받아 금융투자상품을 운영한다.

82. 자본시장법에 따른 금융투자업자의 공통 영업행위 규칙에 대한 설명으로 틀린 것은?

① 금융투자업자가 아닌 자는 금융투자업자로 오인될 수 있는 문자의 상호 사용이 금지된다.
② 금융투자업자는 적절한 대가를 받으면 자기 명의를 대여하여 타인에게 금융투자업을 영위 하게 할 수 있다.
③ 금융투자업자가 다른 금융업무를 겸영하고자 하는 경우 해당업무시작 7일 전까지 금융위에 신고해야 한다.
④ 업무위탁을 받는 자는 해당 업무 수행을 위해 필요한 인가들을 갖고 있어야 한다.

83. 다음 중 금융소비자보호법상 6대 판매원칙에 해당하지 않는 것은?

① 적합성 원칙
② 적정성 원칙
③ 불공정영업행위 금지
④ 광고 금지

84. 다음 중 금융위의 경영개선권고 사유가 아닌 것은?

① 순자본비율 100% 미만
② 2년 연속 적자와 레버리지비율 900% 초과
③ 평가등급이 4등급 이하
④ 레버리지비율 1,100% 초과

85. 금융투자업자의 정보차단벽에 대한 설명으로 잘못된 것은?

① 임원 및 준법감시인의 사후 승인을 받으면 정보차단벽간 정보제공 금지의 예외로 둘 수 있다.
② 사무공간 및 전산설비의 공동이용을 금지한다.
③ 제공정보가 업무상 최소한의 범위로 한정해야 한다.
④ 회의, 통신 기록 유지를 하고 준법감시인의 확인을 받아야 한다.

86. 투자매매업자 또는 투자중개업자는 불건전 영업행위를 하지 않아야 하나, 그중에서 예외적으로 허용되는 것은?

① 차익거래로 인한 선행매매이며 투자자 정보를 의도적으로 이용하지 않았다는 사실을 객관적으로 명백하게 증명할 수 있는 경우
② 조사분석자료 공표 후 자기계산으로 해당 종목을 12시간 이내에 매매하는 경우
③ 고객의 매수주문 정보를 이용하여 해당 고객의 주문 체결 전에 제3자에게 해당 주식의 매수를 권유한 경우
④ 투자중개업자가 고객에게 금전상의 이익을 가져다주는 일임매매의 경우

87. 다음 중 금융투자업자의 투자광고시 허용되는 행위는 무엇인가?

① 운용실적이 좋은 기간만을 표시하는 행위
② 세전, 세후에 대한 언급을 하지 않고 표시하는 행위
③ 투자일임재산을 각각 투자자별로 구분하여 운용하여 표시하는 행위
④ 수수료를 특별히 우대하여 제시하면서 우대조건 등을 분리하여 표시하는 행위

88. 다음 중 내부자의 단기매매차익 반환제도에 대한 설명으로 잘못된 것은?

① 미공개정보를 이용하여 단기매매차익이 발생했을 때 단기매매차익을 회사에 반환해야 한다.
② 반환대상은 주요 주주, 임원, 재무, 회계, 기획, 연구개발에 관련된 업무에 종사하는 직원 등이다.
③ 특정 증권 등을 매수 후 6개월 이내에 매도하여 얻은 이익도 반환해야 한다.
④ 주권상장법인이 모집, 매출하는 특정 증권 등을 인수한 투자매매업자에 대하여 당해 투자매매업자가 인수계약을 체결한 날부터 3개월 이내에 매수 또는 매도하여 그날부터 6개월 이내에 매도 또는 매수하는 경우에 준용한다.

89. 다음 중 공시에 대한 설명으로 올바르지 않은 것은?

① 정기공시 대상법인은 주권상장법인이다.

② 정기공시 대상법인은 증권을 모집 또는 매출한 발행인이다.

③ 정기공시 대상법인은 증권소유자 수가 500인 이상의 외부감사대상법인이다.

④ 반기보고서는 반기 종료일로부터 60일 이내 제출하고, 분기보고서는 분기 종료일로부터 45일 이내에 제출해야 한다.

90. 다음 중 주식 등의 대량보유상황 보고제도에 대한 설명으로 올바르지 않은 것은?

① 본인과 특별관계자의 주식 합계를 기준으로 주권상장법인 주식 등을 5% 이상 보유하게 된 자가 대상이다.

② 5% 이상 보유자의 보유 비율이 1% 이상 변동되는 경우에 보고해야 한다.

③ 보유주식 등의 수가 변동되지 않더라도 매 3개월마다 보유 비율을 신고해야 한다.

④ 자본 감소로 보유 비율이 변동된 경우는 보고하지 않아도 된다.

▮회사법_91 ~ 96[5문항]

91. 다음 중 주식회사의 자본금에 대한 설명으로 올바르지 않은 것은?

① 무액면주식 발행 시 총발행금액의 1/2 이상은 자본금으로 계상한다.

② 무액면주식을 발행한 기업은 동시에 액면주식을 발행할 수 없다.

③ 회사설립시 발행하는 주식의 총수를 정관에 기재해야 한다.

④ 회사의 자본금은 절대 감액시킬 수 없다.

92. 다음 중 주주총회 결의사항에 해당하지 않는 것은?

① 이사의 선임 및 해임

② 이익의 중간배당

③ 정관의 변경

④ 이사의 회사에 대한 책임면제

93. 다음 중 주식회사의 기관에 해당하지 않는 것은?

① 감사 ② 이사회

③ 주주총회 ④ 준법감시인

94. 신주와 채권발행 관련 절차 중 잘못 설명한 것은?

① 설립 후 2년이 경과한 상장회사는 신주의 액면미달 발행 시 주주총회 특별결의로 이를 발행할 수 있다.
② 신주가 불공정하게 발행되었을 경우 신주인수인은 항상 이사와 연대하여 책임을 진다.
③ 이사회 결의를 통해 사채를 발행할 수 있다.
④ 주주 이외의 자에게 전환사채발행 시 주주총회의 특별결의를 통해 발행할 수 있다.

95. 위법한 신주발행에 대하여 주주를 보호하는 사전적, 예방적 구제방법은 무엇인가?

① 신주발행무효의 소
② 통모인수의 책임추궁을 위한 대표소송
③ 이사에 대한 손해배상청구권
④ 신주발행 유지청구권

▌직무윤리_96 ~ 100[5문항]

96. 다음 중 준법감시인에 대한 설명으로 올바른 것은?

① 대표이사가 준법감시인을 임명 및 해임할 수 있다.
② 준법감시인의 임기는 3년 이상이다.
③ 준법감시인은 이사회, 감사위원회, 기타 주요 회의에 참석을 할 수 있으며, 해당 회의에서 의견을 진술할 수 있다.
④ 준법감시인은 자신의 업무 중 일부라도 타인에게 위임할 수 없다.

97. 다음 중 직무윤리에 대한 설명으로 올바른 것은?

① 직무윤리적용대상은 투자 관련 직무에 종사하는 일체의 사람이나, 회사와 정식고용계약이 없거나 보수를 받지 않으면 그 적용대상에서 제외된다.
② 고객과 회사의 이해관계가 상충될 경우, 이에 대한 충분한 고지를 고객에게 한 후에 해당 거래를 할 수 있다.
③ 이해상충이 발생할 우려가 있는 경우 정보제공행위 금지, 겸직금지, 공간 및 설비 공동이용 금지 등 다양한 방법으로 정보교류를 차단해야 한다.
④ 엄격한 직무윤리는 회사의 비용을 높이는 원인이 되어, 장기적으로 금융서비스의 가격을 올리는 요인이 된다.

98. 금융투자업 종사자가 할 수 있는 일은 무엇인가?

① 금전적 대가를 받고 하는 외부 강연
② 고객에게 재산상의 이익을 제공하고 사후에 이사회의 승인을 받는 경우
③ 임의매매를 통해 고객의 수익을 높여주는 행위
④ 자신이 작성한 자료를 고용기간 종료 후에 회사의 허가없이 자신의 사업에 사용하는 행위

99. 다음 중 금융투자업자가 고객에게 제공할 수 있는 부당한 재산상 이익에 해당하지 않는 것은?

① 상대방 고객만이 참가할 수 있는 여행 등에 수반되는 비용을 제공하는 경우

② 고유재산관리를 담당하는 직원에게 문화상품권을 제공하는 경우

③ 자산운용사 직원에게 백화점 10만 원 상당의 상품권을 제공하는 경우

④ 자산운용사 직원에게 매매계좌 변경을 이유로 현금을 제공하는 경우

100. 다음 중 금융투자업종사자의 회사에 대한 윤리 설명 중 올바르지 않은 것은?

① 회사 재산은 회사의 이익을 위해서만 사용되어야 하며, 사적인 용도로 사용할 수 없다.

② 소속 업무담당자가 잘못된 행위를 할 경우 경영진은 윤리적 책임과 법적 책임을 같이 부담할 수 있다.

③ 임직원이 대외활동 시 자신의 몸값을 높이기 위해 정보를 과장하거나 자신의 편의에 따라 설명하는 것은 양해할 수 있다.

④ 특정한 정보가 비밀정보인지 불명확한 경우, 자신의 경험을 배제하고 준법감시인을 통해 확인을 받은 후 준법감시인의 지시에 따라 행동해야 한다.

22회(2024년)시험 다시보기_3회

▶ 정답과 해설 464쪽

1과목 증권분석기초

▌계량분석_1 ~ 5[5문항]

01. 복권 1장의 당첨확률은 20%이며, 총 4장을 구입했다. 이중 3장이 당첨될 확률은?

① 0.64% ② 1.28%
③ 1.92% ④ 2.56%

02. 다음의 정보를 이용하여 베타를 계산하시오.

$$\sum_{i=1}^{30} X_i^2 = 40,\quad \sum_{i=1}^{30} Y_i = 40,\quad \sum_{i=1}^{30} X_i Y_i = 60,$$
$$\sum_{i=1}^{30} X_i = 20,\quad \frac{1}{30}\left(\sum_{i=1}^{30} X_i\right)^2 = 400$$

① 0.75 ② 1.25
③ 1.75 ④ 2.05

03. 다음 자료를 통해서 계산한 가장 작은 값은 무엇인가?

−15, 7, 7, −7, −3, 1, 3, 5, 15

① 중앙값 3 ② 범위 30
③ 산술평균 1.44 ④ 최빈값 7

04. 다음 중 가설검정에 대한 설명으로 올바르지 않은 것은?

① 귀무가설이 올바르지만 이를 기각할 오류를 알파 오류라고 한다.
② 대립가설이 올바르지만 이를 기각할 오류를 베타 오류라고 한다.
③ p값이 유의수준보다 크면 귀무가설을 기각할 수 있다.
④ 귀무가설이 사실이라는 가정하에서 알파 오류를 범하게 될 확률은 P값이다.

05. 다음 중 이분산성을 판단하는 검정방법이 아닌 것은?

① Durbin–Watson
② Goldfeld–Quandt
③ Breusch–Pagan
④ White Test(LM통계량)

▌증권경제_6 ~ 15[10문항]

06. 총 200곳의 기업에게 미래 경기에 대한 설문조사를 하였다. 미래 경기가 좋을 것으로 예상하는 기업의 수는 110곳, 경기가 안 좋을 것으로 보는 기업의 수는 90곳 이었다. BSI값은 얼마인가?

① 25 ② 55
③ 90 ④ 110

07. IS-LM모형에서 소비 감소로 인한 결과는 무엇인가? (단, IS곡선은 우하향하고 LM곡선은 우상향한다고 가정)

① 이자율상승과 실질국민소득 증가
② 이자율상승과 실질국민소득 하락
③ 이자율하락과 실질국민소득 감소
④ 이자율하락과 실질국민소득 증가

08. 본원통화는 70억 원이며 경제주체의 현금통화비율이 20%이며, 지급준비율은 10%이다. 경제전체의 통화량은 얼마인가?

① 140억 원　　② 250억 원
③ 385억 원　　④ 835억 원

09. 신고전학파의 경제성장에 대한 내용이다. 다음 빈칸에 들어갈 말로 올바른 것은?

(　　　)과 (　　　)이 일치할 때 경제전체적으로 소비량이 최대화되며 이를 황금률이라고 한다.

① 실질이자율, 인구증가율
② 자본의 성장률, 인구증가율
③ 인구증가율, 명목이자율
④ 실질이자율, 투자증가율

10. 다음 중 AD-AS모형에 대한 설명으로 가장 올바른 것은?

① 고전학파는 AS곡선이 수평이라고 가정하였다.
② 케인즈학파는 AS곡선이 수직이라고 가정하였다.
③ 케인즈는 AS곡선이 우상향하는 것은 경제주체의 화폐환상 때문이라고 주장하였다.
④ AS곡선은 재화시장의 균형을 통해서 도출된다.

11. 경기종합지수에 대한 다음 설명중 가장 올바르지 않는 것은?

① 장단기금리차는 경기의 선행성을 알려주는 지표로 사용된다.
② 주가지수는 경기의 후행성을 알려주는 지표로 사용된다.
③ 서비스업생산지수는 경기의 동행성을 알려주는 지표로 사용된다.
④ CP유통수익률은 경기의 후행성을 알려주는 지표로 사용된다.

12. 다음 중 IS-LM 모형에 대한 설명으로 가장 올바르지 않은 것은?

① 고전학파는 재정지출이 국민경제에 미치는 효과가 낮다고 주장하였다.
② 케인즈학파는 재정지출이 국민경제에 미치는 효과가 크다고 주장하였다.
③ 재정지출이 증가하면 이자율이 상승하여 민간투자가 감소하는 현상은 구축효과이다.
④ 케인즈학파는 재정지출을 증가시키면 세금 수입이 증가하여 실질국민소득이 증가한다고 주장하였다.

13. 다음 중 화폐수량 방정식에 대한 설명으로 가장 올바른 것은?

① 화폐수량방정식에서 화폐 유통속도의 역수는 마샬의 k이며, 이는 화폐수요는 명목국민소득의 일정비율로 결정된다는 것을 의미이다.
② 통화량과 화폐의 유통속도의 합은 물가상승률과 국민소득의 합이다.
③ 통화량과 화폐의 유통속도의 곱은 실질국민소득이다.
④ 화폐유통속도의 변화율이 0이면 통화증가율은 물가상승률과 같다.

14. 다음 보기의 내용을 순서대로 올바르게 설명한 것은?

- 통화량이 증가하면 시장이자율이 하락하는 효과
- 경제가 불경기일 경우 물가하락으로 인해 실질화폐가치가 상승하여 경제주체의 소비가 증가하는 효과

① 유동성효과, 피구효과
② 유동성효과, 피셔효과
③ 피구효과, 피셔효과
④ 피구효과, 유동성효과

15. 다음 중 소비이론에 대해서 잘못 설명한 것은?

① 항상소득가설에 따르면 항상소득 증가만이 항상소비를 증가시킨다.
② 절대소득가설에 따르면 한계소비성향이 평균소비성향보다 더 크다.
③ 생애주기가설에 따르면 개인의 소득은 인생 중기에 비해 그 초기와 말기에 상대적으로 작은 경향이 있으며, 노동소득 외에 자산도 소비에 영향을 미친다.
④ 재고이론모형에 따르면 소득과 화폐수요는 양의 관계에 있으며, 이자율과 화폐수요는 음의 관계에 있다.

▌기업금융 · 포트폴리오 관리_16 ~ 25[10문항]

16. 두 자산이 있다. 1번 자산의 표준편차는 10%, 2번 자산의 표준편차는 5%이며, 두 자산의 상관계수는 −1이다. 두 자산에 똑같은 금액을 투자했을 경우 포트폴리오의 표준편차는 얼마인가?

① 2.5%　② 5%
③ 10%　④ 13%

17. 펀드 A의 기대수익률이 7%이며, 표준편차가 2%이며, 무위험이자율은 4%이다. RVAR(위험보상비율)은 얼마인가?

① 1.0　② 1.5
③ 2.0　④ 2.5

18. 다음 중 CAPM에 대한 설명으로 올바르지 않은 것은?

① CML은 기대수익률과 총위험과의 관계를 설명한다.
② 투자자는 평균과 분산 지배원리에 의해 투자의사 결정을 한다.
③ 재투자수익을 고려하지 않는다.
④ SML은 기대수익률과 표준편차와의 관계를 설명한다.

19. 다음 정보를 이용하여 주식 A의 잔차분산의 표준편차는 얼마인가?

- 주식 A의 표준편차 : 10%
- 시장포트폴리오 표준편차 : 5%
- 주식 A의 베타 : 0.8

① 0.09 ② 0.11
③ 0.12 ④ 0.14

20. A기업은 자기자본비용이 10%, 세전 타인자본비용이 5%이며, 법인세율은 20%이다. 자기자본과 부채를 6:4의 비율로 조달하였다. A기업의 가중평균자본비용(WACC)은 얼마인가?

① 7.2% ② 7.4%
③ 7.6% ④ 8.0%

21. 다음 중 CAPM에 대한 가정으로 올바르지 않은 것은?

① 모든 투자자의 투자기간은 동일하다.
② 평균-분산 지배원리에 따라 투자한다.
③ 시장포트폴리오가 존재한다.
④ 투자자는 미래의 자산에 대한 수익률과 위험에 대해서 이질적 기대를 한다.

22. 시장에는 A증권과 B증권이 있다. 시장포트폴리오의 기대수익률은 6%, 무위험이자율은 3%이다. 다음 중 가장 올바른 것은?

증권	베타	기대수익률
A	2	8%
B	0.5	10%

① A증권은 저평가, B증권은 고평가 되어 있다.
② A증권은 고평가, B증권은 저평가 되어 있다.
③ A증권, B증권 모두 적정하게 평가되어 있다.
④ A증권과 B증권 모두 고평가 되어 있다.

23. A 기업은 현재 400원을 투자했다. 이 투자로 인해 영속적으로 매년 말 100원의 현금유입이 발생한다. 적정한 자본비용은 20%이다. A 기업의 투자로 인한 기업가치 증가는 얼마인가?

① 100원 ② 200원
③ 300원 ④ 400원

24. 다음 중 자본구조에 대한 설명으로 올바르지 않은 것은?

① MM(1963)에 따르면 부채를 많이 사용할수록 기업가치가 증가한다.
② 기대파산비용이론에 따르면 기업가치를 극대화하는 자본구조가 존재한다.
③ 대리인비용 이론에 따르면 주주와 채권자, 채권자와 주주의 대리인 비용을 최소화 할 수 있는 자본구조가 존재한다.
④ 자본조달순위이론에 따르면 기업은 자금이 필요시 사내유보금, 자기자본조달, 타인자본조달의 순서로 자금을 조달한다.

25. 다음 중 효율적시장의 특징으로 가장 올바른 것은?

① 과거의 주가의 순환적 패턴이 존재한다.
② 새로운 정보가 시장에 전파되었을 때 증권가격의 과잉반응 혹은 지연된 반응이 존재한다.
③ 어떠한 투자전략을 이용해도 누구도 지속적인 위험대비 초과수익률을 얻을 수 없다.
④ 전문가 투자자와 일반 투자자의 평균적인 투자수익률차이가 존재한다.

2과목 가치평가론

▌주식평가 · 분석_26 ~ 35[10문항]

26. 다음 중 PBR에 대한 설명으로 올바르지 않은 것은?

① 1주당 주가를 1주당 순자산가치로 나눈 값이다.
② PBR은 주가대비 수익가치를 비교하는데 사용한다.
③ 기업간 PBR차이가 발생하는 것은 기업의 주당순자산가치의 질적차이를 반영한 것이다.
④ 기업의 마진, 활동성, 부채레버리지가 증가하면 PBR값도 증가한다.

27. 다음 중 PER에 대한 설명으로 올바르지 않은 것은?

① 1주당 주가를 주당순이익으로 나눈 값이다.
② 기업의 단위당 수익력에 대한 절대적인 주가수준을 나타낸 것이다.
③ 기업의 미래성장률, 영업위험, 재무위험등으로 인해 기업간 PER차이가 발생한다.
④ 각 기업이 지니는 수익력의 질적 차이를 반영한다.

28. A 기업의 매출액은 900억 원이고 시가총액이 600억 원일 경우 A 기업의 PSR은 얼마인가?

① 0.6 ② 1.0
③ 1.5 ④ 2.0

29. 다음 정보를 이용하여 EV/EBITDA를 계산하면 얼마인가?

> • 영업이익 100억 원, 감가상각비 50억 원, 매출액 1,000억 원
> • 주식의 시가총액 500억 원, 순차입금 100억 원, 법인세율 20%

① 2배 ② 3배
③ 4배 ④ 5배

30. 다음에 주어진 자료를 통해 정률배당모형으로 주가를 계산하면 적정주가는 얼마인가?

> • 유보율 : 50%
> • 현재배당금(D_0) : 3,000원
> • 자기자본비용 : 15%
> • 자기자본 투자수익률 : 10%

① 23,500원 ② 28,500원
③ 30,000원 ④ 31,500원

31. 한국기업은 유상증자를 하려고 한다. 현재주가는 3만원이고 증자비율은 20%이다. 현재주가 대비 20% 할인하여 증가할 경우 권리락 주가는 얼마인가?

① 27,500원 ② 28,500원
③ 29,000원 ④ 30,000원

32. 다음 중 한국유가증권시장의 주식상장과 관련한 규정으로 가장 올바르지 않은 것은?

① 기업규모는 자기자본 300억 원 이상이며, 상장주식수는 100만주이상이어야 한다.
② 증권신고서 정정신고를 요청받았으나 3개월 동안 정정신고서를 제출하지 않으면 상장철회로 본다.
③ 최대주주 등 소유주식 혹은 상장예비심사신청 전 1년 이내 최대주주 등으로부터 양수한 주식은 상장후 6개월간 보호예수 대상이다.
④ 최근 감사의견이 한정 혹은 적정이어야 한다.

33. 현재 100만원이 있다. 투자된 모든 돈을 재투자한다고 가정한다. 1년 후 투자수익률이 100%이고, 그 다음 1년간의 투자수익률이 –50%일 경우 기하평균수익률로 가장 올바른 것은?

① 0% ② 10%
③ 25% ④ 30%

34. 다음 주가지수 중에 그 만드는 방식이 이질적인 주가지수끼리 모은 것은?

① KOSPI, KOSPI 200
② DJIA, NIKKEI 225
③ KOSPI, S&P500
④ NIKKEI 225, S&P500

35. 다음 정보를 이용하여 FCFF를 계산하면 얼마인가?

- 영업이익 150억 원, 법인세율 20%
- 감가상각비 30억 원, 자본적 지출 20억 원, 운전자본에 대한 추가투자 50억 원

① 70억 원 ② 80억 원
③ 95억 원 ④ 120억 원

■ 채권평가 · 분석_36 ~ 45[10문항]

36. 다음 채권 중 만기에 현금유입이 가장 많은 순서로 올바른 것은? 단, 채권의 만기는 3년이다. 단 이자는 1년에 한번 후급으로 지급함을 가정한다.

㉠ 액면가 10,000원, 액면이자율 5%인 복리채
㉡ 액면가 10,000원, 액면이자율 5%인 단리채
㉢ 액면가 10,000원, 액면이자율 5%인 이표채

① ㉠-㉡-㉢ ② ㉠-㉢-㉡
③ ㉡-㉠-㉢ ④ ㉡-㉢-㉠

37. 현재 채권의 만기수익률곡선은 평행하다. 만기가 중기인 이자율은 상승하고, 단기와 장기 이자율은 하락할 것으로 예상될 경우, 어느 전략을 취하는 것이 가장 많은 수익을 기대할 수 있나?

① 바벨형 ② 나비형
③ 역나비형 ④ 사다리형

38. 다음 중 볼록성에 대한 설명으로 가장 올바르지 않은 것은? 단 주어진 보기의 변수외에 다른 변수의 변동은 없다고 가정한다.

① 잔존만기가 길수록 볼록성은 증가한다.
② 표면이자율이 높을수록 볼록성은 증가한다.
③ 시장이자율이 높을수록 볼록성은 감소한다.
④ 모든 것이 동일할 때 볼록성이 큰 채권의 가치가 볼록성이 작은 채권가치보다 높다.

39. 다음 보기에 있는 채권 중에 금리상승시 투자자의 수익이 증가하는 채권은 어느 것인가?

역변동금리채권, 변동금리채권, 수의상환청구채권, 수의상환채권

① 변동금리채권, 수의상환청구채권
② 변동금리채권, 수의상환채권
③ 역변동금리채권, 수의상환청구채권
④ 역변동금리채권, 수의상환채권

40. 다음 중 채권시장에 대한 설명으로 가장 올바른 것은?

① 채권의 매매는 장내시장보다는 장외시장의 비율이 더 높다.
② 국채 인수는 투자중개업 인가를 받은 금융투자업자는 누구나 할 수 있다.
③ 채권거래에 있어서 개인투자자 비중이 가장 높다.
④ 우리나라는 회사채 거래 비중이 가장 높다.

41. 만기 3년의 액면금액 10,000원인 할인채를 8,658원에 매입했다. 이를 2년간 보유하고 2년말에 만기수익률 5.42%에 매도하였다. 채권보유자는 채권매도로 인한 연평균 유효수익률은 얼마인가? 단 근사값으로 계산하시오.

① 4.24%　② 4.67%
③ 4.91%　④ 5.12%

42. 전환사채 행사시 전환사채 1좌당 주식 2주를 취득할 수 있다. 다음 정보를 이용하여 전환사채 패리티를 계산하시오.

• 전환사채액면금액 : 10,000원 • 전환사채의 시가 : 9,500원 • 전환대상 주식의 1주당 시가 : 5,000원

① 80%　② 84%
③ 90%　④ 100%

43. 다음에 설명하는 이자율 기간구조 이론에 대한 설명으로 가장 올바른 것은?

만기가 길어짐에 따라 시장참여자들의 수익률에 대한 기대뿐만 아니라 유동성 상실에 대한 보상도 반영되어야 한다.

① 불편기대이론
② 시장분할가설
③ 유동성선호가설
④ 선호영역가설

44. 다음 중 채권투자와 관련한 내용으로 올바르지 않은 것은?

① 투자기간과 채권의 듀레이션을 일치시키면 이자율 변동에 대한 면역효과를 갖는다.
② 신용등급이 하락하면 채권 투자에 대한 기대수익률이 낮아진다.
③ 투자당시 보다 시장이자율이 하락하면 채권가격은 상승한다.
④ 할인채를 투자할 경우 만기까지 보유하면 만기수익률을 달성할 수 있다.

45. 다음 중 시장금리가 하락할 것으로 예상할 경우 수익을 얻기 위한 방법으로 가장 올바른 것은?

① 만기가 길고, 표면이자율이 낮은 채권에 투자한다.
② 만기가 길고, 표면이자율이 높은 채권에 투자한다.
③ 만기가 짧고, 표면이자율이 높은 채권에 투자한다.
④ 만기와 관계없이 표면이자율이 높은 채권에 투자한다.

▮파생상품평가 · 분석_46 ~ 55[10문항]

46. 현재 원/달러 환율은 1,370원이다. 1년 만기 한국시장의 무위험이자율은 2%이고, 미국 시장의 1년 만기 무위험이자율은 4%이다. 만기 6개월인 통화선물의 현재 적정가치는 얼마인가? 단, 근사치로 계산하시오.

① 1,352원 ② 1,356원
③ 1,370원 ④ 1,383원

47. 주식을 기초자산으로 풋옵션과 콜옵션이 있다. 풋옵션과 콜옵션은 모든 것이 동일하다. 다음 중 가장 올바른 것은?

① 풋옵션 매수합성=콜옵션 매도+기초자산 매도
② 풋옵션 매수합성=콜옵션 매수+기초자산 매수
③ 풋옵션 매도합성=콜옵션 매수+기초자산 매도
④ 풋옵션 매도합성=콜옵션 매도+기초자산 매수

48. 기초자산이 동일하고 행사가격이 동일한 풋옵션 2개를 매수하고 콜옵션 1개를 매수한 것은 무엇인가?

① 스트립 ② 스트랩
③ 스트래들 ④ 스트랭글

49. 다음 중 기초자산의 변동성이 감소할 것으로 예상될 때 가장 많은 수익을 얻을 수 있는 옵션투자 전략은 어느 것인가?

① 나비스프레드 매수, 스트래들 매수
② 나비스프레드 매도, 스트래들 매수
③ 나비스프레드 매수, 스트래들 매도
④ 나비스프레드 매도, 스트래들 매도

50. 다음 중 풋옵션 매도 포지션에 대한 옵션 민감도 지표로 가장 올바른 것은? 단, 유러피안 옵션이며 배당을 지급하지 않는 주식을 기초자산으로 가정한다.

① 감마는 음수, 베가는 음수
② 델타는 음수, 베가는 양수
③ 로우는 양수, 델타는 음수
④ 델타는 양수, 감마는 양수

51. A주식의 현재가격은 100이다. 1기간 주가 상승시 130이고, 주가하락시 80이다. 무위험이자율이 10%이라면 위험중립 주가상승확률은 얼마인가?

① 40% ② 50%
③ 60% ④ 70%

52. 다음 중 통화선물에 대한 내용으로 가장 잘못된 것은?

① 위안화선물의 거래단위는 100,000위안이다.
② 엔화선물의 거래단위는 10,000엔이다.
③ 달러선물의 가격변동폭은 1,000원이다.
④ 만기에 실물인수도를 통해 결제한다.

53. 다음 중 옵션에 대한 설명으로 올바르지 않은 것은?

① 아메리칸 옵션은 만기일 이전에 언제든지 옵션보유자가 그 권리를 행사할 수 있다.
② 옵션의 가치는 내재가치와 시간가치로 구성되어 있으며, 내재가치는 음수가 될 수 없다.
③ 콜옵션의 시간가치는 등가격에서 가장 크다.
④ 풋옵션을 매수했을 경우, 만기에 풋옵션이 행사가 되지 않으면 풋옵션 발행자는 풋옵션 구매자에게 일정금액을 지급해야 한다.

54. 전체포트폴리오는 A포트폴리오와 B포트폴리오로 구성되어 있다. 주가지수 선물을 이용하여 포트폴리오 위험을 완전 헤지하려고 한다. 다음 자료를 이용하여 매도해야 하는 선물계약수를 계산하시오.

- 주가지수선물 가격 : 400포인트
- 선물거래승수 : $2,500/포인트

주식포트폴리오	베타	투자금액
A포트폴리오	1.0	$40,000,000
B포트폴리오	2.0	$60,000,000

① 100계약 ② 160계약
③ 200계약 ④ 240계약

55. 행사가격 100원인 콜옵션은 1개당 4원, 풋옵션 1개당 2원이다. 두 옵션을 이용하여 스트래들 매도 포지션을 구축할 경우 이익이 발생하는 주가의 범위는 얼마인가?

① P<94원, P>106원
② 94원<P<106원
③ P>100원
④ P>106원

▌파생결합증권평가 · 분석_56 ~ 60[5문항]

56. 다음 중 ELW 매수와 관련하여 올바르지 않은 것은?

① 행사가격이 상승하면 콜 ELW의 가치는 하락한다.
② 기초자산가격이 하락하면 풋 ELW의 가치는 상승한다.
③ 금리가 상승하면 콜 ELW와 풋 ELW의 가치는 모두 하락한다.
④ 현금배당률이 증가하면 콜 ELW의 가치는 하락하고, 풋 ELW의 가치는 상승한다.

57. 다음에 설명하는 금융상품은 무엇인가?

기초자산의 가격, 이자율, 지표, 단위 또는 이들을 기초로 하는 지수등의 변동과 연계하여 미리 정하여진 방법에 따라 지급금액 또는 회수금액이 결정되는 권리가 표시된 것

① 파생상품　　② 파생결합증권
③ 주가지수　　④ 주가지수선물

58. 다음 중 ETN발행과 관련하여 잘못 설명한 것은?

① 발행최소 금액은 70억 원 이상이며, 발행 증권수는 5만증권 이상이어야 한다.
② 만기는 1년 이상에서 20년 이내로 발행할 수 있다.
③ 발행자는 증권매매업 및 장외파생상품 매매업 인가를 받은 금융투자업자이어야 한다.
④ 발행자는 자기자본 5,000억 원 이상 신용등급 AA−이상이어야 한다.

59. 다음은 주식A를 기초자산으로 하는 ELS이다. ELS투자로 인해 만기시 받을 수 있는 금액이 아닌 것은? 단 금액은 기초자산 가격을 1로 하여 계산한다.

• 리베이트 : 104% • 낙 아웃 베리어 : 120% • 수익비율 1:1로 지급

① 80%　　② 104%
③ 110%　　④ 120%

60. 다음 정보를 이용하여 콜 ELW의 행사가격을 계산하시오.

• ELW 전환비율 : 0.2 • ELW가격 : 60원 • ELW손익분기점 주가 : 800원

① 200원　　② 500원
③ 800원　　④ 1,000원

3과목 재무분석론

재무제표론_61 ~ 70[10문항]

61. 다음 중 K-IFRS(한국채택국제회계기준)에 대한 설명으로 올바르지 않은 것은?

① 수익과 비용은 상계하여 표시하는 것이 원칙이다.
② 유사한 항목은 중요성 분류에 따라 재무제표에 구분하여 표시한다.
③ 재무제표는 적어도 1년 마다 작성한다.
④ 재무제표 항목의 표시와 분류는 사업내용의 유의적인 변화등이 없다면 매기 동일해야 한다.

62. 한국기업의 감가상각방법은 재평가 방법이다. 다음 정보를 이용하여 올해 인식해야 할 금액으로 올바른 것은? (단, 재평가관련 손실을 인식한 적은 없다)

- 유형자산 장부가액 : 100,000원
- 잔존가치 : 20,000원
- 내용연수 : 5년
- 작년말 재평가금액 : 60,000원
- 올해말 재평가금액 : 55,000원

	당기순손실	기타포괄손익
①	5,000원	0원
②	8,000원	3,000원
③	0원	0원
④	10,000원	5,000원

63. 한국기업은 공정가치평가 (FVPL)유가증권을 보유하고 있다. 작년 초에13억 원에 매입하였으며, 작년말에 유가증권가격은 16억 원이었다. 올해 이 유가증권은 14억 원에 매도했다. 한국기업이 공정가치평가 유가증권 매도로 인해 인식해야 할 손익은 얼마인가?

① 처분손실 2억 원
② 처분손실 1억 원
③ 처분이익 1억 원
④ 처분이익 2억 원

64. 다음 정보를 이용하여 기말재고 금액을 계산하시오.

- 기초재고금액 : 50만 원
- 당기제조금액 : 250만 원
- 당기판매금액 : 200만 원

① 50만 원　② 100만 원
③ 150만 원　④ 200만 원

65. 다음 정보를 이용하여 당기 이자관련 현금흐름 금액은 얼마인가?

> • 전년도 미수이자금액 : 10만 원
> • 당기 미수이자금액 : 20만 원
> • 당기의 이자수익 : 30만 원

① 10만 원 유입 ② 20만 원 유입
③ 20만 원 유출 ④ 40만 원 유출

66. 다음 중 자본변동표의 직접적인 항목이 아닌 것은?

① 주식유상발행
② 사채할인발행차금상각액
③ 자기주식 취득
④ 매도가능 금융자산 평가손익

67. 다음 보기의 정보를 이용하여 부채금액을 계산하면 얼마인가?

> • 선수수익 : 400원, 선급비용 : 600원, 선수금 500원, 예수금 550원
> • 매출액 10,000원, 유형자산 5,000원, 미수수익 500원

① 1,000원 ② 1,450원
③ 1,550원 ④ 2,050원

68. 다음 중 우발부채, 우발자산, 충당부채에 대한 설명으로 가장 올바른 것은?

① 우발부채는 그 경제적 의무의 금액의 추정 가능성이 높고 자원의 유출가능성 높지만 재무제표에는 표시하지 않는다.
② 우발부채는 금액의 추정가능성이 높으나 자원의 유출가능성이 높지 않다면 주석으로 공시하지 않는다.
③ 우발자산은 금액의 추정의 신뢰성이 높고 자원의 유입가능성이 매우 높더라도 주석으로만 공시한다.
④ 충당부채는 미래의 지출시기가 불확실하기 때문에 원칙적으로 해당 자산의 차감항목으로 재무제표에 표시한다.

69. 다음 중 무형자산에 대한 설명으로 올바르지 않은 것은?

① 회사내부에서 많은 투자를 통해서 영업권을 창출하였으면, 이는 무형자산으로 인식한다.
② 개발단계에서 지출한 비용은 특정 요건을 충족한다면 무형자산으로 인식할 수 있다.
③ 내용연수가 비한정인 무형자산은 상각하지 않는다.
④ 무형자산의 내용연수는 경제적 내용연수와 통제가능기간 중 짧은 것으로 한다.

70. 다음 중 보수적 회계처리 방법에 대한 설명으로 가장 올바르지 않은 것은?

① 자산의 손상 가능성이 높을 경우, 즉시 손상차손을 인식한다

② 미실현 이익은 인식하지 않지만, 미실현 손실은 즉시 반영한다

③ 특별이익을 인식한다.

④ 재고자산 평가방법으로 후입선출법을 사용한다.

▌기업가치평가 · 분석_71 ~ 80[10문항]

71. 다음 정보를 이용하여 MVA가치와 기업가치를 각각 올바르게 계산한 것은?

> • 영업용 투하자산 : 500억원
> • 가중평균자본비용 : 10%
> • 매년 30억 원의 EVA가 영구적으로 발생함

① MVA : 300억 원, 기업가치 : 800억 원

② MVA : 300억 원, 기업가치 : 500억 원

③ MVA : 500억 원, 기업가치 : 800억 원

④ MVA : 500억 원, 기업가치 : 500억 원

72. 적대적 매수합병의 방어 전략의 하나로 피인수기업의 임원이 적대적 매수합병으로 인해 임기만료 전에 해임될 경우 해당 임원에게 많은 퇴직금을 주는 것은?

① 팩맨전략　　② 황금낙하산

③ 백기사　　④ 독약전략

73. 다음 중 마이클 포터의 5 Force 모형에 따르면 시장내 경쟁이 약해지는 상황은 어느 것인가?

① 가격경쟁이 주요 경쟁수단인 경우

② 고정비의 비중이 큰 산업인 경우

③ 시장의 성장률이 높을 경우

④ 추가적인 투자가 많이 발생하는 경우

74. 다음 중 활동성 비율에 해당하는 것은?

① 당기순이익률　　② 이자보상비율

③ 자산증가율　　④ 매출채권회전율

75. 상속증여세법에 따라 일반법인의 비상장주식의 가치를 평가할 때 빈칸에 들어갈 말로 가장 올바른 것은?

> • 최대주주가 보유하는 지분은 평가액에 (　　) 을 할증한다.
> • 본질가치는 순손익가치와 순자산가치를 (　　) 으로 가중평균하여 계산한다.

① 120/100, 3:2

② 120/100, 2:3

③ 130/100, 3:2

④ 130/100, 2:3

76. 다음 중 PER에 대한 설명으로 올바르지 않은 것은?

① 평가대상기업의 1주당 순이익이 1,000원이고, 비교대상 유사회사의 PER가 15배라면 평가대상기업의 1주당 적정가치는 15,000원이다.
② PER는 주가외에 비계량적 요인도 반영하는 지표이다.
③ 순이익이 적자인 기업 혹은 유사 상장회사의 순이익이 적자인 경우에는 적용하기 어렵다.
④ 1주당 주가와 1주당 순이익의 비율이다.

77. 다음 중 현금흐름법을 이용한 가치평가시 가장 올바르지 않은 것은?

① 운전부채에 단기차입금과 유동성장기부채도 포함하여 운전자본변동을 계산해야 한다.
② FCFF는 가중평균자본비용으로 할인하여 현재가치를 계산한다.
③ 자기자본비용을 추정하는 방법으로는 CAPM, APM등이 활용된다.
④ 모든 것이 동일할 경우 미래의 현금흐름의 성장률이 낮아지면 잔존가치의 현재가치는 낮아진다.

78. 주가매출액 비율(PRS)에 대해서 올바르지 않은 것은?

① 자본잠식기업, 부실기업, 사업초기회사에 적용이 가능하다.
② 다른 평가방법과 비교하여 회계처리에 따른 변동가능성이 크다.
③ PER보다 변동성이 크지 않다.
④ 재무레버리지비율이 상이한 기업을 비교대상으로 선정할 경우 왜곡된 결과를 초래할 수 있다.

79. 현금흐름할인모형을 활용하여 A기업의 1주당 적정가치를 올바르게 계산한 것은?

- 영업이익 100만원은 영구적으로 발생할 것으로 예상한다.
- 법인세율 40%, 감가상각비 매년 20만원, 운전자본변동은 발생하지 않는다.
- 주주의 자본비용 10%, 세후 차입이자율 5%
- 시가기준으로 계산한 목표 부채비율 50%
- 발행주식수 100주, 현재시점의 차입금 360만원

① 30,000원 ② 50,000원
③ 60,000원 ④ 96,000원

80. 다음 중 설명하는 것으로 틀린 것은?

① 무상증자와 주식배당은 그 경제적 효과가 동일하고 그 재원도 동일하다.
② 완전시장일 경우 시가로 자사주 매입을 하더라도 주주부에는 영향이 없다.
③ 액면분할과 액면병합을 하더라도 자본금은 변동이 없다.
④ 현금배당을 하면 이익잉여금을 감소시키고 주가는 하락한다.

4과목 증권법규 및 직무윤리

▌자본시장 관련 법규_81 ~ 90[10문항]

81. 투자매매업자와 투자중개업자의 영업행위에 대한 내용 중 다음 빈칸에 들어갈 숫자로 가장 올바른 것은?

> • 조사분석 자료의 내용이 사실상 확정된 때부터 공표후 (　　)이 경과하기 전까지 그 조사분석 자료의 대상이 된 금융투자상품을 자기의 계산으로 매매할 수 없다.
> • 상장하는 주간사는 상장 후 (　　)이 지나야 해당 기업에 대한 조사분석자료를 공표하거나 특정인에게 제공할 수 있다.

① 24시간, 40일　② 24시간, 60일
③ 72시간, 40일　④ 72시간, 60일

82. 자본시장법에서 신탁업자의 수익증권에 대한 설명으로 올바르지 않은 것은?

① 투자매매업자가 아니더라도 신탁업자는 자신이 수익증권을 발행할 수 있다.
② 신탁재산은 명의상 신탁업자의 재산에 속한다.
③ 신탁업자가 수탁한 신탁재산의 소유자는 위탁자이다.
④ 수탁자와 위탁자는 원칙적으로 동일인이 아니다.

83. 다음 중 미공개 중요정보 이용관련 규제사항으로 올바르지 않은 것은?

① 내부자 정보를 알고 있는 사람이 다른 사람에게 그 정보를 이용하여 해당 주식을 매매하게 하는 행위는 할 수 있다.
② 내부자는 그 법인 및 그 법인의 임직원, 대리인으로서 그 직무와 관련하여 미공개 중요정보를 알게 된 자이다.
③ 법인에 대하여 법령에 따른 각종 허가, 인가등의 권한을 가지는 자로서 그 권한을 행사하는 과정에서 미공개 중요정보를 알게된 자는 준내부자로 미공개 중요정보 이용과 관련한 규제를 받는다.
④ 금융위 또는 거래소가 설치, 운영하는 전자전달매체를 통하여 그 내용이 공개된지 3시간이 지나면 내부자 미공개정보에 해당하지 않는다.

84. 다음 빈칸에 들어갈 말로 가장 올바른 것은?

> 금융기관은 자산의 건전성을 5단계로 구분한다.
> 정상, 요주의, (　　), 회수의문, (　　　)

① 고정, 기대손실　② 고정, 확정손실
③ 고정, 추정손실　④ 의문, 회수고정

85. 다음 중 금융감독원의 제재와 관련된 내용으로 올바르지 않은 것은?

① 금감원장이 제재조치를 하는 때에는 그 해당 사항을 제재당사자에게 사전통지를 하지 않는다.
② 검사결과 조치 사항 중 일부는 금감원장이 직접 조치할 수도 있다.
③ 이의신청 처리결과에 대하여는 다시 이의신청할 수 없다.
④ 제재를 받은 금융기관 또는 임직원은 당해 제재처분 또는 조치요구가 위법 또는 부당하다고 인정하는 경우 금융위 또는 금감원장에게 이의를 신청할 수 있다.

86. 다음 중 금융당국의 경영실태평가에 따른 적기시정 조치에 대한 설명으로 올바르지 않은 것은?

① 순자본비율 50% 미만이고, 경영실태평가 결과 종합평가등급 4등급이하로 판정받은 경우 조직의 축소, 자회사의 정리를 요구할 수 있다.
② 순자본비율 100% 미만이며, 경영실태평가 결과 종합평가등급이 3등급 이상인 경우 점포관리의 효율화, 경비절감을 권고할 수 있다.
③ 순자본비율 0% 미만인 경우, 주식의 일부 또는 전부소각, 영업의 일부정지를 명령할 수 있다.
④ 경영개선 권고, 경영개선 요구, 경영개선 명령의 요건에 해당하더라도 자본의 확충 또는 자산의 매각등으로 단기간 내에 적기시정조치의 요건에 해당되지 아니하게 될 수 있다고 판단되는 경우에는 일정기간 동안 조치를 유예할 수 있다.

87. 다음 중 금융투자업자의 수시공시사항으로 올바르지 않은 것은?

① 직전 분기 말 자기자본의 100분의 10에 상당하는 금액을 초과하는 부실채권의 발생
② 소송가액 5억원의 민사소송 패소
③ 회계기간 변경을 결정한 경우
④ 적기시정조치를 받은 경우

88. 다음 설명하는 내용으로 가장 올바른 것은?

일반금융소비자의 투자성향에 적합하지 아니하다고 인정되는 때에는 금융상품의 계약체결을 권유해서는 안 된다.

① 적합성원칙 ② 적정성원칙
③ 신의성실원칙 ④ 설명의무

89. 다음 중 고객투자권유와 관련하여 가장 올바른 것은?

① 투자권유시 투자자에게 원금보장에 대한 방법을 설명해야 한다.
② 투자자에게 투자권유를 요청받지 않더라도 실시간 대화의 방법을 이용하여 장외파생상품의 투자권유는 할 수 있다.
③ 금융상품 내용의 일부에 대해서 비교대상 및 기준을 밝히지 아니하고 다른 금융상품과 비교하여 해당 금융상품이 우수하다고 알릴 수 있다.
④ 고객투자권유시 고객이 해당 금융상품에 대한 투자를 거절했지만 다른 상품을 투자권유할 수 있다.

90. 다음 중 투자매매 및 중개업무에 관련한 규제로 그 내용이 잘못된 것은?

① 투자매매업자는 투자자에게 자기가 투자매매업자인지에 대해서 밝혀야 한다.
② 원칙적으로 투자중개업자는 금융투자상품에 관한 같은 매매에 있어서 자신이 본인이 됨과 동시에 상대방의 투자중개업자가 될 수 없다.
③ 원칙적으로 채무증권은 최선집행기준이 적용되지 않는다.
④ 투자매매업자는 예외적으로 자기주식을 취득할 수 있고, 취득한 자기주식은 취득일부터 6개월 이내에 처분해야 한다.

▮회사법_91 ~ 95[5문항]

91. 다음 중 주식회사 설립과 관련하여 정관에 기재해야만 효력이 발생하는 변태설립사항이 아닌 것은?

① 발기인에 제공할 보수
② 현물출자를 하는 자의 성명
③ 발행할 주식의 종류와 총수
④ 회사가 부담할 설립비용

92. 다음 중 상법상 주권에 대한 설명으로 올바르지 않은 것은?

① 법률 또는 정관에 의하지 아니하고는 주식양도를 제한하지 못한다.
② 주주권을 대리인이 대리행사 할 수 없다
③ 회사는 주권을 발행해야 하나, 주주가 주권 불소지의 뜻을 회사에 신고한 때에는 주권을 발행하지 아니할 수 있다.
④ 단순 주식양도는 회사에 대항할 수 없다.

93. 다음 중 주식회사의 집행임원에 대한 설명으로 가장 올바른 것은?

① 대표이사와 집행임원을 각각 선임할 수 있다.
② 집행임원은 이사회에서 선임한다.
③ 집행임원은 3개월에 1회 이상 업무의 집행상황을 주주총회에서 보고해야 한다.
④ 집행임원의 임기는 원칙적으로 최대 3년을 초과하지 못한다.

94. 다음 중 사채발행과 관련하여 가장 올바른 것은?

① 회사는 이사회의 결의로 사채를 발행할 수 없다.
② 사채의 납입은 상계, 대물변제로 납입할 수 없다.
③ 당기순이익이 발생하면 액면이자 외에 당기순이익의 일부를 이자로 지급하는 사채를 발행할 수 있다.
④ 사채의 모집 대금 납부전이라도 사채를 발행할 수 있다.

95. 다음 중 합병에 대한 설명으로 올바르지 않은 것은?

① 흡수합병의 경우 합병으로 인하여 소멸하는 회사의 발행주식 총수의 100분의 90 이상을 합병후 존속하는 회사가 소유하는 합병은 간이합병이다.
② 원칙적으로 자회사는 모회사 주식을 소유할 수 있다.
③ 소규모 합병은 합병 후 존속하는 회사가 합병으로 인하여 발행하는 신주 및 이전하는 자기주식 총수가 그 회사의 발행주식 총수의 100분의 10을 초과하지 아니하는 경우의 합병을 말한다.
④ 합병에 반대하는 주주는 주주총회 결의일로부터 20일 이내에 주식의 종류와 수를 기재한 서면으로 회사에 대하여 자기가 소유하고 있는 주식의 매수를 청구할 수 있다.

▮직무윤리_96 ~ 100[5문항]

96. 다음 중 거래상대방에게 이익제공과 관련된 것으로 이익을 제공할 수 있는 것은 어느 것인가?

① 투자매매회사 또는 투자중개회사가 판매회사의 변경 또는 변경에 따른 이동액을 조건으로 하여 재산상 이익을 제공하는 경우
② 법인의 고유재산관리업무를 수행하는 자에게 문화상품권을 제공하는 경우
③ 거래상대방만 참석한 여가 및 오락활동 등에 수반되는 비용을 제공하는 경우
④ 금융투자상품 및 경제정보 등과 관련된 전산기기의 구입이나 통신서비스 이용에 소요되는 비용을 제공하는 경우

97. 다음 중 준법감시인에 대한 설명으로 올바르지 않은 것은?

① 준법감시인의 임기는 최소 3년 이상이다.
② 준법감시인은 사내이사 또는 업무집행책임자 중에서 선임해야 한다.
③ 준법감시인 임면일로부터 7영업일 이내에 금융위원회에 보고해야 한다.
④ 준법감시인에 대하여 회사의 재무적 경영성과와 연동하지 아니하는 별도의 보수지급 및 평가기준을 마련·운영하여야 한다.

98. 다음 중 영업관리자에 대한 설명으로 올바르지 않은 것은?

① 예외적으로 1명의 영업관리자가 2개 이상의 영업점을 묶어 영업관리자의 업무를 수행할 수 있다.
② 영업관리자는 업무수행 결과에 따라 적절한 보상을 지급받을 수 있다.
③ 준법감시인은 영업관리자에게 1년에 1회이상 법규 및 윤리 관련 교육을 실시해야 한다.
④ 영업관리자는 지점장급으로 해야 한다.

99. 금융투자회사의 영업 및 업무에 관한 규정상 부당한 재산상 이익의 제공 및 수령에 대한 설명으로 올바르지 않은 것은?

① 이사회가 정한 금액 이상을 초과하여 동일한 거래상대방과 재산상 이익을 제공하거나 수령하려는 경우 준법감시인의 사전허가를 받아야 한다.

② 금융투자회사가 거래상대방에게 제공하거나 거래상대방으로부터 수령한 재산상 이익의 가액이 10억원을 초과하는 즉시 인터넷 홈페이지를 통해 공시해야 한다.

③ 내부통제부서는 금융투자회사의 재산상 이익의 제공 현황 및 적정성 점검 결과 등을 매년 이사회에 보고해야 한다.

④ 금융투자회사는 재산상 이익을 제공 및 수령하는 경우 해당 사항을 기록하고 5년 이상의 기간동안 관리 · 유지하여야 할 의무가 있다.

100. 다음 중 윤리경영을 고취시키기 위한 회사의 제도인 것은 몇 개인가?

준법서약, 윤리강령의 제정, 내부고발제도, 명령휴가, 영업관리자

① 2개 ② 3개
③ 4개 ④ 5개

21회(2023년)반영 기출유형모의고사_4회

▶ 정답과 해설 476쪽

1과목 증권분석기초

■ 계량분석_1 ~ 5[5문항]

01. 한국고등학교의 전체 학생 중에 남학생 비율은 60%이다. 남학생 중에 교복을 입고 등교하는 학생의 비율은 30%이다. 남학생 중에 70%는 체육복을 입고 등교한다. 한국고등학교 남학생 중에 무작위로 1명을 선택할 경우, 그 학생이 교복을 입은 학생일 확률은 얼마인가?

① 30%　② 40%
③ 50%　④ 60%

02. 다음은 왜도와 첨도에 대한 설명이다. 올바른 것은?

① 첨도는 양의 값 혹은 음의 값을 가질 수 있다.
② 극단적으로 작은 값들이 있을 경우 왜도 값은 양수이다.
③ 양의 왜도 값을 가지면 최빈값이 평균값보다 크다.
④ 음의 왜도 값을 가지면 중앙값은 평균값보다 크다.

03. 동전이 앞면이 나올 확률과 뒷면이 나올 확률이 동일하다. 동전 던지기를 10회 했을 경우 평균값과 분산은 각각 얼마인가?

	평균	분산
①	2.5	2.5
②	2.5	5.0
③	5.0	2.5
④	5.0	5.0

04. 자산가격모형을 만들기 위해서 확률과정을 도입한다. 다음 중 확률과정과 해당 과정이 의미하는 바를 올바르게 연결한 것은?

① 마코프 프로세스 – 자산가격모형에서 시간 t를 길게 잡을수록 주식 수익률의 분산은 증가한다.
② 위너프로세스 – 자산가격모형에서 시간에 관계없이 주가는 무작위로 움직인다.
③ 포아송과정 – 자산가격모형에서 주가의 급락 혹은 급등을 가정한다.
④ 이항과정 – 주가는 상승, 보합, 하락의 3가지로 움직인다고 가정한다.

05. **다음 중 가설검정에 대한 설명으로 올바르지 않은 것은?**

① 1종오류는 귀무가설이 참이나 귀무가설을 기각할 때 발생한다.

② 2종오류를 줄이기 위해서는 표본의 크기를 증가시키면 된다.

③ 유의수준이 크다는 것은 귀무가설을 기각하기 쉽다는 의미이다.

④ 표본평균이 10이고, 모집단의 평균이 8, 표본수가 100이고, 모집단의 분산이 144일 때 Z검정통계량값은 약 2.67이다.

▮증권경제_6 ~ 15[10문항]

06. **소비함수가 C=100+0.7Y라고 주어져 있다. 이 소비함수에 대한 설명으로 올바르지 않은 것은? (단, 단위는 만원이다.)**

① 소득이 100만원일 경우 소비금액은 170만원이다.

② 소득이 없을지라도 생존을 위해 100만원의 소비를 한다.

③ 소득이 1,000만원일 경우 한계소비성향은 약 1.14이며, 평균소비성향은 0.7이다.

④ 소득이 증가할수록 한계소비성향과 평균소비성향의 차이는 감소한다.

07. **다음 중 소비함수에 대한 설명으로 올바르지 않은 것은?**

① 사람은 현재 자신의 소비를 결정할 때 과거의 자신의 소비에 영향을 받으며 이를 톱니효과라고 한다.

② 유동성 제약모형에 따르면 경제 주체는 현재소득을 근거로 소비를 결정한다.

③ 경제 주체가 소비를 할 때 타인의 소비에 영향을 받는 것을 전시효과라고 하며, 이는 비가역적인 특징이 있다.

④ 프리드만의 항상소득가설에 따르면 항상소득이 증가해야만 항상소비가 증가한다.

08. **다음 중 IS-LM모형에 대한 설명으로 올바른 것은?**

① 케인즈에 따르면 극심한 불경기에는 LM곡선이 거의 수직에 가깝다.

② LM곡선이 수평일 때 정부가 지출을 증가시키면 국민소득은 증가한다.

③ 한국은행의 통화의 발행은 LM곡선을 좌측으로 평행이동 시킨다.

④ 케인즈에 따르면 IS곡선이 우하향할 때 통화발행 증가는 이자율을 상승시킨다.

09. 다음 중 AD-AS모형에 대한 설명으로 올바른 것은?

① 고전학파에 의하면 국민소득을 증가시키는 방법은 총생산량의 증가이다.
② 고전학파에 따르면 이자율을 낮추는 통화정책은 국민소득을 항상 증가시킨다.
③ 케인즈학파에 따르면 통화정책의 효과는 없으며 재정정책만이 국민소득을 증가시킬 수 있다.
④ 케인즈학파에 따르면 통화정책은 국민소득에 영향을 주지 않고 물가만 상승시킨다.

10. 다음 중 화폐수요이론에 대한 설명으로 적절하지 않은 것은?

① 중첩세대모형은 화폐의 존재로 인해 사회전체적인 효용이 증가함을 보여준다.
② 화폐교환방정식에 따르면 화폐의 유통속도 변화율이 0, 경제의 장기균형에서 경제성장률이 0임을 가정한다면 통화량 1% 증가는 1%의 물가상승률을 가져온다.
③ 케인즈는 거래적, 투기적, 예비적의 3가지 이유로 경제주체는 화폐를 수요한다고 주장한다.
④ 재고이론모형은 화폐보유의 기회비용과 예금보유의 거래비용인 총비용을 최소화하는 점에서 화폐수요의 크기를 결정하며, 화폐수요는 소득과 음의 관계 이자율과 양의 관계를 가진다.

11. 다음 중 화폐공급에 대한 설명으로 올바르지 않은 것은?

① 경제 주체가 현금을 보유하지 않고, 모든 현금을 예금하며, 지급준비율이 10%이며, 본원통화가 100억원이라면 통화량은 1,000억원이다.
② 지급준비율이 높아지면 경제전체의 통화량은 감소한다.
③ 재할인율을 인상하면 화폐수요는 증가한다.
④ 은행의 초과지준금이 증가하면 통화량은 감소한다.

12. 다음 중 대부자금의 공급으로만 짝지어진 것은?

개인저축, 기업저축, 기업투자, 통화공급감소, 정부예산흑자, 가계의 신용구매

① 개인저축, 기업저축, 기업투자
② 개인저축, 기업저축, 정부예산흑자
③ 기업저축, 통화공급감소, 가계의 신용구매
④ 기업투자, 가계의 신용구매

13. **화폐수량방정식에서 장기균형국민소득 성장률은 0%이며, 통화량의 유통속도는 0%라고 가정하자. 한국은행은 경기활성화를 위해 통화공급량 3%를 증가시켰다. 현재 실질이자율이 2%이다. 장기적으로 명목이자율은 몇 %가 될 것인가?**

① 2% ② 3%
③ 4% ④ 5%

14. **다음 중 무역수지에 대한 설명으로 올바르지 않는 것은?**

① 환율에 대한 자국의 수입수요 가격탄력성과 환율에 대한 외국의 수입수요 가격탄력성의 절대값의 합이 1보다 작으면 마샬-러너 조건이 성립하여 환율평가절하는 무역수지를 개선시킨다.
② 환율상승은 단기적으로 무역수지를 악화시킨다.
③ 환율상승으로 인한 무역수지 그래프는 장기적으로 S자 모양으로 움직인다.
④ 환율상승으로 인한 자국의 수출이 탄력적이고, 외국의 수입수요가 탄력적이면 환율상승으로 인하여 자국의 무역수지는 개선된다.

15. **다음 중 신고전학파 경제성장모형에 대한 설명으로 올바르지 않은 것은?**

① 생산함수는 한계생산체감의 법칙을 따른다.
② 저축률이 증가할수록 장기적인 경제성장률도 같이 증가한다.
③ 황금률이 성립되는 점에서 1인당 소비가 극대화된다.
④ 황금률이 성립되는 점과 1인당 GDP가 최대가 되는 1인당 자본량은 같지 않다.

▮ 기업금융 · 포트폴리오 관리_16 ~ 25[10문항]

16. **다음의 정보를 이용하여 한국기업의 기업가치를 계산하시오.**

- 한국기업과 모든 것이 동일하나 부채를 사용하지 않는 대한기업의 가치 100억원
- 법인세율 30%
- 한국기업의 부채금액 100억원
- MM(1963)이 성립한다고 가정한다.

① 100억원 ② 80억원
③ 40억원 ④ 130억원

17. **다음 중 장기자본조달 방법에 해당하지 않는 것은?**

① 주식발행
② 금융리스이용
③ 만기 5년 회사채 발행
④ 만기 5년 전환사채 투자

18. 다음 중 최적자본구조 결정이론에 대한 설명으로 올바르지 않은 것은?

① 파산비용이론에 따르면 최적자본구조는 부채사용으로 인한 법인세효과와 부채사용으로 인한 파산비용 증가를 고려하여 결정된다.
② Miller(1977)에 따르면 회사채 시장이 균형이면 개별기업의 최적 자본구조는 존재하지 않는다.
③ 경영자와 주주의 대리비용으로는 감시비용, 확증비용, 잔여손실이 있다.
④ 타인자본사용으로 인한 대리비용에는 과대투자문제만 존재한다.

19. 아래 두 주식에 투자하는 투자자의 위험회피 성향에 대해서 올바르게 설명한 것은?

- 주식 A : 기대수익률 10%, 분산 $20\%^2$
- 주식 B : 기대수익률 10%, 분산 $30\%^2$
- 주식 C : 기대수익률 5%, 분산 $5\%^2$

① 주식 A−보수적인 투자자
② 주식 B−보수적인 투자자
③ 주식 C−보수적인 투자자
④ 주식 B−공격적인 투자자

20. 다음 중 성격이 다른 위험은 어느 것인가?

① 반도체 원재료의 수급불균형
② 한국은행의 기준금리 인상
③ S사 공장의 화재
④ A사 노사문제로 인한 파업

21. 다음 중 충분히 많은 위험자산으로 충분히 분산투자를 할 경우 제거할 수 없는 위험에 해당하지 않는 것은?

① 시장위험 ② 공분산위험
③ 분산불가능위험 ④ 기업고유위험

22. 다음 정보를 이용하여 한국기업의 비체계적위험을 올바르게 계산한 것은?

- 한국기업 표준편차 : 10
- 한국기업의 베타 : 1.5
- 시장포트폴리오의 표준편차 : 5

① 37.50 ② 43.75
③ 84.50 ④ 92.75

23. CAPM을 이용하여 A주식과 B주식의 미래 가격 변화에 대해서 올바르게 평가한 것은?

- 무위험이자율 5%, 시장위험프리미엄 5%
- A기업주식 베타 1.2, 현재 투자수익률 10%
- B기업주식 베타 1.2, 현재 투자수익률 20%

① A : 주가상승, B 주가하락
② A : 주가상승, B 주가상승
③ A : 주가하락, B 주가상승
④ A : 주가하락, B 주가하락

24. 다음 중 강형의 효율적 시장가설을 지지하는 현상은 무엇인가?

① PER이 낮은 주식의 주가 상승이 PER이 높은 주식보다 더 높다.
② 새로운 공시자료가 발표될 때 주가의 변동성이 높아지며 시간이 흐를수록 하나의 가격으로 수렴한다.
③ 매년 1월 효과가 발생한다.
④ 기업의 임원이 내부정보를 이용하여 주식을 매매해도 위험대비 초과수익률을 얻을 수 없다.

25. 포트폴리오 운영관련하여 시장이 효율적이라고 가정할 경우 사용할 수 있는 전략은 무엇인가?

① 평균투자법 ② 불변금액법
③ 불변비율법 ④ 변동비율법

2과목 가치평가론

▮ 주식평가 · 분석_26 ~ 35[10문항]

26. 다음 중 증권발행에 대한 설명으로 올바르게 연결된 것은?

① 직접발행하는 방법은 총액인수, 잔액인수, 모집주선이 있다.
② 총액인수는 증권발행에 대한 모든 위험을 인수기관이 부담한다.
③ 잔액인수는 인수기관이 발행에 따른 위험을 부담하지 않는다.
④ 모집주선은 발행회사의 증권 미매각분이 있을 경우 해당 증권을 인수기관이 인수한다.

27. 한국기업은 유상증자를 고려하고 있다. 유상증자 비율은 20%이며, 기준주가는 1주당 10,000원이고, 신주가격의 할인율은 30%를 고려한다. 유상증자시 권리락 주가는 얼마인가?

① 9,000원 ② 9,500원
③ 9,600원 ④ 9,800원

28. 다음은 증권매매거래에 관한 제도이다. 올바르지 않은 설명은?

① 1일 가격제한폭은 전일종가대비 ±15%이다.
② 서킷브레이커는 지수가 하루 중 일정 수준 이상 급락하는 경우 매매거래를 일시적으로 중단하는 제도이다.
③ 관리종목은 기업경영이 부진하거나 상장폐지 등에 해당하는 사유가 발생한 종목이다.
④ 투자경고종목으로 지정되면 신용거래나 위탁증거금 제한 및 대용증권 불인정 등 추가적인 제한이 가해질 수 있다.

29. 다음 정보를 이용하여 ROE를 올바르게 계산한 것은?

> 총자산 이익률 10%, 부채비율 100%, 총자산 1,000억원

① 10% ② 15%
③ 18% ④ 20%

30. 다음 중 미래이익 예측시 고려할 사항에 대한 설명으로 잘못된 것은?

① 미래이익 예측의 대상은 경제적 이익이다.
② 미래이익 예측시 질적 요인을 충분히 감안해야 한다.
③ 과거 회계정보를 이용할 경우 정상적 주당이익에 근거하여 추정해야 한다.
④ 임의적 비용항목이 적절히 지출되고 있는지를 분석해야 한다.

31. 다음 정보를 이용하여 한국기업 주식의 적정가치를 올바르게 계산한 것은? (단, 한국기업은 성장하지 않는다고 가정한다. 이익과 현금흐름은 같다고 가정한다)

> • 매출액 1,000억원, 매출원가 700억원, 판매비와 관리비 200억원
> • 기타 영업손익은 없으며 법인세율은 20%
> • 현재의 수익과 원가가 동일하게 미래에도 유지된다고 가정함
> • 주주의 자본비용은 10%가정함

① 600억원 ② 800억원
③ 900억원 ④ 1,000억원

32. 다음 정보를 이용하여 한국기업 주주가치를 계산하시오. (단, 주주가치는 근사치를 사용하시오.)

> • 한국기업은 미래 3년 동안 매년 100억원의 FCFF가 발생할 것으로 예상하며, 잔존가액은 영구성장률 0%를 가정하여 추정한다.
> • 한국기업의 자기자본 비용은 10%이며, 세후 타인자본비용은 5%
> • 목표부채비율은 100%, 현재부채는 200억원
> • 영업활동에 사용하지 않은 골프장이 있으며 가치는 500억원이다.

① 1,233억원 ② 1,433억원
③ 1,533억원 ④ 1,633억원

33. **다음 중 상대가치 평가방법에 대한 설명으로 올바르지 않은 것은?**

① 주가와 1주당 당기순이익 비율로 가치평가하는 방법은 PER이다.
② 1주당 순장부가액과 1주당 주가의 비율로 가치평가하는 방법은 PBR이다.
③ 누적 결손금이 많이 발생하고, 미래에도 결손금이 발생할 것으로 예상되는 기업은 PER를 사용할 수 없다.
④ EV/EBITDA 배수방법에서 EV는 주주의 가치이다.

34. **다음 정보를 이용하여 한국기업의 적정 PBR을 올바르게 계산한 것은?**

- 1주당 주가 : 10,000원, 1주당 당기순이익 : 1,000원
- 자기자본 : 100억원, 당기순이익 : 10억원

① 0.5배　　② 1.0배
③ 1.2배　　④ 1.5배

35. **다음 정보를 이용하여 한국기업의 EV/EBITDA 배수를 계산하시오.**

- 매출액 1,000억원, 영업이익률 15%, 법인세율 20%
- 감가상각비 100억원, 주식 시가총액 1,000억원, 차입금 300억원, 보유현금 200억원
- 총자산 1,500억원, 비영업용 자산 200억원

① 2.4배　　② 3.4배
③ 4.4배　　④ 5.2배

▮채권평가 · 분석_36 ~ 45[10문항]

36. **만기 1년인 현물이자율 5%, 만기가 2년인 현물이자율이 7%일 때, 1년 후의 1년 만기의 선도이자율은 얼마인가?**

① 7%　　② 8%
③ 9%　　④ 10%

37. **다음 중 채권기간구조이론에 대한 설명으로 올바르지 않은 것은?**

① 불편기대가설에 따르면 수익률 곡선의 형태가 미래 단기이자율에 대한 투자자의 기대에 의해서 형성된다.
② 불편기대이론은 위험회피형 투자자를 가정한다.
③ 유동성프리미엄 이론에 따르면 만기가 서로 다른 채권은 불완전 대체관계에 있다.
④ 편중기대이론은 불편기대이론과 유동성 프리미엄 이론의 결합으로 수익률 곡선이 어느 시기의 기대 선도이자율과 유동성 프리미엄을 동시에 반영한다.

38. 다음 중 소극적인 채권운용전략은 무엇인가?

① Yield Give-up 전략
② 스프레드 운용전략
③ 수익률 곡선타기 전략
④ 사다리형 전략

39. 다음 중 전통적 면역전략에 대한 설명으로 올바르지 않은 것은?

① 이자율 변동으로 채권가격이 변하지만 이로 인한 재투자 수익도 변동하여 이자율변화에 따른 채권가격 변동을 재투자 수익변동으로 상쇄하는 원리를 갖는다.
② 투자자의 투자기간과 채권의 듀레이션을 일치시킨다.
③ 단기채권과 장기채권을 보유한다.
④ 조달기간과 조달비용이 확정되어 있는 자금운용에 있어서 금리위험을 회피하고자 하는 경우 적절하다.

40. 다음 중 유로채는 무엇인가?

① 아리랑본드 ② 팬더본드
③ 양키본드 ④ 딤섬본드

41. 다음 중 전환사채에 대한 설명으로 올바르지 않은 것은?

① 괴리율이 양수이면 전환권 행사시 시세차익을 얻을 수 있다.
② 패리티가 100보다 크면 주식가치가 전환가격보다 크다.
③ 전환사채 액면금액이 50,000원이고 전환가격이 10,000원이면 전환주수는 5주이다.
④ 전환사채 가격은 Max[일반채권으로서의 가치, 전환가치]이다.

42. 다음 정보를 이용하여 순수할인채의 현재가치를 올바르게 계산한 것은?

액면가 10,000원, 만기 3년, 시장이자율 5%

① 7,638원 ② 8,238원
③ 8,638원 ④ 9,210원

43. 다음 중 채권에 대한 설명으로 올바르지 않은 것은?

① 동일한 크기의 이자율변동에 대해서 채권가격 변동폭은 비대칭적이다.
② 모든 것이 동일한 경우 액면이자율이 높은 채권일수록 시장이자율 변동에 따른 채권가격의 변동성이 더 크다.
③ 모든 것이 동일하고 만기만 다를 경우, 만기가 긴 채권이 시장이자율 변동에 따른 가격 변동성이 더 크다.
④ 만기수익률이 낮을수록 시장이자율 변동에 대한 채권의 가격 변동성은 커진다.

44. 다음 중 볼록성에 대한 설명으로 올바른 것은?

① 시장이자율이 하락할수록 채권의 볼록성은 감소한다.
② 모든 것이 동일하나 표면이자율만 다를 경우, 표면이자율이 낮을수록 채권의 볼록성은 커진다.
③ 듀레이션으로 측정한 채권가격은 실제 채권가격보다 항상 높게 추정된다.
④ 수의상환사채는 이자율이 하락할 경우 볼록성이 더 커진다.

45. 다음 중 자산유동화 증권의 특징에 해당하지 않는 것은?

① 자산보유자의 신용등급보다 더 높은 신용등급으로 채권 발행이 가능하다.
② 내부적인 신용보강에는 현금흐름 차액적립, 초과담보, 신용공여가 있다.
③ 발행에 있어 참여자가 많아 일반 채권에 비해 발행수수료가 많이 발생한다.
④ 자산보유자의 재무구조 개선에 도움을 줄 수 있다.

파생상품평가 · 분석_46 ~ 55[10문항]

46. 다음 괄호 안에 들어갈 용어를 순서대로 나열한 것으로 옳은 것은?

> • (　　　)는 기초자산의 변화에 따른 델타값의 변화비율이다.
> • (　　　)는 금리변화에 따른 옵션 프리미엄의 민감도를 나타낸 지표이다.
> • (　　　)는 시간의 경과에 따른 옵션 가치의 변화분을 나타내는 지표이다.

① 감마, 로우, 쎄타
② 로우, 감마, 쎄타
③ 로우, 쎄타, 감마
④ 쎄타, 로우, 베가

47. 현재 100원인 주식은 1년 후에 150원 혹은 50원이 된다. 1년간의 무위험 이자율은 10%이며, 행사가격 이 100원인 콜옵션의 위험중립 상승확률은 얼마인가?

① 22% ② 60%
③ 65% ④ 72%

48. 옵션 가격을 결정할 때 변동성 측정과 관련된 내용으로 옳지 않은 것은?

① 기초자산의 과거 변동성을 계산하여 옵션가격을 결정할 수 있다.
② 1일 변동성을 년으로 환산할 경우 1일 변동성× 기초자산 거래일수로 계산한다.
③ 내재변동성은 현재의 옵션가격에 반영된 변동성이다.
④ 외가격, 내가격, 등가격 여부에 따라 옵션의 내재변동성은 달라진다.

49. 다음 중 블랙-숄즈 모형에 대한 설명으로 적당하지 않은 것은?

① 옵션 만기까지 주식배당이 1회 발생한다고 가정한다.
② 주가의 움직임은 예측하지 못한다고 가정한다.
③ 기초자산의 가격은 연속적으로 변동한다고 가정한다.
④ 유러피언 옵션을 가정한다.

50. 다음 중 강세스프레드에 대한 설명으로 올바르지 않은 것은?

① 행사가격이 각기 다른 콜옵션 두개를 결합하여 만들 수 있다.
② 기초자산의 가격이 상승하면 손실이 발생하는 구조이다.
③ 행사가격이 낮은 콜옵션을 매수하고, 행사가격이 높은 콜옵션을 매도한다.
④ 포지션을 구축할 때 현금유입, 유출 모두 발생할 수 있다.

51. 다음 자료를 이용하여 KOSPI 200 주가지수선물의 이론가격을 계산하시오.

- KOSPI 200지수 : 100포인트
- 만기 : 3개월
- 무위험 이자율 : 5%(배당은 없다고 가정함)

① 101.25 ② 102.40
③ 103.25 ④ 105.00

52. 현재 콜옵션의 가격이 100원이다. 옵션 만기까지 3개월이 남아 있고, 기초자산의 현재 가격은 1,000원이며, 행사가격은 1,050원이다. 이 옵션의 내재가치는 얼마인가?

① 0원 ② 50원
③ 100원 ④ 150원

53. 다음 중 선물거래의 경제적 기능에 해당하지 않는 것은?

① 가격 변동위험의 전가
② 가격 발견 기능
③ 선물시장과 현물시장의 차익거래 기회로 인한 금융상품거래 활성화
④ 비체계적위험만을 제거하는 유용한 수단을 제공

54. 다음 중 우리나라 통화선물제도에 대한 설명으로 옳지 않은 것은?

① 미국 달러선물은 1계약당 거래 금액은 $10,000이다.
② 중국위안화 선물의 가격 제한폭은 기준 가격대비 ±4.5%이다.
③ 통화선물은 현금차액결제만을 허용한다.
④ 미국 달러선물, 일본엔 선물, 유로선물, 위안화 선물이 있다.

55. 다음 정보를 이용하여 콜옵션의 적정가치를 올바르게 계산한 것은? (단, 옵션의 만기는 1년이다)

• 위험중립 상승확률 60%, 주가 상승시 콜옵션가격 10, 주가하락 시 콜옵션가격 0 • 1기간 동안 무위험이자율 10%

① 4.3 ② 5.2
③ 5.5 ④ 5.8

▮ 파생결합증권평가 · 분석_56 ~ 60[5문항]

56. 다음 중 ETN에 대한 설명으로 올바르지 않은 것은?

① 해외증권시장 거래 종목만으로 지수를 구성할 경우 3종목 이상이면 지수 구성이 가능하다.
② ETN은 금융기관이 만기 1년 이상에서 20년 이하 동안 이표없이 사전에 정의된 벤치마크 지수에 연동된 파생결합증권이다.
③ 발행회사의 채무불이행 위험에 노출된다.
④ 비상장인 상태에서 거래한다.

57. 다음 중 ETN발행과 관련한 내용 중 틀린 것은?

① 증권 및 장외파생상품 중개 인가를 받은 금융투자업자가 발행할 수 있다.
② 발행회사는 자기자본이 5,000억원 이상이어야 한다.
③ 발행원본액이 최소 70억원 이상이고, 발행 증권수가 10만 증권 이상이어야 한다.
④ 발행자는 자기자본의 50%까지만 발행할 수 있다.

58. 다음 중 ELW 발행과 상장에 대한 내용으로 올바르지 않은 것은?

① 일괄신고서를 통해 발행할 수 있다.
② ELW 기초자산으로는 KOSPI 200, KOSDAQ 150 지수를 사용할 수 있다.
③ ELW 해외기초자산으로는 NIKKEI 225, HSI지수, S&P500 지수를 사용할 수 있다.
④ 발행총액은 10억원 이상이어야 하며, 상장 신청일 잔존권리 행사기간이 3개월 이상이며 3년 이내이어야 한다.

59. 다음 중 ELW 투자지표에 대한 설명으로 올바르지 않은 것은?

① 전환비율이 높다는 것은 ELW를 행사하면 얻을 수 있는 기초자산의 수가 많다는 의미이다.
② 모든 것이 동일하다면 자본지지점이 낮은 ELW의 가치가 더 낮다.
③ 프리미엄은 ELW가 행사될 가능성을 의미한다.
④ 패리티는 행사가격과 기초자산의 상대적 크기로 1보다 크면 내가격 상태이다.

60. 다음 중 ELW 상장폐지 요건에 대한 설명으로 올바르지 않은 것은?

① 원칙적으로 발행인의 순자본비율이 100%에 미달하는 경우
② 기초자산이 개별주식이면 해당 주식이 상장폐지되는 경우
③ ELW의 권리가 행사된 경우
④ 발행인의 최근 사업연도 감사보고서 의견이 한정인 경우

3과목 재무분석론

■ 재무제표론_61 ~ 70[10문항]

61. 다음 정보를 이용하여 한국기업이 보유한 기계장치의 구입연도의 추정으로 올바른 것은? (단, 모든 기계장치는 매년 초에 구입한다.)

• 취득원가 : 1,000,000원
• 내용연수 : 10년, 정액법 상각
• 감가상각누계액 : 500,000원(2021년 말 기준)
• 잔존가액 없음

① 2015년　② 2016년
③ 2017년　④ 2018년

62. 다음 정보를 이용하여 한국기업의 20×1년도 기말 현금을 올바르게 계산한 것은?

- 20×1년 중 영업활동 현금흐름 200억원
- 20×1년 중 투자활동 현금흐름 -100억원
- 20×1년 중 재무활동 현금흐름 300억원
- 20×1년 1월 1일 현금시재 50억원

① 450억원 ② 500억원
③ 550억원 ④ 600억원

63. 한국기업이 무상증자를 하였다. 한국기업의 무상증자와 관련된 재무제표 변화에 대한 설명으로 올바르지 않은 것은?

① 주식수가 증가한다.
② 자본잉여금이 감소한다.
③ 자본총액이 감소한다.
④ 이익잉여금은 변화가 없다.

64. 기능통화가 원화일 경우 외화거래에 대해 적용할 환율로 올바르지 않은 것은?

① 자본금은 역사적 환율을 적용하여 환산한다.
② 현금은 마감환율을 적용하여 환산한다.
③ 수익과 비용은 평균환율로 환산할 수 있다.
④ 유형자산은 마감환율을 적용하여 환산한다.

65. 한국기업은 건물을 매각하였으며, 건물 매각과 관련하여 현금유입은 얼마인가?

- 취득원가 100억원, 감가상각누계액 60억원
- 판매가액 80억원, 법인세율 20%

① 40억원 ② 72억원
③ 80억원 ④ 88억원

66. 한국기업은 20×1년 1월 1일 토지를 100만원에 취득하였다. 한국기업은 재평가방법을 사용하여 토지를 평가하고 있다. 20×1년 12월 31일 토지의 재평가 가액은 110만원이었다. 20×2년 12월 31일 토지의 재평가 가액은 115만원이었다. 20×2년에 한국기업이 토지 재평가와 관련하여 인식해야 할 당기손익과 재평가잉여금은 얼마인가?

① 당기손익 5만원, 재평가잉여금 5만원
② 당기손익 없음, 재평가잉여금 5만원
③ 당기손익 없음, 재평가잉여금 10만원
④ 당기손익 없음, 재평가잉여금 15만원

67. 다음 재무상태표 계정 중 자산으로 분류되어야 할 계정은 무엇인가?

① 선수수익 ② 사채
③ 선수금 ④ 선급비용

68. 다음 중 판매금액 전액을 수익으로 인식할 수 있는 것은?

① 한국기업이 보유하고 있는 자산을 리스회사에게 판매하고 이를 다시 금융리스 조건으로 리스계약을 하여 사용하고 있다.
② 고객의 특별한 요구로 해당 고객만이 사용할 수 있는 제품을 제작하고 있다.
③ 고객에게 기계장치를 판매하기로 계약하였고 물건은 인도하였으며 판매대금은 15일 후에 수취하기로 하였다. 판매대금 수취의 불확실성은 없다.
④ 출판사는 서점에 100권의 교재를 송부하였고 서점은 해당 교재를 40권 판매하였다.

69. 다음 중 충당부채, 우발부채 및 우발자산에 대한 설명이다. 적절하지 않은 것은?

① 우발자산은 자원의 미래 유입가능성이 높고, 그 금액의 추정이 가능해도 재무제표 본문에 해당 금액을 인식하지 않는다.
② 충당부채의 금액은 미래 지출된 것으로 예상되는 최선의 추정치이여야 한다.
③ 우발부채 중에 자원의 유출가능성이 높은 경우 해당 우발부채는 재무제표에 부채로 인식한다.
④ 건설공사에서 하자보수금액은 건설공사원가에 가산한다.

70. 다음 정보를 이용하여 한국기업의 기본주당순이익을 올바르게 계산한 것은?

- 20×1년 1월 1일 : 발행주식수 1,000주
- 20×1년 7월 1일 : 유상증자 300주
- 20×1년 당기순이익 : 1,150,000원

① 850원 ② 1,000원
③ 1,100원 ④ 1,150원

기업가치평가 · 분석_71 ~ 80[10문항]

71. 한국기업의 가치를 PER를 이용하여 계산하려고 한다. $PER = P_0/EPS_0$로 정의한다. 한국기업과 사업내용이 유사한 기업들의 평균배당성향은 60%, 미래 이익의 성장률의 평균은 3%이며, 자본비용은 평균적으로 8%이다. 한국기업의 현재 1주당 순이익이 1,000원일 경우 한국기업의 적정주가는 얼마인가?

① 11,110원 ② 12,110원
③ 12,210원 ④ 12,360원

72. 다음의 정보를 이용하여 한국기업의 기업가치를 FCFF 방법으로 올바르게 계산한 것은?

- 매출액 1,000억원, 영업이익률 10%, 감가상각비 20억원
- 매년 운전자본은 5억원만큼 증가할 것으로 예상함
- 매년 자본적 지출이 10억원만큼 발생할 것으로 예상함
- WACC는 10%, FCFF 값은 매년 영구적으로 동일할 것으로 가정함
- 법인세율 30%

① 750억원 ② 800억원
③ 900억원 ④ 1,000억원

73. 다음 정보를 이용하여 한국기업의 주주가치를 올바르게 계산한 것은? (단, 한국기업의 현금흐름은 매년 일정하다고 가정한다.)

- FCFF 100억원, FCFE 50억원, 부채비율 100%
- WACC 10%, 자기자본비용 8%

① 625억원 ② 1,000억원
③ 1,625억원 ④ 1,800억원

74. 다음 정보를 이용하여 한국기업의 EVA를 올바르게 계산한 것은?

- 매출액 1,000억원, 매출액 영업이익률 15%, 총자산 2,000억원, 부채 500억원, 비영업용자산 500억원
- 자기자본비용 10%, 타인자본비용 5%, 법인세율 20%, WACC 8%

① 0원 ② 100억원
③ 150억원 ④ 180억원

75. 다음 정보를 이용하여 올해의 주주잉여현금흐름을 올바르게 계산한 것은?

- 매출액 1,000억원, 영업이익률 20%, 법인세율 20%
- 작년도 이자지급 부채 1,000억원, 올해 이자지급부채 1,500억원
- 이자비용 80억원, 작년도 운전자본 100억원, 올해 운전자본 120억원
- 감가상각비 50억원, 자본적지출 100억원

① 90억원 ② 210억원
③ 500억원 ④ 526억원

76. 다음 정보를 이용하여 미래 기업가치가 상승할 것으로 예상되는 기업이 아닌 것은?

① ROIC는 10%, WACC는 11%
② ROE는 20%, 주주자본비용은 8%
③ 매년 초과이익이 50억원씩 발생할 것으로 예상되는 기업
④ EVA 20억원이며, 매년 동일한 금액의 EVA가 발생할 것으로 예상되는 기업

77. 다음 정보를 이용하여 잔여이익(RIM) 방법으로 주주가치를 계산하시오.

- 매출액 1,000억원, 매출액 순이익률 10%, 법인세율 20%
- 자기자본 500억원, 무위험이자율 5%, 베타 0.5, 시장위험프리미엄 8%
- 잔여이익은 매년 동일한 금액이 영구적으로 발생할 것으로 예상한다.
- 타인자본 100억원

① 500억원 ② 611억원
③ 1,011억원 ④ 1,111억원

78. 다음 중 규정에 의한 가치평가방법에 대한 설명으로 올바르지 않은 것은?

① 상장기업과 비상장기업 합병시 자본시장법에 따른 합병가액을 산정한다.
② 상장기업과 상장기업 간의 합병시 자본시장법에 따른 합병가액을 산정한다.
③ 비상장법인과 비상장법인의 합병시 합병가액은 현금흐름할인법에 의해 평가할 수 있다.
④ IPO시 공모가격은 항상 본질가치와 수익가치를 가중평균하여 결정해야 한다.

79. 다음 중 상속증여세법에 의한 가치평가에 대한 설명으로 올바르지 않은 것은?

① 최대주주 지분평가시 중소기업이 아닌 법인의 할증율은 20%이다.
② 코넥스 시장에 상장된 법인의 주식은 상장주식의 평가방법을 적용한다.
③ 폐업법인의 1주당 가액은 순자산가치로만 평가한다.
④ 부동산 과다법인의 가치평가시 자산가치에 60%의 가중치를 부여한다.

80. 다음 중 비상장주식 평가심의위원회에 대한 설명으로 올바르지 않은 것은?

① 비상장 주식평가에 있어 보충적 평가방법에 따른 주식평가가 불합리하다고 인정되는 법인이 발행한 비상장주식이 평가대상이다.
② 현금흐름방법, 배당할인법, 유사회사 비교평가방법, 자산평가법이 인정된다.
③ 현금흐름할인법으로 평가할 경우 할인율은 10%로 한다.
④ 배당할인법으로 평가할 경우 할인율은 5%로 한다.

4과목 증권법규 및 직무윤리

■ 자본시장 관련 법규_81 ~ 90[10문항]

81. 다음 중 비조치의견서에 대한 설명으로 올바르지 않은 것은?

① 당해 행위에 적용할 법령 등의 공백이 있는 경우 적용할 수 있다.

② 금융투자회사만이 법령해석, 법제처 의견서를 신청할 수 있도록 자격을 부여받았다.

③ 법령 등이 당초 취지에 비추어 당해 행위에 법령 등을 문리적으로 적용하는 것이 불합리한 경우에 적용할 수 있다.

④ 금융감독원장이 해당 행위가 법령 등에 위반되지 않는다는 비조치의견서를 회신하는 경우, 사후에 비조치의견서의 내용과 다른 법적조치를 취할 수도 있다.

82. 다음 중 금융투자상품이 아닌 것은?

① 원화표시 CD

② 관리형신탁의 수익권

③ 주식매수선택권

④ 외화표시 CD

83. 다음 중 경영실태평가와 관련한 적기시정조치에 대한 설명으로 잘못된 것은?

① 경영실태평가는 금융투자업자의 본점, 해외 현지법인 및 해외지점을 대상으로 하며 5단계로 등급을 나눈다.

② 경영개선권고를 받은 경우 경영개선 계획의 승인일로부터 6개월 안에 경영개선 계획을 이행해야 한다.

③ 경영실태평가결과 종합평가등급이 4등급 이하로 판정받으면 경영개선 명령에 해당한다.

④ 경영개선명령을 받은 경우 합병, 금융지주회사의 자회사로의 편입 등의 조치를 명령한다.

84. 다음 중 조사분석자료에 대한 설명으로 잘못된 것은?

① 조사분석자료는 그 자료가 사실상 확정된 때부터 공표 후 24시간이 경과하기 전까지 고객의 자금으로 그 조사분석자료의 대상이 된 금융투자상품의 매매중개를 할 수 없다.

② 조사분석자료를 담당하는 직원은 기업금융업무와 연동된 성과보수를 지급할 수 없다.

③ 투자매매업자는 매출과 관련된 계약을 체결한 날부터 그 증권이 최초로 상장된 후 40일 이내에 그 증권에 대한 조사분석자료를 공표할 수 없다.

④ 성과보수 연동이 금지된 업무는 인수업무, 모집, 사모, 매출의 주선업무, 기업의 인수 · 합병에 관한 조언업무가 포함된다.

85. 다음 중 종합금융투자사업자의 지정요건에 해당하지 않는 것은?

① 상법상 주식회사이어야 한다.

② 증권에 관한 인수업을 영위해야 한다.

③ 2조원 이상의 자기자본이 있어야 한다.

④ 적절한 내부통제기준이 있어야 한다.

86. 다음 중 공시와 관련하여 잘못 설명하고 있는 것은?

① 주권상장법인은 사업보고서, 반기보고서, 분기보고서를 일정한 기한 내에 금융위와 거래소에 제출해야 한다.
② 외부감사대상법인의 경우 증권의 소유자수가 300인 미만으로 감소한 경우, 그 감소한 날이 속한 해에는 당해연도의 사업보고서를 제출해야 한다.
③ 연결재무제표를 포함한 사업보고서는 사업연도 종료일부터 60일 이내에 제출해야 한다.
④ 자본의 증가 또는 자본감소에 관한 이사회 결의가 있으면 그 다음날까지 주요사항 보고서를 제출해야 한다.

87. 다음 중 의결권 대리행사 권유제도에 해당하는 것은?

① 해당 상장주권의 직원이 10인 미만의 상대방에게 의결권 대리행사를 권유하는 행위
② 신탁관계에 의하여 타인의 명의로 주식을 소유하는 자가 그 타인에게 해당 주식의 의결권 대리행사를 권유하는 행위
③ 해당 상장주권의 임원이 10인 이상의 상대방에게 의결권 대리행사를 권유하는 행위
④ 신문을 통해 불특정 다수인에 대한 광고의 방법으로 대리행사를 권유하며, 해당 상장주권의 발행인의 명칭, 광고의 이유만을 표시하는 경우

88. 다음 중 내부자의 단기매매차익 반환제도에 대한 설명으로 올바른 것은?

① 회사의 임원이 그 회사의 미공개 내부정보를 이용하여 이익이 발생할 경우 적용된다.
② 회사의 재무, 회계, 기획, 연구개발에 관련된 업무에 종사하고 있는 직원은 내부자의 단기매매차익 반환제도의 규제 대상이다.
③ 주권상장법인의 특정 증권 등을 매수한 후 9개월 이내에 매도하는 경우 발생한 이익을 근거로 단기매매차익을 계산하여 해당 금액을 해당 회사에 반환해야 한다.
④ 투자매매업자가 해당 회사로부터 인수계약을 체결한 날부터 2개월 이내에 매수 또는 매도하여 그 날부터 6개월 이내에 매도 또는 매수하는 경우에도 단기매매차익 반환제도가 적용된다.

89. 다음 중 금융소비자보호법상 올바른 내용은 무엇인가?

① 금융소비자와 금융투자업간 분쟁 조정신청이 진행되고 있으며, 그 금액이 2,000만원 이내인 경우에는 분쟁 사건에 대해서 조정안 제시 전까지 금융투자업자는 금융소비자를 상대로 소를 제기할 수 없다.
② 설명의무를 위반하여 금융소비자에게 손해를 입힌 경우 금융소비자는 금융상품판매업자가 판매과정 중에 고의 또는 과실이 있음을 입증해야 한다.
③ 금융소비자의 단순 변심으로 대출성 상품의 청약을 철회할 수 없다.
④ 금융소비자는 투자성 상품에 한해서 계약체결일로부터 14일 내에 청약을 철회할 수 있다.

90. 다음 중 투자설명서 교부를 하지 않아도 되는 경우는 몇 개인가?

> 전문투자자, 투자설명서 받기를 거부한자, 이미 취득한 집합투자증권을 계속 추가로 취득하려는 자, 지방자치단체, 주권상장법인

① 1개　　② 2개
③ 3개　　④ 4개

회사법_91 ~ 95[5문항]

91. 주주의 의결권과 관련된 설명으로 올바르지 않은 것은?

① 주주의 의결권은 주주 자신만이 행사할 수 있다.
② 주주가 2개 이상의 의결권을 가지고 있을 경우 원칙적으로 이를 통일하지 않고 행사할 수 있다.
③ 주주는 정관에 정함이 있으면 총회에 출석하지 않고 서면에 의하여 의결권을 행사할 수 있다.
④ 1주당 1개의 의결권을 갖는다.

92. 다음 중 주식회사의 이사에 대한 설명으로 올바르지 않은 것은?

① 이사는 이사회의 구성원으로 이사회를 통하여 대표이사 및 집행임원 등의 업무 집행을 감독할 권한을 가진다.
② 원칙적으로 이사는 3인 이상이어야 하며, 이사의 임기는 4년이 될 수 있다.
③ 법인은 원칙적으로 이사가 될 수 없다.
④ 이사는 충실의무, 경업금지의무, 회사의 기회 및 자산유용금지, 자기거래 금지의무 등이 있다.

93. 다음 중 주식회사의 감사에 대한 설명으로 올바르지 않은 것은?

① 감사는 이사회에서 선임한다.
② 최근 사업연도말 자산총액 1천억원 이상인 상장회사는 상근감사 1명을 두어야 한다.
③ 회사가 해산되어도 감사는 종임되지 않는다.
④ 감사위원회가 있으면 감사를 별도로 두지 않을 수 있다.

94. 다음 중 신주발행과 관련된 내용으로 올바르지 않은 것은?

① 회사가 성립한지 2년이 경과하지 않더라도 주식시장이 불황인 경우에는 신주의 할인발행이 가능하다.
② 신주발행 관련 사항이 정관에 규정이 없으면 이사회가 이를 결정한다.
③ 정관에 다른 정함이 있는 경우를 제외하고는 기존 주주는 해당 주주가 가진 주식 수에 따라 신주를 배정받을 권리를 가진다.
④ 신주를 인수한 자가 이사와 통모하여 현저하게 불공정한 발행가액으로 신주를 인수한 경우 신주를 인수한 자는 회사에 대하여 공정한 발행가액과의 차액에 상당한 금액을 지급할 의무가 있다.

95. 다음 중 회사의 합병과 분할에 대하여 잘못 설명한 것은?

① 유한회사와 주식회사가 합병하여 존속회사가 주식회사인 때에는 법원의 인가를 얻어야 합병의 효력이 발생한다.
② 유한회사와 주식회사가 합병하여 존속회사가 유한회사가 되기 위해서는 주식회사의 사채 상환을 완료해야 한다.
③ 회사간에 합병을 하기 위해서는 원칙적으로 합병계약서를 작성해야 한다.
④ 회사분할에 있어 발행주식 총수의 100분의 10 이하의 신주가 발행되는 분할은 주주총회의 특별결의 사항으로서 이사회에 위임할 수 없다.

▮직무윤리_96 ~ 100[5문항]

96. 다음 중 신중한 투자자의 원칙에 대해서 가장 잘 설명하고 있는 것은?

① 금융투자업자는 전문가로서의 주의를 기울이는 정도와 수준에 있어서 일반인 이상의 당해 전문가 집단에 요구되는 수준의 주의를 기울이며 업무를 해야 한다.
② 전문가로서 품의유지 의무를 지키는 것을 의미한다.
③ 고객과 이해상충이 발생하는 거래에 대해서는 이해상충발생 가능성을 저감한 후에 고객과 거래를 해야 한다는 것을 의미한다.
④ 고객의 재산을 운용함에 있어서 매우 천천히 의사결정을 하는 것을 의미한다.

97. 다음 중 상품판매단계에서 지켜야 할 것이 아닌 것은?

① 해당 금융상품이 고객에게 적합한지 고객의 재산, 위험에 대한 태도 등을 파악한 후 투자를 권유해야 한다.
② 금융상품의 투자를 권유하지 않음에도 불구하고 고객이 금융상품의 계약을 체결하고자 할 때는 면담 등을 통하여 고객에 대해서 파악할 필요가 없다.
③ 금융투자업자가 설명의무를 준수하지 않은 경우 해당 금융상품의 계약으로부터 얻은 수입의 최대 50%까지 과징금을 부과 받을 수 있다.
④ 투자성 금융상품의 청약철회는 계약서류를 제공받은 날로부터 7일 이내에 할 수 있다.

98. 회사가 금융소비자에게 합법적으로 손실을 보상해도 되는 경우에 해당하지 않는 것은?

① 회사가 자신의 위법행위로 인해 발생한 손해를 배상할 때
② 회사가 자신의 위법행위가 불명확하지만 사적화해의 수단으로 손실을 보상할 때
③ 분쟁조정에 따라 손실을 보상할 때
④ 회사는 위법행위가 전혀 없음에도 불구하고 금융소비자가 큰 손실이 발생하여 이에 대한 손실을 보상할 때

99. 다음 중 영업관리자가 될 수 있는 조건에 해당하는 것은 무엇인가?

① 영업점에서 2년 이상 근무한 경력이 있어야만 한다.
② 영업점장이 아니며 책임자급이어야 하나, 해당 영업점에 직원수가 적어 영업점장을 제외한 책임자급이 없는 경우에는 책임자 급이 아닌 직원을 영업관리자로 둘 수 있다.
③ 영업관리자는 2개 이상의 영업점을 묶어 영업관리자의 업무를 수행할 수 없다.
④ 영업관리자는 해당 영업점에 상근하지 않더라도 과거에 근무한 경력이 있으면 된다.

100. 다음 중 윤리경영을 고취시키기 위한 회사의 제도인 것은 몇 개인가?

준법서약, 윤리강령의 제정, 내부고발제도, 명령휴가, 영업관리자

① 2개　② 3개
③ 4개　④ 5개

기출유형 모의고사

정답과 해설

1회 19회(2021년)시험 다시보기

▶ 문제 360쪽

01	③	02	④	03	③	04	③	05	④
06	②	07	③	08	①	09	③	10	④
11	①	12	②	13	①	14	②	15	①
16	①	17	④	18	①	19	①	20	③
21	④	22	②	23	④	24	④	25	①
26	③	27	①	28	②	29	③	30	①
31	①	32	②	33	③	34	③	35	①
36	④	37	④	38	③	39	①	40	①
41	②	42	③	43	②	44	④	45	②
46	③	47	②	48	④	49	①	50	③
51	③	52	④	53	④	54	③	55	②
56	④	57	③	58	④	59	③	60	③
61	①	62	④	63	③	64	③	65	①
66	④	67	①	68	④	69	④	70	②
71	④	72	②	73	②	74	④	75	②
76	④	77	②	78	④	79	②	80	③
81	②	82	③	83	②	84	③	85	②
86	③	87	②	88	③	89	③	90	①
91	②	92	②	93	①	94	③	95	①
96	③	97	③	98	①	99	②	100	①

1과목 증권분석기초

▌계량분석_1 ~ 5

01

| 정답 | ③

| 해설 | 실효이자율$=(1+12\%/4)^4-1=12.55\%$

액면이자율로 재투자할 수 있으므로 재투자 수익률은 액면 이자율이다.

02

| 정답 | ④

| 해설 | 비율척도는 절대적인 영점이 존재하여 사칙연산이 가능하다. 대표적으로 키, 무게, 압력 등이 있다.

03

| 정답 | ③

| 해설 | 왜도값에 상관없이 중앙값은 항상 최빈값과 평균값의 중간에 위치한다.

04

| 정답 | ③

| 해설 | $10-1.96\times\frac{\sqrt{25}}{\sqrt{100}}\le\mu\le10+1.96\times\frac{\sqrt{25}}{\sqrt{100}}$,

$9.02\le\mu\le10.98$, 하한값은 9.02이다.

05

| 정답 | ④

| 해설 | 다중회귀분석에서는 수정결정계수를 통해 적합도를 판단하며, ② 이분산성에 대한 설명이며, 잔차항의 독립성이 만족되기 위해서는 $\rho=0$에 가까워야 하며, $DW=2(1-\rho)$이므로 DW값이 2에 가까울수록 독립성 가정이 만족한다. 회귀분석은 종속변수와 독립변수간에 선형의 관계에 있다고 가정하기 때문에 비선형(2차식 이상의 관계)관계가 있으면, 회귀분석을 통해서 예측된 종속변수 값은 오류가 있다.

▌증권경제_6 ~ 15

06

| 정답 | ②

| 해설 | C=a+bY이기 때문에 소득이 없더라도 소비는 양수이며, 평균소비성향의 기울기가 한계소비성향의 기울기(b)보다 크다. 대체로 저소득층의 소비성향이 고소득층의 소비성향보다 높으며, 경기 수축기의 소비성향이 대체로 경기 확장기의 소비성향보다 높다.

07

| 정답 | ③

| 해설 | 항상소득이 증가해야 항상소비도 증가하기 때문에 영구적으로 최저임금 10% 증가는 항상소득의 증가이며, 이는 곧 항상소비 증가를 가져온다.

08

| 정답 | ①

| 해설 | IS－LM곡선은 이자율과 국민소득의 관계이다. 즉 이자율은 모형내의 변수이므로 이자율 R이 증가하면 IS선상에서 움직인다. 이자율이 증가하면 투자가 감소하여 국민소득은 IS선상에서 움직인다.

09

| 정답 | ③

| 해설 | 케인즈에 따르면 극심한 불경기에는 유동성함정이 발생할 수 있으며, 이러한 상황에서 정부지출 확대는 구축효과 발생도 없기 때문에 가장 유효한 정책수단이다.

10

| 정답 | ④

| 해설 | 단기분석은 자본 K가 고정되었다고 가정하며, 생산함수 도출시 노동의 한계생산성은 체감한다고 가정한다. 고전학파에 따르면 AS 곡선이 수직이기 때문에 통화 · 재정정책 모두 정책 효과성이 없다고 주장한다.

11

| 정답 | ①

| 해설 | 고전학파는 AS곡선이 수직, 케인즈학파는 AS곡선이 우상향함을 가정한다. 고전학파는 통화 · 재정정책은 물가만 변동시키며 국민소득은 변동하지 않는다고 주장한다. 반면에 케인즈 학파는 재정정책과 통화정책은 모두 AD곡선을 오른쪽으로 이동시켜서 물가를 상승시키나 국민소득도 같이 증대시킨다고 주장한다.

12

| 정답 | ②

| 해설 | $\Delta M/M+\Delta V/V=\Delta P/P+\Delta Y/Y$, 2%+1%=2%+$\Delta Y/Y$이므로 실질국민소득증가율은 1%이다.

13

| 정답 | ①

| 해설 | $M=H/[c+\delta(1-c)]$, M=100억원/(0.4+0.1×0.6)=217억원

14

| 정답 | ②

| 해설 | 케인즈는 명목이자율의 개념을 사용하고, 고전학파는 실질이자율의 개념을 사용한다.

15

| 정답 | ①

| 해설 | 재고순환지표는 경기선행지수이며, 나머지는 경기후행지수이다.

기업금융 · 포트폴리오 관리_16 ~ 25

16

| 정답 | ①

| 해설 | 대리인문제는 정보불균형으로 인해 발생하기 때문에 이러한 정보불균형을 완벽하게 해결할 수는 없다.

17

| 정답 | ④

| 해설 | 할인율은 IRR이다. 회수기간법은 화폐의 시간가치를 고려하지 않으며, 상호배타적인 2개의 투자안은 NPV로 평가한 투자 타당성과 IRR방법으로 평가한 투자 타당성의 결과가 동일할 때도 존재한다.

18

| 정답 | ①

| 해설 | NPV=−10억원+5억원×2.49=2.45억원,
PI=NPV/투자금액=2.45억원/10억원=0.245

19

| 정답 | ①

| 해설 | WACC=K_d×(1−t)×D/V+K_e×E/V

K_e=무위험이자율+베타×(시장포트폴리오 수익률−무위험이자율)

세후 타인자본비용=5%×(1−20%)=4%

자기자본비용=2%+1.2×(10%−2%)=11.6%

각 자본원천별 가중치, D/E=2이므로 D=2, E=1, 부채사용에 대한 가중치=2/3, 자기자본사용에 대한 가중치=1/3, WACC는 약 6.53%

20

| 정답 | ③

| 해설 | 추가부채사용으로 인한 기업가치 증가분 : 부채증가분×법인세율=100억원×30%=30억원

21

| 정답 | ④

| 해설 | MM(1961)은 완전자본시장을 가정할 경우 배당으로 인한 기업가치가 변화가 없다고 하나, 법인세가 존재한다면 배당으로 인한 기업가치는 변동될 수 있다. 배당을 증가시키는 것은 기업 내부에 긍정적인 투자기회가 존재한다는 하나의 신호로 볼 수 있어 기업가치를 증가시킬 수 있는 면이 있으나, 미래의 고성과를 가져다주는 투자가 없어서 배당을 증가시킨다면 이는 기업가치에 부정적인 면을 보여줄 수도 있다. 배당을 증가시키면 자본총액이 감소하여 이는 부채비율을 증가시켜서 주주와 채권자의 대리비용을 증가시킬 수 있다.

22

| 정답 | ②

| 해설 | LBO는 차입매수, 팩맨전략은 피합병법인이 인수법인을 역으로 인수하는 전략, 포이즌 필은 피합병법인이 적대적 M&A시 자신의 주주에게 저렴하게 주식을 발행하여 인수법인이 큰 손해가 발생하게 하는 방법이다.

23

| 정답 | ④

| 해설 | B자산은 A자산과 위험은 같으나 수익률이 높아 B자산이 A자산을 지배한다. A를 제외한 나머지 자산은 지배관계가 존재하지 않으므로 모두 효율적 자산이다.

24

| 정답 | ④

| 해설 | $-1 \leq \rho \leq 1$, 상관계수(ρ) 값이 −1에 가까울수록 위험분산효과는 증가한다.

25

| 정답 | ①

| 해설 | 총데이터=10×10=100개, 분산 10개, 공분산=(100−10)/2=45개, 총 55개의 데이터가 필요하다.

2과목 가치평가론

▮ 주식평가 · 분석_26 ~ 35

26

| 정답 | ③

| 해설 | 사채발행, 유상증자를 통해서 자금을 조달하는 시장은 대체로 장기금융시장이다.

27

| 정답 | ①

| 해설 | 유통시장이 원활하게 작동되어 공정한 가격이 형성되면 이를 통해 발행시장에서 공정한 발행가격을 결정하여 발행시장이 성장할 수 있고, 성장된 발행시장에서 계속적으로 증권이 발행되어 유통시장에서 거래되면 유통시장도 성장할 수 있으므로 두 시장은 서로 영향을 주고받으면서 성장할 수 있다.

28

| 정답 | ②

| 해설 | 무상증자 전 시가총액=100,000주×10,000원=10억원, 무상증자로 인해 기업으로 유입되는 추가적인 현금이 없기 때문에 무상증자 후 시가총액도 동일하게 10억원이 되어야 하며, 주식수는 20% 증가하였기 때문에 120,000주가 되어야 한다. 그러므로 무상증자 후 1주당 주가=10억원/120,000주=약 8,333원이다.

혹은 $\frac{10.000}{1.2}$ =8.333원

29

| 정답 | ③

| 해설 | 코넥스시장은 경쟁매매를 통해서 가격이 결정된다.

30

| 정답 | ①

| 해설 | 규모의 경제, 제품차별화, 진입에 막대한 자본소요 등은 진입장벽에 해당되며, 산업의 성장성은 산업 내의 경쟁강도, ③은 대체재의 유무, ④는 공급자 혹은 구매자의 교섭력에 해당된다.

31

| 정답 | ①

| 해설 | 도입기에는 시장내 경쟁자가 거의 없으며, 사업위험이 높고, 신제품이기 때문에 대체로 품질이 열악한 제품이 시장에 출시된다.

32

| 정답 | ②

| 해설 | ROE=매출액순이익률×총자산회전율×(1+부채비율), 10%=5%×1×(1+부채비율), 부채비율=100%

33

| 정답 | ③

| 해설 | P_0=[EPS_0×(1−b)×(1+g)]/(k−g), g=b×ROE=40%×10%=4%

1주당 주가=[1,000원×(1−40%)×(1+4%)]/(20%−4%)
=3,900원

34

| 정답 | ③

| 해설 | FCFF=EBIT×(1−t)+D+ΔWC−CAPEX=100억원×(1−20%)+20억원−5억원−30억원=65억원

35

| 정답 | ①

| 해설 | PER=(1−b)×(1+g)/(k−g), g=b×ROE=40%×20%=8%

자기자본비용=5%+8%×1.2=14.6%, PER=(1−40%)×(1+8%)/(14.6%−8%)=9.82배

A 기업은 고평가되어 있다.

▌채권평가 · 분석_36 ~ 45

36

| 정답 | ④

| 해설 | 할인채는 이자를 지급하지 않기 때문에 투자기간 중에 현금을 받지 않아 재투자위험이 존재하지 않는다.

37

| 정답 | ④

| 해설 | 채권을 발행할 수 있는 기관은 정부, 지방자치단체, 특별법에 의해 직접 설립된 기관, 상법상의 주식회사이다.

38

| 정답 | ③

| 해설 | 전환사채의 가치는 일반사채의 가치+콜옵션의 가치이다.

39

| 정답 | ①

| 해설 | 교환사채는 사채를 발행한 회사가 보유한 다른 회사의 주식으로 교환할 수 있는 권리가 부여된 사채이다.

40

| 정답 | ①

| 해설 | Conventional auction은 가장 낮은 응찰수익률 순으로 배정하는 방법으로 복수가격 낙찰방식이다.

41

| 정답 | ②

| 해설 | 이표채의 현재가치=$500/(1+10\%)^1+10{,}500$원$/(1+10\%)^2=9{,}132$원

42

| 정답 | ③

| 해설 | 채권수익률 변동에 의한 채권가격 변동은 만기가 길수록 증가하나, 그 증감률은 체감한다.

43

| 정답 | ②

| 해설 | 영구채 듀레이션=(1+5%)/5%=21

44

| 정답 | ④

| 해설 | 채권가격 변화$=-3\times1\%+1/2\times6\times(1\%)^2$

$=-2.97\%$

45

| 정답 | ②

| 해설 | 9,800원=500원/(1+6%)+10,500원/$(1+x)^2$, 9,328.3=10,500/$(1+x)^2$

10,500/9,328.3=$(1+x)^2$, 1.1256=$(1+x)^2$, x=6.09%

▮ 파생상품평가 · 분석_46 ~ 55

46

| 정답 | ③

| 해설 | 일일정산제도는 거래상대방 신용위험을 제거하기 위해 도입된 제도로 선물거래의 특징이다.

47

| 정답 | ②

| 해설 | F=100×(1+5%−2%)×1년=103

48

| 정답 | ④

| 해설 | 선물가격 1계약 가격=200포인트×25만원=5,000만원, 100억원×0.8/5,000만원=160계약, 현재 포트폴리오가 매수포지션이기 때문에 주가지수선물포지션은 매도해야 한다.

49

| 정답 | ①

| 해설 | 근월물과 원월물의 스프레드가 과거 평균대비 넓어졌고, 그 이유는 근월물의 가격이 상승했으며, 곧 다시 스프레드는 과거로 회귀할 것으로 예상한다. 즉, 근월물은 가격이 하락하고, 원월물은 가격이 상승할 것으로 예상된다. 그러므로 가격이 하락할 것으로 예상되는 근월물을 매도하고, 가격이 상승할 것으로 예상되는 원월물을 매수하면 이익이 발생할 수 있다.

50

| 정답 | ③

| 해설 | 콜옵션 만기가치=Max(S_T−X, 0), 기초자산의 만기가격이 520원이고 행사가격이 500원이므로 만기에 콜옵션보유자는 20원 이익이 발생하나, 이 콜옵션을 10원에 구입했기 때문에 총이익은 10원이다.

51

| 정답 | ③

| 해설 | 옵션의 가치=내재가치+시간가치, 내재가치는 지금 당장 옵션을 행사했을 때 얻을 수 있는 가치이다. 지금 풋옵션을 행사하면 20원 이익(1,020원−1,000원)이 발생하므로 옵션의 시간가치는 풋옵션 가격(100원)−내재가치(20원)이므로 시간가치는 80원이다.

52

| 정답 | ④

| 해설 | 무배당주식을 기초자산으로 하는 유러피안옵션을 가정하다.

구분	콜옵션	풋옵션
기초자산	+	−
행사가격	−	+
만기	+	+/−
기초자산 변동성	+	+
무위험이자율	+	−

53

| 정답 | ④

| 해설 | P+S=C+PV(X), P=100원+1,100원/(1+5%)−1,000원=147원

54

| 정답 | ③

| 해설 | 콜옵션과 풋옵션은 변동성이 증가해야 이익이 발생하며, 스트랭글 매도는 기초자산의 움직임이 작을 때 이익이 발생하며, 스트래들 매수는 기초자산의 움직임이 클 때 이익이 발생한다.

55

| 정답 | ②

| 해설 | 주식의 상승 혹은 하락의 확률은 옵션의 가격에 영향을 주지 않는다.

▮ 파생결합증권평가 · 분석_56 ~ 60

56

| 정답 | ④

| 해설 | ELB는 파생결합사채로 분류된다.

57

| 정답 | ③

| 해설 | 유동성 공급자가 1개 미만이 될 경우 상장폐지 사유에 해당한다.

58

| 정답 | ④

| 해설 | 콜 ELW손익분기점=(행사가격+ELW가격)/전환비율=(1,000원+10원)/0.2=1,050원

59

| 정답 | ③

| 해설 | ELS판매로 인해 유입된 현금의 대부분은 ELS 상환금을 준비하는데 사용된다.

60

| 정답 | ③

| 해설 | 벤치마크 지수가 명확하여 내재가치 산정이 상대적으로 수월하며, 기초지수를 주식으로 하는 경우 5종목 이상으로 지수를 만들면 되고, 발행사의 채무불이행, 기초지수의 하락 등이 발생하면 원금손실이 발생할 수 있다.

3과목 재무분석론

▮ 재무제표론_61 ~ 70

61

| 정답 | ①

| 해설 | 유형자산은 투자활동현금흐름에 해당하는 항목이다. 유형자산이 증가한 것은 투자활동현금흐름의 유출이며, 유형자산이 감소한 것은 투자활동현금흐름의 유입이다.

62

| 정답 | ④

| 해설 | 무형자산은 물리적 형태가 없더라고 자산으로 표시하고 있다.

63

| 정답 | ③

| 해설 | 매출액−매출원가−판매비−관리비=영업이익

매출원가=기초재고+당기매입액−기말재고
=200억원+500억원−100억원=600억원

판매비와 관리비=60억원

영업이익=1,000억원−600억원−60억원=340억원

64

| 정답 | ③

| 해설 | 단기 매매목적으로 지분상품을 취득하였으면 평가손익은 원칙적으로 당기손익으로 인식한다.

65

| 정답 | ①

| 해설 | 재고자산은 저가법으로 평가한다. 저가법=Min(취득원가, 순실현가치), 저가법은 원칙적으로 항목별로 적용하기 때문에 텔레비전은 취득원가 100억원, 세탁기는 순실현가치 90억원, 에어컨은 취득원가 100억원으로 평가하여 기말재고자산은 총 290억원으로 계상한다.

66

| 정답 | ④

| 해설 | 자산을 정상적으로 가동하기 전에 발생한 원가는 원가성 유무에 따라 취득원가로 인정할 수 있으나, 자산이 정상적으로 가동된 후 발생한 가동손실은 기간비용으로 인식해야 한다.

67

| 정답 | ①

| 해설 | 20×2년 말 한국기업의 금융리스 부채에 대한 분개

이자비용	10억원	현금	15억원
금융리스부채	5억원		

68

| 정답 | ④

| 해설 | 가산할 일시적 차이가 존재하는 것은 현재 세금을 덜 냈기 때문에 미래에 세금을 더 많이 내게 된 것이며, 이는 이연법인세 부채라고 할 수 있다. 추가적으로 미래에 더 납부해야 할 세금은 4,000원(20,000원×20%=4,000원)이다.

69

| 정답 | ④

| 해설 | 차입원가 자본화 대상은 의도된 용도로 사용하는데 있어 장기간이 필요한 자산이며, 선수금은 부채로 차입원가 자본화 대상의 적격자산이 아니다.

70

| 정답 | ②

| 해설 | 모회사가 연결재무제표를 작성하는 기준은 원칙적으로 자회사 지분율 50% 이상을 취득했을 때이며, 연결재무제표를 작성하더라도 모회사의 개별재무제표에는 해당 자회사의 가치는 지분법을 통해서 평가한다.

▮ 기업가치평가 · 분석_71 ~ 80

71

| 정답 | ④

| 해설 | 공장의 폐쇄 혹은 가동의사결정은 내부관리 목적이며 이는 관리회계 등을 통해서 판단할 수 있다.

72

| 정답 | ②

| 해설 | 청산가치, 장부가치는 자산가치 중심의 평가이며, PER는 상대가치 평가방법이며, 상속세 및 증여세법에 의한 평가는 법률에 의한 평가방법이며, DCF모형, EVA할인모형, 배당할인모형은 수익가치 평가방법이다.

73

| 정답 | ②

| 해설 | 한국기업 EBITDA=5,000억원×10%+300억원(감가상각비)=800억원

한국기업의 EV=800억원×10배=8,000억원

한국기업의 주주가치는 EV−차입금+현금=8,000억원−1,000억원+300억원=7,300억원

74

| 정답 | ④

| 해설 | 유사회사 선정에 있어 평가자의 주관이 개입될 수 있어 객관적인 평가를 방해할 수 있다.

75

| 정답 | ②

| 해설 | FCFE는 주주관점에서 현금흐름을 추정하기 때문에 이자비용은 FCFE 현금흐름에 반영하며 FCFE현금흐름은 주주의 자본비용으로 할인하여 주주가치를 계산한다.

76

| 정답 | ④

| 해설 | FCFE로 계산한 현금흐름에는 이자비용이 차감되어 있고, 타인자본금액도 차감되어 있기 때문에 현금흐름으로만 주주가치를 계산해야 하며, 주주가치는 추정한 FCFE의 현금흐름의 현재가치의 합+잔존가액의 현재가치=9,000억원이다.

77

| 정답 | ②

| 해설 | A기업을 통해 대용베타를 계산하여 한국기업의 베타를 구한다.

$\beta_L=\beta_U+\beta_U(1-t)\times D/E \rightarrow 1.5=\beta_U+\beta_U(1-20\%)\times 100\%$

$\rightarrow \beta_U=0.8333$

한국기업의 베타$=\beta_U+\beta_U(1-t)\times D/E$

$=0.8333+0.8333(1-20\%)\times 50\%$

$=1.17$

78

| 정답 | ④

| 해설 | $WACC=5\%\times(1-20\%)\times 2/3+(3\%+1.5\times 7\%)\times 1/3=7.2\%$

79

| 정답 | ②

| 해설 | 기업가치=영업투하자본+미래 EVA의 현재가치의 합+비영업용자산가치

영업투하자본=1,500억원

EVA=세후영업이익−영업투하자본×WACC

=320억원−150억원=170억원

미래 EVA의 현재가치 합=170억원/10%=1,700억원

기업가치=1,500억원+1,700억원+500억원=3,700억원

80

| 정답 | ③

| 해설 | 상장법인 기준주가

=Min[산술평균(1개월 평균종가, 1주일 평균종가, 기산일 종가), 기산일종가]

=Min(5,500원, 6,000원)=5,500원

4과목 증권법규 및 직무윤리

▮자본시장 관련 법규_81 ~ 90

81

| 정답 | ②

| 해설 | 한국예탁결제원에 대한 설명이며, 한국증권금융은 증권금융회사이지 한국예탁결제원이 아니다.

82

| 정답 | ③

| 해설 | 국가, 한국은행, 은행, 예금보험공사, 외국정부, 국제기구 등은 절대적 전문투자자이며, 지방자치단체, 주권상장법인은 상대적 전문투자자이다.

83

| 정답 | ②

| 해설 | 인가대상 금융투자업은 투자매매업, 투자중개업, 집합투자업, 신탁업이며, 등록대상 금융투자업은 투자자문업, 투자일임업, 온라인 소액투자중개업, 일반사모집합투자업이다.

84

| 정답 | ③

| 해설 | 충당금을 적립하는 기준은 정상으로 분류된 자산은 100분의 0.5, 요주의 분류자산은 100분의 2, 고정분류자산은 100분의 20, 회수 의문분류자산은 100분의 75, 추정손실분류자산은 100분의 100의 합계액의 금액까지 대손준비금을 적립해야 한다.

85

| 정답 | ②

| 해설 | 무보증사채는 신고서가 수리된 날부터 5일이 경과해야 효력이 발생하고, 보증사채 혹은 담보부사채는 신고서 제출 후 3일이 경과해야 효력이 발생한다.

86

| 정답 | ③

| 해설 | 증권시장 밖에서, 즉 장외 매수이며, 주식 등을 6개월 동안 증권시장 밖에서 10인 이상의 자로부터 매수하여 그 주식 등의 총수의 100분의 5 이상이 되는 경우이며, 공개매수신고서 제출 전에 신문 등을 통해 공고해야 한다.

87

| 정답 | ②

| 해설 | 투자매매업자는 일반투자자를 상대로는 환매조건부 매도업무만 가능하다.

88

| 정답 | ③

| 해설 | 이의신청한 결과에 대해서 다시 이의신청을 할 수 없다.

89

| 정답 | ③

| 해설 | 대출성 상품에 대해서 대출이자를 일단위로 표시하여 저렴한 것으로 오인하게 하는 행위는 할 수 없다.

90

| 정답 | ①

| 해설 | 부당권유는 일반투자자와 전문투자자 모두에게 적용되는 원칙이다.

회사법_91 ~ 95

91

| 정답 | ②

| 해설 | 정관작성, 발행주식에 관한 결정은 발기인 전원의 동의가 필요하다.

92

| 정답 | ②

| 해설 | 회사가 성립하지 않은 때에는 발기인이 회사 설립에 관하여 지급한 비용 일체를 부담한다.

93

| 정답 | ①

| 해설 | 의결권, 설립무효판결청구권, 신주발행 유지청구권, 정관열람권은 단독주주권이며, 나머지는 소수주주권이다.

94

| 정답 | ③

| 해설 | 자기주식 취득은 원칙적으로 주주에게 공평한 기회를 주는 방법에 의하여 취득해야 한다.

95

| 정답 | ①

| 해설 | 보통결의사항, 특별결의사항, 특수결의사항(의결권 없는 주주를 포함하여 총주주의 동의를 요하는 결의를 말하며, 이사의 회사에 대한 책임의 면제와 주식회사의 유한회사로의 조직변경 등에 필요하다.)

▮직무윤리_96 ~ 100

96

| 정답 | ③

| 해설 | 직무윤리는 오늘날 새로운 무형의 자본이 되고 있어서 전통적인 투입요소 외에 추가적인 투입요소로 인정되고 있다.

97

| 정답 | ③

| 해설 | 칼뱅의 금욕적 생활윤리는 자본주의 발전의 정신적 원동력이자 지주로서 역할을 하였고 이로 인해 서구사회의 건전한 시민윤리의 토대를 이루었다.

98

| 정답 | ①

| 해설 | 금융투자업자와 고객과의 신임의무는 단순히 고객과 이해상충이 발생하면 이를 회피하는 것을 넘어서, 금융투자업자가 전문가로서의 자질을 유지해야 하는 의무도 포함된다.

99

| 정답 | ②

| 해설 | 고객과의 거래로 인해 이해상충이 발생할 것으로 예상될 때는 이에 대한 내용을 고객에게 고지하고, 이해상충 발생가능성을 낮추고 거래를 해야 하며, 만약 이해상충가능성 발생 정도를 낮추지 못한다면 해당 거래는 하지 않아야 한다.

100

| 정답 | ①

| 해설 | 위임받은 업무를 처리하였을 때는 지체 없이 해당 처리 내용을 금융소비자에게 보고해야 한다. 보고는 단순히 처리 결과만의 보고가 아니라 금융소비자가 보고 결과를 듣고 후속적인 지시를 내릴 수 있을 정도의 보고가 되어야 한다.

2회 20회(2022년)시험 다시보기

▶ 문제 380쪽

01	②	02	④	03	②	04	④	05	③
06	③	07	③	08	①	09	③	10	②
11	②	12	②	13	②	14	④	15	③
16	②	17	①	18	④	19	③	20	④
21	③	22	②	23	③	24	①	25	②
26	③	27	③	28	③	29	④	30	①
31	①	32	③	33	②	34	①	35	①
36	②	37	②	38	④	39	①	40	②
41	③	42	③	43	③	44	②	45	④
46	②	47	②	48	②	49	③	50	④
51	①	52	④	53	③	54	③	55	④
56	②	57	②	58	①	59	④	60	③
61	①	62	①	63	②	64	④	65	④
66	④	67	①	68	④	69	③	70	①
71	③	72	③	73	④	74	③	75	②
76	①	77	②	78	①	79	②	80	①
81	①	82	②	83	④	84	③	85	①
86	①	87	③	88	①	89	④	90	③
91	④	92	②	93	④	94	②	95	④
96	③	97	③	98	①	99	②	100	③

1과목 증권분석기초

계량분석_1 ~ 5

01

| 정답 | ②

| 해설 | $\beta = \sigma_m / \sigma_m^2 = 0.2/0.4 = 1/2$

02

| 정답 | ④

| 해설 | $1{,}000 - 1.96 \times 120 / \sqrt{81} \le \mu \le 1{,}000 + 1.96 \times 120 / \sqrt{81}$, $973.8 \le \mu \le 1{,}026.1$

03

| 정답 | ②

| 해설 | 확률변수는 변수가 확률분포를 갖는 것을 의미한다. 그중 평균이 0이고 분산이 1이며, 정규분포를 따르는 확률변수를 표준 정규분포라고 한다.

04

| 정답 | ④

| 해설 | 확률＝당첨될 경우의 수×당첨확률^2×꽝확률
$= 3 \times (0.1)^2 \times 0.9 = 0.027 = 2.7\%$

05

| 정답 | ③

| 해설 | 변동계수＝표준편차/평균이므로 평균이 크면 클수록 변동계수의 값은 감소한다.

증권경제_6 ~ 15

06

| 정답 | ③

| 해설 | 취업자수는 경기후행지수이다.

07

| 정답 | ③

| 해설 | LM곡선이 우상향할 때 정부지출 증가로 이자율은 증가하며, 이로 인해 민간투자가 감소하는 구축효과가 발생하나, 경제 총생산량 Y는 증가한다.

08

| 정답 | ①

| 해설 | 중앙은행의 통화량 증가는 AD곡선을 우측으로 이동시킨다.

09

| 정답 | ③

| 해설 | 20X2년 실질 GDP=명목 GDP/GDP 디플레이터=110/110=100억원

20X3년 GDP 디플레이터=120억원/100억원=120

10

| 정답 | ②

| 해설 | 케인즈는 임금이 경직적이기 때문에 실업은 구조적인 문제에 해당하며, 실업을 해결하기 위해서는 정부의 확장적 수요확대 정책이 필요하다고 보았다. 탐색비용을 줄이자고 주장한 것은 고전학파이다.

11

| 정답 | ②

| 해설 | 통화승수=$1/[c+\delta(1-c)]=1/[0.2+0.1\times(1-0.2)]$ $=3.57$배

12

| 정답 | ②

| 해설 | MV=PY의 화폐수량 방정식을 이용하면, 화폐공급량 증가율+화폐유통속도 증가율=물가상승률+실질국민소득 증가율

→ 5%+1%=실질국민소득 증가율 4%+물가상승률 2%

13

| 정답 | ②

| 해설 | 투자로 인해서 생산한 생산물의 가치가 투자비용보다 크기 때문에 두 가치가 같아질 때까지 투자가 증가한다.

① 토빈의 q가 1보다 크면 투자수익률이 자본비용보다 크기 때문에 기업은 투자를 증가시킨다.

③ 투자자금의 조달순서는 사내유보, 차입, 주식발행의 순서로 진행된다.

④ 투자의 한계효율은 투자가 증가할수록 감소한다.

14

| 정답 | ④

| 해설 | 일시소득과 일시소비는 아무런 관계가 없다.

15

| 정답 | ③

| 해설 | 구매력평가설은 단기적인 환율의 움직임은 잘 설명하지 못하나, 장기적인 환율의 움직임은 잘 설명한다.

▮기업금융 · 포트폴리오 관리_16 ~ 25

16

| 정답 | ②

| 해설 | CAPM은 투자기간이 1기간이기 때문에 재투자를 고려하지 않는 모형이다.

17

| 정답 | ①

| 해설 | 투자안으로부터 발생하는 현금흐름현가 =100×2.487=248.7억원, 투자금액=200억원,

NPV=248.7억원−200억원=48.7억원

18

| 정답 | ④

| 해설 | IRR법에 따르면 IRR>r일 때 투자를 해야 한다.

19

| 정답 | ③

| 해설 | CML선은 잘 분산된 포트폴리오의 총위험과 수익률 간의 관계를 나타낸 선이다. 즉 비효율적인 포트폴리오의 수익률과 위험의 관계에 대해서는 알 수 없다.

20

| 정답 | ④

| 해설 | 자산의 가격이 불균형이더라도 자동적으로 균형으로 회복한다.

21

| 정답 | ③

| 해설 | 5%×(1−20%)×0.5+(5%+1.2×10%)×0.5=2% +8.5%=10.5%

22

| 정답 | ②

| 해설 | 영업이익×(1−법인세율)+감가상각비+운전자본 변동−자본적 지출

=15억원×(1−20%)+10억원−10억원+5억원−15억원

=2억원

23

| 정답 | ③

| 해설 | 1주당 가치=1,000원×(1+5%)/(10%−5%)

=21,000원

24

| 정답 | ①

| 해설 | 백기사 전략에 대한 설명이다.

25

| 정답 | ②

| 해설 | $\beta_P=\sigma_{PM}/\sigma_M^2=\sigma_P \cdot \sigma_M \cdot \rho_{PM}/\sigma_M^2=\sigma_P \cdot \rho_{PM}/\sigma_M$

$=20\%\times0.5/10\%=1$

2과목 가치평가론

■ 주식평가 · 분석_26 ~ 35

26

| 정답 | ③

| 해설 | • EVA=세후영업이익−총자산×WACC

=200억원×(1−20%)−1,000억원×10%

=60억원

• 기업가치=1,000억원+60억원/10%=1,600억원

• 주주가치=1,600억원−500억원=1,100억원

• 1주당 주가=1,100억원/1,000만주=11,000원

27

| 정답 | ③

| 해설 | 적정 주가=EPS×비교 대상 기업 PER=1,000원 ×12배=12,000원

현재 주가가 10,000원이므로 현재 주가 대비 20% 추가 상승 여력이 있다.

28

| 정답 | ③

| 해설 | PER=(1−b)(1+g)/(k−g), g=b×ROE, 베타가 증가하면 자기자본비용 k가 증가하기 때문에 PER은 감소한다. 단, PER=$\frac{P_0}{EPS_0}$로 가정한다.

29

| 정답 | ④

| 해설 | PBR=순자산/총발행주식수, PBR=ROE×PER로 표시할 수 있다.

30

| 정답 | ①

| 해설 | • g=b×ROE=20%×100억원/500억원=4%

• PSR=ROS×PER=ROS×(1−b)(1+g)/(k−g)
=100억원/1,000억원×(1−20%)(1+4%)/(10%−4%)
=1.38

31

| 정답 | ①

| 해설 | • EV=시가총액+순차입금
=1,000억원+400억원=1,400억원

• EBITDA=영업이익+감가상각비
=1,000억원×15%+50억원=200억원

• EV/EBITDA=1,400억원/200억원=7

32

| 정답 | ③

| 해설 | 종합주가지수는 시가총액기준으로 가중치를 부여한 지수이기 때문에 시가총액이 높은 종목의 주가 변화에 따라 종합주가지수도 같이 변할 가능성이 높다.

33

| 정답 | ②

| 해설 | ROE=매출액총이익률×총자산회전율×(1+부채비율)=15%×1×(1+0.5)=22.5%

34

| 정답 | ①

| 해설 | • k=R_f+β(R_m−R_f)=5%+1.2×10%=17%

• g=b×ROE=40%×10%=4%

• P=D_0×(1+g)/(k−g)=1,000원×(1+4%)/(17%−4%)
=8,000원

35

| 정답 | ①

| 해설 | 주식매매는 가격우선의 원칙, 시간우선의 원칙, 수량우선의 원칙, 위탁매매 우선의 원칙의 순서로 매매가 체결된다.

■ 채권평가 · 분석_36 ~ 45

36

| 정답 | ②

| 해설 | 시장이자율이 상승하면 재투자수익률이 증가하지만 만기 시 원금의 현재가치가 감소하여 전체적으로 채권 가격은 하락한다.

37

| 정답 | ②

| 해설 | 채권가격변동=듀레이션 효과+Convexity 효과
=−2.5×1%+1/2×Convexity×$(1\%)^2$
=−2%, Convexity=100

38

| 정답 | ④

| 해설 | 복리채는 만기에 100,000(1+3%)^5=115,920원을 수령하며, 단리채는 만기에 115,000원을 수령하고 이표채는 만기에 103,000원을 수령한다.

39

| 정답 | ①

| 해설 | 금리가 인상될 것으로 예상되기 때문에 금리변동부채권의 액면이자는 증가한다.

40

| 정답 | ②

| 해설 | 일반투자자는 국채를 직접적으로 매매할 수는 없으나 위탁참여를 통해 매매가 가능하다.

41

| 정답 | ③

| 해설 | 적극적 투자전략은 채권시장이 비효율적이기 때문에 추가적인 정보 등을 이용하여 초과수익을 올릴 수 있다고 믿으며, 소극적 투자전략은 채권시장이 효율적이기 때문에 초과수익을 얻을 수 없다고 믿는다. 소극적 투자전략은 채권의 유동성과 안정성에 더 높은 비중을 두고 채권투자를 한다.

42

| 정답 | ③

| 해설 | 만기보유, 사다리형, 바벨형은 소극적 투자전략이고, 나비형, 역나비형, 수익률곡선타기전략은 적극적 투자전략이다.

43

| 정답 | ③

| 해설 | 수의상환채권은 채권발행자가 특정 조건 충족시 정해진 가격으로 채권을 상환할 수 있는 권리가 부여된 채권이며, 수의상환청구채권은 채권 투자자가 일정한 조건 충족시 채권 상환을 채권발행자에게 요구할 수 있는 권리가 부여된 채권이다. 이자율 하락시 수의상환채권의 가격은 일정 수준 이상으로 증가하지 않아 음의 볼록성을 보여준다.

44

| 정답 | ②

| 해설 | • 전환가격=10,000원/2=5,000원

• 패리티=[주식의 시장가격/전환가격]×100
=[5,500원/5,000원]×100=110

45

| 정답 | ④

| 해설 | 교환사채는 기업이 보유하고 있는 유가증권과 교환하면서 채권의 의무가 소멸되기 때문에 실질적으로 기업에 현금유입이 발생하지 않고, 자본금도 증가하지 않는다.

파생상품평가 · 분석_46 ~ 55

46

| 정답 | ②

| 해설 | 베이시스는 양, 음, 0 어느 것도 가능하다.

47

| 정답 | ②

| 해설 | 버터플라이 매입은 주가 변동성이 낮을 때 이익이 발생한다.

48

| 정답 | ②

| 해설 | 1,000억원×1.5×80%=1,200억원, 총 필요 계약수=1,200억원/(1억원×선물계약수)=1,200계약

포트폴리오가 매수포지션이기 때문에 주가지수 선물을 1,200계약 매도한다.

49

| 정답 | ③

| 해설 | 헤지하려는 대상에 대한 선물이 없으면 교차헤지를 통해서 헤지의 효과를 볼 수 있다.

50

| 정답 | ④

| 해설 | 이항모형에서 옵션의 가치는 주가의 상승 혹은 하락 확률과 무관하게 결정된다.

51

| 정답 | ①

| 해설 | '옵션가치=내재가치+시간가치'이며, ①과 ③은 내재가치가 0이다. 즉 옵션의 가치는 모두 시간가치로 구성되어 있기 때문에 옵션 프리미엄이 가장 높은 콜옵션의 시간가치가 가장 높다.

52

| 정답 | ④

| 해설 | 쎄타는 옵션만기 변동에 따른 옵션가치의 변동이다. 옵션 매수포지션의 경우 일반적으로 만기가 감소하면 옵션가치도 감소하기 때문에 쎄타의 부호는 양수이다. 그러나 옵션은 만기가 감소하고, 만기 감소에 따라 일반적으로 시간가치가 감소하기 때문에 관행적으로 쎄타값을 음수라고 하는 경우도 있다. 시험문제에 쎄타와 관련된 보기가 나오면, 다른 보기와 비교하여 정답을 고른다. 그럼에도 불구하고 보기가 경합되면, 관행적으로 표현하는 쎄타값 음수를 가정하여 보기를 선택한다.

53

| 정답 | ③

| 해설 | 95.40 April Call은 −4.5, 96.00 June Put은 2.0, 94.00 April Call은 3.0이므로 누적델타값은 0.5이다.

델타값을 0으로 만들기 위해서는 95.40 April Call 1계약을 매도한다.

54

| 정답 | ③

| 해설 | 약세스프레드로 최대이익은 1이며, 최대손실은 −1이다. 기초자산가격이 100이면 행사가격 100인 콜옵션의 가치는 0이고 행사가격 98인 콜옵션의 가치는 2이다. 그러므로 콜옵션 발행으로 인해 2의 손실이 발생하고, 발행으로 인한 2의 현금유입으로 순손실은 0이다. 행사가격 100인 콜옵션 매입으로 인해 1의 손실이 발생하여 총 손실은 1이다.

55

| 정답 | ④

| 해설 | 결제는 3월, 6월, 9월, 12월에 한다.

▌파생결합증권평가 · 분석_56 ~ 60

56

| 정답 | ②

| 해설 | 차익거래는 고평가된 상품을 매도하고, 저평가된 상품을 매입하는 거래로, 현물가격이 고평가되어 있기 때문에 현물을 매도하고 선물을 매입하면 차익거래 이익을 얻을 수 있다.

57

| 정답 | ②

| 해설 | ELW 발행은 금융투자회사가 하기 때문에 투자자는 ELW 매입만 가능하며, 따라서 원금을 초과하는 손실이 발생하지 않는다.

58

| 정답 | ①

| 해설 | ELS는 사전에 약정된 수익률을 제공하기 때문에 무한대의 이익을 얻을 수 없다.

59

| 정답 | ④

| 해설 | ① ETN은 채권이다.

② 발행자는 자기자본의 50%까지 발행할 수 있다.

③ ETN 발행을 하기 위해서는 자기자본이 5,000억원 이상이어야 한다.

60

| 정답 | ③

| 해설 | • ELW에서 발생한 손익=(10,700원−10,500원)×0.2×10개=400원

• 기초자산에서 발생한 손익=700원

• 총 손익=400원+700원=1,100원

3과목 재무분석론

▮ 재무제표론_61 ~ 70

61

| 정답 | ①

| 해설 | • 정액법=(10억원−2억원)/4년=2억원

• 정률법 1차 연도=10억원×0.45=4.5억원

• 정률법 2차 연도=미상각 잔액×정률
=5.5억원×0.45=2.475억원

62

| 정답 | ①

| 해설 | • 2년 차 공사 진행률=40억원/80억원=50%

• 2년 차 총매출액=100억원×50%=50억원

• 2년 차 총공사투입원가=40억원

• 2년 차 공사이익=총매출액−총공사원가
=50억원−40억원=10억원

63

| 정답 | ②

| 해설 | 기말재고=기초재고+당기매입−당기판매=100개+500개−500개=100개

먼저 입고된 재고가 먼저 판매된 것을 가정하기 때문에 기말재고 100개는 당기매입한 물품 100개로 구성되어 있다. 따라서 기말재고=100개×1,200원=12,000원이다.

64

| 정답 | ④

| 해설 | 시운전 종료 후 기계장치와 관련하여 발생한 손실은 기간비용으로 회계처리한다.

65

| 정답 | ④

| 해설 | 매출액은 매출이 발생한 날의 환율 혹은 평균환율을 사용하여 원화로 환산한다.

66

| 정답 | ④

| 해설 | 저가법을 적용하여 발생한 재고자산평가손실은 당기손익에 반영되어 이익잉여금의 감소를 가져오며, 나머지 거래는 기타포괄손익에 반영되기 때문에 이익잉여금 변동을 가져오지 않는다.

67

| 정답 | ①

| 해설 | 수익과 비용은 서로 상계하지 못한다.

68

| 정답 | ④

| 해설 | 선수금은 부채이며 연구개발비는 비용이고, 운용리스는 재무상태표에 표시되지 않는다. 영업권은 타 법인을 인수할 때 공정가치보다 높게 지불한 금액이며, 이는 무형자산으로 인식한다.

69

| 정답 | ③

| 해설 | 이연법인세부채는 미래에 세금을 더 내야 하기 때문에 부채이다. 선급비용은 비용을 미리 지급했기 때문에 자산으로 인식하며, 우발 부채는 재무제표에 표시하지 않고 주석으로만 표시하기 때문에 확정부채가 아니다. 미수수익은 용역을 제공했으나 아직 대금을 받지 못했기 때문에 자산이다.

70

| 정답 | ①

| 해설 | 무상증자재원은 자본잉여금이기 때문에 무상증자금액만큼 자본금은 증가하고, 자본잉여금은 감소하며, 이익잉여금은 변화가 없다.

▌기업가치평가 · 분석_71 ~ 80

71

| 정답 | ③

| 해설 | 순손익가치=최근 3년간 순손익액/자본환원율=50억원

[순자산가액×2+순손익가치×3]/5=[40억원×2+50억원×3]/5=230억원/5=46억원

최대주주 할증 20% 적용시 46억원×1.2=55.2억원

1주당 가액=55.2억원/100만주=5,520원

72

| 정답 | ③

| 해설 | $WACC=K_d(1-t)\times D/V+K_e\times E/V$

$K_d(1-t)=5\%\times(1-20\%)=4\%$, $K_e=3\%+1.2\times5\%=9\%$, $D/V=0.5/1.5=1/3$, $E/V=2/3$

$WACC=4\%\times1/3+9\%\times2/3=22\%/3=7.3\%$

73

| 정답 | ④

| 해설 | 영구성장률이 증가하면 잔존가치가 증가하여 기업가치가 증가한다.

74

| 정답 | ③

| 해설 | 시장위험프리미엄은 시장포트폴리오 수익률과 무위험이자율의 차이이기 때문에 베타값과는 무관하다.

75

| 정답 | ②

| 해설 | FCFF는 채권자와 주주에게 귀속되는 현금흐름이며, 이는 WACC로 할인한다. FCFF로 계산된 기업가치에서 부채를 차감해야 주주가치가 계산된다.

76

| 정답 | ①

| 해설 | PBR이 1보다 작다고 저평가되었다고 볼 수는 없다.

77

| 정답 | ②

| 해설 | 타인자본비용은 현재 부담하는 이자율이 아니라 신용도에 맞는 현재이자율로 계산해야 한다.

① 영업부채는 현금흐름에 반영되었기 때문에 고려하지 않는다.

③ 차입하고 있는 다양한 차입금의 명목금액으로 가중평균한 평균치를 사용할 수 있다.

④ 법인세효과를 고려해야 한다.

78

| 정답 | ①

| 해설 | ② FCFF로 평가할 때는 비영업용자산을 별도로 고려하여 기업가치에 더해 주어야 한다.

③ 평가기업의 베타를 계산하기 어려울 때는 Hamada 모형을 이용하여 계산할 수 있다.

④ 통상적으로 무위험이자율은 국채수익률을 사용한다.

79

| 정답 | ②

| 해설 | • EVA=150×(1−20%)−(900×10%)=30억원

• 미래 EVA의 현재가치=30억원/10%=300억원

• 기업가치=영업용자산+MVA+비영업용자산
=900+300+100=1,300억원

80

| 정답 | ①

| 해설 | 상장법인 기준주가=Min[(산술평균 (1개월 평균종가, 1주일 평균종가, 기산일 종가), 기산일 종가]

$$=\mathrm{Min}\left(\frac{10,000+11,000+11,500}{3},\ 11,500\right)=10,833\text{원}$$

4과목 증권법규 및 직무윤리

▌자본시장 관련 법규_81 ~ 90

81

| 정답 | ①

| 해설 | 투자매매업자는 자기의 계산으로 금융투자상품을 매매하거나, 증권의 발행, 인수, 청약의 권유, 청약, 청약의 승낙을 영업으로 하는 금융투자업자이다.

82

| 정답 | ②

| 해설 | 금융투자업자는 자기 명의를 대여하여 타인에게 금융투자업을 영위하게 할 수 없다.

83

| 정답 | ④

| 해설 | 광고는 허용하나 허위, 과장광고가 금지된다.

84

| 정답 | ③

| 해설 | 평가등급 4등급 이하는 경영개선요구 사유이다.

85

| 정답 | ①

| 해설 | 임원 및 준법감시인의 사전 승인을 받아야 한다.

86

| 정답 | ①

| 해설 | ② 조사분석자료 공표 후 24시간 이내에는 자기계산으로 해당 종목을 매매할 수 없다.

③ 고객의 정보를 이용하여 다른 고객의 영업에 사용하는 것은 허용되지 않는 영업행위이다.

④ 투자중개업자는 일임매매 자체가 금지 대상이다.

87

| 정답 | ③

| 해설 | 투자일임재산은 각각의 투자자별로 구분하여 운영되기 때문에 이를 구분하여 표시하는 것은 투자광고시 허용된다.

88

| 정답 | ①

| 해설 | 단기매매차익 반환제도는 미공개정보를 이용하지 않더라도 단기매매차익이 발생했을 때 이를 회사에 반환하는 제도이다.

89

| 정답 | ④

| 해설 | 반기보고서와 분기보고서는 모두 종료일로부터 45일 이내에 제출해야 한다.

90

| 정답 | ③

| 해설 | 보유주식 등의 수가 변동되지 않으면 보고의무가 면제된다.

회사법_91 ~ 95

91

| 정답 | ④

| 해설 | 회사 자본금은 원칙적으로 감액시킬 수 없으나 주주총회의 특별결의와 채권자 보호절차 등 관련 절차를 따를 경우 자본금을 감액시킬 수 있다.

92

| 정답 | ②

| 해설 | 이익의 중간배당은 이사회 결의사항이다.

93

| 정답 | ④

| 해설 | 준법감시인은 회사의 직책이기 때문에 주식회사의 기관이 아니다.

94

| 정답 | ②

| 해설 | 신주가 불공정하게 발행되었더라도 신주인수인과 이사와의 통모가 있는 경우에 한해서만 이사와 신주인수인이 연대하여 책임을 진다.

95

| 정답 | ④

| 해설 | 신주발행 유지청구권은 회사가 법령 또는 정관에 위반하거나 현저하게 불공정한 방법에 의해 주식을 발행함으로써 주주가 불이익을 받을 염려가 있는 경우 주주가 회사에 대해 발행을 중단할 것을 청구하는 권리이다.

▮직무윤리_96 ~ 100

96

| 정답 | ③

| 해설 | ① 준법감시인은 이사회 의결을 통해 임명할 수 있고, 해임하기 위해서는 이사 총수의 3분의 2 이상의 찬성을 의결하여 이사회에서 해임할 수 있다.

② 준법감시인의 임기는 2년 이상이다.

④ 준법감시인은 자신의 업무를 준법감시를 담당하는 임직원에게 위임의 범위와 책임의 한계 등을 명확히 하여 위임할 수 있다.

97

| 정답 | ③

| 해설 | ① 직무윤리적용대상자는 정식고용계약이 없거나 보수를 받지 않더라도 그 적용대상이 된다.

② 고객과 이해관계가 상충될 수 있는 거래에 대해서는 그 사실을 고객에게 고지하고, 이해관계 상충을 저감시킨 후에 거래해야 하며, 저감시킬 수 없다면 해당 거래를 하지 않아야 한다.

④ 엄격한 직무윤리는 단기적으로는 비용이 발생할지라도 장기적으로는 고객의 신뢰를 얻기 때문에 기업의 입장에서는 실보다 득이 더 크다.

98

| 정답 | ①

| 해설 | 회사의 사전승인을 받으면 금전적 대가를 받고 외부 강연을 할 수 있다.

② 고객에게 재산상의 이익을 제공하기 위해서는 사전에 이사회의 승인을 받아야 한다.

③ 임의매매는 고객의 지시 혹은 동의가 없으면 하지 않아야 한다.

④ 자신이 작성한 자료라 하더라도 이는 회사의 소유이기 때문에 회사의 동의가 없으면 이를 사용할 수 없다.

99

| 정답 | ②

| 해설 | 문화상품권의 제공은 부당한 이익의 제공에 해당하지 않는다.

100

| 정답 | ③

| 해설 | 대외활동시 정보를 과장하는 것을 삼가야 한다.

3회 22회(2024년)시험 다시보기

▶ 문제 400쪽

01	④	02	②	03	③	04	③	05	①
06	④	07	③	08	②	09	①	10	③
11	②	12	④	13	①	14	①	15	②
16	①	17	②	18	④	19	①	20	③
21	④	22	②	23	①	24	④	25	③
26	②	27	②	28	③	29	③	30	④
31	③	32	④	33	①	34	④	35	②
36	①	37	②	38	②	39	①	40	①
41	②	42	④	43	③	44	②	45	①
46	②	47	④	48	①	49	③	50	①
51	③	52	②	53	④	54	②	55	②
56	③	57	②	58	①	59	④	60	②
61	①	62	②	63	①	64	②	65	②
66	②	67	②	68	③	69	①	70	③
71	①	72	②	73	③	74	④	75	①
76	②	77	①	78	②	79	③	80	①
81	①	82	③	83	①	84	③	85	①
86	③	87	②	88	①	89	④	90	④
91	③	92	②	93	④	94	③	95	②
96	②	97	①	98	④	99	①	100	④

1과목 증권분석기초

▮ 계량분석_1 ~ 5

01

| 정답 | ④

| 해설 | $P(X-k)-\binom{n}{k}p^k(1-p)^{n-k}$

N=4(복권의 총 개수), k=3(당첨될 복권의 개수), p=0.2 (복권당첨확률)

$\binom{n}{k}-\dfrac{n!}{k!(n-k)!}$ =4!/3!(4−3)!

=(4×3×2×1)/(3×2×1)×1=4

당첨확률=$4\times(0.2)^3\times(1-0.2)$=2.56%

02

| 정답 | ②

| 해설 | $\beta=\dfrac{n\sum X_iY_i-(\sum X_i)(\sum Y_i)}{n\sum X_i^2-(n\sum X_i)^2}$

$=\dfrac{30\times 60-(20\times 40)}{30\times 40-400}$

=1.25

참고로 알파는 Y값의 평균에서 X값의 평균과 베타를 곱한 값을 차감한다.

$\alpha=\overline{Y}-\beta\overline{X}$

주어진 자료에서 Y의 평균은 40/3, X의 평균은 20/3이며, 베타가 1.25이므로 이를 대입하면 알파는 0.5로 계산된다.

03

| 정답 | ③

| 해설 | 주어진 데이터를 순서대로 정렬하면, −15, −7, −3, 1, 3, 5, 7, 7, 15 이다. 중앙값은 가운데 값이며 이는 3이다. 범위는 −15와 15의 차이이므로 30이다. 산술평균은 주어진 데이터를 모두 더하고 총 데이터의 숫자 9로 나누면 약 1.44이며, 최빈값은 2개 이상의 빈도가 있는 데이터 중 가장 빈도가 높은 데이터 이므로 이는 7이다.

04

| 정답 | ③

| 해설 | p값이 유의수준보다 작아야 귀무가설을 기각할 수 있다. 유의수준은 알파오류의 최대치이며, p값이 유의수준보다 높으면 귀무가설을 기각할 수 없다.

05

| 정답 | ①

| 해설 | 더빈−왓슨 검정은 시계열자료간의 독립성을 검정하는 방법이다.

검정내용	검정방법
자기상관 검사	Durbin–Watson Test, von–Neumann Test
이분산 검사	Goldfeld–Quandt Test, Breusch–Pagan Test, White Test
불안정 시계열 분석	공적분, VAR(vector autoregression)

▮증권경제_6 ~ 15

06

| 정답 | ④

| 해설 | BSI=[(긍정적 기업수−부정적 기업수)/전체기업수]×100+100

$$\frac{(100-90)}{200}\times100+100=110$$

07

| 정답 | ③

| 해설 | 소비가 감소하면 IS곡선이 왼쪽으로 수평이동하여 이자율은 하락하고 실질국민소득도 하락한다.

08

| 정답 | ②

| 해설 | c : 현금통화비율, δ : 지급준비율, H : 본원통화

M(통화량)=[1/(c+δ(1−c))]×H

=[1/(0.2+0.1×(1−0.2))]×70억 원

=250억 원

09

| 정답 | ①

| 해설 | 자본의 한계생산성과 인구증가율이 일치할 때 황금률이 달성된다. 자본의 한계생산성은 실질이자율을 의미한다.

10

| 정답 | ③

| 해설 | • 고전학파는 AS곡선이 수직이라고 가정한다.

• 케인즈 학파는 AS곡선이 우상향이라고 가정한다.

• 케인즈학파는 가격이 경기변화에 따라 신축적으로 변화하지 않아서, 즉 노동자의 의사결정은 실질임금이 아니라 명목임금을 기준으로 하는 화폐현상이 존재하기 때문에 AS곡선은 우상향한다고 가정한다.

• AS곡선은 생산곡선(노동시장)을 통해서 도출된다. 재화시장을 통해서 도출되는 것은 AD곡선이다.

11

| 정답 | ②

| 해설 | 주가지수는 경기에 선행하는 지표이다.

12

| 정답 | ④

| 해설 | 재정지출은 정부의 소비를 의미하기 때문에 재정지출이 증가하는 것은 세금 수입 증가가 아니라 정부의 지출 증가이다.

13

| 정답 | ①

| 해설 | 화폐수량방정식 MV=PY이다. M=1/V×PY이며, 1/V를 마샬의 k라고 한다. 이는 화폐수요 M은 명목국민소득의 일정비율로 결절됨을 의미한다.

화폐수량 방정식을 변화율로 나타내면, △M/M+△V/V=△P/P+△Y/Y이다.

14

| 정답 | ①

| 해설 | 유동성효과는 통화량 증가로 인한 시장이자율 하락을 의미한다. 피구효과는 불경기에서 물가하락은 실질 화폐가치상승 혹은 실질자산가치 상승을 가져오고, 이는 경제주체의 소비증가를 가져온다. 결과적으로 정부개입 없이 불황을 탈출한다고 주장한다.

15

| 정답 | ②

| 해설 | 소득이 없어도 소비를 해야 한다. 평균소비성향의 기울기가 한계소비성향의 기울기 보다 크다.

▮ 기업금융 · 포트폴리오 관리_16 ~ 25

16

| 정답 | ①

| 해설 |

$\sigma_P^2 = w_1^2 \cdot \sigma_1^2 + w_2^2 \cdot \sigma_2^2 + 2 \cdot w_1 \cdot w_2 \cdot \sigma_1 \cdot \sigma_2 \cdot \rho_{12}$

$= (0.5 \cdot 0.1)^2 + (0.5 \cdot 0.05)^2 + 2 \cdot 0.5 \cdot 0.5 \cdot 0.1 \cdot 0.05 \cdot -1$

$= 0.000625$

$\sigma_P = 0.000625^{1/2} = 0.025 \rightarrow 2.5\%$

17

| 정답 | ②

| 해설 | $\text{RVAR} - \dfrac{E(R) - R_f}{\sigma} = (7\% - 4\%)/2\% = 1.5$

18

| 정답 | ④

| 해설 | SML은 기대수익률과 베타와의 선형의 관계를 설명한다.

19

| 정답 | ①

| 해설 | 잔차분산=총위험−체계적위험

$= 0.1^2 - (0.8 \times 0.05)^2 = 0.0084$

잔차분산의 표준편차$= (0.0084)^{\frac{1}{2}} = 0.092$

체계적위험$= \beta^2 \sigma_M^2 = 0.8^2 \times 0.05^2 = 0.0016$

20

| 정답 | ③

| 해설 | $10\% \times 60\% + 5\% \times (1 - 20\%) \times 40\% = 7.6\%$

21

| 정답 | ④

| 해설 | 모든 투자자는 자산의 미래 기대수익률과 위험에 대해서 동질적 기대를 한다.

22

| 정답 | ②

| 해설 | • A증권의 균형수익률=3%+2×(6%−3%)=9%

• B증권의 균형수익률=3%+0.5×(6%−3%)=4.5%

A증권의 균형수익률은 9%이며, 시장에서는 8%로 거래되고 있기 때문에 SML선 아래에 있어서 A는 고평가 되어 있다. B증권의 균형수익률은 4.5%이나 시장에서 10%로 거래되기 때문에 SML선보다 위에서 거래되고 있어 과소평가 되어 있다.

23

| 정답 | ①

| 해설 | 기업가치증가분=−400원+100원/20%=100원

24

| 정답 | ④

| 해설 | 자본조달순위이론에 따르면 기업의 필요자금은 사내유보금, 타인자본, 자기자본의 순서로 조달한다. 자본조달순위이론에 따르면 기업가치를 극대화하는 최적자본구조는 존재하지 않는다.

25

| 정답 | ③

| 해설 | 효율적 시장은 주가의 패턴이 존재하지 않고, 새로운 정보에 대한 증권 가격의 지연반응 혹은 과잉반응은 존재하지 않으며, 전문투자그룹과 일반투자 그룹의 평균적인 투자수익률 차이가 존재하지 않는다.

2과목 가치평가론

▮주식평가 · 분석_26 ~ 35

26

| 정답 | ②

| 해설 | PBR=주가/1주당 순자산가치, PBR=PER×ROE로 표현가능하다.

ROE=(당기순이익/매출액)×(매출액/총자산)×(총자산/자기자본)으로 나타낼 수 있다.

27

| 정답 | ②

| 해설 | 기업의 단위당 수익력에 대한 상대적인 주가수준을 나타낸 것이 PER이다.

28

| 정답 | ③

| 해설 | PSR=매출액/시가총액

=900억 원/600억 원=1.5배

29

| 정답 | ③

| 해설 | EV=주식의 시가총액+순차입금=600억 원, EBITDA=영업이익+감가상각비=100억 원+50억 원=150억 원, EV/EBITDA=600억 원/150억 원=4배

30

| 정답 | ④

| 해설 | 배당성장율=50%×10%=5%

1주당 주가=3,000×(1+5%)/(15%−5%)=31,500원

31

| 정답 | ③

| 해설 | 권리락주가

=[현재주가+현재주가×증자비율×(1−할인율)]/(1+증자비율)

=[30,000+30,000×20%×(1−20%)]/1.2=29,000원

32

| 정답 | ④

| 해설 | 최근 감사의견은 적정, 직전 2년간 적정 또는 한정이어야 하며, 감사범위 제한에 따른 한정의견은 상장요건에 부합하지 않는다.

33

| 정답 | ①

| 해설 | $[(1+100\%)\times(1-50\%)]^{\frac{1}{2}}-1=0\%$

34

| 정답 | ④

| 해설 | KOSPI, KOSPI 200, S&P500은 시가총액 가중방식으로 작성한다. DJIA와 NIKKEI 225는 가격가중 방식으로 작성한다.

35

| 정답 | ②

| 해설 | FCFF=150×(1−20%)+30−20−50=80억 원

▌채권평가 · 분석_36 ~ 45

36

| 정답 | ①

| 해설 | 복리채, 단리채, 이표채의 순서로 만기현금유입금액이 크다. 복리채는 액면이자율로 재투자되어 만기에 원금과 이자를 같이 지급한다. 단리채는 재투자 없이 만기에 원금과 이자를 지급한다. 이표채는 매기간말 이자를 지급하고 만기에 원금을 지급한다.

37

| 정답 | ②

| 해설 | 평평한 형태의 수익률 곡선인 상태에서 중기물의 수익률이 상승하고, 단기물과 장기물의 수익률은 상대적으로 하락이 예상될 경우, 즉 나비형 모형이 예상될 경우, 장기와 단기물의 비중은 증가시키고, 중기물의 비중을 축소해야 하며, 이러한 운용전략을 나비형 투자전략이라고 한다.

38

| 정답 | ②

| 해설 | 듀레이션에 영향을 미치는 변수의 효과가 동일한 방향성으로 볼록성에도 영향을 미친다. 표면이자율이 높으면 듀레이션이 작아지고, 볼록성도 작아진다.

39

| 정답 | ①

| 해설 | 투자자 관점이므로 변동금리채권의 액면이자율이 증가하고, 수의상환청구채권의 경우 금리가 하락하더라도 미리 정한 가격에 채권을 매도할 수 있으므로 투자자의 수익은 상대적으로 높아질 수 있다.

40

| 정답 | ①

| 해설 | 국채인수는 국고채 전문딜러가 할 수 있으며, 우리나라 채권시장은 기관투자자의 비중이 절대적으로 높으며, 국고채와 통화안정증권의 거래가 대부분을 차지 하고 있다.

41

| 정답 | ②

| 해설 | 매도가격=10,000원/(1+5.42%)=9,485.87원, 유효수익률은 연평균 수익률이다.

$$\left(\frac{\text{매도가격}}{\text{매입가격}}\right)^{\frac{1}{\text{보유기간}}}-1=\left(\frac{9,458.87}{8,658}\right)^{\frac{1}{2}}-1=4.67\%$$

42

| 정답 | ④

| 해설 | 패리티=(주식의 시장가격/전환가격)×100, 전환사채 1좌당 주식 2주를 취득하므로 전환가격은 5,000원이다. 패리티=(5,000원/5,000원)×100=100%

43

| 정답 | ③

| 해설 | 유동성 선호가설에 대한 설명이다.

44

| 정답 | ②

| 해설 | 신용등급하락은 채권의 수익률 상승으로 이어지기 때문에 채권 투자의 기대수익률이 증가한다.

45

| 정답 | ①

| 해설 | 시장금리가 하락하면 채권가격이 상승한다. 듀레이션이 큰 채권은 금리 하락시 채권가격 상승이 가장 크다. 듀레이션이 큰 채권은 만기가 길고, 표면이자율이 낮은 채권이다.

▮ 파생상품평가 · 분석_46 ~ 55

46

| 정답 | ②

| 해설 | $1{,}370 \times \left(\frac{1+2\% \times \frac{1}{2}}{1+4\% \times \frac{1}{2}} \right) = 1{,}356.6$원

47

| 정답 | ④

| 해설 | 풋-콜 패리티를 이용한다. 무위험채권은 없다고 가정하면 매입 혹은 매도해야 할 콜옵션과 주식의 숫자만 바뀌고 포지션은 동일하다. 풋옵션 매도는 주식매수와 콜옵션 매도이다.

$P+S=C+PV(X) \rightarrow -P=S-C$

48

| 정답 | ①

| 해설 | 스트립에 대한 설명이다.

49

| 정답 | ③

| 해설 | 나비스프레드 매수는 변동성이 감소할 때 이익이 발생할 가능성이 높으며, 스트래들 매수는 변동성이 증가할 때 이익이 발생할 가능성이 높다. 변동성이 감소할 경우 나비스프레드 매수와 스트래들 매도가 이익이 발생할 가능성이 높다.

50

| 정답 | ①

| 해설 | 풋옵션 매도는 풋옵션 매수포지션과 반대 포지션이다.

[배당을 지급하는 않는 유러피안 옵션]

민감도지표	풋옵션 매수	콜옵션 매수
델타	음수(−)	양수(+)
베가	양수(+)	양수(+)
감마	양수(+)	양수(+)
로우	음수(−)	양수(+)
쎄타	음수 혹은 양수(+/−)	양수(+)

51

| 정답 | ③

| 해설 | $100=[130\times p+80\times(1-p)]/1.1=60\%$

52

| 정답 | ②

| 해설 | 엔화선물의 거래단위는 1,000,000엔이다.

53

| 정답 | ④

| 해설 | 만기에 풋옵션이 행사되지 않으면 그대로 계약이 종료되고 풋옵션 발행자는 별도의 금액을 풋옵션 구매자에게 지급하지 않는다.

54

| 정답 | ②

| 해설 | 기초자산의 베타를 고려할 경우 기초자산 위험노출액은 \$1.6억이다. 주가지수의 베타는 1이고 거래단위는 \$1,000,000이므로 \$1.6억/\$1,000,000=160계약이다.

55

| 정답 | ②

| 해설 | 스트래들 매수포지션 구축에 필요한 돈은 총 6원이 발생했다. 스트래들 매수인 경우 행사가격이 100원이므로 만기시 주가가 94원 보다 낮거나 106원보다 크면 이익이 발생한다. 그러므로 스트래들 매도의 이익은 만기시 주가가 94원에서 106원이면 이익이 발생한다.

▌파생결합증권평가 · 분석_56 ~ 60

56

| 정답 | ③

| 해설 | 금리가 상승하면 콜 ELW의 가치는 상승하고, 풋 ELW가치는 하락한다.

57

| 정답 | ②

| 해설 | 파생결합증권에 대한 정의이다.

58

| 정답 | ①

| 해설 | ETN발행금액은 최소 70억 원 이상이며, 발행증권수는 10만 증권이상 이어야 한다.

59

| 정답 | ④

| 해설 | 기초자산가격이 120%를 넘으면 리베이트를 받는다. 기초자산가격이 하락하면 하락하는 만큼 손실이 발생한다. 기초자산가격이 하락하면 만기에 기초자산 가격대비 80%를 받을 수 있으며, 기초자산가격이 120%에 도달하면 리베이트만을 받기 때문에 만기에 120%를 받을 수 없다.

60

| 정답 | ②

| 해설 | 손익분기점 주가=행사가격+ELW가격/전환비율

800원=행사가격+60원/0.2 → 행사가격=500원

3과목 재무분석론

▌재무제표론_61 ~ 70

61

| 정답 | ①

| 해설 | 원칙적으로 자산과 부채, 수익과 비용은 상계하지 않고 구분하여 표시한다.

62

| 정답 | ②

| 해설 | 재평가모형을 적용할 때 감가상각비는 재평가 후 금액에서 잔존가치를 차감한 후, 내용연수로 나눈 값이다. 감

가상각비=(60,000원－20,000원)/5년=8,000원, 기말장부가액은 52,000원(기초금액 60,000원－감가상각비 8,000원), 당기말 재평가금액 55,000원이므로 재평가이익 3,000원(55,000원－52,000원) 발생하였으며, 재평가이익은 기타포괄손익에 귀속된다. 감가상각비로 인한 당기순손실 8,000원, 재평가로 인한 기타포괄손익 3,000원이 발생한다.

63

| 정답 | ①

| 해설 | 공정가치평가(FVPL)은 평가손익이 당기에 손익에 반영되어 누적되지 않는다. 그러므로 다음과 같은 분개가 가능하다.

작년초	FVPL	13억 원	현금	13억 원
작년말	FVPL	3억 원	평가이익 (당기손익에 반영)	3억 원
올해	현금	14억 원	FVPL	16억 원
	처분손실	2억 원		

64

| 정답 | ②

| 해설 | 기초재고+당기매입－기말재고=50+250－200
=100만원

65

| 정답 | ②

| 해설 | 미수이자금액 10만 원 증가는 현금유출이며, 당기 이자수익 30만 원은 현금유입이므로 −10+30만 원=20만 원의 이자수익 현금흐름이 발생한다.

66

| 정답 | ②

| 해설 | 사채할인발행차금 상각액은 이자비용으로 인식되어 당기순이익에 반영되고 이익잉여금에 반영된다. 나머지 보기는 자본변동표에 직접적으로 반영되는 항목이고, 사채할인발행차금상각액은 이익잉여금에 영향을 주는 항목이다.

67

| 정답 | ②

| 해설 | 선수수익, 선수금, 예수금은 부채이다. 총부채는 1,450원이다. 미수수익과 선급비용은 자산항목이다.

68

| 정답 | ③

| 해설 | [충당부채 및 우발부채의 인식]

		금액 추정 가능성	
		신뢰성 있게 추정가능	추정 불가능
자원의 유출가능성	높음	충당부채 인식	우발부채로 주석공시
	높지 않음	우발부채로 주석공시	
	거의 없음	주석공시 하지 않음	

[우발자산의 인식]

		금액 추정가능성	
		신뢰성 있게 추정가능	추정 불가능
자원의 유입가능성	매우 높음	우발부채로 주석공시	
	매우 높지 않음	주석공시하지 않음	

충당부채는 별도의 부채로 인식된다.

69

| 정답 | ①

| 해설 | 내부적으로 창출한 영업권은 무형자산으로 인식하지 않는다.

70

| 정답 | ③

| 해설 | 나머지 보기는 가급적 이익을 적게 인식하고 손실을 많이 인식하는 방법이다. 특별이익은 이익을 많이 인식하는 방법이기 때문에 보수적 회계처리와 가장 거리가 멀다.

▮ 기업가치평가 · 분석_71 ~ 80

71

| 정답 | ①

| 해설 | MVA=EVA/WACC=30억원/10%=300억원, 기업가치=MVA+영업용 투하자산=800억 원

72

| 정답 | ②

| 해설 | 황금낙하산이다. 팩맨전략은 적대적 매수합병의 위협을 받는 기업이 적대적 매수합병을 시도하려는 기업을 인수하는 것이며, 백기사는 적대적 매수합병 위협을 받는 기업에게 우호적인 제 3기업이 지분을 인수하여 적대적 매수합병을 방어하는 방법이다. 독약전략은 적대적 매수합병의 위협을 당할 경우, 기존주주에게 저렴하게 신주를 발행하여 적대적 매수합병을 시도하는 기업에 손실을 안겨주어 적대적 매수합병을 방어하는 방법이다.

73

| 정답 | ③

| 해설 | 시장의 성장률이 높으면 경쟁이 약해진다. 가격경쟁이 주요 경쟁수단이면 가격으로만 경쟁하기 때문에 시장 내 경쟁이 심해지며, 고정비 비중이 클 경우 공헌이익이 작아서 단기적인 가격인하를 할 수 있다.

74

| 정답 | ④

| 해설 | 당기순이익률은 수익성을 측정하는 지표이며, 이자보상비율은 안정성을 측정하며, 자산증가율은 성장성을 측정한다. 매출채권회전율은 기업의 활동성(효율성)을 측정하는 지표이다.

75

| 정답 | ①

| 해설 | 최대주주가 보유하는 주식은 지분율과 상관없이 평가액에 20%를 할증한다. 본질가치는 순손익가치에 3의 가중치를 주고 순자산가치에 2의 가중치를 주어 이를 가중평균하여 계산한다.

76

| 정답 | ②

| 해설 | PER는 순이익 지표만으로 주가를 평가하는 방식이므로, 업력, 시장지배력, 대외신인도, 인력수준, 재무적 안정성, 배당정책 등 주가에 영향을 미칠 수 있는 비계량적인 주요 변수는 고려되지 않는다.

77

| 정답 | ①

| 해설 | 운전부채는 영업관련부채이기 때문에 단기차입금과 유동성장기부채는 포함되지 않는다.

78

| 정답 | ②

| 해설 | PER, PBR, EV/EBITDA는 감가상각방법, 재고자산평가 R&D, 특별손익 등 회계처리 방식에 따라 중대한 영향을 받는 반면 매출액은 회계처리에 따른 변동 가능성이 적다.

79

| 정답 | ③

| 해설 | FCFF를 사용하여 계산한다.

WACC=5%×1/3+10%×2/3=8.33%

FCFF=EBIT(1−t)+D+운전자본변동−CAPEX이나, CAPEX가 주어지지 않았으므로 없다고 가정하고, 운전자본변동은 발생하지 않으니 그 금액은 0이다. 100만원×(1−40%)+20만원=80만원, 기업전체가치=80만원/8.33%=960만원, 주주가치는 기업전체가치−차입금가치=960만원−360만원=600만원, 1주당 적정가치는 주주전체가치/발행주식수=600만원/100주=6만원

80

| 정답 | ①

| 해설 | 무상증자 : 자본잉여금(주식발행초과금 등)을 재원으로 사용, 주식배당 : 이익잉여금을 재원으로 사용

4과목 증권법규 및 직무윤리

▌자본시장 관련 법규_81 ~ 90

81

| 정답 | ①

| 해설 | 조사분석자료 공표 후 24시간이 경과하기 전까지 그 조사분석자료의 대상이 된 금융투자상품을 자기의 계산으로 매매할 수 없다. 투자매매업자 또는 투자중개업자는 주권 등 일정한 증권의 모집 또는 매출과 관련된 계약을 체결한 날부터 그 증권이 최초로 증권시장에 상장된 후 40일 이내에 그 증권에 대한 조사분석자료를 공표하거나 특정인에게 제공할 수 없다.

82

| 정답 | ③

| 해설 | 신탁재산의 법적 소유권은 신탁업자(수탁자)에게 이전되며, 위탁자는 법적 소유자가 아니다.

83

| 정답 | ①

| 해설 | 내부자 정보를 알고 있는 사람이 해당 정보를 제3자에게 제공하여 미공개 내부자정보를 이용하여 해당 주식을 매매하는 것은 허용되지 않는다.

84

| 정답 | ③

| 해설 | 금융투자업자는 매분기마다 자산 및 부채에 대한 건전성을 정상, 요주의, 고정, 회수의문, 추정손실의 5단계로 분류하고, 매 분기말 현재 고정 이하로 분류된 채권에 대하여 적정한 회수 예상가액을 산정해야 한다.

85

| 정답 | ①

| 해설 | 금감원장은 제재조치를 하는 때에 제재당사자에게 구체적으로 사전 통지하고 상당한 기간을 정하여 구술 또는 서면에 의한 의견진술 기회를 주어야 한다. 다만, 당해 처분의 성질상 의견청취가 현저히 곤란하거나 명백히 불필요하다고 인정될 만한 상당한 이유가 있는 경우에는 사전 통지를 아니할 수 있다.

86

| 정답 | ③

| 해설 | 경영개선명령은 순자본비율이 0% 미만인 경우 혹은 부실금융기관에 해당하는 경우 이며, 이때 주식의 일부 또는 전부소각, 임원의 직무집행 정지 및 관리인 선임, 영업의 전부 또는 일부의 양도를 명령할 수 있다. 영업의 일부정지는 경영개선 요구에 해당한다.

87

| 정답 | ②

| 해설 | 민사소송의 패소 등의 사유로 금융투자업자의 직전 분기말 자기자본의 100분의 1에 상당하는 금액을 초과하는 손실이 발생한 경우에 경영공시를 해야 한다. 단 10억원 이하 금액은 경영공시하지 않을 수 있다.

88

| 정답 | ①

| 해설 | 적합성 원칙에 대한 설명이다.

89

| 정답 | ④

| 해설 | 동일한 금융상품의 경우 투자거절 의사를 표시한 경우 해당 계약 체결의 권유를 계속하는 것은 허용되지 않고, 1개월 경과 후 투자 권유는 가능하다. 단, 다른 상품에 대한 투자권유는 할 수 있다. 원금보장이나 손실보전을 할 수 없으며, 장외파생상품의 경우 투자권유를 요청받아야 실시간 대화의 방법으로 투자 권유를 할 수 있다. 타 회사의 금융상품과 비교할 때는 객관적인 기준이 있어야 한다.

90

| 정답 | ④

| 해설 | 자기주식은 취득일로부터 3개월 이내에 처분해야 한다.

▌회사법_91 ~ 95

91

| 정답 | ③

| 해설 | 정관에 기재해야만 효력이 발생하는 변태설립사항은 발기인이 받을 특별이익과 이를 받을자의 성명, 현물출자를 하는 자의 성명과 그 목적인 재산의 종류, 수량, 가격과 이에 대하여 부여할 주식의 종류와 수, 회사성립 후에 양수할 것을 약정한 재산의 종류, 수량, 가격과 그 양도인의 성명, 회사가 부담할 설립비용과 발기인이 받을 보수액 등이며, 발행할 주식의 종류와 총수는 정관의 절대적 기재사항으로 변태설립사항이 아니다.

92

| 정답 | ②

| 해설 | 주권의 교부는 주식양도의 효력발생요건이며, 취득자의 성명과 주소를 주주명부에 기재해야(명의개서) 회사에 대항할 수 있다.

93

| 정답 | ④

| 해설 | 집행임원은 이사회, 대표이사 체제에서 대표이사를 대신하는 업무집행기관이다. 집행임원을 둔 회사는 대표이사를 따로 두지 못한다. 집행임원은 그 업무 집행상황을 이사회에 보고해야 하며, 집행임원의 임기는 원칙적으로 2년을 초과하지 못한다.

94

| 정답 | ③

| 해설 | 이익참가부사채를 발행할 수 있다. 이사회 결의를 통해 사채를 발행할 수 있으며, 사채 납입은 상계, 대물변제로도 납입할 수 있다. 사채의 발행은 모집 대금이 납입된 이후에 가능하다.

95

| 정답 | ②

| 해설 | 상법에 따라 자회사는 모회사의 주식을 취득하거나 보유할 수 없다. 예외적으로 채권의 담보로 취득한 경우, 법령상 의무 이행을 위해 취득한 경우, 합병, 상속 등 기타 불가피한 사유로 취득한 경우에는 보유할 수 있다.

■ 직무윤리_96 ~ 100

96

| 정답 | ②

| 해설 | 거래상대방에게 금전, 상품권, 금융투자상품권을 제공할 수 없으나 그 사용범위가 공연, 운동경기 관람, 도서, 음반 구입 등 문화활동으로 한정된 상품권을 제공할 수 있다.

97

| 정답 | ①

| 해설 | 준법감시인의 임기는 최소 2년 이상이다.

98

| 정답 | ④

| 해설 | 영업관리자는 영업점장이 아닌 책임자급 이어야 한다.

99

| 정답 | ①

| 해설 | 이사회의 사전허가를 받아야 한다.

100

| 정답 | ④

| 해설 | 모든 제도가 윤리경영을 고취시킬 수 있는 제도이다.

4회 기출유형모의고사 21회(2023년)반영

▶ 문제 420쪽

01	①	02	④	03	③	04	③	05	④
06	③	07	③	08	②	09	①	10	④
11	③	12	②	13	④	14	①	15	②
16	④	17	④	18	④	19	③	20	②
21	④	22	②	23	③	24	④	25	①
26	②	27	②	28	①	29	④	30	①
31	②	32	④	33	④	34	②	35	③
36	③	37	②	38	④	39	③	40	④
41	①	42	③	43	②	44	②	45	②
46	①	47	②	48	②	49	①	50	②
51	①	52	①	53	④	54	③	55	③
56	④	57	①	58	③	59	②	60	④
61	③	62	①	63	③	64	④	65	②
66	②	67	④	68	③	69	③	70	②
71	④	72	①	73	①	74	①	75	④
76	①	77	④	78	④	79	②	80	④
81	②	82	④	83	③	84	①	85	③
86	③	87	③	88	②	89	①	90	③
91	①	92	②	93	①	94	①	95	④
96	①	97	②	98	④	99	②	100	④

1과목 증권분석기초

▮계량분석_1 ~ 5

01

| 정답 | ①

| 해설 | 100명의 학생이 있다고 하면 이중 60명이 남학생, 교복을 입는 남학생의 비율이 30%이니, 교복을 입은 남학생의 숫자는 총 18명(60명×30%)이다. 무작위로 남학생 1명 선택시 18명/60명=30%

02

| 정답 | ④

| 해설 | 첨도 수식은 4제곱이기 때문에 양수만을 가질 수 있으며, 왜도 값이 양수라는 것은 극단적으로 큰 값들이 있다는 의미이다. 왜도 값이 양수이면 최빈값<중앙값<평균값의 순서이며, 왜도 값이 음수이면 평균값<중앙값<최빈값의 순서이다.

03

| 정답 | ③

| 해설 | 동전던지기는 이항분포이기 때문에 평균은 np=10회×0.5=5, 분산은 np(1−p)=2.5이다.

04

| 정답 | ③

| 해설 | 마코프 프로세스는 주가의 무작위성을 가정하며, 위너 프로세스는 시간이 증가함에 따라 주가의 변동성이 증가함을 의미하며, 이항과정은 주가는 상승 혹은 하락을 통해서 변화함을 가정한다.

05

| 정답 | ④

| 해설 | Z 검정통계량은 $\dfrac{10-8}{\dfrac{12}{\sqrt{100}}}=1.67$이다.

▮증권경제_6 ~ 15

06

| 정답 | ③

| 해설 | 한계소비성향은 0.7이고, 평균소비성향은 약 1.14이다.

07

| 정답 | ③

| 해설 | 비가역적인 특징을 갖는 것은 톱니효과이다.

08

| 정답 | ②

| 해설 | 정부지출에 대한 효과는 LM곡선의 기울기에 달려 있다. LM곡선이 수직이라면 정부지출 증가로 인해 이자율이 증가하고 이는 다시 민간투자를 감소시키는 완벽한 구축효과가 발생하여 정부지출 증가로 인한 국민소득 변화는 없다.

09

| 정답 | ①

| 해설 | 확장통화 혹은 재정정책은 AD곡선을 우측으로 이동시키나 고전학파는 AS곡선이 수직이라고 가정하기 때문에 국민소득의 변화는 없으며 물가만 상승시킨다. 케인즈학파는 AS곡선이 우상향이라고 가정하여, 통화정책 이든 재정정책이든 국민소득을 증가시킬 수 있다고 주장한다.

10

| 정답 | ④

| 해설 | 재고이론모형은 화폐보유비용의 최소화를 통해서 최적화폐보유량을 결정한다.

$E=\sqrt{\frac{2aY}{r}}$, a : 예금인출액과 무관한 고정비용

Y는 소득, r은 이자율이다.

11

| 정답 | ③

| 해설 | 재할인율이 증가하면 한국은행이 시중은행으로부터 매입하는 채권의 할인율이 증가하여 시중은행은 채권을 한국은행에 되팔지 않아 경제 전체의 통화량은 감소한다.

12

| 정답 | ②

| 해설 | 개인저축, 기업저축, 정부예산 흑자는 대부자금 공급이며, 기업투자, 통화공급 감소, 가계의 신용구매는 대부자금 수요이다.

13

| 정답 | ④

| 해설 | 명목이자율$=r+\pi^e$, 화폐유통속도와 장기소득성장률이 0%이기 때문에 통화량 증가는 곧 물가상승이다. 그러므로 장기적으로 기대인플레이션은 3%이며, 명목이자율은 5%가 될 것이다.

14

| 정답 | ①

| 해설 | 마샬-러너 조건은 환율에 대한 자국의 수출(수입), 외국의 수입(수출)탄력성의 절대값의 합이 1보다 클 경우 성립하며, 마샬-러너 조건이 성립할 때 환율평가 절하는 자국의 무역수지를 개선시킬 수 있다.

15

| 정답 | ②

| 해설 | 저축률이 증가할수록 1인당 자본량과 1인당 GDP가 증가하지만, 장기적으로 보면 저축률이 증가하더라도 경제성장률은 0%로 수렴한다.

▮ 기업금융 · 포트폴리오 관리_16 ~ 25

16

| 정답 | ④

| 해설 | $V_L=V_U+B \cdot t=$100억원+100억원×30%=130억원, 한국기업의 가치는 130억원이다.

17

| 정답 | ④

| 해설 | 전환사채투자는 자금운용방법이며, 자금조달방법이 아니다.

18

| 정답 | ④

| 해설 | 타인자본을 많이 사용할 경우 NPV>0인 투자안에 투자하지 않는 과소투자문제, NPV<0인 투자안에 투자하는 과대투자문제가 발생한다.

19

| 정답 | ③

| 해설 | 평균-지배원리에 의해 효율적 투자자산을 먼저 판단하면 주식 B는 주식 A에 의해 지배되기 때문에 투자대상에서 제외시켜야 한다. 주식 A와 주식C를 비교하면 주식 A는 높은 수익률과 높은 위험을 갖고 있어서 공격적인 투자자가 선택할 것이며, 주식 C는 낮은 수익률과 낮은 위험을 갖고 있어서 보수적인 투자자가 선택한다.

20

| 정답 | ②

| 해설 | 한국은행의 기준금리 인상은 경제 전반에 영향을 미치는 변수이며 이러한 변수의 변동으로부터 발생하는 위험을 체계적 위험이라고 하며, 나머지 변수의 변동은 특정 기업 혹은 특정 산업에만 영향을 미치기 때문에 비체계적 위험이라고 한다.

21

| 정답 | ④

| 해설 | 기업고유위험은 분산투자를 통해 제거할 수 있으며, 나머지 위험은 분산투자를 하더라도 제거할 수 없는 위험이다.

22

| 정답 | ②

| 해설 | $\sigma^2 = \beta^2\sigma_M^2 + \varepsilon^2$, $100 = 1.5^2 \times 5^2 +$ 비체계적위험, 비체계적위험=43.75

23

| 정답 | ③

| 해설 | A기업과 B기업은 베타가 동일하므로 CAPM에 의하면 두 기업의 균형수익률은 5%+1.2×5%=11%, A기업은 현재 투자수익률이 균형수익률보다 낮기 때문에 고평가되어 있어 향후 주가가 하락할 것이며, B기업은 현재 투자수익률이 균형수익률 보다 높기 때문에 저평가 되어 있어, 향후 주가는 상승할 것이다.

24

| 정답 | ④

| 해설 | 저 PER주 효과는 준강형의 효율적 시장가설에 대한 이상현상이며, 공시자료에 따라 주가가 민감하게 반응하는 것도 준강형의 효율적 시장가설에 대한 이상현상이다. 1월 효과는 약형의 효율적 시장가설에 대한 이상현상이다.

25

| 정답 | ①

| 해설 | 평균투자법은 소극적 투자전략이고, 나머지 보기는 적극적 투자전략이다.

2과목 가치평가론

주식평가 · 분석_26 ~ 35

26

| 정답 | ②

| 해설 | 총액인수, 잔액인수는 간접발행의 한 방법이다. ③은 모집주선이고, ④는 잔액인수에 대한 설명이다.

27

| 정답 | ②

| 해설 | 권리락주가=[기준주가+주당납입금(증자비율×신주발행가격)]/(1+증자비율)

=[10,000원+(20%×7,000원)]/(1+20%)=9,500원

28

| 정답 | ①

| 해설 | 1일가격제한폭은 전일종가대비 ±30%이다.

29

| 정답 | ④

| 해설 | ROE=ROA×(1+부채비율)=10%×2=20%

30

| 정답 | ①

| 해설 | 미래이익의 예측대상은 회계적 이익이다.

31

| 정답 | ②

| 해설 | 한국기업의 당기순이익=(매출액−매출원가−판매비와 관리비)×(1−20%)=80억원

한국기업 적정가치=80억원/10%=800억원

32

| 정답 | ④

| 해설 | WACC=10%×50%+5%×50%=7.5%

FCF의 현재가치 합계=260.1억원

CV의 가치=100억원/7.5%=1,333.3억원

CV의 현재가치=1,333.3억원/$(1+7.5\%)^3$=1,073.3억원

사업가치=260.1억원+1073.3억원=1,333.4억원

주주가치=사업가치+비영업자산가치−부채가치

=1,333.4억원+500억원−200억원

=1,633.4억원

33

| 정답 | ④

| 해설 | EV/EBITDA에서 EV는 기업전체가치(Enterprise value)로 주식의 시가총액+순부채를 의미한다.

34

| 정답 | ②

| 해설 | PBR=ROE×PER=10%×10배=1배

35

| 정답 | ③

| 해설 | EV=주주가치+이자지급부채−현금 등

=1,000억원+300억원−200억원=1,100억원

EBITDA=영업이익+감가상각비

=150억원+100억원=250억원

EV/EBITDA=1,100억원/250억원=4.4배

▌채권평가 · 분석_36 ~ 45

36

| 정답 | ③

| 해설 | $(1+7\%)^2=(1+5\%)(1+x)$, $(1+x)=(1+7\%)^2/(1+5\%)$, $x=9\%$

37

| 정답 | ②

| 해설 | 불편기대이론은 모든 투자자가 위험중립형 투자자를 가정한다. 즉 채권 만기가 달라도 모든 채권은 완전대체가 가능하다.

38

| 정답 | ④

| 해설 | 사다리형 전략은 소극적 채권운용 전략이며, 나머지는 적극적 채권운용전략이다. Yield Give-up 전략은 경기가 불황일 경우 신용등급이 낮은 채권의 수익률은 더 하락하고, 신용등급이 높은 채권의 수익률은 더 상승하는 특징을 이용해서, 신용등급이 낮은 채권 대신 신용등급이 높은 채권에 투자하는 전략이며, 스프레드 전략은 두 종목 간의 수익률 격차를 이용한 스프레드 운용시 매매 시점 포착을 찾는 운용전략이며, 수익률 곡선타기 전략은 만기가 긴 채권을 보유하고, 시간이 흘러 만기가 짧아져서 채권가격이 상승하면 이를 다시 매각하고, 다시 긴 만기채권에 투자하는 전략이다. 사다리형 전략은 모든 만기의 채권에 동일한 비율로 투자하여 이자율 변화에 따른 채권포트폴리오 가치 변동을 최소화하는 전략이다.

39

| 정답 | ③

| 해설 | 바벨형 채권운용에 대한 설명이다.

40

| 정답 | ④

| 해설 | 채권은 외국채와 유로채가 있으며, 아리랑본드, 팬더본드, 양키본드는 외국채이며, 딤섬본드는 유로채이다.

41

| 정답 | ①

| 해설 | 괴리율=전환사채 시장가격－패리티 가격, 괴리율이 양수라는 것은 전환사채의 가격이 주식으로 전환했을 때 얻을 수 있는 가치보다 더 높다는 의미이며, 괴리율이 양인 상태에서 주식으로 전환하면 전환사채 보유자는 손실을 볼 수 있다는 의미이다.

42

| 정답 | ③

| 해설 | 순수할인채의 가치$=10,000$원$/(1+5\%)^3=8,638$원

43

| 정답 | ②

| 해설 | 모든 것이 동일하고 액면이자율만 다를 경우, 액면이자율이 높을수록 채권의 듀레이션이 짧아져서 시장이자율 변화에 따른 채권가격의 변동성이 낮아진다.

44

| 정답 | ②

| 해설 | 이자율이 하락할수록 채권의 볼록성은 증가하며, 듀레이션은 실제 채권가격변동보다 항상 낮게 채권가격을 추정한다. 수의상환사채는 이자율이 하락할수록 볼록성이 더 작아진다.

45

| 정답 | ②

| 해설 | 내부적인 신용보강에는 현금흐름을 상환받는 순위 설정, 현금흐름 차액 적립, 풋백옵션, 초과담보가 있으며, 외부적인 신용보강에는 지급보증과 신용공여가 있다.

■ 파생상품평가 · 분석_46 ~ 55

46

| 정답 | ①

| 해설 | 감마는 델타를 한 번 더 미분한 값이며, 이자율 변화에 대한 민감도 지표는 로우이며, 만기에 따른 민감도 지표는 쎄타이며, 변동성에 대한 민감도 지표는 베가이며, 기초자산의 변화에 대한 변동성 지표는 델타이다.

47

| 정답 | ②

| 해설 | 100원=[150×p+50×(1−p)]/(1+10%), 100p=110−50=60, p=60%

혹은 $p=\frac{(1.1)-0.5}{1.5-0.5}=0.6$

48

| 정답 | ②

| 해설 | 1일 변동성을 년으로 환산할 경우 1일 변동성×$\sqrt{\text{기초자산의 거래일수}}$ 이다.

49

| 정답 | ①

| 해설 | 주식배당은 없는 것으로 가정한다.

50

| 정답 | ②

| 해설 | 기초자산의 가격이 상승하면 이익이 발생하고, 기초자산의 가격이 하락하면 손실이 발생하는 구조이다.

51

| 정답 | ①

| 해설 | 100×(1+5%×3/12)=101.25

52

| 정답 | ①

| 해설 | 옵션의 가치=내재가치+시간가치, 내재가치는 옵션을 지금 당장 행사할 때 얻을 수 있는 가치이다. 콜옵션의 행사가격이 기초자산의 현재가격보다 높기 때문에 현재 옵션의 내재가치는 0이며, 시간가치만 존재한다.

53

| 정답 | ④

| 해설 | 선물거래의 헤지거래를 통해서는 모든 위험을 제거할 수 있다.

54

| 정답 | ③

| 해설 | 실물 인수도 결제를 한다.

55

| 정답 | ③

| 해설 | $C=[p\times C_u+(1-p)\times C_d]/(1+r)$

$=[60\%\times 10+40\%\times 0]/1.1=5.5$

▮파생결합증권평가 · 분석_56 ~ 60

56

| 정답 | ④

| 해설 | ETN은 채권의 형식이나 기준 지수의 성과에 따라 가치가 결정되기 때문에 의무적으로 상장을 해서 거래가 되어야 한다.

57

| 정답 | ①

| 해설 | 증권 및 장외파생상품 매매를 인가 받은 금융투자업자가 발행할 수 있다.

58

| 정답 | ③

| 해설 | 해외 기초자산으로는 NIKKEI 225, HSI지수만 허용된다.

59

| 정답 | ②

| 해설 | 자본지지점은 기초자산과 ELW의 수익률이 같아지는 시점까지 도달하기 위해 필요한 기초자산의 연간 기대상승률을 의미하기 때문에 자본지지점이 낮은 ELW의 가치가 그렇지 않은 ELW보다 더 높다.

60

| 정답 | ④

| 해설 | 최근 사업연도 감사보고서의 감사의견이 부적정, 의견 거절인 경우가 상장폐지 요건에 해당한다.

3과목 재무분석론

▮재무제표론_61 ~ 70

61

| 정답 | ③

| 해설 | 정액법으로 상각했기 때문에 매년 동일한 감가상각비가 발생하고 있으며, 매년 10만원의 감가상각비가 발생한다. 2021년 말 기준 50만원의 감가상각누계액이 있으므로 2021년 말 기준 해당 기계장치는 5년을 사용했다고 추정할 수 있다. 그러므로 해당 기계장치는 2017년 초에 구입한 것으로 추정할 수 있다.

62

| 정답 | ①

| 해설 | 기말현금=20×1년 현금변동+20×1년초 현금=200억원−100억원+300억원+50억원=450억원

63

| 정답 | ③

| 해설 | 무상증자는 자본잉여금의 자본금으로 전입이며, 이는 주식수가 증가하여 자본금은 증가하고 자본잉여금은 감소한다. 즉 자본 내에서 계정의 대체이기 때문에 자본총액의 변화는 없다.

64

| 정답 | ④

| 해설 | 유형자산은 역사적 환율 혹은 공정가치가 결정된 날의 환율을 적용하여 환산한다.

65

| 정답 | ②

| 해설 | 건물매각으로 80억원의 현금이 유입되나, 처분이익 40억원이 발생하고 이로 인한 법인세 비용 8억원이 발생하여 순현금유입액은 72억원이다.

66

| 정답 | ②

| 해설 | 20×1년 : 토지 10만원 재평가잉여금 10만원
20×2년 : 토지 5만원 재평가잉여금 5만원

67

| 정답 | ④

| 해설 | 선급비용은 비용을 미리 지급하였기 때문에 미리 지급한 비용만큼을 자산으로 인식한다.

68

| 정답 | ③

| 해설 | 세일즈 리스백 조건으로 금융리스로 다시 계약했기 때문에 사실상 해당 자산의 위험과 수익이 리스회사에게 이전되었다고 보기 어려워 해당 판매금액 전액을 수익으로 인식할 수 없으며, ② 해당 제품이 아직 제작 완료되지 않았기에 수익으로 인식할 수 없으며, ④ 위탁판매한 교재 중 40권만 팔렸기 때문에 40권에 대한 수익만을 인식해야 한다.

69

| 정답 | ③

| 해설 | 우발부채가 부채가 되기 위해서는 자원의 유출가능성이 높고, 그 금액을 신뢰성 있게 추정할 수 있어야 한다.

70

| 정답 | ②

| 해설 | 가중평균 유통주식수 1000주×12/12+300주×6/12 =1,150주

기본주당순이익=당기순이익/가중평균 유통주식수
=1,150,000원/1,150주=1,000원

기업가치평가 · 분석_71 ~ 80

71

| 정답 | ④

| 해설 | PER=(1−b)(1+g)/(k−g)
=0.6×(1+3%)/(8%−3%)=12.36배

한국기업의 적정주가는 1,000원×12.36배 12,360원

72

| 정답 | ①

| 해설 | FCFF=EBIT×(1−t)+D+ΔWC−CAPEX
=100억원×70%+20억원−5억원−10억원
=75억원

기업가치=FCFF/WACC=75억원/10%=750억원

73

| 정답 | ①

| 해설 | 주주가치=FCFE/자기자본비용
=50억원/8%=625억원

74

| 정답 | ①

| 해설 | EVA=세후영업이익−(영업투하자본×WACC)
=150억원×(1−20%)−1,500억원×8%
=120억원−120억원=0원

75

| 정답 | ④

| 해설 | FCFE=NI+D+△WC−CAPEX+△B

NI(당기순이익)=영업이익−이자비용−법인세
=(200−80)×(1−20%)=96억원

운전자본변동=+20억원 증가

차입금변동=+500억원 증가

FCFE=96+50−20−100+500=526억원

76

| 정답 | ①

| 해설 | 투하자본수익률보다 자본의 기회비용인 WACC가 높기 때문에 기업가치가 하락할 가능성이 높으며, 나머지 기업은 초과이익이 발생하여 기업가치가 상승할 가능성이 높다.

77

| 정답 | ④

| 해설 | RIM 모형을 이용하면 잔여이익
=당기순이익−자기자본×자기자본비용
=100억원−500억원×9%(5%+0.5×8%=9%)=55억원

잔여이익의 현재가치 합=55억원/9%=611억원

주주가치=자기자본가치+잔여이익의 현재가치합
=500억원+611억원=1,111억원

78

| 정답 | ④

| 해설 | 비상장법인이 IPO할 경우 공모가격은 발행사와 주간사의 협의로 결정한다. 과거에는 자본시장법을 통해서 공모가격을 계산하는 것이 규정화 되어 있으나, 현재는 자율에 맡겨져 있다.

79

| 정답 | ②

| 해설 | 코넥스 시장에 상장되었더라도 비상장법인으로 보아 시가로 평가하며, 시가가 없는 경우 상속증여세법에 의해서 평가한다.

80

| 정답 | ④

| 해설 | 배당할인법으로 평가할 경우 할인율은 10%로 한다.

4과목 증권법규 및 직무윤리

▌자본시장 관련 법규_81 ~ 90

81

| 정답 | ②

| 해설 | 금융이용자도 법령해석, 법제처 의견서를 신청할 수 있다.

82

| 정답 | ④

| 해설 | 금융투자상품은 원본의 손실가능성이 있는 상품이며, 원화로 표시된 CD, 수탁자에게 신탁재산의 처분권한이 부여되지 아니한 관리형 신탁의 수익권, 주식매수선택권은 금융투자상품에서 제외된다.

83

| 정답 | ③

| 해설 | 경영개선명령은 순자본비율이 0% 미만, 부실금융기관에 해당하는 경우이다. 종합평가등급이 4등급 이하이면 경영개선요구에 해당된다.

84

| 정답 | ①

| 해설 | 조사분석자료가 확정이 되더라도 자기계산으로 매매를 할 수 없지, 고객의 자금으로 매매중개는 할 수 있다.

85

| 정답 | ③

| 해설 | 3조원 이상의 자기자본이 필요하다.

86

| 정답 | ③

| 해설 | 연결재무제표를 포함한 사업보고서는 사업연도 종료일부터 90일 이내에 제출해야 한다.

87

| 정답 | ③

| 해설 | 해당 상장주권의 임원이 10인 이상의 상대방에게 의결권 대리행사를 권유하는 것은 의결권 대리행사로 본다.

88

| 정답 | ②

| 해설 | 내부자의 단기매매차익 반환제도는 회사의 미공개정보를 이용하지 않더라도 회사의 임원과 주요 직원이 당해 회사의 주식을 6개월 이내에 매매하여 발생한 이익에 대하여 회사에 반환하는 제도이다. 투자매매업자가 해당 회사로부터 인수계약을 체결한 날부터 3개월 이내에 매수 또는 매도하여 그 날부터 6개월 이내에 매도 또는 매수하여 이익이 발생하면 단기매매차익 반환제도를 적용한다.

89

| 정답 | ①

| 해설 | 설명의무를 위반한 경우 금융상품 판매업자는 자신이 판매과정에 고의 또는 과실이 없음을 입증해야 하며, 금융소비자는 대출성 상품의 청약을 계약체결일 혹은 계약서류를 제공받은 날로부터 14일 내에 철회할 수 있으며 투자성 상품의 경우는 해당 날로부터 7일 내에 청약을 철회할 수 있다.

90

| 정답 | ③

| 해설 | 전문투자자, 투자설명서 받기를 거부한자, 이미 취득한 집합투자증권을 계속 추가로 취득하려는 자에게는 투자설명서를 교부하지 않아도 된다.

회사법_91 ~ 95

91

| 정답 | ①

| 해설 | 주주는 자신의 의결권을 대리인을 통하여 행사할 수 있다.

92

| 정답 | ②

| 해설 | 이사의 임기는 3년을 초과할 수 없다.

93

| 정답 | ①

| 해설 | 감사는 주주총회에서 선임한다.

94

| 정답 | ①

| 해설 | 신주할인발행은 회사가 성립한지 2년이 경과해야 발행할 수 있으며, 주주총회의 특별결의가 필요하다.

95

| 정답 | ④

| 해설 | 발행주식 총수의 100분의 10 이하의 신주가 발행되는 분할은 소규모 분할이라고 하여 이사회의 승인으로 주주총회의 특별결의에 갈음할 수 있다.

▌직무윤리_96 ~ 100

96

| 정답 | ①

| 해설 | 신중한 투자자의 원칙은 전문가로서 주의의무를 다하는 것이며, 이는 평균적인 일반인보다 더 높은 주의 의무를 요구하며, 해당 전문가집단에게 평균적으로 요구되는 수준의 주의 의무를 갖고 업무를 하는 태도를 의미한다.

97

| 정답 | ②

| 해설 | 적정성에 대한 설명이다. 금융소비자가 투자권유 없이 금융상품 계약 체결을 원하더라도 해당 금융소비자가 일반투자자라면, 고객에 대해서 파악하고 고객에게 적절하지 않은 상품일 경우 이를 해당 고객에게 알려야 한다.

98

| 정답 | ④

| 해설 | 회사의 위법행위가 전혀 없음에도 불구하고 금융소비자의 손실을 보상하는 것은 투자자가 입은 손실의 전부 혹은 일부를 사후에 보전하여 주는 행위이며 이는 자본시장법을 위반한 것이다.

99

| 정답 | ②

| 해설 | 영업점에서 1년 이상 근무한 경력이 있거나 준법감시 혹은 감사업무를 1년 이상 수행한 경력이 있으며 해당 영업점에 상근하고 있어야 한다. 예외적으로 1명의 영업관리자가 2개 이상의 영업점을 묶어 영업관리자의 업무를 수행할 수 있다.

100

| 정답 | ④

| 해설 | 모든 제도가 윤리경영을 고취시킬 수 있는 제도이다.

Memo

미래를 창조하기에 꿈만큼 좋은 것은 없다.
오늘의 유토피아가 내일 현실이 될 수 있다.

There is nothing like dream to create the future.
Utopia today, flesh and blood tomorrow.
빅토르 위고 Victor Hugo

Memo

미래를 창조하기에 꿈만큼 좋은 것은 없다.
오늘의 유토피아가 내일 현실이 될 수 있다.

There is nothing like dream to create the future.
Utopia today, flesh and blood tomorrow.
빅토르 위고 Victor Hugo